公路工程施工监理实务与资料汇编

蔡克华 杨荣尚 主编

人民交通出版社
China Communications Press

内 容 提 要

本书汇集部编公路工程施工监理规范和国内招标文件范本中的主要内容、程序或规定，同时结合20多年来陕西省内外几十个项目的现场监理实践，对日常监理实务的具体做法与体会予以全面总结和深化细化，并汇总了常用监理表格，使本书既具有参考性，又具可操作性。

全书分十章，第一章概述了施工监理原则、依据、监理机构及范围与机构组成，作为本书重点第三章，对监理工作中的质量控制分专业作了详尽介绍并辅以表格和实例。其他各章如进度与费用控制、合同管理均有实例。一般监理书刊较少述及的工程竣(交)工文件管理也有详细介绍。

本书可作为高速公路和各等级公路工程监理机构中各级监理人员实用性参考资料，亦可供有关土木工程专业，项目管理专业人员借鉴、参考。

图书在版编目(CIP)数据

公路工程施工监理实务与资料汇编 / 蔡克华，杨荣尚主编. —北京：人民交通出版社，2007.11
ISBN 978-7-114-06728-0

Ⅰ.公… Ⅱ.①蔡…②杨… Ⅲ.道路工程-工程施工-监督管理 Ⅳ.U415.1

中国版本图书馆CIP数据核字(2007)第118915号

书　　名：公路工程施工监理实务与资料汇编
著 作 者：蔡克华　杨荣尚
责任编辑：师　云　郑美兰
出版发行：人民交通出版社
地　　址：(100011) 北京市朝阳区安定门外外馆斜街3号
网　　址：http://www.ccpress.com.cn
销售电话：(010) 85285838，85285995
总 经 销：北京中交盛世书刊有限公司
经　　销：各地新华书店
印　　刷：三河市吉祥印务有限公司
开　　本：787×1092　1/16
印　　张：31.5
字　　数：776千
版　　次：2007年11月第1版
印　　次：2007年11月第1次印刷
书　　号：ISBN 978-7-114-06728-0
定　　价：78.00元

编委会 Bianweihui

编 写 单 位：陕西高速公路工程咨询有限公司

主　　　编：蔡克华　杨荣尚

参加撰写人员：蔡克华　杨荣尚　杨文奇　邓　威　王练柱
樊见维　乔怀玉　曹可勇　张建华　尚同羊
吕乐宁　孙治军　高小华　李宗华　李红平
罗建荣　陈志弈　王　龙　贺建军　熊　鹏
张建朝　潘军民　何晓霞　胡光明　王宇军
郑二璞　刘莲英　李　峰　邢小宁　贾晓军

统　　　稿：冯之楹　周明世　李丽萍

前言 Qianyan

随着公路工程施工监理工作地不断深入发展，监理业务正在逐步走向标准化、规范化、程序化。我公司在学习“公路工程施工监理规范”的基础上，结合自己20年来在省内外几十个项目中的现场监理工作实践，对日常监理实务的具体作法和体会加以全面的总结，并对常用的监理表格加以汇总，集成此书，给从事此项工作的同行，提供一本参考资料。

编辑此书的初衷，是想将《公路工程施工监理规范》和《技术规范》中的一些常用程序、内容或规定，结合我们的业务实践，予以深化和细化，便于现场操作，同时也提供出相应的表格，虽然难臻完善，亦或有其实用或参照价值。

为了叙述的完整性，本书内容不可避免地摘录了规范或合同文本的某些条款的论述，如有错误或不当之处，应以原文本或规范为准；所提及的交通部颁发的各类分项工程技术标准或规范，不管是否提及年代，应以其最新版本为准。

参与本书编写的，大多数是从20世纪80年代中期开始参加我省和全国国际贷款公路项目施工监理的工程师。近20年来，他们在监理岗位上勤勤恳恳、扎扎实实地工作，积累了比较丰富的经验；能够将他们的心得总结出来，也可起到承前启后的作用。若能借此得到省内、外专家的指点，不仅有益于提高我公司人员的业务水平，而且对今后的监理工作规范化的进程，也会起一定的推动作用。这里“抛砖引玉”，不是一句套话，而是编者的诚意。

本书编写历经两年之久，期间多次修改，数易其稿，而毕竟我们水平有限，不当和错漏之处，尚望专家和读者不吝指正。

目录 Mulu

第一章 施工监理工作概述

第一节 施工监理的产生和发展

建国以来，我国公路建设事业蓬勃发展。尤其是改革开放以来，公路建设无论在投资、建设标准、通车里程、覆盖密度、规模方面都有了大幅度的进展与提高。在建设管理模式上，也经历了一个不断进步的发展过程。

从建国到20世纪70年代末，我国实行的是政府部门的单向行政监督和施工单位的自我监督。

这30多年来，我国实行的高度集中计划经济体制形成了一种自然经济的工程建设管理格局。在工程建设的具体实施中，由于工程费用实报实销，不计盈亏，不讲核算，工程建设各参与者关注的重点是工程进度和质量，为了保进度，不惜投入大量人力，采用兵团式的战术；而对工程质量的保证又主要依靠施工单位的自我监督、自我管理承建工程的模式。尽管在20世纪70年代后期，我国也采取了诸如推行全面质量管理（TQC）等措施，以加强施工单位的内部管理水平，但基本模式仍然没有改变。利用行政手段加强施工单位内部管理，是我国高度集中的计划经济体制下采用的主要办法，但随着经济体制的转化和改革开放的深化，公路建设中出现了一些不可能完全有效地用单纯行政手段解决的难题。

改革开放以来，经济体制的模式逐步向社会主义市场经济转变，在公路工程，尤其是高等级公路和大型桥梁的建设中，从传统的指令性安排施工任务的旧体制，逐步引入了竞争机制，进入市场竞争，开始实行招标投标。公路施工单位逐步实行了自负盈亏、自主经营的企业化发展模式，施工企业不再是单纯从属于国家行政机关的"施工单位"，而成为独立法人的企业。在这种情况下，必须对公路建设的管理模式实行重大的改革，才能制约竞争中各方行为，约束企业自身行为和利益，以保证最优的工程实施效果，改变以往常常出现的"投资无底洞、工期马拉松、质量无保证"的情况。

20世纪80年代以后，我国进入了改革开放的新时期，工程建设活动发生了一系列重大的变化。这些变化使得原有的工程建设管理方式和体制模式越来越不适应发展的要求。为此，国务院于1984年9月颁发《关于改革建筑业和基本建设管理体制若干问题的暂行规定》，明确提出了改变工程质量监督制度。交通部也于1987年10月成立了交通部基本建设工程质量监督总站并颁发了《交通部基本建设工程质量监督管理暂行办法》的通知，各省、市、自治区的交通部门也相应地建立了工程质量监督站。多年来，我国实行了"政府监督，社会监理，企业自检”三位一体的质量管理，在工程质量管理工作上取得了很大的发展，带来了明显的成效。

工程质量监督制度的建立，标志着我国的工程建设监督由原来的单向行政监督向政府专业质量监督转变，由仅仅依靠企业自检自评向第三方认证和企业内部保证相结合转变。这种转变，使我国工程建设监督方式向前迈进了一大步。

20 世纪 80 年代中后期，我国高等级公路引进外资投资修建，为适应世界银行要求，引进了先进的工程监理咨询机制，即工程监理制度。最早应用这一制度的，是利用世行贷款的鲁布革水电站引水工程，而首次应用工程监理制度的公路工程项目是包括陕西省的西安—三原一级公路在内的国内首批世界银行贷款项目。专业监理职能的“工程师机构”按国际合同管理方式代表业主对该合同工程进行全方位现场综合监督管理。

交通部在总结全国各地的经验和教训的基础上，于 1989 年 4 月提出了《公路工程施工监理暂行办法》，并经过多次修订，初步建立了一套符合我国公路工程实际情况、结合国际惯例的监理工程师制度。这个制度的核心，就是把公路工程施工活动中的各项管理工作交给监理工程师单位，树立其在项目管理和监督中的权威，对质量、计划、支付、变更、索赔等方面，用技术、经济和合同手段全面实行监督管理，有对工程支付的签认权和否决权，从而控制项目施工过程，保证合同的履行。这样的制度，既符合国际惯例，又考虑了公路行业的现行体制。

公路工程施工监理制度，以国际通用的 FIDIC 土木工程合同为基础，形成了建设单位、承建单位、监理单位三方相互制约、以监理单位为核心的管理模式。这种模式与国内传统做法相比较，主要体现在建设各方的权利、义务和责任更为合理、明确，有利于建设各方克服随意性、增强合同意识、提高管理水平；也有利于积累经验，促进建设项目管理向专业化、社会化方式转变；尤其是突出了监理单位的管理作用，有利于减少甲乙双方的经济纠纷，促使建设活动顺畅进行。

随着国家在土木建筑行业中积极推行工程监理制度，公路工程监理事业蓬勃发展，20 多年来，不但积累了丰富的工程管理经验，而且对国家大量引进外资，促进基础设施建设起到推动作用，也对提高公路工程质量、保证工期、控制造价均取得了明显效果。

第二节　施工监理工作的原则

交通部颁布的《公路工程施工监理规范》提出“严格监理，热情服务，秉公办事，一丝不苟”的监理原则。但在执行过程中，还不同程度地存在“严格监理”难于到位，“热情服务”理解有误区。随着工程监理的实践，又总结出“严格监理，优质服务，公正科学，廉洁自律”的新监理原则。

为充分体现上述原则，公路工程施工监理人员必须做到“独立、科学、公正、廉洁”从业。

一、独立

独立是工程监理的基本属性。业主与监理方是委托与被委托的关系，双方均是独立的法人，依法签订《监理服务合同》，明确双方的权利和义务，监理机构提供监理服务，业主是监理服务的对象。处于业主和施工单位间的第三方，监理工程师独立于业主而展开工作。独立性是社会分工要求监理行业必须具备的特性，是其合法性的基础，监理单位及监理工程师不隶属于或依附于业主，而是独立自主的，在接受业主委托后，应独立开展监理工作，不受外界的干扰或干预，圆满完成各项监理任务，确保建设目标的实现。

二、科学

科学是指以知识和经验为基础为业主提供监理服务，工程监理必备的是多种专业知识和大量的信息资料，包括自然科学、社会科学和工程技术知识。多种知识的综合应用是监理科学化的基础，监理工程师应具备技术、管理、经济、法律等知识。同时，经验是实现工程监理科学化的重要保障，只有运用技术知识才能解决工程实际问题。因此，知识、经验、能力和信誉是保证工程监理科学性的基本因素。

三、公正

公正是要求工程监理应该维护全局和整体利益，要有宏观意识，坚持可持续发展的原则，既要忠实地为业主服务，又要维护施工单位的合法权益；在调查研究、分析问题、作出判断和提出建议的时候要客观公平和公正，一切从实际出发，实事求是，严格遵守职业道德，坚持工程监理的独立性和科学态度。

四、廉洁

“公生正，廉生威”，监理人员必须遵守交通部《关于在交通基础设施建设中加强廉政建设的若干意见》及监理合同的有关规定，对合同规定以外的任何“利益”不想不沾，做到廉洁自律，洁身自好，这样才能在监理工作中确保独立、科学、公正从业的原则。

第三节　监理工作的依据

根据现行《公路工程施工监理规范》(JTG G10—2006)的规定，监理工作应依据国家法律和有关技术、经济法规及相关的公路工程标准、规范等文件和由业主和承包人签订的施工合同文件及监理单位与业主签订(或委托)的监理服务合同所明确的各项任务进行工作；监理工程师和承包人在工程实施过程中有关的会议记录、函电和其他文字记载，以及经监理工程师批准的所有图纸和监理工程师发出的所有指令等也应作为监理工作的依据。

一、国家和地方法律、法规以及国家和行业有关的标准、规范、规程

国家的法律、法规和行业有关标准、规范、规程(包括地方行政主管部门制定的有关工程建设和监理规章)是监理工作的法律依据。现行的有关法规和技术规范主要有：

(1)《中华人民共和国公路法》(1999 年 10 月 31 日，中华人民共和国主席令第 25 号公布)；

(2)《中华人民共和国招标投标法》(1998 年 8 月 30 日，中华人民共和国主席令第 21 号公布)；

(3)《中华人民共和国合同法》(1999 年 3 月 15 日，第九届全国人民代表大会第二次会议通过)；

(4)国务院颁发的《建设工程质量管理条例》；

(5)交通部颁发的《公路工程技术标准》(JTG B01—2003)、《公路工程质量检验评定标准》(JTG F80/1—2004)等标准；

(6)《公路工程施工监理规范》(JTG G10——2006)；

(7)《公路工程国内招标文件范本》(2003 年版)；

(8)国家、交通部颁发的公路建设方面的标准、规范及办法等文件。

二、工程施工合同文件

业主与承包人依法签订的施工合同及双方往来文电，以及与之相关的物资、设备采购合同，是监理工程师的工作依据。主要内容包括：

(1)合同协议书及其附件(含合同过程中有关问题的澄清文件)；

(2)中标通知书；

(3)投标书及其附件(含承包人在评标期间和合同谈判过程中递交和确认并经业主同意的对有关问题的补充资料和澄清文件等)；

(4)合同专用条款(含招标文件补遗书中与此有关的部分)；

(5)合同通用条款；

(6)技术规范；

(7)图纸；

(8)标价的工程量清单以及补充资料。

三、施工监理合同文件

施工监理合同文件是监理工程师进行监理服务的履约依据。主要内容包括：

(1)监理服务合同及其附件；

(2)监理服务中标通知书；

(3)监理服务专用条款；

(4)监理服务通用条款；

(5)业主和监理单位双方签订的补充或修改文件(含招、评标过程，双方同意的有关问题的补充资料和澄清文件)；

(6)施工监理招、投标文件(含招标文件补遗书、标前会议的书面答复)。

四、其他

工程参建各方在工程前期有关文件、工程设计文件和图纸，工程实施过程中任何双方签订的补充协议、会议纪要和有关会议记录、函电和其他文字记载等都是监理工作依据的组成部分。

第四节　监理组织机构建设

一、监理组织机构

(一)监理机构

承担监理任务的监理单位，应根据工程规模、难易程度、合同工期、现场条件等因素，建立相应监理工作机构。一般可按如下原则设置：高速公路和一级公路可设置二级监理机构，即总监理工程师办公室(简称总监办)和驻地办公室(简称驻地办)。开工里程在 20km 以下的，宜设置一级监理机构，即总监办；二级及二级以下公路和养护工程可根据工程规模、难易程度、合同工期安排、现场条件等因素设置一级或二级监理机构。公路机电工程可设置一级监理机构。

(二)组织模式

1. 监理人员配备

监理机构中监理人员的数量和结构，应根据监理内容、合同工期、工程条件和施工阶段等因素，按保证对工程实施有效监理的原则确定。高速公路、一级公路每年每5 000万元建安费宜配备交通部核准资格的监理工程师1名；独立大桥、特长隧道工程每年每3 000万元建安费宜配备交通部核准资格的监理工程师1名。根据工程特点和实际需要，上述配置可在0.8～1.2的系数范围内调整。如遇重大工程变更等情况，上述人员配备应根据需要进行调整，并就工程内容的变化、人员的调整事宜签订补充合同。

2. 一级监理组织机构模式

采用此种模式，总监办内可不设部室，仅由各专业监理工程师组成，如桥梁、路基、路面、测量、行秘等；各合同段的驻地监理组仅是总监办的派出机构，与二级监理的驻地办的职责不同，仅行使总监办授予的部分职权，见图1-4-1。

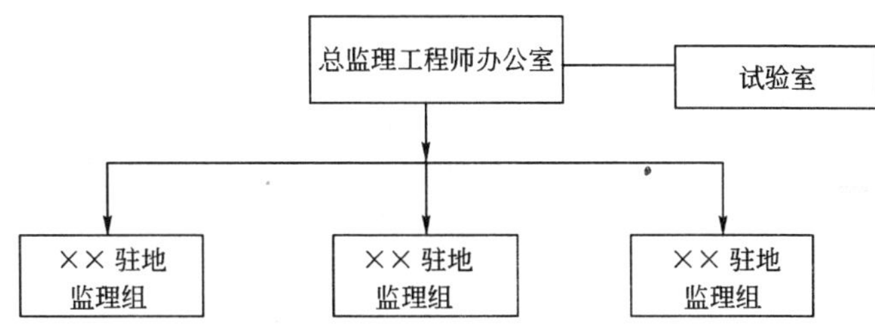

图1-4-1　一级监理组织结构图

3. 二级监理组织机构(图1-4-2)

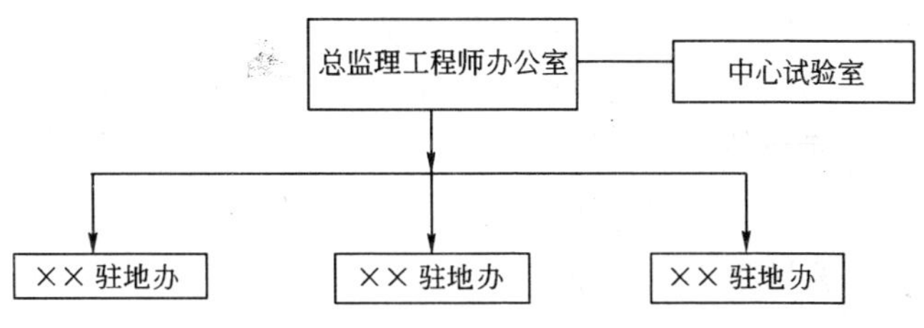

图1 4 2　二级监理组织结构图

公路工程监理组织采用此种组织模式，注意充分发挥监理机构内各职能办公室的作用。设置时必须注意各职能办公室的职责与权限划分，以避免职能办公室间职责不清，协调困难。

二、监理机构工作职责

(一)职责划分

当采用二级监理机构和监理总承包时，应由中标的监理单位划分各级监理机构及监理人员的职责和权限；当对监理机构分别招标时，应由建设单位划分确定监理机构各自的职责和权限。

(二)各级监理机构的主要职责

1. 总监理工程师办公室职责

总监理工程师是建设项目监理工作的总负责人，其领导下的总监办是进行工程监理工作的实体组织，拥有监理合同约定的权力、责任与义务。总监办主要职责可概括为：

(1)主持编织监理计划；

(2)对主持召开监理交底会、第一次工地会议；

(3)按合同要求建立中心试验室；

(4)审批施工组织设计及总体进度计划、重要工程材料及混合料配合比；

(5)签发支付证书、合同工程开工令、单位或合同工程的暂停令和复工令；

(6)审核变更单价和总额以及延期和费用索赔；

(7)协助建设单位审查交工验收申请，评定工程质量；

(8)组织编制工程监理月报、编制监理竣工文件、编写监理工作报告；

(9)完成业主委托的其他工作。

2. 驻地办公室职责

驻地办是在总监办直接领导下，对所管辖的各施工合同段直接进行施工现场监督与管理的实体组织。拥有合同约定的及总监办授予的权力、责任和义务。驻地办主要职责可概括如下。

(1)执行业主、总监办下发的各项制度、办法、规章、指示、指令，制订、落实各项具体措施，实施各项监理工作。

(2)主持编织监理细则。

(3)主持召开工地会议。

(4)按合同要求建立驻地试验室。

(5)审批一般工程原材料和混合料配合比、施工单位的机械设备、施工方案。

(6)审批施工单位测量基准点的复测、原地面线测量及施工放线成果。

(7)审批分项工程开工申请，签发分项和分部工程暂停令和复工令。

(8)日常巡查、旁站、抽检，并做好记录。

(9)核算工程量清单，负责对已完工程进行计量。

(10)组织分项和分部工程中间验收和质量评定，签发中间交工证书。

(11)审批月进度计划，编制合同段监理工作报告。

(12)完成业主或总监办指示的其他工作。

(三)实行二级监理管理机构时各级监理机构的职责

1. 总监理工程师办公室职责

总监办是在总监直接领导下，进行全面组织管理和执行项目工程监理工作的实体组织，拥有合同约定的权力、责任与义务。除拥有前文所概括的主要职责外，还应有以下具体职责。

(1)任命各驻地办高级驻地(副高级驻地)和各职能部门负责人；在监理过程中考察、审核驻地办监理人员的行为与能力，并在必要时随时予以调整或更换。

(2)统一编制各项监理管理制度、办法、程序及表格，检查驻地办及承包人的执行情况。

(3)召集并主持各种工地例会与专题工地会议，发出会议纪要，并参加驻地办主持的月度工地例会。

(4)监督检查各项施工进度计划的执行情况，发出调整进度计划或加快工程进度的指令。

(5)初验承包人的工地试验室，并统一报省质监站验收。

(6)审批试验路段及重要施工方案；在施工过程中进行质量、环境保护和安全的巡视、检查并随时发出巡查通知或定期发出巡查通报；对重大返工、停工及涉及施工队伍的更换等，应报请业主决定。

(7)组织单位工程完工后的交工验收。

(8)组织一般性质量事故的处理，对重大或特殊质量事故及安全事故报请业主处理。

(9)发出对任何费用的改付、拒付或扣付的指令。

(10)协助解决施工障碍及施工干扰；协调解决合同争端。

(11)批准使用计日工和暂定金额，并对计日工的管理、记录、凭证、报单进行检查和核定。

(12)审查工程延期及索赔资料，并通过协商予以处理。

(13)根据业主授权范围，办理一般工程设计变更，并通过协商确定变更工程的单价或价格。

(14)解答合同文件中含糊不清、不一致及有争议的问题；协商解决合同文件中的漏项、差错及增补事项；编制或指定特殊变更工程或附加工程的质量控制指标和技术规范。

(15)提供业主要求的监理资料及统计报表。

(16)督促检查驻地办及承包人按业主的要求编制竣工文件并收集整理。

(17)签发工程缺陷责任终止证书。

(18)配合业主进行工程的交工、竣工验收和工程移交工作。

(19)检查、管理、指导各驻地办的监理工作，组织开展经验交流，进行阶段性总结表彰。

2.实行二级监理管理机构的驻地办职责

驻地办是在高级驻地监理工程师直接领导下，对所管辖的各施工合同段直接进行施工现场监督与管理的实体组织，拥有合同约定的及总监授予的权力、责任和义务。除拥有前文“(二)，2”所概括的主要职责外，还应有以下具体职责。

(1)审查承包人的总体进度计划并报总监办审批；审批承包人的月、季、年度及阶段性进度计划和单项工程进度计划；监督并记录进度计划的实施情况，统计并报告进度计划执行情况。

(2)审查承包人的主要专业技术人员资质、质量自检体系、质量保证措施；指令更换不称职的施工管理人员。

(3)审查承包人机械进场计划及进场机械设备；指令更换不合格的机械设备。

(4)审查承包人的取土场、石料场、石灰场并检验其进场材料。

(5)按规范规定的检查频率，检查、监督承包人对所施工的工程质量进行自检，并在承包人自检记录上签署意见。

(6)监督承包人的现场取样及各项室内试验，按不低于承包人各项自检总数20%的频率独立进行抽检试验。

(7)审批承包人的施工图；签认承包人各项完工工程的竣工图。

(8)按第三章有关图纸审核内容进行审核并予以澄清或改正，对重大差、错、漏问题提出具体意见并报总监办处理。

(9)监督、抽查并确认承包人的测量工作。

(10)审批承包人试验路段施工组织设计方案，对试验路段的实施进行旁站监督。

(11)按工序检查监督施工质量，对路基、路面、桥梁、通道、涵洞(管)、砌体工程及混凝土工程的施工工作进行全过程的旁站监督；指令承包人对不合格的工序停工整改、返工或补救处理，并旁站监督返工或补救处理；涉及重要的停工、返工或质量事故报总监办批准。

(12)签认各工序或分项工程完工后的质量检查记录及汇总资料；整理质量检验成果及相关资料。

(13)测算合格工程的工程数量，审核承包人的计量单及月支付申请报表，编制月支付报表(证书)；按总监办统一规定和要求建立健全计量，支付台账。

(14)在不改变使用功能和工程投资的前提下，现场改正小桥涵方位，洞底高程、交角、涵长、洞口形式及排水沟、挡土墙的基底高程和长度；根据授权范围办理设计变更。对除此之外的设计变更报总监办按权限进行处理。

(15)现场记录并协助解决有关施工障碍、施工干扰及自然灾害问题；审查承包人提供的延期、索赔资料并签署意见后报总监办处理。

(16)审查承包人的劳务队伍，并检查督促承包人对劳务队伍进行有效管理；参与对分包工程的审查工作。

(17)申报计日工，并按批准的使用范围进行监督、管理和记录。

(四)实行一级监理机构的职责

根据现行《公路工程施工监理规范》(JTG G10—2006)的规定，当设置一级监理机构时，其职责是上节“二、(二)，1，2”内容所述的总监办和驻地办的全部职责，其具体的职责如下。

(1)根据合同文件制订和完善工程项目的监理规章制度、监理办法和各种监理程序以及记录和表格，统一整个工程项目的监理业务，并检查其落实和执行情况。

(2)按标段设立的驻地监理组，应严格按合同文件对分管标段工程进行全面管理，负责组织和执行日常监理工作。

(3)熟悉合同文件，审查施工图纸，复核定线数据，了解审查认可合同实施前现场占用和借用土地及通往现场的道路的落实情况，并根据计划开工的段落顺序及时要求业主给予提供。

(4)审查承包人现场开工前所需用地及各方面工作的准备情况，符合施工条件，签发开工通知书。

(5)向承包人提供图纸和技术规范，批准承包人实施性施工方案，审查施工图纸，为工程提供基础数据资料，审查认可工作区域及运输道路等。

(6)主持召开第一次工地会议及各种协调会、专题会，发出会议纪要，召开月度工地例会。

(7)按合同规定的程序、手续、时间和金额向业主签发动员预付款支付证书。

(8)审查承包人的主要专业技术人员资质、质量自检体系、质量保证措施等，指令更换不称职的施工管理人员。

(9)审批承包人工程进度计划并检查其执行情况，定期编写进度报告。

(10)审批承包人单项工程开工报告，签发单项工程开工通知书。

(11)审批承包人试验段施工组织方案。

(12)向承包人书面提供原始基准点、基准线和基准高程，审批承包人工程施工放样数据及图表。根据承包人报送的路基横断面、路基设计表对地面线进行实际核查和验收，审批工程数量。

(13)初验承包人的工地试验室，并统一报省质监站验收；审批用于永久工程的钢材、水泥、构件、掺和材料等主要原材料及各种配合比和标准击实试验结果。在施工过程中进行不低于承包人自检频率的20％的抽检试验。

(14)检查和批准承包人的进场材料。

(15)根据合同承诺，检查核实承包人的进场施工机械。

(16)按照合同专用条款的具体规定，审批承包人报送的结构物的详细施工设计图。

(17)监督承包人按合同规定办理各种保险，检查、落实承包人保证工程及人员安全的措施。

(18)控制和评价工程质量、进度，施工安全与环保措施，向承包人签发工地指令、函件和图纸，对不符合合同、规范、设计图纸和安全、环保要求的工程有权指示承包人返工，情节严重或由于安全原因的可暂时中止工程进行，但须上报备案并归档。

(19)及时做好施工抽检资料，及时记好监理日志，保存所有来往信件、记录和一切施工档案并及时归档。

(20)专业工程师按工序检查监督施工质量，对路基、路面、桥梁、通道、涵洞、砌体工程及混凝土工程的施工工作进行全过程的旁站监督，指令承包人对不合格的工序停工整改、返工或补救处理，并旁站监督返工或补救处理。

(21)组织单项、单位工程中间交工验收，签认验收报告。

(22)测算合格工程的工程数量，审核承包人的计量单及月支付申请报表，编制月支付报表并报业主审批。建立健全每期计量支付台账。

(23)及时处理工程变更，对发生的索赔、工期延误、争端、重大变更、支付和其他工程合同实施中发生的特殊情况应及时提出处理意见并及时通知和书面报送业主。

(24)经办竣工验收和编写竣工报告，颁发《竣工证书》，检查工程缺陷修复情况，若确认已达到合同规定标准，颁发《工程缺陷责任终止证书》。

(25)处理与工程有关的第三方关系，并做好记录。

三、总监办各职能部门职责分工

1.工程部职责

(1)指导、协调工程技术、质量管理、安全与环境保护工作，根据工程的施工及管理特点，提供或补充有关工程质量管理的制度、规定、方法和检验表格的格式，配合组织有关工程技术、工程质量管理人员的业务学习和交流。

(2)解释、修正技术规范和设计图纸中的重要遗漏、错误与含糊不清的问题。

(3)审批重要施工方案，协同合同部审查承包人的总体进度计划。

(4)解决施工中存在的重要技术、质量、环保问题。

(5)协助合同部完成重大工程变更单价和费用审查。

(6)抽查工程质量，掌握工程质量状态。

(7)掌握原材料、半成品、成品以及重点工程设备的质量动态。

(8)参加重要工序及部位的隐检，检查分项分部工程质量，对主体结构及项目在交工前组织进行全面检查。

(9)审核施工组织设计及施工技术安全措施。

(10)协助业主确认承包单位选择的分包单位，并审核分包单位的资质及质量保证体系。

(11)编写监理报告中有关工程质量、变更等章节内容。

(12)参加交工验收及缺陷责任期验收工作。

(13)完成总监理工程师及代表布置的其他工作。

2.合同部职责范围

(1)指导、协调整个工程项目的合同管理工作，制订有关合同管理的制度和工作程序，负责组织有关合同计量支付管理人员进行业务学习和交流。

(2)解释合同条款中含糊不清等问题，按合同规定程序解决合同争端。

(3)审查承包人的施工总体进度计划及调整的施工进度计划，协助工程部审查承包人的重要施工方案，下发月进度计划。

(4)制订本项目计量支付程序报表和计量台账的格式，审查总监办、各驻地办、各承包人的计量台账管理工作。

(5)审查分项工程数量并及时提出处理意见。

(6)审查和修正月支付报表、最终支付报表及合同终止后任何款项的支付。

(7)检查、处理承包人提交的延期与费用索赔，审查议价工程的单价。

(8)协助工程部完成工程变更中有关细目的单价和费用审查，管理汇总工程变更令。

(9)提供有关计量、支付、延期、索赔等方面的表格证书格式，指导驻地办具体实施。

(10)编写监理报告中有关计量支付、计划管理、合同管理等内容。

(11)完成总监理工程师及其代表布置的其他工作。

3.中心试验室职责

(1)指导、协调本项目各级试验室的试验工作，负责组织有关试验人员进行业务学习和交流。

(2)督促检查合同段对试验标准和规程的执行情况。

(3)提供或补充各种试验表格或批准承包人的试验表格的格式，提供有关各种试验的统计报表格式，管理总监办中心试验室的一切工作。

(4)检查驻地办和承包人的试验室及试验仪器、设备人员，督促和检查驻地办和承包人定期标定(检定)其仪器、设备。

(5)复核、平行验证、审批驻地办和承包人所做的所有配合比试验、标准试验和其他有关试验。

(6)定期汇总原材料、施工质量的检验成果统计报表，建立试验抽查资料台账。

(7)协助工程部对工程进行现场抽样检查。

(8)参与新技术、新工艺、新材料以及重要的工程试验工作。

(9)参加重大与重要技术、质量问题的处理。

(10)编写监理报告中有关试验、质量检查等章节的内容。

(11)负责试验室驻地的气象报告及有关气象资料的收集、整理和归档。

(12)参加交工验收及缺陷责任期验收工作。

(13)完成总监理工程师及其代表布置的其他工作。

4.行秘部职责

(1)负责拟办各种综合性文稿，综合各部门工作安排和总结，起草半年、全年工作要点和总结。

(2)负责征询监理机构会议议题，安排会议，做会议记录和整理会议材料，催办决议事项。

(3)负责收集、整理和保管工程监理方面的资料、档案等。

(4)负责监理机构各种文件、资料的打印、复印；收发文件的登记、编号、送阅和整理归档。

(5)负责考核并检查每月监理人员及车辆的考勤，上报有关部门。

(6)负责监理机构公章的管理和日常财务开支的管理。

(7)负责来往人员的接待和业务联系、洽谈等工作。

(8)负责监理机构办公生活用房、后勤保障及电话安装、维护与管理。

(9)负责车辆、设施、办公用品及物资使用的管理工作。

(10)负责职工食堂的日常管理，防暑防寒等生活福利事宜。

(11)完成总监理工程师及其代表布置的其他工作。

四、监理人员组成

(一)监理人员构成

按照交通部颁布的现行《公路工程施工监理规范》(JTG G10—2006)规定，监理人员的构成，应根据工程的类别、规模、技术复杂程度和能够对工程有效实施控制的原则进行配备。

监理人员包括：总监理工程师(简称总监)、高级驻地监理工程师、专业监理工程师(以上统称为监理工程师)；监理工程师助理(称监理员)，以及必要的文秘(包括翻译)、行政事务人员等。

(二)监理人员的素质

工程监理是高层次的咨询工作，也是一项技术性、政策性、经济性、社会性很强的综合监管工作，要求监理人员必须具备以下素质：

(1)掌握完整的知识结构，懂合同、会管理、懂经济、知法律、懂技术，并具备一定的计算机技能和专业外语知识；

(2)具有丰富的工程实践经验；

(3)具有较强的协调能力；

(4)具备高尚的道德情操和敬业精神；

(5)具备良好的文化素养；

(6)具备健康的身心。

这样才能遵循“严格监理、优质服务、公正科学、廉洁自律”的监理原则，有效地控制工程质量、进度、费用与合同管理。

(三)监理人员资质

现行《公路工程施工监理规范》(JTG G10－2006)中规定总监理工程师应具有相应专业的高级技术职称、五年以上的现场工程监理经历、担任过两项以上同类工程的驻地或总监职务。高级驻地监理工程师，一般应具有相应专业的高级或中级技术职称、同类工程三年以上监理经历。以上人员要求具有交通部公路工程监理工程师资格。

专业监理工程师应具有相应专业中级技术职称并应取得交通部或交通厅(局)颁发的专业监理工程师证；专业监理工程师分别由路基、路面、桥梁、隧道、安全环保、交通工程、筑路机械、材料、试验、测量、计划、财务及合同管理等方面的专业技术人员构成。

测量、试验及现场旁站等监理员应具有初级技术职称或经过专业技术培训，考试合格并有一定的现场经验。

(四)监理人员专业结构

监理人员的结构应合理，监理工程师办公室各专业部门负责人及驻地监理工程师等各类高级监理人员，一般应占监理总人数的10%以上；各类专业监理工程师等中级监理人员，一般应占监理人数的40%；各类专业工程师助理及辅助人员等初级监理人员，一般应占监理总人数的40%；行政及事务人员一般应控制在监理总人数的10%以内。

(五)监理人员的数量

监理人员的数量应满足对工程项目进行质量、进度、费用监理和合同管理的需要，一般应按每年计划完成的投资额并结合工程的技术等级、工程种类、复杂程度、设计深度、通行条件、当地气候、工地地形、施工工期、施工方法等实际因素，综合进行测算确定，应符合现行《公路工程施工监理规范》(JTG G10—2006)中的相关规定。

第五节　监理工作范围及目标

一、监理工作范围

监理工作范围一般在监理服务协议书中有明确的规定，监理工程师对所监理的承包人承建的所有工程进行全过程监理，包括正常监理服务，附加监理服务和额外的监理服务工作，其主要内容有：

(1)参与施工招标，协助业主单位确定最佳的施工单位；

(2)对所有监理人员及施工单位主要管理人员进行必要的岗前培训；

(3)履行施工监理合同文件及施工合同文件中规定的权利和义务，各级监理工程师可以根据监理合同文件规定的范围，按权限行使相应的职能；

(4)承担监理工程师权限内的工程变更和设计审查工作；

(5)承担工程延期、索赔的取证、核实和评估工作；

(6)编制各项监理制度、管理办法、工作程序、图式表格，使质量、进度、费用、合同及资料信息管理工作制度化、规范化；

(7)统计汇总工程的各类信息数据及其他属于监理业务范围内的统计报表；

(8)编制工程监理月报；

(9)负责缺陷责任期的监理工作；

(10)整理编报监理工程师业务范围内的技术档案和竣工资料，审定承包人的竣工资料；

(11)完成业主委托的其他工作。

二、监理工作的目标

在工程施工阶段，施工监理的工作内容就是质量控制、施工安全保证、施工环境保护、进度控制、费用控制、合同管理、信息管理和组织协调等。监理工作的目标是：控制工程质量、费用和进度，保证施工安全，保护施工环境。合同管理、信息管理和全面的组织协调是实现费用、进度、质量、安全、环境等目标所必须运用的控制手段和措施。但只有确定了质量、费用和进度目标值，监理单位才能对工程项目进行有效的监理管理，质量费用和进度是一个既统一又矛盾的目标系统。在确定每个目标值时，都要考虑对其他目标的影响。但是，其中工程安全可靠和使用功能目标以及施工质量合格目标，必须优先予以保证，并要求最终达到目标系统最优。对建设单位来说，五大目标的设定总是希望费用省一点、工期短一点、质量好一点、无安全事故、环境不被破坏。而对施工单位来说，在确保质量的前提下，要求有合理的工期和尽可能低的成本。在实际施工中，如果要提高质量目标，比如确定的质量目标不仅要确保优质，而且要创示范工程，就必然要加大人力、物力的投入；如果同时还要缩短工期，其投入会更大，使造价控制偏离预定目标。下面具体介绍监理的各大控制目标。

(一)质量控制目标

施工阶段是工程质量的实际形成阶段，因此施工阶段的质量控制是施工监理的最重要工作，是施工监理的核心任务。结合目前的我国国情，质量管理要占整个监理活动的70%～

80%。一项工程的质量，是由每道施工工序的质量组成的，而工序质量的好坏，取决于施工单位的综合实力以及对项目的合同投入。因此施工阶段质量控制的目标是以合同文件、技术规范和设计图纸为依据，以工序质量控制为核心，通过抓施工单位对本项目的人、材料、机械设备等投入来保证工序质量，最终确保工程质量达到设计要求，实现全优工程，使之能安全、舒适、可靠、高效的使用。

在质量监理中，要强调事前控制和主动监理，同时，只有对施工过程进行全面跟踪监理，才能杜绝和减少质量隐患发生的几率；另外，质量监理应与工程计量支付挂钩，从而对施工单位形成有效的约束机制。

（二）进度控制目标

公路工程项目的一个特点就是建设周期长，而施工阶段工期的长短在很大程度上决定了该项目建设周期的长短。同时，工期的长短直接影响到建设单位和施工单位的重大利益，甚至会产生重大的社会影响。工期过短会使质量下降或费用增加，而工期过长则会因人力、物力的浪费而造成成本上升，质量也可能因工序之间脱节、施工人员的松懈而下降，同时还会造成不良的社会影响。因此，施工阶段工期控制的目标就是以事前控制为主，通过计划、组织、协调、检查与调整等手段，调动一切积极因素，努力实现各个施工阶段的工期目标，确保总工期目标的实现。

监理工程师的进度控制，主要是通过对施工单位的施工进度计划进行审批，对计划实施过程的监控以及根据实际进展及时调整来实现的，所以施工进度计划应由施工单位根据合同承诺的工期来编制，经监理工程师审批后实施并在实施过程中根据实际情况不断进行及时调整，确保关键线路上控制性工程进度目标的实现，从而保证工程在合同工期内按期完成。

（三）费用控制目标

在工程施工阶段，建设资金大量投入，除了按合同条款支付工程款项之外，还可能发生各种附加费用，因此，施工监理造价控制的主要内容就是费用控制，即对各种费用的支付实施监督和管理。费用控制的目标就是工程承包合同价，要在确保工程项目进度及质量目标的前提下，以科学、公正的原则协调和处理合同双方之间的收支行为，控制可能发生的新增费用，使工程的实际价格尽可能接近合同价，力争使工程总费用控制在概算范围之内。

施工监理中的费用控制，其核心是对工程计量与支付的监督管理。要做好这项工作，应该熟悉合同文件，特别是熟悉监理工程师在计量与支付方面的职责与权限。在此基础上，根据合同制订计量与支付程序。在工程计量中，施工单位与监理工程师双方均应在工程计量文件上签认；在费用支付时，监理工程师应严格执行支付程序，按规定的支付时间、支付范围、支付方式核定各种款项的支付。监理工程师应熟悉工程量清单中包括的所有支付项目的内容，以确保费用支付的合理与必要。

（四）施工安全管理

施工安全管理作为监理工程师的一大控制目标。监理工程师应做到及时审查施工单位编制的施工组织设计中的安全技术措施或专项施工方案是不是符合强制性标准，安全管理和安全保证体系的组织机构健全性，专职安全管理人员、特种作业人员配备的数量及安全资格培训持证上岗情况等。各种安全措施和规章制度、操作规程及相应的应急预案必须齐全到位。监理工程师还应监督和检查安全措施的落实和执行情况，若发现施工单位未按要求标准施工，违规作业时，应及时予以制止。情况严重的应签发《工程暂停令》要求施工单位暂停施工，并及时报告建设单位。监理工程师要建立施工安全监理台账，做好各项纪录。总监理工程师和驻地监理工程师应定期检查施工安全监理台账记录情况。分项、分部工程交工验收时，如安全事故的现场处理未完成，不得签发《中间交工证书》。

（五）施工环境保护

监理工程师应审查施工组织设计中是否按设计文件和环境影响评价报告的有关要求制订了施工环境保护措施，审查合格后方可同意开工。监理工程师在日常工作中应随时检查该措施的落实情况，若施工中发现存在违反有关环保规定、未按合同要求落实的，应书面指令施工单位整改，情况严重的应签发《工程暂停令》要求施工单位暂停施工，并及时报告建设单位。发现文物时，应要求施工单位依法保护现场，并报告有关部门和建设单位。监理工程师应要求施工单位依法取得砍伐许可证后按照砍伐许可面积、株数进行砍伐，并注意保护野生动植物。

（六）合同管理

监理工程师的工作，从根本上说，就是按照合同条款对施工过程的进度、费用、质量等实施管理。由于工程投入的资金多，施工周期长，技术面广、复杂，使用人力、物力多，参与单位也多，再加上种种市场的和非市场的不规范行为，将会影响合同的正常履行，因此要利用合同手段，采取经济与法律相结合的方法，处理与协调合同有关方的权利义务关系。合同事务管理方面的主要内容包括：工程变更、工程延期、费用索赔、争端与仲裁、违约、工程分包、工程保险等方面。理解和熟悉合同的条款与其主要内容对监理工程师、业主和承包人都十分重要。严格履行工程合同可以有效管理工程进度、保证工程质量、公正地维护合同双方利益、有利于工程建设的科学管理。

（七）信息管理

监理工程师要对工程信息进行有效的管理，就需要建立一个计算机辅助管理系统，或者称为计算机信息管理系统。这种系统应包括施工进度管理、质量管理、造价管理、合同管理、组织协调等方面的内容，每一方面的内容可编制成独立的管理软件，也可作为管理系统软件中的一个子系统。它通过对工程项目建设过程中信息的采集、加工和处理，也即通过统计分析、对比分析、趋势预测等处理过程为监理工程师的决策提供依据，对工程费用、进度、质量进行控制，同时也为确定索赔内容、索赔金额及反索赔提供确凿的事实依据。

（八）组织协调

确保工程建设合同的正常履行，是组织协调的首要任务。工程建设中往往会发生许多不可预见的情况问题和矛盾；设计、施工、材料供应单位也会由于各种原因，发生一些不能履约或违反合同的情况，从而影响工程的进行。监理单位就要在保证控制总目标不变的前提下，对存在的问题从质量、费用、进度方面予以协调解决，以求得工程的正常开展。

第六节 监理工作阶段及工作内容

一、监理工作阶段的划分

根据现行《公路工程施工监理规范》（JTG G10—2006）中的规定，监理阶段一般划分为三个阶段，即施工准备、施工、交工验收与缺陷责任期。

（一）施工准备阶段监理

监理工程师应熟悉合同文件、配备实验室设备、调查施工环境、编制监理计划和细则、参加设计交底、审批施工组织设计、召开监理交底会、召开第一次工地会议、签发合同工程开工令等。

（二）施工阶段监理

施工阶段的监理，是监理工作的重中之重，应集中力量做好工程各大目标的控制工作，并做好合同管理、信息管理等各项工作。

（三）交工及缺陷责任期阶段监理

在工程完工或部分（分项、分部）工程完工后，只要签发交工证书后即进入缺陷责任期阶段监理。除应对工程缺陷、修补、修复及重建进行监理外，并应视同施工阶段监理一样做好这一阶段的监理工作。

二、各监理阶段的工作内容

（一）施工准备阶段监理工作内容

该部分参照本章节及第二章相关内容，在此不赘述。

（二）施工阶段监理工作内容

施工阶段监理工作全部内容将在文后各章节分别详述。分级监理时，各级监理职责已在前文第二节介绍，这里仅对工作重点逐一概括。

1. 工程质量监理内容

（1）审查工程分包情况。

（2）审批施工测量放线。审查施工单位提交的施工测量成果并予以批复。监理工程师对施工放线的重点桩位100%复测，其他桩位不低于30%抽检。

（3）分项工程开工前，监理工程师应审查该分项工程的施工组织，包括项目负责人、技术负责人及质量、安全、环保等施工管理、自检人员及主要施工操作人员的配备是否符合合同要求并满足施工需要。

（4）审查施工单位进场的施工机械设备是否满足合同要求，重点审查机械设备是否满足施工质量、安全、环保、进度等要求。施工单位如使用合同约定外的施工机械设备，监理工程师应要求施工单位另行提出使用申请。

（5）审查施工单位提交的分项、分部工程的施工方案及主要工艺，对技术复杂或采用新技术、新工艺、新材料、新设备的工程，应根据试验工程结果进行审批。

（6）审批分项、分部工程的开工申请，确定是否批复其开工。

（7）对承包人的检验、测试工作进行全面监理；有权利用施工单位或自备的测试仪器设备，对工程质量进行检查，凭数据对工程质量进行监理。同时审批工程原材料与配合比。

（8）监理人员应重点巡查：正在施工的分项、分部工程是否已批准开工；质量检测、安全管理人员是否按规定到岗；特种作业人员是否持证上岗；现场使用的原材料或混合料、外购产品、施工机械设备及采用的施工方法与工艺是否与批准的一致；质量、安全及环保措施是否实施到位；试验检测仪器、设备是否按规定进行校准；是否按规定进行了施工自检的工序交接。监理人员每天对每道工序的巡视不少于一次，并按现行《公路工程施工质量监理》（JTG G10—2006）附录B.1做好记录。

(9)按施工程序旁站，对每道工序、每个部位进行质量检查和现场监督，对重要工程跟班检查，对质量符合施工合同规定的部分和全部工程予以签认；对不符合质量要求的工程，有权要求承包人返工或采取其他补救措施，以达到合同规定的技术要求。宜旁站的项目详见《公路工程施工监理规范》(JTG G10—2006)附录A.1，监理人员应按《公路工程施工监理规范》(JTG G10—2006)附录B.2做好记录。

(10)监理工程师应按规定重点对施工过程中使用的水泥、钢材、沥青、石灰、粉煤灰、砂砾、碎石等主要原材料及各种混合料进行抽检，抽检频率应不低于施工单位自检频率的20%，其余材料应不低于10%；对以完工程实体质量的抽检频率应不低于施工单位自检频率的20%。

(11)验收构、配件或设备。对施工单位外购的或定做用于永久工程的构、配件或设备，监理工程师应要求施工单位提交产品合格证和自检报告。可用常规仪器检测的监理工程师应按施工单位的20%频率进行抽检，合格后方可准许使用。

(12)完工后无法检验的关键工序，须经监理工程师签认，并留存相应的图像资料，未经签认不得进行下道工序的施工。

(13)当发生可属于监理机构处理的质量缺陷、质量隐患时，监理工程师应立即向施工单位发出工程暂时停工指令，并要求其立即书面报告质量缺陷、质量隐患的发生时间、部位、原因及已采取的措施和进一步处理方案；监理工程师应对处理方案进行审核后报建设单位批准，对处理方案的实施进行监理并予以验收，处理合格、隐患消除的可发出复工指令。

当发生不属于监理机构处理的质量事故时，监理工程师应要求施工单位按规定速报有关部门。监理机构应和施工等单位一起保护事故现场，抢救人员和财产，防止事故扩大，积极配合调查。对加固、返工或重建的工程，除特殊规定外，应视同正常施工工程进行监理。

(14)收到分项工程中间交工申请后，应检查各道工序的施工自检记录、交接单及监理工程师签认的关键工序的交验单；检查分项工程的质量自检和质量等级评定资料；检查质量保证资料的完整性。

(15)监理工程师应按有关规定及时对以完工程进行质量评定。

2. 工程进度监理内容

(1)应在确保质量和安全的基础上，以计划控制为主线进行。应要求施工单位按时提交进度计划，严格进度计划审批，及时收集、整理、分析进度信息，发现问题及时按照合同规定纠正。

(2)应要求施工单位在合同规定的期限内编制并提交进度计划。

(3)应在合同规定的期限内审批施工单位提交的进度计划。

(4)在施工过程中检查和监督计划的实施，并通过实际进度与计划进度的比较，对每月的工程进度进行分析和评价，评价结论应写入工程监理月报。

(5)当发现对总体工程起控制作用的分项工程的实际工程进度明显滞后于计划进度且施工单位未获得延期批准时，监理工程师必须签发监理指令，要求施工单位采取措施加快工程进度。需要调整进度计划的，调整后的工程进度计划必须报监理工程师重新审核。施工单位获得延期批准后，监理工程师应要求施工单位根据延期批复调整工程进度计划。调整后的工程进度计划应报监理工程师审批。由于施工单位自身原因造成工程进度延误，在监理工程师签发监理指令后施工单位未有明显改进，致使合同工程在合同工期内难以完成时，监理工程师应及时向建设单位提交书面报告，并按合同规定处理。建设单位或施工单位提出工程进度重大调整时，应按合同或签订的补充合同执行。

(6)定期向业主报告工程进度情况，当施工进度可能导致合同工期严重延误时，有责任提出终止执行施工合同的详细报告,供业主采取措施或作出相应的决定。

3.工程费用监理内容

(1)监理工程师必须以质量合格、手续齐全,且符合安全和环保要求作为计量与支付的先决条件,未经总监理工程师批准不得支付。

(2)在计量与支付时,应符合合同规定,并做到客观、公正、准确、及时;计量与支付的项目与数量应不漏、不重、不超。

(3)对实体质量合格,存在外观质量缺陷但不影响使用和安全的工程,监理工程师可依据合同规定折减计量与支付,并报建设单位批准。

(4)监理工程师应建立计量与支付台账,根据施工单位申请和有关规定及时登账记录,实行动态管理,当有较大差异时应报建设单位。

(5)监理工程师收到施工单位计量申请后,应及时计量,对路基基底处理、结构物基础的基底处理及其他复杂、有争议、需要现场确认的项目,应会同建设、设计、施工等单位现场计量。

(6)监理工程师须依据规范现行《公路工程施工监理规范》(JTG G10—2006)中第1.0.3条规定和监理工程师签发的《中间交工证书》及核定的工程量清单等资料进行计量。

(7)监理工程师应对施工单位提交的工程支付申请进行审核,确认无误后签发支付证书并报建设单位。

4.合同管理内容

(1)主持开工前的第一次工地会议和施工阶段的工地例会,并签发会议记录;有权参加承包人为实施合同组织的有关会议,协调工地各承包人(含指定分包人)的有关联系会议。

(2)按施工合同规定的变更范围,对工程或其任何部分的形式、质量、数量及任何工程施工程序作出变更的决定,确定变更工程的单价和价格,经业主同意下达变更令。

(3)对承包人提出的竣工期延长或费用索赔,应就其中申述的理由,查清全部情况,备齐有关资料和数据凭证,并根据合同规定程序审定延长工期或索赔的款项,经业主批准后发出通知。

(4)审查承包人的任何分包人的资格和分包工程的类型、数量,按合同规定程序和权限审批。

(5)监督承包人进入本工程的主要技术、管理人员的构成、资质、数量与合同所列名单是否相符;对不称职的主要技术、管理人员,监理工程师有权提出更换要求。

(6)对承包人的主要施工机械设备的数量、规格、性能、到场日期按合同要求进行监督、检查;对由于施工机械设备原因影响工程的工期、质量的,监理工程师有权提出更换或停止支付。

(7)督促业主及时妥善履行合同规定的各方面责任和法定承诺。

5.工程环保监理内容

(1)应审查施工组织设计是否按设计文件和环境影响评价报告的有关要求制订了施工环境保护措施,审查合格后方可同意工程开工。

(2)监理工程师在巡查、旁站中,应随时检查施工单位制订的环境保护措施的落实情况,检查的主要内容有:

①是否落实了施工环境保护责任人;

②是否对施工人员进行了环境教育;

③施工场地的布设是否符合相关环保要求;

④职业危害的防护措施是否健全;

⑤施工现场(含临时便道、拌和站、预制场)和料场等是否洒水防尘;

⑥是否按有关要求采取降噪措施;

⑦材料堆场设置环境的合理性及采取措施减少运输漏洒情况;

⑧施工废水、渣土、生活污水、垃圾的处置是否合理;

⑨是否按照批准在拟定的取弃土场取弃土,取土结束后是否采取了有效的排水防护和植被恢复措施。

(3)如发现施工中存在违反有关环保规定或未按合同要求落实环保措施的情况,监理工程师应书面指令施工单位整改;情况严重的应签发《工程暂停令》要求施工单位暂时停工,并及时报告建设单位。

(4)施工中发现文物时,应要求施工单位依法保护现场,并报告有关部门和建设单位。

(5)应要求施工单位依法取得砍伐许可证后方可按照砍伐许可的面积、株数、树种进行砍伐,并注意保护野生动植物。

6. 工程安全监理内容

(1)工程开工前,监理工程师应审查施工单位编制的施工组织设计中安全技术措施或专项施工方案是否符合强制性标准,审查合格后方可同意开工。审查重点如下。

①安全管理和安全保证体系的组织机构,包括项目经理、专职安全管理人员、特种作业人员配备的数量及安全资格培训持证上岗情况。

②是否制订了施工安全生产责任制、安全管理规章制度、安全操作规程。

③施工单位的安全防护用具、机械设备、施工机具是否符合国家有关安全规定。

④是否制订了施工现场临时用电方案的安全技术措施和电气防火措施。

⑤施工场地布置是否符合有关安全要求。

⑥生产安全事故应急救援预案的制订情况,针对重点部位和重点环节制订的工程项目危险源监控措施和应急预案。

⑦施工人员安全教育计划、安全交底安排。

⑧安全技术措施费用的使用计划。

(2)应审查分包合同中是否明确了施工单位与分包单位各自在安全生产方面的责任。

(3)督促施工单位进行安全生产自查工作、落实施工生产安全技术措施,参加施工现场的安全生产检查。

(4)在巡查、旁站过程中,应监督施工单位按专项安全施工方案组织施工,若发现施工单位未按有关安全法律、法规和工程强制性标准施工,违规作业时,应予以制止。对危险性较大的工程作业等要定期巡视检查,如发现安全事故隐患,应立即书面指令施工单位整改;情况严重的应签发《工程暂停令》要求施工单位暂停施工,并及时报告建设单位。施工单位拒不整改或者不停止施工的,监理工程师应及时向有关主管部门报告。

(5)建立施工安全监理台账。

(6)分项、分部工程交工验收时,如安全事故的现场处理未完成,不得签发《中间交工证书》。

(三)交工及缺陷责任期阶段监理工作内容

监理工程师应按合同及有关规定要求,审查施工单位提交的合同工程验收申请,评定工程质量、编制监理工作报告、签认交工结账证书、签发缺陷责任终止证书等内容(具体参见第七章相关内容)。

第七节　监理工作管理制度

项目监理机构应根据合同要求、监理机构组织的状况以及工程的实际情况制订有关制度，这些制度应体现有利于控制和信息沟通的特点。各项目监理机构应根据工程进展的不同阶段制定相应的工作制度。下面主要就质量、进度、费用、安全、环境保护和合同管理等方面予以阐述。

一、质量管理制度

工程质量监理是监理工作的主要职责之一，它涉及材料、机械、测量、试验、工艺和承包人施工组织管理及其质量保证体系等诸多因素，受合同条件、工期要求、工程设计和施工环境等条件的约束和影响，监理工程师应结合本工程的实际情况，按照合同文件和施工规范的要求，制订质量管理制度，明确质量程序、质量指标、检验频率、检验方法等。主要的质量管理制度如下：

(1)施工图纸会审及技术交底制度；

(2)施工组织设计审核制度；

(3)工程开工申请制度；

(4)质量评定单元划分及评分办法；

(5)工地巡视检查办法；

(6)工程质量责任卡制度；

(7)工地会议制度；

(8)施工质量管理办法及奖罚细则；

(9)施工质量中间检查验收程序(后附实例)；

(10)质量事故处理程序；

(11)试验工作管理制度。

以下以××高速公路监理工作管理制度(施工质量中间检查验收程序)为例详细阐述，以供参考。

××高速公路

施工质量中间检查验收程序

一、单项工程开工报告通知

在各单项工程开工之前至少14天，承包人应向驻地监理办提交单项工程开工申请报告，由驻地监理办审查同意后签发单项工程开工通知。

二、工序检查

在各单项工程开工之前，驻地监理办的专业工程师应与承包人的自检负责人，根据其施工工艺流程确定工序检查程序及相应的施工记录和检查表格，再通过高级驻地同意后送达施工负责人执行。每道工序完工后，首先由承包人自检人员进行自检，自检合格后填写“质量检查表”申报专业监理工程师(或其助理人员)检查；专业工程师(或其助理人员)检查合格后予以签字认可。

对路基压实、路面、混凝土浇筑桥梁、隧道等重要施工工序，监理人员应进行全过程旁站监督；其他工程项目可采取巡回检查与旁站监督相结合的监理方法。

上道工序检查不合格或未经书面签字认可，不得进行下道工序施工。

三、抽检频率

承包人必须按现行施工技术规范和有关质量检测试验规程要求的实测项目和频率进行检

查，按100%频率完成测量和试验检测。在取样和试验及测量过程中驻地监理人员应予以检查、监督。

监理工程师抽检分为试验类和测量类。试验类抽检指监理人员独立取样、独立保养试件、独立试验，独立记录并独立计算、填写、整理、保存、管理资料。用于指导施工的标准试验和各类配合比、标准击实试验，由驻地监理送样或代表处中心试验室直接取样，完成100%抽检试验(即对比试验)。施工过程抽检，驻地监理独立完成不少于承包人试验频率的20%(其中混凝土强度驻地监理办应予以100%抽检、代表处不少于3%)。

测量类抽检，指监理工程师独立视镜(读尺)、独立量测、独立记录，控制工程的位置、高程、尺寸及其线形的检查数据，并独立计算、填写、整理、保存资料。施工控制桩(如导线点、水准点)承包人按100%频率检查合格后，驻地监理办按100%频率独立抽检；大中桥基础(如钻孔灌注桩等)及桥梁中线位置、桥面高程(含梁、板顶面高程)驻地监理按100%抽检。隧道工程的平面控制、高程控制、洞内施工量测、贯通测量及现场监控量测的必测项目，驻地监理办按100%频率独立抽检。路基工程、防护工程的平面位置，驻地监理办按100%频率独立抽检。施工过程中的其他抽检，驻地监理独立完成不少于承包人检查频率的20%。

四、中间交验

每一单项工程完成后，承包人的自检人员应对照技术规范和交通部颁发的现行《公路工程质量检验评定标准》(JTG F80/1—2004)进行一次系统的检查，对检查出的一般性缺陷在征得驻地监理办同意后予以修补；对较大缺陷和重大缺陷或质量事故，应予返工或补强处理。补强处理仅限于无法返工处理的项目(如桩基)，并应事先取得驻地监理办书面批准。对经自检合格的单项工程，应汇总各道工序“质量检查表”、测量记录、试验资料，填写“中间交验表”(按统一表格)，绘制出竣工图，提交“中间交验报告”(一式三份)，报送驻地监理办。

驻地监理办组织进行系统验收，验收时通知总监代表处参加，承包人予以配合，合格后方可签认“中间交验表”，最后签发“中间交验证书”(一式三份)。“中间交验证书”后应附“中间交验报告”，驻地办留一份，承包人一份，抄报总监代表处一份。

二、进度管理制度

进度管理是监理工程师根据合同工期要求和合同赋予的职责，在工程实施中，对工程实施组织、资源投入、工期安排进行监督与管理，努力减小各承包人或各分项工程间工程计划进度和实际进度的差距，使工程得以均衡进行，并在规定的期限内达到各个阶段的计划目标，确保工程按期完成。其包含内容如下：

(一)施工进度计划管理办法(总体、阶段、单项及计划的修订)；

(二)月份施工计划完成统计制度。

以下以××高速公路进度计划管理办法为例详细阐述，供参考。

××高速公路

施工进度计划管理办法

一、总体进度计划(总体施工组织设计)

1. 总体施工进度计划的提交

根据合同条款14.1和14.3规定，承包人在签订合同协议书后21天内应向工程师提交总体施工进度计划和现金流动估算计划，以取得监理工程师批准。

总体施工进度计划一式三份，报送驻地办、代表处和业主各一份。

2. 总体施工进度计划的编制

承包人在接到中标通知书后，应认真阅读技术规范、设计图纸并对现场的地形地物、征地拆迁等情况进行认真地调查研究，做好相应的施工组织设计，编制施工进度计划（施工组织设计），对其进行完善、补充和深化，尽量做到真实、可靠并符合实际，清楚、明了并便于管理，能够表达施工中全部活动及其他的相关关系，主要内容包括：

(1)工程简介；

(2)承包人的总体组织机构（附组织机构框图）（图略）；

(3)总体施工方案和施工方法的总说明（附总体平面布置图）（图略）；

(4)总体施工安排（用网络图、横道图、斜率图、柱状图表示出全合同各单位工程主要项目的开工时间、结束时间、施工工期及各阶段完成的工作量）；

(5)大桥、隧道、立交、路基、路面等主要工程及其他特殊工程的施工方案和施工方法，并对影响进度的难点工程和关键工程提出具体保证措施；

(6)各单位工程在各个施工阶段配备的人力和主要机械设备数量、型号等（需附人员、机械进场计划表）；

(7)承包人的质量保证体系和质量保证措施；

(8)施工测量控制实施方案，测量、试验人员及主要设备（需附主要测量、试验仪器进场计划表）；

(9)主要材料的采购供货计划；

(10)安全、环保措施报告；

(11)现有道路的使用及施工便道的落实情况；

(12)初步现金流动估算计划表（并用曲线图表示）和月度现金流转表。

3. 总体施工进度计划的审批

首先由驻地办对承包人提交的总体施工进度计划进行审查，提出问题与承包人交换意见修改后报代表处，代表处再会同业主进行调查了解并与承包人进行讨论和澄清，最后对存在的问题提出具体的审查意见交由承包人修改，然后由代表处对承包人修改后的总体进度计划予以批准。

批准文件一式四份，主送承包人，抄送驻地办，抄报业主、总监办。

4. 审查总体进度计划总体进度计划涉及承包人与业主的有关责任与义务，审查过程应是讨论、澄清和落实的过程，并为进度计划实施创造各种有利条件。审查时重点应考虑如下问题。

(1)施工总体安排是否符合合同工期。

(2)施工方案和施工方法是否与承包人施工能力相适应。

(3)施工工序之间安排是否相协调。

(4)施工计划安排是否与业主提供场地的时间适应。

(5)各单位工程（包括分部工程、分项工程）计划完成的工作在时间安排上是否充分考虑雨季、冰冻、低温、炎热等不良气候的影响。

(6)各单位工程（包括分部、分项工程）配备的人员和机械设备是否满足计划完成工作量的需要，关键工序是否有充足的备用设备；材料供购计划是否与计划完成的工作量相协调。

(7)计划安排是否为一些突发事件等因素影响施工而留有余地。

(8)质量保证体系是否健全，测量控制方法和试验手段是否可靠并符合规定。

(9)安全、环保措施是否符合要求。

(10)初步现金流动估算计划是否与各项计划完成工程量相一致。

(11)与投标书中施工组织设计进行比较哪些项目的组织措施得到加强和改善，哪些项目变动较大且是否合理。

二、阶段性施工进度计划

阶段性施工进度计划包含年度施工进度计划、月(季)度施工进度计划。

1. 阶段性施工进度计划的提交

在批准了总体施工计划后，承包人应尽快提交年(月)度施工进度计划；在每月 25 日以前，承包人应提交下月的月度施工进度计划；季度施工进度计划是否需要根据施工具体情况而定。

年度进度计划一式三份，报送项目组、代表处和驻地办各一份。

2. 阶段性施工进度计划的编制

年度计划编制的依据是已批准的总体施工进度计划，月(季)度施工进度计划编制的依据是已批准的年度计划，并结合实际情况进度完善和深化、使其一层比上一层表示和各项工作内容更具体明了、符合实际、便于操作，其主要内容应包括：

(1)阶段总体安排(用横道图、斜率图、柱状图表示出阶段开展的工作及完成的工作量)；

(2)影响进度的关键工程、难点工程分析及相应的保证措施；

(3)施工队伍、主要施工机械设备的数量及调配情况(附人员、机械进出场表)；

(4)各种材料的落实情况；

(5)质量、安全、环保等方面的落实情况；

(6)计划完成的工程量(金额)；

(7)希望业主解决的征地拆迁和变更设计问题的具体内容和时间。

3. 阶段性进度计划的审批

阶段施工计划的审批程序与总体施工进度计划的审批程序相同。

三、单项工程施工进度计划(单项工程施工组织设计)

1. 单项工程施工进度计划的提交

按照技术规范 102.03 规定，承包人应在各单项工程开工前至少 14 天提交单项工程施工进度计划。单项工程施工进度计划作为单项工程开工报告的组成部分，随同单项工程开工报告一起提交。

2. 单项工程施工进度计划的编制

单项工程施工进度计划编制的依据是已批准的总体施工进度计划、技术规范和设计图，主要内容包括：

(1)本单项工程的划分范围及工程简况；

(2)施工组织计划；

(3)工程特点、施工方法及工艺流程(需附施工工艺流程图)；

(4)施工安排(需用横道图表示各项工作开工、结束时间及各阶段完成的工作量)；

(5)各施工阶段配备的人力、主要机械设备及到位情况；

(6)主要材料的采购计划及备料情况；

(7)质量保证体系(含测量、试验人员和仪器到位情况)；

(8)安全、环保措施;

(9)工地准备情况(桥梁工程应附平面布置图)。

3. 单项工程施工进度计划的审批

首先由驻地监理办对单项工程进度计划进行审查,对发现的问题进行调查了解并与承包人讨论澄清,再由承包人进行修改,最后与开工报告一起批准。

四、总体进度计划的修订

根据合同14.2条规定,承包人应以每次不超过三个月或总监办同意的间隙对总体施工进度计划进行一次修订。修订后总体进度计划的报批程序与原进度计划的程序相同。

修订进度计划的编制要求与原进度计划的要求相同。但如果实际完成投资与计划相比明显滞后,或者形象进度(特别是关键线路上工程)明显滞后,则应增加如下内容。

(1)工程滞后的具体项目及其数量。

(2)工程滞后的原因及相应加快进度的措施。

(3)需要由业主解决的具体问题及时间。

三、费用管理制度

费用管理制度主要涉及工程计量、支付以及前期工程数量的审定及计量台账的建立等工作。包含如下内容:

(一)工程数量审定与计量台账管理办法;

(二)计量支付管理程序。

以下以××高速公路计量支付管理程序为例详细阐述,以供参考。

××高速公路

计量支付管理程序

一、工程计量的基本要求

根据合同条款和工程量清单说明部分的有关规定,工程量清单所开列的工程量是估算数量,不能作为承包人应该得到支付金额的依据,支付金额应通过工程计量来确定,并应遵循下列原则。

(1)工程计量项目,其质量必须符合现行技术规范要求,检查验收合格,签认手续齐全。

(2)工程计量的范围和方法必须符合合同条款、技术规范、工程量清单说明和补遗等规定。

(3)单项工程最终计量不得超过单项工程计量台账中的批复数量。

(4)变更工程无变更通知和项目组批准文件不得计量。

(5)计日工计量必须附有监理工程师签证和项目组的批文复印件,并附有专业工程师签认的"计日工日报表"等证明材料。

(6)暂定金额使用必须得到驻地监理办、代表处审核,项目组批准;计量时必须附有批准使用的文件复印件。

(7)索赔金额、迟付款利息等其他款项支付,必须附有相应的监理工程师签证和项目组批文复印件。

(8)材料和设备预付款计量,必须经过监理工程师验收合格后予以签证。

二、支付报表的编制

为了保证计量支付工作按合同规定的程序和时间顺利进行,本项目支付报表按承包人、监理工程师分别编制和签字的办法进行。支付报表包括如下内容。

(1)月支付申请报表:承包人应依据监理工程师签认的计量证书和有关费用增减的批文,编制并提交月支付申请报表,此表由项目经理签字并加盖项目经理部公章。

(2)月支付报表(支付证书):驻地监理办审查完承包人月支付申请报表后,在3天内编制应该支付给承包人款额的月支付报表(支付证书),总监代表处在3日内审核完成并上报项目组。

三、计量支付程序

(1)承包人于每月26日前会同专业工程师对上月26日至本月25日完成并经检验合格的工程进行测量计算,填写"工程计量计算单"一式三份,交专业监理工程师审核签认。监理工程师留存一份,退回承包人两份,其中一份由承包人留存,一份作为计量证书附件。

(2)承包人每月27日前汇总经签认的"工程量计算单"并分类填写"工程计量证"、"变更工程计量证"、"材料预付款计量证"、"计日工计量证""暂定金额计量证",一式三份,报驻地监理办审核。

(3)驻地监理办在本月30日前审查并签认各类计量证,一式三份,留存一份,退回承包人两份,其中一份由承包人留存,一份作为"月支付申请报表"的附件。

(4)承包人在次月2日前汇总签认的计量证和上月26日至本月25日所批复的各类费用增减文件,编制并以"传递单"形式报送"月支付申请报表"一式两份,并附计量证、中间交验证书、费用增减批文复印件及其他证明材料和本月计量数据库软件各一份,报驻地监理办。

(5)驻地监理办在次月5日前审查"月支付申请报表"并编制"月支付报表",经驻地监理办负责人签字后,一式十份以"传递单"形式报送总监代表处。

(6)总监代表处合同部在收到"月支付报表"后,在次月8日前审核完成无误后由总监代表签字报项目组。

(7)项目组在收到"月支付报表"审核无误后,建设单位对于"中期月支付报表"在21天内予以付款,对于"最终支付报表"在42天内予以付款,并应及时返还给总监代表处支付报表三份(代表处、驻地监理办和承包人各一份)。

(8)下期支付报表中的"到上期未完成"栏数据均应以建设单位返还的上期支付报表为准。

(9)项目组或承包人分别在收到"月支付报表"后14天内,将发现的问题和不同意见以书面形式通知总监代表处、驻地监理办,以便监理工程师查实后在下期支付中予以改正。除非有明显的较大错误经总监代表同意在本期支付中更正外,一般问题或错误均应在下期支付中修正,而不影响本期支付的正常进行。

四、合同管理制度

合同管理是要求监理工程师必须全面熟悉和理解合同,根据合同规定制订详细的规章制度,维护合同各方的合法权益,保障合同的正常执行。所涉及的方面主要有:变更、延期、索赔、考核等具体的制度。

(一)设计变更处理程序;

(二)变更工程数量管理办法;

(三)延期、索赔审批程序;

(四)承包人合同执行情况管理办法;

(五)试用期《施工合同》考核办法、考核依据。

以下以××高速公路延期、索赔审批程序为例详细阐述,以供参考。

××高速公路

延期、索赔审批程序

一、事件的调查与记录

施工期间工地若发生的延期、索赔有关事件，承包人都应立即报告驻地办监理工程师，并与监理工程师做好如下工作。

1.进行调查并记录

(1)承包人应与驻地办合同工程师共同调查并分别记录事件发生的时间、地点、原因、经过和结果。调查可采用现场拍照、录音或录像等手段取得尽可能详细的第一手资料。

(2)承包人应与驻地办专业工程师分别填写“每日施工活动记录”和“每日施工监理记录”，详细记录受事件影响的工地人员、机械设备的情况，以及施工材料、各项工程的受损情况。

2.采取补救措施

(1)在事件发生后，承包人应采取一切可能的措施，使其损失减少到最小程度。

(2)驻地办应根据事件影响的范围和预计持续时间，尽可能采取一切强有力的措施减少损失，如通知承包人将待工人员和停滞的机械设备调遣到邻近的工地工作等。

(3)驻地办在初步查明事件的起因后，应及时报告总监办、项目组。代表处、项目组接到报告后，应尽快赶赴现场，进一步查明原因，核实受损情况，并组织有关部门研究对策，尽快解决。

二、延期、索赔意向报告的提交

根据合同文件44.2条、53.1条规定，承包人应在事件首次发生后28天内向工程师递交书面的延期、索赔意向报告。如未按时提交报告，则认为是放弃延期或索赔要求。延期、索赔报告反映的事实应真实、准确，并符合引用相关的合同条款。

延期、索赔意向报告一式三份，主送驻地办、抄报代表处、项目组。需将“延期、索赔意向表”附后。

三、延期、索赔申请报告的提交

根据合同文件第44.2条、第44.3条、第53.3条规定，承包人在提交延期、索赔意向报告后28天内，或驻地办同意的期限内，承包人应提交延期、索赔申请报告。延期、索赔申请报告应附“延期、索赔申报表”、账单、计算依据和说明、有关证明材料等资料。如果事件仍在继续，上述申请报告应视为中期报告。承包人应每间隔28天或在驻地办要求的时间间隔内提交后续的申请报告；事件结束后28天内，提交最终申请报告。

延期、索赔申请报告一式三份，主送驻地办，抄报代表处、项目组。

四、延期、索赔报告的审批

驻地办在收到承包人的延期、索赔申请报告后，经调查分析认为不属于延期、索赔范畴的，应以书面形式给承包人以明确答复；属于延期、索赔范畴的按如下程序审批。

1.索赔的审批

驻地办应先根据监理工程师提供的现场记录对承包人申请报告中的事件描述、合同依据、账单、计算依据和说明、证明材料等内容进行审查，估算补偿金额，上报代表处，代表处再与项目组和承包人进行协商。经协商补偿金额小于10万元时，由代表处予以批复，批复文件一式四份，主送承包人，抄报项目组、总监办，抄送驻地办。

如果补偿金额大于10万元，代表处则应提出审查意见和初步协商意见报总监办，由总监办进一步审查后，与业主和承包人进行协商，确定赔偿金额，由总监理予以批复。批复文件一式四份，主送代表处，抄送项目组、承包人，报备业主。“延期、索赔批复表”附后。

2.延期的审批

驻地办应先根据监理工程师提供的现场记录对承包人的申请报告及其所附资料进行审查，再提出审查意见报代表处，代表处和项目组协商再提出意见报总监办。总监办对审查意见进一步审查，经与业主和承包人协商，作出延长工期的决定，予以批复。

批复文件一式四份，主送承包人，抄送代表处、项目组，抄报业主。

五、分歧的解决

在延期、索赔事件处理过程中，虽经过反复协商，但各方意见分歧以至难以达成一致意见时，总监办将按照合同文件和事实为依据，公正作出合理的裁决和批复，如果业主和承包人任何一方对该裁决仍持有异议，可向当地仲裁机构提出仲裁或法律诉讼。但在上述过程中尚未作出最终裁决之前，丝毫不改变总监办的裁决和批复的执行。

五、信息管理

信息是监理控制、管理、协调的依据，也是监理工作的结果。信息管理是对信息进行收集、整理、处理、储存、传递与应用等一系列工作的总称，所涉及的工作内容主要有：公文往来文件的处理、资料的管理、监理月报的报送等。

(一)公文处理程序；

(二)文件往来处理程序；

(三)资料档案管理制度；

(四)工程监理月报制度；

(五)工程施工月报制度；

(六)竣工文件编制办法。

以下以××高速公路文件往来处理程序为例详细阐述，以供参考。

××高速公路

文件往来处理程序

文件往来及处理程序如下。

一、承包人报送的文件

(1)各承包人关于征地拆迁、环境保障方面的请示及报告主送项目组，抄报驻地监理办、总监代表处；项目组的批复与通知主送承包人，抄送总监代表处、驻地监理办。

(2)各承包人关于主要原材料及标准试验报告主送总监代表处，抄报驻地监理办。

(3)各承包人其他请示及报告均主送驻地监理办，抄报总监代表处。

二、驻地监理办的文件

(1)驻地监理办下发的文件。对于承包人上报到驻地办的文件，在其授权范围之内的文件可以直接处理；驻地办日常需要下发的文件，主送承包人，抄报项目组和总监代表处。

(2)驻地监理办上报的文件。对于驻地办日常需上报的文件，以及承包人报到驻地办的文件在其授权范围之外的，经驻地办审核后，主送总监代表处，抄报项目组。

三、总监代表处的文件

(1)总监代表处下发的文件。总监代表处日常需要下发的文件，驻地办、承包人上报到总监代表处的文件在其授权范围之内的可以直接批复。主送承包人，抄报总监办，项目组，抄送驻地监理办。

(2)总监代表处上报的文件。总监代表处日常需要上报的文件，驻地办、承包人上报到总监办的文件在其授权范围之外的经总监代表处审核后，主送项目组或总监办，抄报总监办或项目组。

四、总监办的文件

(1)总监办下发的文件。总监办日常需要下发的文件，总监代表处上报到总监办的文件在其授权范围之内的可以直接批复。主送总监代表处，抄报业主(××公司)，抄送项目组。

(2)总监办上报的文件。总监办日常需上报的文件，总监代表处上报到总监办的文件在其授权范围之外的经审核后，主送业主，抄送项目组。

六、施工安全和环境保护制度

依据相关的法律、法规，建立相应的安全和环境保护制度，同时检查制度的落实和执行。

七、监理机构内部工作制度

(1)监理机构应定期(每月)召开监理例会，主要内容是总结上一阶段的工作，分析监理工作中存在的问题，提出新的建议，并介绍下一阶段的主要任务和目标，使各有关人员都能做到心中有数，明确努力方向。监理机构的例会也是协调不同职能部门之间的人员以及工作任务的重要手段，还可以起到总结经验，不断提高监理业务水平的作用。

(2)对外行文审批制度。项目监理机构向建设单位、承包单位和监理单位发送的报告、通知等文件，可由有关部门起草，但必须由总监理工程师或总监理工程师代表签发。

(3)监理工作日志制度。监理工程师应逐日将所从事的监理工作写入监理日记，特别是涉及变更设计、延期索赔、承包人工程返工及安全方面等重要事项，应详细做出记录。

(4)监理周报、月报制度。监理周报和监理月报是项目监理机构向建设单位和上一级监理单位汇报工作的一种形式，也是向承包人反馈项目监理机构所汇总的一段时期监理工作信息的档案。监理周报和监理月报在内容上有所不同，但其内容应从具体数字说明施工进度、施工质量、资金使用及重大安全、质量事故以及有价值的经验等。

(5)监理人员管理办法。为了确保《监理合同文件》的有效执行，保证监理队伍均由符合资质要求的人员组成，避免人员更换频繁造成监理队伍的不稳定，以及保证各级监理机构工作的程序化、规范化开展，应制定《监理人员管理办法》来确定监理人员的变更审批权限、变更审批程序以及相应的处罚决定。

(6)技术、经济资料及档案管理制度。项目监理机构对于监理工作中发出和接收的所有文件，都应该及时归入档案，并安排专人以计算机技术进行文件管理。对于监理机构向承包单人发出的口头通知要及时补办书面确认材料并归档。

(7)项目监理机构监理费用预算制度。监理机构对本身在监理过程中的费用开支情况要编有预算，以便监理单位及时向监理机构拨款。

(8)保密制度。监理机构对于所在监理工程的技术资料以及施工中承包单位所采用的新技术、新工艺、新材料应严格保密，在征得有关单位同意前，项目监理机构及其监理人员不得以任何形式发布与工程有关的资料。

(9)廉政制度。监理机构的所有监理人员应严格遵守监理工程师的职业道德,科学公正、廉洁自律。监理人员除了从监理单位获得的工资、奖金、津贴外,不得向承包人索取任何额外的钱物,一旦发生,应按照监理纪律严肃查处。

以下以××高速公路监理人员管理办法为例详细阐述,以供参考。

××高速公路

监理人员管理办法

第一章 总 则

第一条 为了实现公路全优工程的目标,本着"严格监理、优质服务、科学公正、廉洁自律"的十六字方针,积极认真的开展监理工作,确保《监理合同文件》的有效执行,避免有些监理单位不认真履行《监理合同文件》的承诺,频繁更换人员,造成监理单位队伍不稳定,人员素质下降,从而无法保证工程质量和施工进度达到目标要求,将会使公路的建设目标受到较大影响。为了加强对全线监理工作的组织管理和领导,保证各级监理机构的工作程序化、规范化运行,特制定本办法。

第二章 监理人员变更的审批权限

第二条 在投标文件中承诺的监理人员原则上不允许更换,如确有困难、确有原因需要更换某一岗位的监理人员时,需逐级上报申请,书面批准后方可允许更换监理人员,更换人员资质不得低于合同文件中相应的人员资质。

第三条 总监代表、高级驻地更换均由业主审核批准。

第四条 总监代表处、驻地办监理机构中的总监副代表、部室主任、副高级驻地、专业监理工程师、监理工程师助理更换须由总监理工程师办公室审核批准。

第三章 监理人员变更的审批程序

第五条 总监代表、高级驻地更换时,由其所在的监理公司直接向业主以正式文件的形式提出申请。只有被批准后新的监理人员方可进场,被更换人员在继任到岗后才可离场。

第六条 驻地监理办更换副高级驻地、专业监理工程师、专业监理工程师助理时,必须向所属总监代表处提出申请,并附相关的简历及资质资料,总监代表处经详细审核同意后,方可向总监办转报,最终由总监办审批。

第七条 总监代表处更换副代表、部室主任、专业监理工程师及助理时,必须向总监办提出申请,并附相关的简历资质资料,由总监办审批同意后方可更换。

第四章 监理人员变更申请文件组成

第八条 监理人员变更申请由以下文件组成:

(1)监理人员变更申请报告;

(2)监理人员状况登记表(表 1-7-1);

(3)监理人员资格证书复印件(见习期人员应提供监理培训结业证书)、专业院校毕业证书复印件、专业技术职称证书复印件。

第五章 对监理人员的管理及违反本办法的处罚

第九条 总监办加强对全线监理人员政治和业务素质的培训和提高,把好总监代表处、驻地监理办从业监理人员的准入关,并建立各级监理人员管理档案及台账,随机对各监理办的监理人员上岗及工作情况进行抽查,并对违规等做出处罚。

监理人员状况登记表 表 1-7-1

<table>
<tr><td>姓名</td><td></td><td>性别</td><td></td><td>出生年月</td><td></td></tr>
<tr><td>毕业院校及时间</td><td colspan="3"></td><td>所学专业</td><td></td></tr>
<tr><td>学历</td><td></td><td>技术职称</td><td></td><td>评定时间</td><td></td></tr>
<tr><td>工作单位</td><td colspan="3"></td><td>联系电话</td><td></td></tr>
<tr><td colspan="2">受聘监理单位及聘用期限</td><td colspan="4"></td></tr>
<tr><td colspan="2">拟上岗担任职务</td><td colspan="4"></td></tr>
<tr><td>监理业务
培训情况</td><td colspan="5"></td></tr>
<tr><td rowspan="2">监理资质</td><td colspan="2">资质等级</td><td colspan="2">证件编号</td><td>批准时间</td></tr>
<tr><td colspan="2"></td><td colspan="2"></td><td></td></tr>
<tr><td>设计、施工、科研（特别是从事二级以上公路工程方面的工作）的经历</td><td colspan="5"></td></tr>
<tr><td colspan="6">监理工作经历</td></tr>
<tr><td>曾监理的
工程名称</td><td>工程规模、
等级、形式</td><td>工程建设
起止时间</td><td>该项目监理
单位名称</td><td>本人所担任职务、
工作时间、内容</td><td>工程质量情况</td></tr>
<tr><td></td><td></td><td></td><td></td><td></td><td></td></tr>
<tr><td>监理工作
中受过何种
奖励或惩罚</td><td></td><td></td><td></td><td></td><td></td></tr>
</table>

第十条 各总监代表处应加强对管辖路段驻地监理办的全面管理，监督、检查、指导各驻地办的工作，充分调动和培养现场监理的工作积极性，树立高度的责任心和敬业精神，驻地办的工作成效将作为考核总监办管理水平的主要内容之一，代表处应及时把现场监理的工作情况及处理决定上报总监办。

第十一条 违反本办法的处理如下。

(1)未经批准，随意更换总监代表或高级驻地监理的，处以监理单位 3 万元罚款，在全线通报，抄送监理法人单位。

(2)未经批准，随意更换总监副代表、部室主任、副高级驻地、专业监理工程师的处以 1 万元罚款。

(3)未经批准，随意更换专业监理工程师助理的处以 5000 元罚款。

监理人员随意更换罚款通知单见表 1-7-2。

以上罚款在当月的监理费用支付报表列支。

签发单位：　　　　　　　　**监理人员随意更换罚款通知单**　　　　　　　　表 1-7-2

<table>
<tr><td colspan="2">监理办名称：第____驻地办 (代表处)(单位名称)</td></tr>
<tr><td>更换或空缺人员现场岗位职务</td><td></td></tr>
<tr><td>被更换人员姓名</td><td></td></tr>
<tr><td>新进场人员姓名</td><td></td></tr>
<tr><td>罚款金额</td><td></td></tr>
<tr><td colspan="2">更换或空缺监理人员调查情况：

检查人员签字：　　　　年　月　日</td></tr>
<tr><td colspan="2">签发单位意见：

盖　章：

签发人：　　　　年　月　日</td></tr>
</table>

第二章 施工准备阶段的监理及相关资料

第一节 施工准备阶段监理工作原则

施工准备阶段是全部施工活动的一个重要组成部分，也是施工监理的重要工作阶段，是事先监理、主动监理，是为施工阶段奠定良好基础的阶段。监理机构应围绕这一期间合同目标，进行自身准备并开展监理前期工作。其工作原则是：以合同文件、国家的法规、法令、有关部（委）的规范为依据，结合本工程实际情况和本工程设计的标准，并遵循业主的要求，实事求是、科学合理地为开工做好充分的准备。

第二节 施工准备阶段的主要监理工作内容

一、准备工作

（1）配备试验设备。总监办中心试验室应按监理合同要求配备常规试验检测设备；驻地办试验室应按监理合同要求配备现场抽查常用的试验检测设备。

（2）熟悉合同文件。监理机构应组织监理人员熟悉现行《公路工程施工监理规范》（JTG G10—2006）第1.0.3条规定的有关法律、法规、文件，当发现有关文件不一致或有错误时，应及时书面报告建设单位。

（3）调查施工环境条件，掌握有关情况。

（4）编制监理计划。总监理工程师应在合同规定的期限内主持编制监理计划，按合同规定报批后执行。监理计划应明确监理目标、依据、范围和内容，监理机构各部门及岗位职责，监理人员和设备及进退场计划，监理方案，监理制度，监理程序及表格，监理设施等。

（5）编制监理细则。驻地监理工程师应根据监理计划在相应工程开工前主持编制监理细则，明确监理的重点、难点、具体措施及方法，经监理工程师批准后实施。

二、工作内容

（一）参加设计交底

监理工程师应参加设计交底工作，澄清有关问题，收集资料和记录。

(二)审查施工组织设计

监理工程师应在合同规定的期限内及时审批施工单位提交的施工组织设计。重点包括：手续是否齐全有效;施工质量、安全、环保、进度、费用目标是否与合同一致;质量、安全和环保等保证体系是否健全有效;安全技术措施、施工现场临时用电方案及工程项目应急救援方案抢险方案是否符合要求;施工总体部署与施工方案和安全、环保等应急预案是否合理可行。技术复杂或采用新技术、新工艺或在特殊季节施工的分项、分部工程和危险性较大的分部工程,要求施工单位编制专项施工方案,并由驻地监理工程师审核,总监理工程师批准后实施。施工组织设计具体内容如下。

按照合同的规定,合同协议签订后的28天内,承包人应编制详细的施工组织设计,其主要内容包括:工程概况说明、进场布置、施工方案、工程进度、资源(劳动力、机械设备、原材料)供应计划,资金流动计划,质检体系与质量保证措施、安全保证体系、环境保护措施等。施工组织设计,是承包人依照技术规范和工期要求安排施工的初步计划和措施;是衡量承包人是否具有施工组织能力的依据。对技术性复杂的工程项目,应编制更详细的施工组织设计和进度计划,监理工程师应从以下方面进行审查。

1.工程概况

(1)工程规模:承包人是否对工程的规模进行了了解(主要参考承包人提交的路基、桥涵、隧道具体工程数量)。

(2)工程的特点:本段线路穿越地区的地形、地质、地貌、气候、经济、文化、人文环境对工程的影响。

(3)交通条件与自然资源:工程所在地区的现有可利用的交通便道、地方公路及可供工程利用的各项自然资源。

2.施工总平面布置

(1)驻地布置

驻地选址是否合理,能够充分方便工人的生活和工作,有利于环境保护,有利能源(水电)供给与节约。

(2)工区的划分

是否与计划安排相协调,并能够充分发挥机械的使用效能。

(3)预制场、拌和场的建立

根据施工的需要,选择的预制场和拌和场,位置是否合适,是否有利于材料和成品的养护和储存运输,并不污染环境。

(4)便道、便桥

便道、便桥是否符合业主的要求,并满足工地施工的需要。

(5)能源、电力

根据施工的需要,本标段安设变压器的台数,以及安设的具体位置是否与当地电力主管部门的协商并征得同意。

(6)生活、生产用水

生活用水或施工用水的来源是否明确,水质是否经过化验,是否和当地农业用水冲突。

(7)弃土场

弃土场的位置是否确定,手续是否完善,对生态环境有无影响。

3.人员设备进场审查

(1)进场人员的数量和设备数量是否符合合同要求;

(2)主要管理人员的资格和数量是否满足合同文件要求;

(3)主要骨干人员和施工队伍的进场日期是否已明确;

(4)机构的建立是否健全,是否满足施工管理的需要;

(5)机械的种类、性能、数量、完好率是否满足施工进度的要求并符合规范的规定;

(6)机械的进场方式,及到达施工现场的日期是否已落实。

4.施工各项管理目标

(1)质量目标、工期目标是否符合合同要求;

(2)安全生产、文明施工、环境保护的目标是否明确。

5.主要工程项目的施工方案

施工方案的审查应从施工的经济、技术、工艺、科学性等方面审查,应达到:方案可行、组织安排周密、顺序科学、经济合理、技术先进。

6.工程质量保证措施的审查

(1)组织保障有力,项目班子精干,人员齐全。

(2)施工设备精良,完好率高。

(3)组织机构、技术措施应从以下方面审查。

①以项目总工为首的质保体系、工程质检科、工区质检组形成三级质量管理网,制度是否健全;

②是否建立一个完善的中心试验室,为质量保证提供依据;

③质量责任制是否落实,技术交底工作是否到位,质量目标及奖罚制度是否明确;

④是否有安排对各级施工人员,质检人员的培训学习计划;

⑤对抓好全面质量管理,科技创新,开展 TQC 活动,成立小组,攻克难点,以及对公路通病有无具体对策;

⑥对程序化、规范化施工有无明确措施。

7.施工进度计划的审查

(1)工期和时间安排的合理性,是否符合合同文件的要求。

(2)受冰冻、低温、炎热、雨季等气候影响的时间安排是否合适,并采取有效的保护措施;对动员清场,假日及天气影响的时间,有无充分的考虑。

(3)是否有施工测量、材料检查及标准试验工作的安排计划。

(4)进场的道路、供水、供电已有可靠的方案得到解决。

(5)计划目标与施工能力能够相适应,各阶段或单位工程完成的工程量及投资额,应与承包人的设备和人力实际状况相适应。

(6)关键线路上的施工力量安排是否与关键线路上的施工进度安排相适应。

(7)进度计划的划分是否根据实施项目的不同阶段分别编出总体进度计划,及年、季、月进度计划。

(8)对某些起关键控制作用的项目(大桥、立交、隧道)是否有单独的工程施工计划。

(9)是否有网络图、斜率图、柱状图。

8.原材料的选择

原材料的调查、料源的确定是否已经落实,进场安排已有保证。

9.有关全部工程支付的现金流动估算计划

是否有与年度、季度进场计划相适应的现金流动估算。

10.特殊季节工程安排的审查

是否有完善的冬、雨季施工方案及措施。

11.施工的安全、环境保护保证体系

(1)是否设立以项目经理为主的安全、环保机构,是否设立专职的安全员(特别是隧道)。

(2)是否有安全、环保教育计划。

(3)对危险物品保管、用电、高空等不安全的工序,是否提供了必要的安全设施和安全劳保用品。

12.其他事宜

(1)是否有保护生态环境的措施

①减少对生态环境破坏的措施;

②取土场和弃土场及时为农民平整复耕的措施;

③排污点及时进行整治的措施;

④土石方作业堵塞的河道及时清理的措施。

(2)文明施工措施

①是否建立以项目经理为文明施工第一责任人的组织体系,分工是否明确;

②场地布置、设备材料、标牌、标语在平面图上有无明确标示;

③临时排水和道路养护是否有具体措施。

(3)地下和地上的三线保护措施

是否对沿线地下光缆和电力线路进行了详细调查,并与有关部门取得了联系点,是否有具体保护措施。

(4)文物保护

文物是国家的财产,对文物的保护是否有相关的保护措施。

三、审查保证体系

包括质量、安全、环保等保证体系及履约情况。

四、审核工地试验室

主要检查施工单位的试验室人员、设备和试验检测能力是否满足合同要求,管理制度是否健全。

五、批复测量结果

主要对施工单位提交的原始基准点、基准线和基准高程的复测结果进行审核和平行复测,在合同规定的期限内批复。

六、验收地面线

监督施工单位在原始地面线未被扰动前测定地面线,并对结果抽查。抽检频率不低于30%,并对提交的土石方工程量计算资料进行审核。

七、审批工程划分

总监理工程师应于总体工程开工前对施工单位提交的分项、分部、单位工程划分予以批复并报建设单位备案。

八、确认场地占用计划

对施工单位提交的场地占用计划及临时增减用地计划予以确认，及时提交建设单位。

九、核算工程量清单

工程量的复核分为现场实际复核和图纸数量复核。

(一)现场实际复核

主要是指路基填挖方、桥梁结构挖方、隧道仰坡开挖以及软基处理等原地面的复测。开工前，承包人应对需要现场实测的部位放线，并对照设计断面进行全面复测，提交监理工程师审核。对于承包人复测中出现与设计有较大出入的断面进行100%复测，并依据承包人和监理的复测结果，技术规范及设计文件中的路基设计表、土石方数量表、土石方调配表，详细计算并划分填挖方量中的挖土方、挖石方、利用(土、石)填筑、借(土、石)填筑数量。

(二)图纸复核工程量

主要为路面、桥涵、隧道及防护排水、交通设施的工程数量。图纸数量复核要结合图纸的审核对图纸中的差、错、漏、碰进行纠正，然后依据技术规范中明确的计量内容、范围和设计图纸标明的几何尺寸、里程桩号，实际计算工程数量，不能简单的抄录图纸所列工程数量或者工程量清单中的数量；对于差、错、漏的数量全部予以纠正，由监理工程师批复；对于隧道工程因属于动态设计，可先按原设计审批，实际施工按变更处理。

十、签发开工预付款支付证书

施工单位提交了开工预付款担保后按合同规定的金额签发开工预付款支付证书，报建设单位审批。

十一、召开监理交底会

总监理工程师应在开工前主持召开由施工单位经理、技术负责人及相关人员参加的监理交底会，介绍监理计划的相关内容。

十二、召开第一次工地会议

第一次工地会议是施工准备阶段监理的首要工作。这是在开工之前，由总监理工程师主持召集业主、承包人三方并邀请当地政府代表列席召开的第一次工地会议；会议强调总监主持，是说明监理工程师是受业主委托对工程施工实行监督与管理，反映了监理的定位。通过这次会议，明确业主、承包人、监理方往来的工作程序及三方各自职能机构和职责，进一步阐述合同文件赋予业主、承包人、监理的权利和义务，介绍各自的工作准备情况和计划安排，监理工程师应在会上审查承包人的具体开工条件，并做出明确批示。

为了保证第一次工地会议顺利召开，达到召开会议的目的。监理工程师应及时将会议议程及有关事项通知业主、承包人及有关方面。

会议包含以下主要内容。

(1)业主、承包人、监理方介绍人员及组织机构、职责范围及联系方式。建设单位应宣布对监理工程师的授权;总监理工程师应宣布对驻地监理工程师授权;施工单位应书面提交对工地代表(项目经理)的授权。

(2)施工单位应陈述开工的各项准备情况;监理工程师应就施工准备以及安全、环保等予以评述。

(3)建设单位应就工程占地、临时用地、临时道路、拆迁、工程支付担保情况,以及其他与开工条件有关的内容及事项进行说明。

(4)监理单位应就监理工作准备情况以及有关事项作出说明。

(5)监理工程师应就监理程序、质量和安全事故报告程序、报表格式、函件往来程序、工地例会等进行说明。

(6)总监理工程师应进行会议小结,明确施工准备工作还存在的主要问题及解决措施。

会议记录由监理工程师安排具体监理人员做好记录并整理成文,会后以书面形式发送建设单位、施工单位。

十三、签发合同工程开工令

监理工程师收到施工单位提交的合同工程开工申请后,应对合同工程的开工条件进行核查。具备开工条件的,由总监理工程师签发合同工程开工令,并报建设单位备案。

十四、对程序制度的学习和了解

在施工准备阶段,合同文件及程序制度的学习是监理工作非常重要的内容之一。合同文件及程序制度是监理人员施工过程中的监理依据、工作方针和目标,只有通过学习和掌握它们,才能有效开展和完成好监理工作。

(一)程序内容的学习和了解

合同文件的学习和掌握,首先应了解合同文件的组成和先后次序,并视为一个整体,彼此相互解释、相互补充,如出现相互矛盾时,以文件在先者为准;同时,对合同文件中的存在差错、遗漏和含糊不清等应查证清楚,必要时提请业主作出解释,提出合理的处理方法。具体学习内容如下。

(1)系统学习和理解合同通用条款、专用条款及数据表,监理工程师应掌握合同事宜的处理原则、处理方法和处理程序,明确专用条款中的特殊规定和处理原则;学习和掌握招标文件补遗书及业主有关规定的文件。

(2)技术规范、图纸和工程量清单是相互联系的合同文件的组成部分,学习时既要分别掌握,又要相互参照,阅读理解,发现三者有不一致之处,及时提出,由总监理工程师作出统一解释与澄清。

(3)在学习技术规范时,监理工程师应根据各项具体的监理分项工程,熟悉和掌握该分项工程的工作内容(范围)、材料要求、施工技术要点、质量控制标准及检查测试方法和计量范围与方法等,特别要掌握项目补充技术规范的有关要求和计量支付的依据、范围和方法。表2-2-1、表2-2-2为单项工程量批复表示例。

(4)按照专业分工不同,各专业监理工程师应对各专业的施工图纸进行详细的审核,结合技术规范的要求重点掌握设计中的特殊工艺和材料的要求。

(5)监理工程师要熟悉和掌握工程量清单及其说明,结合技术规范中的工作内容与计量方

××××××公路单项工程量批复表

表 2-2-1

合同段：×××　　　　编号：001

工 程 名 称	××高速公路	桩号	K000+000～K013+000		
支付编号	项目名称	单位	原设计量	申报数量	批复数量
202-1-1	清理草皮及表土	m^2	243 442	243 442	243 442
202-1-2	砍伐树木	棵	829	2 549	2 549
202-1-3	挖除树根	根	829	2 549	2 549
203-1-1	路基土方开挖	m^3	1 191 293	1 110 560.9	1 110 560.9
203-1-3	非适用材料(淤泥)开挖	m^3			
203-2-1	改路挖土方	m^3	15 844	15 844	15 844
203-3-1	改河挖土方	m^3	87 322	87 322	87 322
204-2-1	利用土填筑	m^3	864 487	750 456.72	750 456.72
204-2-3	借土填筑	m^3	16 660	14 462.47	14 462.47
204-5-1	填土	m^3	25 221	25 221	25 221
205-1-1-1	抛石挤淤	m^3	6 683	6 683	6 683

项目经理(签字)： ××× ××××年××月××日	复核：(专业工程师) ××× (合同工程师) ××× ××××年××月××日
审核：(高级驻地) ××× ××××年××月××日	审批：(总监或总监代表) ××× ××××年××月××日

备注：本表为本标段的总工程量批复。

××××××公路单项工程量批复表 表 2-2-2

合同段:×××　　　　编号:001

工程名称	××高速公路	桩号	K000+000～K001+000		
支付编号	项目名称	单位	原设计量	申报数量	批复数量
202-1-1	清理草皮及表土	m^2	24 301	24 301	24 301
202-1-2	砍伐树木	棵	65	65	65
202-1-3	挖除树根	根	65	65	65
203-1-1	路基土方开挖	m^3	102 543	102 876	102 876
203-1-3	非适用材料(淤泥)开挖	m^3			
203-2-1	改路挖土方	m^3	1 486	1 486	1 486
203-3-1	改河挖土方	m^3	6 798	6 798	6 798
204-2-1	利用土填筑	m^3	86 477	89 543	89 543
204-2-3	借土填筑	m^3	15 400	16 523	16 523
204-5-1	填土	m^3	2 414	2 414	2 414
205-1-1-1	抛石挤淤	m^3	890	890	890
项目经理(签字): ××× ××××年××月××日			复核:(专业工程师) 经复核无误 ××× ××××年××月××日		
审核:(合同工程师) 经审核无误 ××× ××××年××月××日			审批:(高级驻地) ××× ××××年××月××日		

备注:本表为本标段分项工程的批复,总工程量批复后由驻地办对分项工程量划分批复。

法，明确清单栏目的划分以及所涵盖的工程细目。

（二）程序制度的学习和了解

（1）明确监理工作依据、工作服务范围、项目控制目标。

（2）学习和掌握质量、进度、费用三大控制具体控制措施及一般控制措施。

（3）学习和掌握各分项工程控制程序流程图。

（4）学习和掌握计量支付、工程变更、费用索赔工作流程图。

（5）学习和掌握工程进度控制程序。

（三）制度的学习

（1）通过学习明确各自的职责和权限范围。

（2）熟悉和了解内部管理制度。

（3）熟悉和了解与业主、承包人往来的工作程序。

十五、监理及承包人的考核和培训

施工准备阶段，项目监理负责人应及时组织监理人员和承包人主要负责人进行岗前培训工作，并采取笔试和面试的方式进行考核，对不称职的人员及时更换。

岗前培训包括如下内容。

（1）组织承包人主要负责人及全体监理人员进行施工监理交底，主要阐述合同文件赋予业主方、施工方和监理方的权利和义务，详细介绍监理工作内容、程序和方法。

（2）邀请设计单位对项目的设计构思、主要设计指标、施工要求、施工注意事项等，进行详细的介绍和讲解。

（3）邀请有关专家对项目的“三大控制”的难点、重点进行讲解。

（4）邀请业主有关负责人对项目的具体要求及本工程的难点进行介绍和讲解。

（5）邀请有经验的专业人员分别对施工质量控制的重要环节、监理工作的执行情况进行讲解。

主要考核内容：专业知识、监理工作程序、方法。

十六、承包人质量保证体系的审查

在四级质量控制体系中，承包人质量保证体系是基础。承包人质量保证体系的审查，作为施工准备阶段监理工作尤为重要。自检体系的完善建立与否，关系到自检体系能否正常运转，质量能否得到保证。审查的主要工作内容如下。

（一）审查承包人上报的有关质量保证体系建立、运行和约束的有关文件

这些文件主要从以下方面审查：

（1）组织机构是否完善；

（2）各类人员的资质、资历和数量是否满足工程需要（表 2-2-3）；

（3）质量保证体系各职能部门的职能划分和工作流程是否清楚；

（4）质量保证体系总负责人是否明确，并在质量问题上是否具有否决权；

（5）是否建立质量奖罚制度，责任是否明确；

（6）工地试验室和标准养生室是否满足工程要求；

（7）仪器设备的配备是否与工程需求相适应（表 2-2-4）；

（8）是否成立专人专车的质量自查小组，人员设备是否满足资质和使用要求，是否明确职责权限。

××公路××标段进场人员审查表　　　　表 2-2-3

标段：××　　　　施工单位：×××

序号	合同人员				进场人员				备注
	姓名	职务	资质	履历	名称	型号	生产能力	完好率数量	
1	×××	项目经理	高级工程师	8 年	×××	项目经理	高级工程师	6 年	人员更换，履历低于合同
2	×××	项目副经理	工程师	6 年	×××	项目副经理	工程师	6 年	
3	×××	项目总工	高级工程师	8 年	×××	项目总工	高级工程师	8 年	
4	×××	质检工程师	高级工程师	6 年	×××	质检工程师	高级工程师	6 年	
5	×××	道路工程师	高级工程师	6 年	×××	道路工程师	高级工程师	6 年	
6	×××	桥梁工程师	高级工程师	8 年	×××	桥梁工程师	工程师	8 年	人员更换，资质低于合同
7	×××	隧道工程师	高级工程师	8 年	×××	隧道工程师	高级工程师	8 年	
8	×××	试验工程师	高级工程师	6 年	×××	试验工程师	高级工程师	8 年	
9	×××	机械工程师	工程师	6 年	×××	机械工程师	工程师	8 年	
10	×××	计划科长	工程师	6 年	×××	计划科长	工程师	8 年	
11	×××	安全环保科长	工程师	6 年	×××	安全环保科长	工程师	5 年	
12	×××	会计	会计师	4 年	×××	会计	会计师	4 年	
13		会计		5 年		会计		5 年	

施工单位：　　　　审查人：　　　　年　月　日

×× 公路 ×× 标段进场机械、设备审查表(路基机械)　　表 2-2-4

标段:××　　施工单位:×××

序号	合同机械设备					进场机械设备					备注
	名称	型号	生产能力	完好率	数量	名称	型号	生产能力	完好率	数量	
1	推土机	TY160	117kW	100%	3	推土机	TY160	117kW	100%	3	
2	平地机	PY1600B	122kW	100%	3	平地机	PY1600B	122kW	100%	3	
3	羊足碾	Y2716K/50	127kW	100%	5	羊足碾	Y2716K/50	127kW	100%	2	
4	自卸汽车	太脱拉	15t	100%	25	自卸汽车	太脱拉	15t	100%	24	低于合同,但满足工程需要,不予扣分
5	装载机	ZL50	160kW	100%	6	装载机	ZL50	160kW	100%	6	
6	挖掘机	WY—100		100%	5	挖掘机	WY—100		100%	5	
7											
8											
9											

施工单位:　　审查人:　　年　月　日

(二)及时组织对承包人的质量保证体系逐项进行现场核查

(三)对承包人自检专业人员进行专业知识考核,对不称职人员及时更换

十七、图纸的审核

图纸审核是施工准备阶段监理单位工作的一项非常重要内容,图纸分为初步设计图、两阶段施工图、直接交付施工图,这里所说的图纸审核指的是监理发送施工单位作为合同文件一部分的施工图。

(一)图纸审核的目的

全面了解设计思路和所管辖的工程概况,为审核施工单位实施性组织设计提供依据;主要审核图纸的种类是否齐全、设计是否合理、可能出现的变更;找出图纸中的差、错、漏、碰。如监理工程师解释不清,应提交设计单位澄清。

(二)图纸审核的主要内容

1.施工总说明

施工总说明是对工程的概括,包括路线穿越地区的地质、地貌等自然地理条件,设计要点,施工注意事项等,应进行全面了解;特别是对独立的大桥、隧道的说明,应对设计要点及施工要点进行详细的阅读,以便指导施工;同时对图纸的注解说明进行详细的了解。

2.路基、防护及路面

参照路基平面图,对路基设计表中的平曲线、竖曲线、设计高程、几何尺寸、高程闭合情况等详细核算;对于超高路段的超高方式,设计高程的位置进行了解;尤其对于山区公路的土方调配要作全面的了解,以便审批施工单位提交的路基施工方案;防护工程主要审查防护形式的合理性,避免大量的硬防护,提倡生物防护;路面审核时,要全面了解主线、匝道、被交线的路面结构图,路面干湿类型的段落等。

3.桥涵工程

对于桥涵各部位的坐标、高程、尺寸进行复核,尤其是审核时要全面考虑所管辖范围内的桥梁统一问题;审核桥涵设计说明及附注是否与设计图一致;超高的计算是否正确;设计是否有遗漏或者满足施工的需要(比如钢筋笼加强筋的问题,气囊固定筋的问题,滑动支座不锈钢板的问题,伸缩缝预留宽度的问题,曲线桥超高段梁长的问题等);施工图之间是否存在不一致的地方。

4.隧道工程

因隧道工程采用的是动态设计,因此,隧道工程的图纸审核应重点了解地质、水文、地貌情况,整条隧道的围岩类别划分,不同围岩类别的设计构造;附属工程及运营设施的设计是否合理,是否有遗漏;排水系统的设计是否合理;运营设施的预埋件有无位置;各部位的高程、坐标计算是否准确;施工工艺是否合理;洞门的设计形式是否与地理环境相适应,尤其是要了解并复核隧道中心线、线路中心线、设计高程点的位置、隧道的超高路方式等。

十八、现场调查及复测

(一)现场调查

开工前,监理工程师应会同承包人参照设计图纸对工地现场水文地质、地形、地貌以及特殊路基段结构物位置等进行详细调查。

1.现场调查的目的

(1)充分了解图纸中的设计处理方法是否和现场实际情况相一致。

(2)通过现场调查,为及时确定切合实际的施工方案提供依据。

(3)完善设计图纸的遗漏和不足。

2.调查的方法

现场调查应采用挖探、测量、试验等手段,并收集有关音像资料,必要时应走访当地群众。

3.现场调查的内容

(1)路基、防护工程。建筑限界内的地形、地质情况、特殊路基段落的范围、深度及类型。对于设计的路基横断面,特别是挖方断面是否和现场地形一致,填方地段有无暗沟、暗河、洞穴等;路基填方数量及土方的调运情况;防护工程的起址桩号是否满足现场实际情况。

(2)桥梁及涵洞。应调查桥梁涵洞的跨径、净空、墩台位置、高程和冲刷线,对涵洞通道能否满足实际的通行和排水要求,其进出口是否和原有道路、河沟顺接情况进行调查。

(3)隧道工程。隧道仰坡、洞门设计是否和实际地形相协调,并对浅埋段、偏压段及断层等特殊地质地貌进行调查。

(二)施工定线与复测

参照第三章有关测量内容。

第三章　工程质量控制及相关资料

公路工程质量控制是工程项目管理的核心，是质量管理工作的重点。质量控制的目标是：按照合同规定的质量要求实现工程项目的建设意图，并取得良好的投资效益。工程质量控制是对工程项目的所有环节进行质量控制，它贯穿于项目建设的全过程。

公路工程质量控制方面的资料是整个工程建设中工作量最大、涉及面最广，也是监理资料中最重要的组成部分，它涵盖公路工程中路基、路面、桥隧、交通、绿化、环保及质量控制措施中的材料试验、测量、机械、工艺等各个方面，涉及施工阶段的各个时期、各个环节。因此做好质量控制和相关资料管理工作对整个建设项目有着十分重要的意义。

第一节　质量控制的依据

一、概述

根据我国国家标准(GB/T 6583—92)和国际标准(ISO)，质量的定义是“反映产品或服务满足明确或隐含需要能力的特征和特性的总和”。公路产品质量包括公路产品实体和服务这两个方面的质量。根据全面质量管理的观点，公路产品的质量要求包含适用性、可靠性、经济性、交货期和技术服务质量等方面(图 3-1-1)。

公路产品的全面质量标准
- 适用性(适应车辆通行的需要)
- 使用价值
- 可靠性(结构可靠性、安全性)
- 经济性(造价经济合理)
- 交货期(施工周期)
- 技术服务质量(包括缺陷责任期的长短及服务内容和质量)

图 3-1-1　公路产品的质量标准

质量控制在国际标准(ISO)中的定义是：满足质量要求所采取的作业技术和活动。工程项目的质量控制按其控制的主体可分为：业主的质量控制，承包单位的质量控制和政府的质量控制。其中，业主的质量控制委托社会监理形式实现，也就是业主通过合同形式委托工程监理单位来实施的监理工程师质量目标管理，又称为工程质量监理；承包单位的质量控制靠承包人的质量自检体系来实现；政府的质量控制则通过行政主管部门各级质量监督站来实现。这样，就构成了“政府监督、社会监理、企业自检”的公路工程项目的质量保证体系。

按照国际惯例采用的监理工程师制度，监理工程师对工程质量的监理权利受法律保护。在承包人和业主签订的承包合同文件中详细地、明确地规定了监理工程师在质量控制中的作用和权力，这就以合同形式赋予了监理工程师采取各种手段进行工程质量控制的权力。使质量管理有法可依并依法办事。工程质量监理强调事先监理和主动监理，监理的重点放在工程或分部、分项工程施工前的准备阶段，即对原材料、施工机械和施工技术方案的检验和审查，以及施工过程中各环节的质量监理，以便及早发现问题，防患于未然。同时承包人施工质量与工程计量支付挂钩，质量好坏直接关系到承包人的经济利益。按合同条款规定，未经监理工程师验收并签字认可的工程项目，一律不予支付费用。为此，运用经济杠杆的作用有效地保证了工程质量，形成了监理工程师对施工的全过程、全方位、全环节质量监理的特征。

二、质量控制的依据

公路项目建设基本上可分为决策阶段、设计阶段、施工阶段和竣工验收阶段四大阶段，从目前我国公路建设实际情况来看，工程监理制度已涉及除决策阶段以外的各个阶段，设计监理已逐步得到推广和应用。设计及施工阶段由于其工作内容及方式不同，所以质量控制的内容及依据也不尽相同。

(一)设计质量控制依据

对公路项目的设计，总的要求是："统一规划，合理布局，因地制宜，综合开发，配套建设"的方针，做到适用、经济、美观、抗灾、安全，节约用地，环境协调，造价不高质量高，标准不高水平高，占地不多环境美。监理工程师的工作应始于对业主建设意图、所需功能的正确分析、掌握和理解，忠于用业主所需功能去检验设计成果。在设计过程中，则应正确处理和协调业主所需功能与资金、资源、技术、环境和技术标准法规之间的关系。为此，对设计质量控制和评定的主要依据是基于以下资料。

(1)有关工程建设及质量管理方面和法律、法规。例如公路法、建设用地、环境保护、公路工程质量监督等方面的法律、法规。

(2)项目可行性研究报告。

(3)体现业主建设意图的设计任务书、设计纲要和设计合同等。

(4)有关工程建设的技术标准，如设计标准、规范、规程，设计参数和定额、指标等。

(5)反映项目建设过程中和建成后所需要的有关技术、资源、经济、社会协作等方面的协议、数据和资料。

(二)施工质量控制的依据

监理工程师在施工阶段进行质量控制的依据，大体上可分为两类：(1)共同性的依据；(2)有关质量检验与控制的专门技术法规性依据。

1.质量管理与控制的共性依据

所谓共同性依据，主要是指那些适用于本公路项目施工阶段与质量控制有关的通用的具有普遍指导意义和必须遵守的基本文件。具体包括以下几方面。

(1)合同条款

在施工承包合同和监理合同的有关条款中分别规定了合同各方在质量控制方面的权利和义务。监理工程师不但要履行监理合同的条款，还要监督业主、承包人、设计单位履行有关的质量控制条款。

(2)合同图纸

经过批准的设计图纸和有关说明等设计文件，是合同文件组成部分，是质量控制的重要标准。全部工程应与合同图纸相符合，并符合监理工程师批准的变更与修改要求。

(3)技术规范

所有用于工程的材料、设施、设备及施工工艺，应符合合同文件所含技术规范或监理工程师同意使用的其他的技术规范及监理工程师批准的工程技术要求。

(4)法律、法规

国家及政府有关部门颁布的有关质量管理方面的法律、法规性文件，例如《质量振兴纲要》、《公路工程施工监理办法》、《建设工程质量管理条例》等。

上述文件涉及质量管理的机构与职责；工程合同各方质量责任和义务，质量保证体系建立的要求、标准，以及与此有关的资质等级的标准和认证，它们都是公路建设质量管理和控制方面所应遵循的基本法规文件。

2.质量检验与控制的专门性技术法规

这类文件依据一般是针对不同的质量控制对象而制定的技术法规性文件，包括各种有关的标准、规范、规程或规定。一般在合同文件的技术规范的首章，都将适用于本合同的标准、规范、规程、规定等写明，包含内容如下。

(1)《公路工程质量检验评定标准》是用以检验和评定公路工程质量水平或等级。检验标准在合同文件的技术规范中一般都分类，予以写明或引用。

(2)有关工程材料、半成品和构配件质量控制方面的技术性法规，一般也在技术规范中部分予以引用，包括：

①有关材料及其制品质量的技术标准，如：水泥、沥青、防水材料等的质量标准；

②有关材料或半成品的取样、试验等方面的技术标准或规程；如《公路土工试验规程》等。

③有关材料验收、包装、标志方面的技术标准和规定；如：型钢的验收、包装、标志及质量证明书的一般规定等。

3.控制施工工序质量等方面的技术法规性依据

如《公路沥青路面施工技术规范》等。“技术规范”* 中也按本工程特点予以引用或具体规定。

4.凡采用新材料、新技术、新工艺、新方法的工程，事先应进行试验，并应有权威性的技术部门的技术鉴定书及有关的质量数据、指标，在此基础上制订有关的质量标准和施工工艺规程，以此作为判断与控制质量的依据。

当合同文件中的技术规范与上述的法律、法规、规范等不一致时，由监理工程师或按合同条款规定，作出解释或决定。

* 注：如无特殊说明，本章中“技术规范”系指《公路工程国内招标文件范本》(2003 年版)的第二卷(一般的“技术规范”)，它是工程施工合同中不可缺少的内容。

第二节　质量控制程序

一、质量控制系统

施工阶段的质量控制，由对投入资源和条件的质量控制(事前控制)到对各施工环节的质量进行控制(事中控制)，再到对所完成的工程产成品质量检验与控制(事后控制)为止的全过程和系统控制过程。这个过程可以根据工程实体质量形成的不同时间阶段来划分，也可以根据施工过程中物质形态的转化来划分，或者是将施工项目作为一个大系统，对其组成结构按施工层次的分解来划分。

(一)根据工程实体的质量形成过程划分

(1)事前控制。即对施工准备阶段进行的质量控制。它是指在正式施工活动开始前，对各项准备工作及影响质量的各因素和有关方面进行的质量控制。

(2)事中控制。即施工过程中对所有与施工作业有关各环节的质量控制，也包括对施工过程中的中间产品的质量控制。

(3)事后控制。它是指对于由施工过程所完成的具有独立的使用功能的最终产品(单位工程或整个工程项目)及其有关方面(例如质量文档)的质量进行控制。

上述三个阶段的质量监控系统过程及其所涉及的主要方面如图 3-2-1 所示。

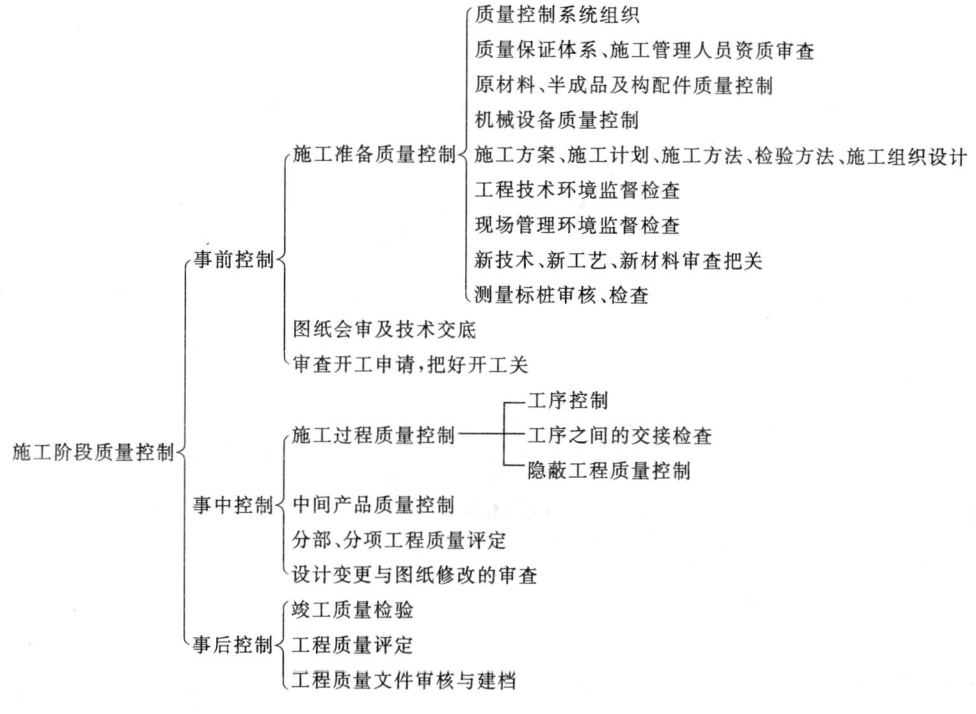

图 3-2-1　施工阶段质量控制的系统过程

(二)根据工程实体的物质形态转化过程划分

施工阶段的质量控制系统过程也是一个经由以下三个阶段控制的过程。

(1)对投入的物质资源质量的控制。

(2)施工生产过程质量控制，即在使投入的物质资源转化为公路产品的过程中，对影响产品质量的各因素、各环节及中间产品的质量进行控制。

(3)对完成的公路产品质量的控制与验收。

在质量控制和系统过程中，无论是对投入物质资源的控制，还是对施工生产过程的控制，都应当对影响工程实体质量的五个重要因素，即对与施工有关的人员、材料、设备、施工方法以及环境因素等进行全面的控制。影响工程质量各因素的构成如图 3-2-2 所示。

(三)根据施工层次结构划分的系统控制

一个公路项目可以划分为若干层次，例如，按照现行《公路工程质量检验评定标准》，可以将公路项目划分为单位工程、分部工程和分项工程等层次。其中，工序施工质量控制是最基本的质量控制，它决定了有关分项工程的质量，而分项工程的质量又决定了分部工程的质量。各组成部分及层次间的质量控制系统过程如图 3-2-3 所示。

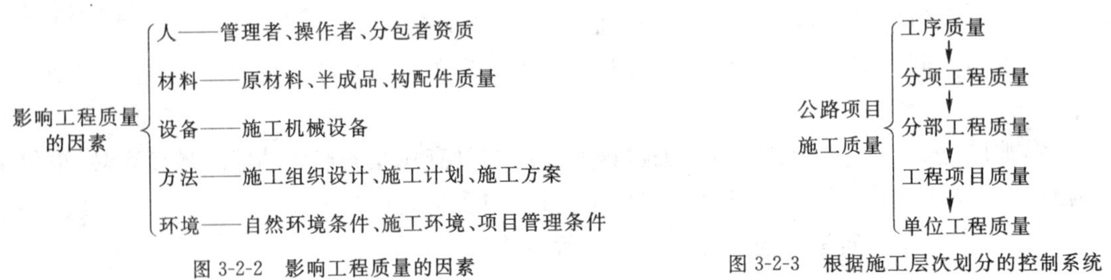

图 3-2-2　影响工程质量的因素

图 3-2-3　根据施工层次划分的控制系统

二、质量控制的基本程序

公路工程施工中，监理工程师要确保有效地控制工程质量，使质量管理工作标准化、程序化，必须制订一套质量控制程序(质量监理工作流程)，用来规范承包人的施工活动，指导、约束监理工程师工作，统一承包人和监理工程师检查、管理与监督的工作步骤。

质量控制程序是按照质量控制系统的规律及步骤来划分的，它可分为以下几个方面。

(一)开工报告

在各单位工程、分部工程或分项工程开工之前，监理工程师应要求承包人提交工程开工报告并进行审批。

1. 单项工程开工应具备的基本条件

(1)承包人的临时建设、供水、供电、临时道路、施工场地平整等工作已基本完成。

(2)导线点、水准基点等施工控制桩已复测闭合，并经监理工程师检查验收。

(3)地面线复测已经由工程师检查认定，工程数量已经由监理工程师审查批准。

(4)单项工程施工进度计划(施工组织设计)已经由监理工程师审查批准。

(5)现场管理人员和熟练工人已经落实，普通工人数能满足施工需要。

(6)材料供应已落实，能保证开工及施工连续进行；进场材料已经由监理工程师检验合格，供货质量亦有保证。

(7)用于单项工程的各种机械设备已落实，开工所需机械设备已经到位并经监理工程师检查符合要求。

(8)现场试验设备已经齐备，各种标准试验及原材料试验已经由监理工程师验证批准。

(9)设计图纸已经复核；需由承包人提供的施工图(如涵洞工程施工图，路基工程横断面图，大中桥工程的模板图，支架图等)经由监理工程师审查批准。以上图纸须有一份一直保留在工程现场直到施工结束，以便监理工程师检查。

(10)环境保护措施已经落实。

2. 单项工程开工报告的内容

(1)单项工程开工申报表。

(2)单项工程数量批复表。

(3)单项工程施工进度计划(施工组织设计)。

(4)土地占有及临建工程情况。

(5)测量控制点成果表。

(6)单项工程进场人员一览表。

(7)单项工程进场机械设备表。

(8)单项工程进场材料表。

(9)材料试验审批表。

(10)标准试验审批表。

(11)施工图(另册装订,并附文字说明)。

(12)环境保护及安全生产措施报告。

(13)有关施工外部条件的协议文件或资料复印件。

3.单项工程开工报告的批复

批复单项工程开工通知时,除了施工注意事项(如果有)予以简要提示外,还应以附件的方式对各具体工程项目特别明确以下各项:

(1)控制质量的检查工序及相应的检查记录表格;

(2)技术规范规定的质量控制指标及承包人自检抽样或测量频率及其手段或方法;

(3)该单项工程开工日期及相应的监理工程师人员;

(4)具体施工时应注意的事项。

(二)工序自检报告

监理工程师应要求承包人的自检人员按照监理工程师批准的工艺流程和提出的工序检查程序,在每道工序完工之后首先进行自检,自检合格后,报监理工程师进行检查认可。

(三)工序检查认可

监理工程师应紧接承包人的自检或承包人的自检同时,对每道工序完工后进行检查验收并签字认可,对不合格的工序指示承包人进行缺陷修补以及返工。上道工序未经检查认可,下道工序不得进行。

(四)中间交工报告

当工程的单位、分部或分项工程完工后,承包人的自检人员应再进行一次系统的自检,汇总各道工序的检查记录及测量和抽样试验的结果提出交工报告。自检资料不全的交工报告,监理工程师有权拒绝验收。

(五)中间交工证书

监理工程师应对按工程量清单的分项完工的单项工程进行一次系统的检查验收,必要时应做测量或抽样试验。检查合格后,监理工程师签发"中间交工证书"。未经中间交工检验或检验不合格的工程,不得进行下项工程项目的施工。

(六)中间计量

对填发了"中间交工证书"的工程,方可进行计量并由监理工程师签发"中间计量表"。完工项目的竣工资料不全可暂不计量支付。

工程质量控制程序流程如图 3-2-4 所示。

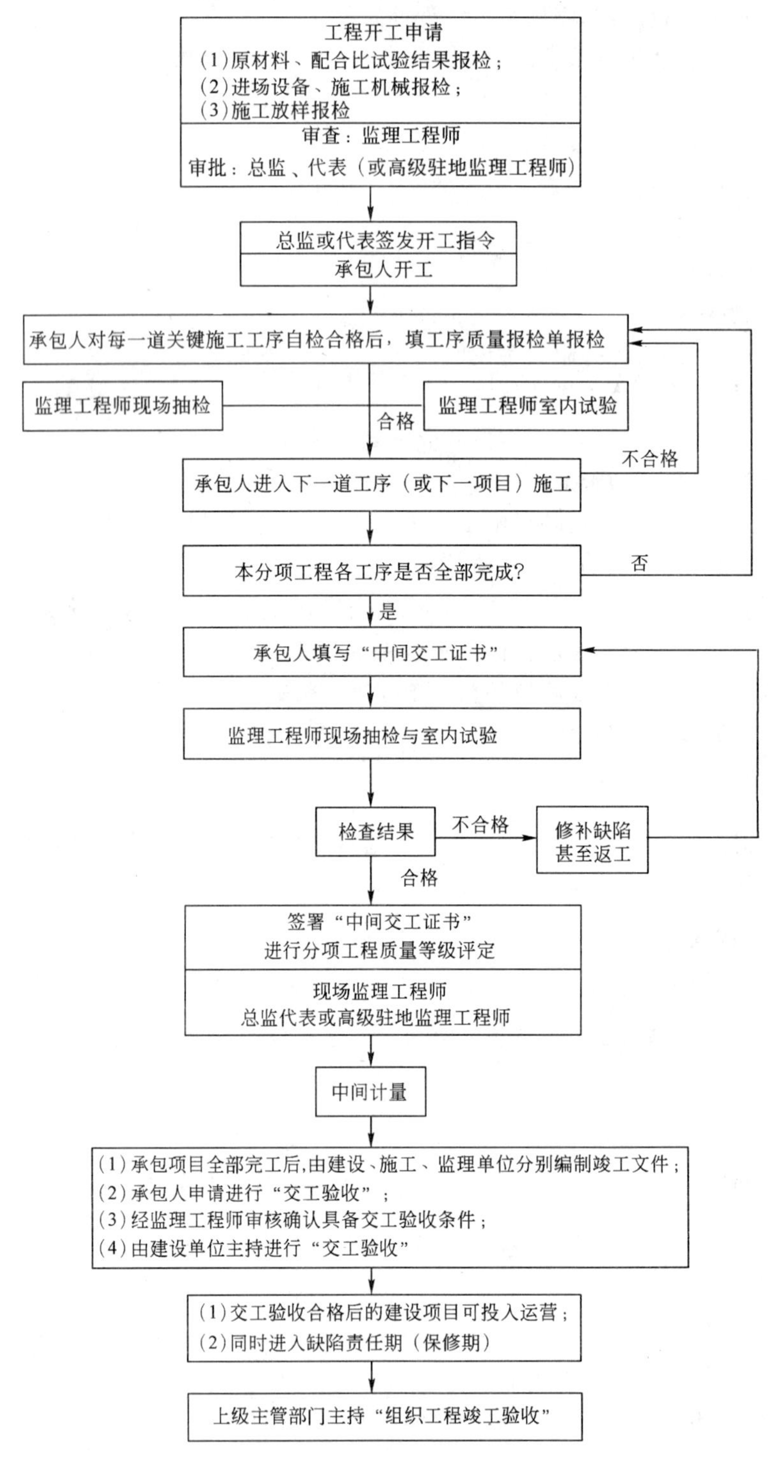

图 3-2-4　工程质量控制程序流程

注：从质量控制流程图可以看出：①分项工程开工前，承包人必须向监理工程师提出开工申请并说明施工材料、试验设备、人员的准备及施工方案，开工申请得到监理工程师批准后才能开工。②在施工过程中承包人必须要建立自己的内部质量管理系统，对施工质量进行检查，发现不合格的工程，自己就进行修补或返工，直至达到规范标准后才填写“质量检验通知单”，报请监理工程师验收。③监理工程师对报请验收的工程再进行质量检查，不合格的工程仍要进行修补或返工，直至达到规范、标准为止。对合格的工程，监理工程师签发“中间交工证书”，进入中间计量。

第三节　质量控制的任务

一、工程质量控制的主要任务

工程质量是在施工过程中形成的，监理工程师在施工过程中进行质量监控的任务与内容主要有如下几个方面。

(一)对承包人的质量控制工作的监控

(1)对承包人的质量控制自检系统进行监督，使其能在质量管理中始终发挥良好的作用。

(2)监督与协助承包人完善工序质量控制，使其能将影响工序质量的因素自始至终都纳入质量管理范围；督促承包人对重要的和复杂的施工项目或工序要作为重点设立质量控制点，加强控制，及时检查与审核承包人提交的质量统计分析资料和质量控制图表，对于重要的工程部位或专业工程，监理工程师还要再进行试验和复核。

(二)施工过程中的质量跟踪监控

(1)监理工程师在施工过程中要监督承包人的各项施工活动，随时密切注意承包人在施工过程中是否发生了不利于工程质量的变化。如施工材料质量的改变，混合料的配合比的改变，施工机械的运行与使用情况，计量设备的准确性，上岗人员组成和变化，以及工艺与操作等情况是否始终符合要求等。

(2)严格工序间的交接检查。对于主要工序作业和隐蔽作业，要按有关规范要求，由监理工程师在规定的时间内检查，确认其质量符合要求后，才能进行下道工序。

(3)建立施工质量跟踪档案

施工质量跟踪档案，也叫施工记录。主要包括资料产生跟踪档案和工程施工跟踪档案两个方面。

①资料产生跟踪档案。主要包括有关的施工文件目录，如施工图、工作程序及其他文件，不符合项的报告及其编号；各种试验报告；各种合格证；各种维修记录等。

②工程施工跟踪档案。可按分部、分项工程或单项工程建立各自的施工质量跟踪档案。如路基填筑或路面沥青铺筑施工可按桩号分段建立档案，在每个施工质量跟踪档案中应包括各自的有关文件、图纸、试验报告、质量合格证、质量自检单、监理工程的质量验收单，以及各工序的施工记录等。此外，还应包括上级检查不符合项的巡查和监理指令及其处理情况等。

(三)施工过程中的工程变更

无论是建设单位或者施工及设计方提出的工程变更或图纸修改，都应按合同条款规定通过监理工程师审查并组织有关方面研究，确认其必要性后，由监理工程师发布变更指令方能生效予以实施。

(四)施工过程中的检查验收

(1)工序产品的检查、验收。对于各工序的产出品，先由承包人按规定进行自检，自检合格后向监理工程师提交“质量验收通知单”，监理工程师收到通知单后，应在规定的时间内及时对其质量进行检查，确认其质量合格并签认质量验收单后，方可进行下道工序的施工。

(2)重要的工程部位、工序和专业工程，或监理工程师对承包人的施工质量状况未能确信者，以及重要的材料、半成品的使用等，还需由监理工程师亲自进行试验或技术复核，例如在公路路面摊铺现场测定沥青的温度;路基填土压实的现场抽取试样检验等。

(五)工序质量控制

工序是工程实体质量形成和检验的基本环节。工序质量是工程质量的基础,直接影响工程项目的整体质量。

(1)工序质量控制的内容。工序质量包括工序作业条件的质量和工序作业效果的质量。工序作业条件的监控是指对于影响工序生产质量的各因素进行控制,包括施工准备方面的控制。工序作业效果的监控主要反映在对工序产品质量性能的规定指标的控制,包含对工序作业的产品采取一定的检测手段进行检验。其监控步骤有实测、分析、判断、纠正和认可等几个阶段。

(2)工序作业质量监控实施要点是确定工序质量控制计划。工序质量控制计划是以完善的质量体系和质量检查制度为基础,进行工序分析,分清主次,有重点地进行控制;对工序作业实施动态的跟踪控制;设置工序作业的质量控制点,并进行预控。

(3)质量控制点的设置。控制点是施工质量控制的重点,质量控制点的设置,要根据工程项目的特点,抓住影响施工质量的主要因素。选择质量控制点的一般原则是:施工过程中关键工序或环节以及隐蔽工程;施工中的薄弱环节,或质量不稳定的工序、部位或对象;对后续工程施工或后续质量有重大影响的部位、工序或对象;采用新技术、新工艺、新材料的部位或环节;施工上无足够把握的、施工条件困难的或技术难度大的工序或环节。显然,是否设置为质量控制点,主要是视其对质量特征影响的大小、危害程度以及其质量保证的难度大小。比如,在道路施工中,应以路面平整度为龙头,以路基压实度为重点。

(4)在施工过程中,承包人是否按照设计要求、施工图纸、技术规范、技术交底以及工艺操作规程和质量标准的要求组织施工,直接涉及工程质量能否达到要求和标准。因此,必须加强现场的监督和检查,在施工过程中严格实施复核性检验,确保工程质量。要求在分项工程施工中,在承包人自检的基础上,对各项工作进行复核性检查,严格把关,防患于未然。复核性检查主要工作内容可概括为以下三点。

①隐蔽工程的检查验收。某些将被其后续工序所隐蔽或覆盖的分部、分项工程,必须在被覆盖之前,经过检查、验收,确认合格后,才允许加以覆盖。合同通用条款第 38.2 款对隐蔽工程检验作了详细规定,监理工程师应严格履行。

②工序间交接检查验收。上道工序完工后,经检查为质量合格并签字确认后,才可移交给下道工序继续施工,这种制度也适合于施工班组之间的交接检查;有关的专业施工队之间的交接检查;不同承包人之间的交接检查。

③施工过程的复核性预检。在该工程尚未施工之前所进行的复核性的预先检查,主要是针对在该工程施工之前已经进行的一些与之有关的工作的质量及正确性进行复核。为了确保工程质量,通常对各分部、分项工程的位置、轴线、高程、预留孔洞的位置和尺寸等进行预检及复核,未经预检或预检不合格者,不得进行下道工序施工。

二、工程质量控制的主要方法

监理工程师在对公路工程施工的各个阶段及施工中各个环节、各道工序进行质量监督和管理时,为了保证达到质量监理的目标,一般采用的监理方法有:检查核实、签认、审批,试验,测量与检测,旁站、工地巡视,签发指令文件。

(一)检查核实、签认与审批

监理工程师在施工的全过程中,需要经常对承包人所报送的各类报表和质量数据进行检查核算(内业)或进行现场核实(外业)。如:监理工程师在审批承包人提交的开工报告时,对承包人所提供的开工条件,如施工人员组织、施工的机械配备、材料质量和配合比试验结果及施工放样等应逐一进行检查、核实,签认与审批。

(二)抽检试验

抽检试验包括室内试验和现场检测两大类,它是监理工程师确认各种材料及施工部位质量的主要依据,是监理工程师控制工程质量的一个重要手段,是监理工程师坚持一切用数据说话的基础。

抽检试验的内容主要以能控制各施工项目施工质量的关键工序的质量指标为依据,详见第一章第六节有关内容。

(三)检测与测量

测量是监理工程师在质量监理过程中,对施工各部位的平面位置、高程、几何尺寸等进行检查和控制的重要手段。主要包括施工放样现场复核、施工过程中的跟踪测量,以及工程验收,包括分项工程完工验收、交工验收及竣工验收中的各项检测工作,详见第一章第六节有关内容。

(四)旁站

旁站即"盯现场",即监理工程师在承包人施工期间,用全部或部分时间盯在施工现场,对承包人的各项施工作业进行跟踪监督。在实际工作中,监理工程师对施工条件比较复杂、工程质量难以保证的关键工序及工程的关键部位,一般应进行全过程的旁站监督。如水泥混凝土路面、沥青混凝土面层施工的全过程,钻孔灌注桩施工中的混凝土灌注工序等。尤其对影响施工质量关键工序不仅应进行旁站,而且还应进行抽检,如路基工程施工时,路基分层填筑和分层压实等必须进行压实度抽检。对施工质量相对稳定,由多道施工工序所组成的分项工程中的次要工序,可视情况进行部分时间的旁站监督。旁站具体内容记录于监理旁站工序/部位表及旁站记录,见表 3-3-1～表 3-3-3。

(五)工地巡视

工地巡视是监理工程师在公路工程的施工过程中,为了解工程施工质量的全貌,利用相对较短的时间,对工程的整体(包括工程的较次要部位、较次要工序等)进行巡查、检视,这也是监理工程师进行质量监理的基本方法之一,详见第一章第六节有关内容及巡视记录。

(六)签发指令文件

指令文件,一方面包括施工监理过程中,监理工程师以书面文件的形式签发给承包人提醒注意施工中存在的质量隐患或质量问题书面文件;另一方面还包括监理工程师为保证工程质量,向承包人发布的工程变更、补充技术标准、施工技术要求、工地会议纪要等。这些文件都直接关系到工程的质量,是进行工程质量监理必不可少的依据。

三、现场质量控制的原则

(一)质量控制"四不准"原则

为了保证工程质量,监理工程师在工程施工监理过程中应做到四不准:人力、材料、机械设

监理旁站工序/部位表 表 3-3-1

A.1 公路工程监理旁站工序/部位一览表

单位工程	分部工程	分 项 工 程	旁站工序或部位
路基工程	路基土石方工程	软土地基处治(碎石桩、塑排板、粉喷桩等)	试验工程
		土工合成材料处治层	试验工程
	大型挡土墙	基础	混凝土浇筑
路面工程	路面工程	底基层、基层、垫层、联结层	试验工程
		沥青面层	试验工程
		水泥混凝土面层	试验工程、摊铺
桥梁工程	基础及下部构造	桩基	试桩、钢筋笼安放、混凝土浇筑
		地下连续墙	混凝土浇筑
		沉井浇筑顶板混凝土	定位、下沉、浇筑封底混凝土
		桩的制作、墩台帽、组合桥台	张拉、压浆
	上部构造预制和安装	预应力筋的加工和张拉	张拉、压浆
		转体施工拱	桥体预制、接头混凝土浇筑
		吊杆制作和安装	穿吊杆、预应力束张拉、压浆
	上部构造现场浇筑	预应力筋的加工和张拉	张拉、压浆
		主要构件浇筑、悬臂浇筑	主梁段混凝土浇筑、压浆
		劲性骨架混凝土拱、钢管混凝土拱	混凝土浇筑
	总体、桥面系和附属工程	桥面铺装	试验工程
		钢桥面板上沥青混凝土面层	试验工程、面层铺筑
		伸缩缝安装、大型伸缩缝安装	首件安装
隧道工程	洞身衬砌	初期支护	试验工程
		混凝土衬砌	试验工程
	隧道路面	基层、面层等	同路面工程基层、面层
	辅助施工措施	小导管周壁预注浆、深孔预注浆	注浆
交通安全设施	防护栏	混凝土护栏	首段混凝土浇筑

监 理 记 录 表 3-3-2

B.1 巡查记录

__________工程项目

巡 查 记 录

编号：__________

施工单位		合同号	
巡视监理		日 期	
起始时间		终止时间	
巡视范围、主要部位、工序			
施工单位主要施工项目、人员到位、工艺符合规范性简述			
巡视人主要巡检数据记录			
巡视人发现的问题及处理情况简述			

B. 2　旁站记录　　　　　　　　　　　　　　　　　　　　　　　　　　表 3-3-3

__________工程项目

旁 站 记 录

编号：__________

施工单位		合同号	
旁站监理		日期	
到场时间		离场时间	
质检人员		部位或桩号	
天气			
旁站工序或主要工作内容			
施工过程简述			
监理工作简述			
主要数据记录			
发现问题及处理结果			

备准备不足不准开工；未经检查认可的材料不准使用；施工工艺未经批准，施工中不准采用；上道工序未经验收，下道工序不准进行。只有这样严把开工关、材料关、工序关、工艺关才能从根本上控制工程质量。

(二)坚持“事先监理，主动监理”的原则

公路工程监理是一个具有服务性、公正性、独立性和科学性的智力型服务，在进行质量监督与管理中，不仅要发挥其在质量控制上的权威性和严肃性，还要体现出其服务性及科学性，充分发挥监理工程师懂技术、懂管理的特点，在施工技术指导、质量事故预防方面突出其功能。监理工程师在监理工作中应不断完善其质量预防和预控机制。在施工前的准备工作阶段和施工过程中的工序质量控制，最大限度地杜绝质量隐患和事故，强调事先监理与主动监理，这正是工程监理制度和传统的以事后检查为主的施工管理方法的不同之处。

(三)“用数据说话，坚持旁站”的原则

监理工作的公正性及科学性，要求监理工程师在进行质量管理时突出其客观、公正、求实的工作特点。监理工程师在监理工作中，应以试验、检测数据作为其确定、裁决工程质量现状的依据，用数据说话，绝不能靠主观判断、臆想、拍脑壳来进行质量管理。同时，对于一些施工条件比较复杂、工程质量难以保证的关键工序、关键部位，重要的隐蔽工程，监理工程师应进行全过程旁站监督检查，在旁站过程中发现的质量隐患与问题应及时发出指令，督促承包人予以制止、纠正，直到返工处理等，并如实准确地做好旁站记录和监理日记，保存原始资料。

第四节　质量缺陷与事故处理

一、概述

工程质量缺陷的出现和工程事故的发生，可分为两个时间段：一是在工程实施过程中，监理工程师未签字认可前；二是在监理工程师签认后，在缺陷责任期内。而工程质量事故的责任时限为：道路工程，现场监理签认至工程项目通车后两年内；结构工程，施工过程中和设计使用年限内。

质量缺陷着重指工程的外观质量和需完善的局部工程的质量，它的存在不导致工程事故，通过补救可以达到规范规定且能满足使用要求。由于承包人采用了不合格的原材料、不符合规范的工艺操作的工程，而必须返工的工程，则不属质量缺陷。

工程质量事故，是指由于勘测、设计、施工、监理、试验、检测等出现过失，而使工程在上述时限内遭受损毁或产生不可弥补的本质缺陷，影响结构安全和降低使用能力，以及因构造物倒塌造成人身伤亡或财产损失而必须加固、补强、返工处理的质量事故。

二、质量缺陷与缺陷责任期

(一)施工期间的质量缺陷及补救

施工期间的质量缺陷，如上文所述是指在现场监理工程师签认前所发生的缺陷。缺陷发生后，承包人应及时查找原因，并及时向监理工程师上报补救的办法，监理工程师应结合工程质量缺陷的实际情况，批复上报的补救方案；补救工作完成后，必须按有关规定进行重新检查验收，所有费用应由承包人承担。在施工期间发生的质量缺陷，除外观缺陷外，一般以返工重做为主，如果返工处理有困难时，可采用加固处理方案。

(二)缺陷责任期的监理

我国公路工程质量缺陷责任期现在规定为两年，以交工验收之日起算或从全部工程(或局部工程)正式投入使用之日起算。在缺陷责任期内，承包人对允许的尾留工程、交工验收报告指出的、允许在缺陷责任期内进行修补的工程缺陷以及缺陷责任期内出现的任何工程缺陷，按合同规定承担全部或部分责任，并在缺陷责任期内予以修补、重建和处理。缺陷责任期结束且缺陷责任终止证书的签发，就意味着承包人合同责任终止，承包合同随之结束。

1.缺陷责任期的监理机构设置

根据所监理工程的规模、工程分类等实际情况，成立专门的缺陷责任期监理机构，配备足够的人员。

2.缺陷责任期监理工作的主要内容

除了本书第七章第三节所述内容外，还应：

(1)监督承包人尽快完成尾留工程，并对完成的工程进行检查和验收；

(2)经常检查工程现场，及时发现质量缺陷，调查分析新缺陷出现的原因，确定缺陷责任和补救方案，监督承包人及时处理缺陷，保证工程的完善；

(3)督促承包人进行竣工图纸和竣工资料的整理工作；

(4)处理所有的有关费用方面的遗留问题，为最终支付做好准备工作；

(5)为签发"缺陷责任终止证书"做好各项准备工作；

(6)完善竣工前的各项监理资料的整理工作。

协助业主做好如下工作：

(1)环境保护和水土保持的专项验收；

(2)工程档案资料验收；

(3)工程审计；

(4)质量事故调查。

3.质量缺陷的调查

(1)在缺陷责任期满之前的任何时间，工程出现的任何缺陷或其他不合格之处，监理工程师如果提出要求，承包人有义务调查工程中出现缺陷的原因。

(2)监理工程师在指示承包人进行调查缺陷原因的同时，应向业主呈交一份副本。

(3)不论缺陷原因如何，承包人应将调查的经过、方法、结果正式报告监理工程师。

(4)如经调查，该缺陷系因使用了有缺陷的材料、不符合要求的工程设备或未经批准的工艺，属承包人责任，则调查工作的费用，由承包人承担。

(5)如缺陷不属承包人的责任，则监理工程师应在与业主和承包人适当协调后，确定承包人在上述调查中所支出的费用总额，并将其增加在合同价格中。

(6)监理工程师应将上述决定通知承包人，并呈报业主。

4.质量缺陷的责任判定和费用支付

由于承包人责任需自费修复的项目：

(1)交工证书附件中所附的承包人的"剩余工作计划"的实施。

(2)交工证书附件"工程检查表"中指出的全部工程缺陷的整修。

(3)所用材料、设备或工艺不符合合同的要求。

(4)由承包人负责设计的部分永久工程出现了任何失误。

(5)由于承包人的疏忽或未能按合同规定履行承包人方面的明确的或隐含的任何义务。

(6)工程在缺陷责任期内新出现的缺陷，经调查属于第3项原因所致缺陷的修复。

非承包人责任需建设单位支付费用的项目：

(1)缺陷责任期出现的新缺陷的调查费用(当缺陷原因非承包人责任时)。

(2)由于交通事故对工程造成的损坏的修复费用。

(3)由于工程设施被盗窃或被损坏，或承包人以外的其他人为损坏的修复费用。

(4)由于合同条款中所述的"特殊风险"或"不可抗力"所造成的损坏和缺陷的修补费用。

5.缺陷责任终止证书签发的必要条件

(1)交工验收证书中确认尾留工程已全部完成。

(2)工程在使用过程出现的所有缺陷已全部修复完成或已达到合同规定的标准。

(3)竣工图纸和资料已整理完成，且已达到要求。

(4)承包人向业主提交了终止缺陷责任期的申请。

三、质量缺陷的处理方案及防范措施

(一)质量缺陷性质的确定

质量缺陷性质的确定，是最终确定缺陷问题处理办法的首要工作，是明确合同责任和费用分割的根本依据。一般通过下列方法来确定缺陷的性质。

(1)了解和检查。是指对缺陷的工程进行现场情况、施工过程、施工设备和全部基础资料的了解和检查，主要包括调查、检查质量试验检测报告、施工日志、施工工艺流程、施工机械情况以及气候情况等。

(2)检测与试验。通过检查和了解可以发现一些表面的问题，得出初步结论，但往往需要进一步的检测与试验来加以验证。

检测与试验，主要是检测该缺陷工程的有关技术指标，以便准确找出产生缺陷的原因。

(3)专门调研。有些质量问题，仅仅通过以上两种方法仍不能确定：如某工程出现异常现象，但在问题发现时，有些指标却无法被证明是否满足规范要求，只能采用参考的检测方法。像水泥混凝土，规范要求的是28天的强度，而对于已经浇筑的混凝土无法再检测，只能通过规范以外的方法进行检测，其检测结果作为参考依据之一。

为了提供这样的参考依据并对其进行分析，往往有必要组织有关方面的专家或专题调查组，提出检测方案。对所得的这一系列参考依据的指标进行综合分析研究，找出产生缺陷的原因，确定缺陷的性质。这种专题研究，对缺陷问题的妥善解决作用重大，是经常被采用的。

(二)质量缺陷的处理方法

对于质量缺陷的处理，应当坚持原则，以保证缺陷处理后的质量能够满足要求。在实施过程中，可以结合工程实际情况，主要采用下列两种方法处理工程质量缺陷。

(1)整修与返工。缺陷的整修，主要是针对局部性的、轻微的且不会对整体工程质量带来严重影响的缺陷。如水泥混凝土结构的局部蜂窝、麻面，道路结构层的局部压实度不足等。这类缺陷一般可以比较简单地通过修整得到处理，不会影响工程总体的关键性技术指标。由于这类缺陷很容易出现，因而修整处理方法最为常用。返工的决定应建立在认真调查研究的基础上。是否返工，应视缺陷经过补救后能否达到规范标准而定。补救，并不意味着规范标准的降低，对于补救后不能满足标准的工程则必须返工。

(2)综合处理办法。综合处理办法主要是针对较大的质量事故而言的。这种处理办法不像返工和整修那样简单具体，它是一种综合缺陷(事故)补救措施，能够使得工程缺陷(事故)以最小的经济代价和工期损失，重新满足规范要求。处理的办法因工程缺陷(事故)的性质而异，性质的确定则以大量的调查及丰富的施工经验和技术理论为基础。具体做法可组织联合调查组、召开专家论证会等方式。

为了避免质量缺陷的发生，一般应注意以下方面：

(1)认真制定施工方案，并建立切实可行的规章制度和有效的监督机制；

(2)加大检测的频率和工作力度；

(3)抓好关键工程部位的质量监督；

(4)加大监理工作的监督力度；

(5)要从源头着手，综合治理。

四、公路工程质量事故

(一)公路工程质量事故的分级及分类标准

公路工程质量事故可分为：质量问题、一般质量事故及重大质量事故三类。

1. 质量问题

质量较差、造成直接经济损失(包括修复费用)在20万元以下。

2. 一般质量事故

质量低劣或达不到合格标准，需加固补强，直接经济损失(包括修复费用)在20～300万元之间的事故。且具备下列条件之一者为一般质量事故：

(1)小桥、涵洞，因施工不善而被冲毁、倒塌或部分倒塌，失去使用价值者。

(2)小桥、涵洞施工轴线位置严重偏离设计位置者。

(3)路面严重损坏，在每公里范围内损坏面积在5%以内者。

(4)一次返工损失在10 000～50 000元之内者(含10 000元)。

3. 重大质量事故

由于责任过失造成工程倒塌、报废和造成人身伤亡或重大经济损失事故。具备下列条件之一者为重大质量事故：

(1)大、中桥或特大桥，因施工不善而造成冲毁，倒塌或部分倒塌失去使用价值者。

(2)大、中桥或特大桥重要部位，工程质量经检查不合格，严重影响使用，需推倒重来，造成重大损失者。

(3)大、中桥、特大桥及大型人工构造物等，因施工图纸或施工指导错误、材料不合格及违章作业造成的主体构件强度不足或造成构件断裂及出现技术、规范所不允许裂缝者。

(4)大、中桥、特大桥及大型人工构造物，发生基础下沉，超过设计规定，影响结构稳定和正常使用；长度大于100m，高度大于3m的挡墙或其他防护工程，由于施工不善，发生滑动或倾倒者。

(5)路面严重损坏，在每公里长度范围内，破坏面积大于5%以上者。

(6)因工程质量事故，返工损失一次在50 000元以上者。

(二)质量事故的报告

1. 事故报告的及时与程序

(1)任何单位和个人均有权利和义务将工程质量事故的情况及时报告有关部门。对于公路工程在建项目,承包人为事故报告单位;交付使用的工程,接管单位为事故报告单位。

(2)质量事故发生后,事故单位必须以最快的方式,将事故的简要情况同时向业主、监理单位、质量监督站报告。在质量监督站初步确定质量事故的类别性质后,再按下述要求进行报告。

①质量问题:问题发生单位应在2天内书面上报建设单位、监理单位、质量监督站。

②一般质量事故:事故发生单位应在3天内书面上报质量监督站,同时报企业上级主管部门、建设单位、监理单位。

③重大质量事故:事故发生单位必须在2小时内速报省级交通主管部门和国务院交通主管部门,同时报告省级质量监督站和部质监总站,并在12小时内报出“公路工程重大质量事故快报”。

2.质量事故书面报告内容

(1)工程项目名称,事故发生的时间、地点、建设、设计、施工、监理等单位名称。

(2)事故发生的简要经过、造成工程损伤状况、伤亡人数和直接经济损失的初步估计。

(3)事故发生原因的初步判断。

(4)事故发生后采取的措施及事故控制情况。

(5)事故报告单位。

3.发生重大质量事故的现场保护措施

事故发生后,事故发生单位和该工程的建设、施工、监理等单位,应严格保护好事故现场,采取有效措施抢救人员和财产,防止事故扩大。

因抢救人员、疏导交通等原因,需要移动现场物件时,应当做出标志,绘制现场简图并做出书面记录,妥善保存现场痕迹、物证,并应采取拍照或录像等直录方式反映现场原状。

(三)质量事故处理的原则

质量事故处理应实行“三不放过”原则:事故原因不清不放过;事故责任者和群众没有受到教育不放过;没有防范措施不放过。

(四)事故的调查

1.根据不同的等级成立调查组

2.处理事故所需的资料

(1)与质量事故有关的施工图。

(2)与施工有关的资料、记录。例如筑路材料的试验报告,各种中间产品的检验记录和试验报告(如沥青拌和料温度量测记录、混凝土试块强度试验报告等),施工记录等。

(3)事故调查分析报告,一般应包括以下内容。

①质量事故状况。包括发生质量事故的时间、地点,事故的发展变化趋势、是否已趋稳定等。

②事故性质。应区分是结构性问题,还是一般性问题;是内在的实质性问题,还是表面性问题;是否需要及时处理,是否需要采取保护性措施。

③事故原因。阐明造成质量事故的主要原因,例如混凝土结构裂缝是由于地基的不均匀沉降导致,还是由于温度应力所致,或是由于施工拆模前受到冲击、振动的结果,还是由于结构本身承载力不足等。对此,应附具有说服力的资料、数据加以说明。

④事故评估。应阐明该质量事故对于使用功能、结构承受力性能及施工安全有何影响,并

应附有实测、验算数据和试验资料。

⑤事故涉及的人员与主要责任者的情况等。

3.质量事故处理方案的确定

质量事故处理方案，应在正确地分析和判断事故原因的基础上进行。

(1)可能采用的缺陷处理方案类型

①修补与加固处理。这是最常用的处理方案。当工程的某些部分的质量虽未达到规定的标准，存在一定的缺陷，但经过修补后或加固还可达到要求的标准，又不影响使用功能或外观效果，在此情况下，可以经监理工程师同意进行修补与加固处理。

属于修补的具体方案有很多，例如封闭保护，复位纠偏，结构补强、表面处理等。如：混凝土结构表面出现蜂窝麻面，经调查分析，该部位经过修补处理后，不会影响其使用及外观，某些结构混凝土发生表面裂缝，根据其受力情况，仅作表面封闭保护即可等。

②返工处理。当工程质量未达到规定的标准或要求，有严重质量问题，对结构的使用和安全有重大影响，而又无法通过修补的办法纠正所出现的缺陷时，应当进行返工处理。例如，某防洪堤坝的填筑压实后，其压实度不足，经核算将影响土体的稳定和抗渗要求，可以进行返工处理，即挖除不合格土，重新填筑。又如某预应力混凝土规定张力系数为1.3，但实际仅为0.8，属于严重的质量缺陷，也无法修补，需返工处理。十分严重的质量事故甚至要作出整体拆除的决定。

③限制使用。当工程质量缺陷按修补方式处理无法保证达到规定的使用要求，而又无法返工处理的情况下，不得已时可以作出降级使用或限制使用的决定。

④不做处理。某些工程质量缺陷虽然不符合规定的要求或标准，但如果情况不严重，对工程的使用及安全影响不大，经过分析、论证和慎重考虑后，也可作出不做专门处理的决定。

(2)工程缺陷处理方案的辅助决策方法

对质量缺陷处理的决策，是复杂而重要的工作，它直接关系到工程的质量、费用与工期。所以，要作出对缺陷处理的决定，特别是对需要返工或不做处理的决定，应当慎重对待。在对于某些复杂的工程缺陷作出处理决定前，可采取下述方法作进一步论证。

①实验验证。即对某些有严重质量缺陷的项目，可采用常规试验以外的试验方法作进一步验证，以便确定缺陷的程度。例如混凝土构件的试件强度低于要求的标准不太大(如3%以下)可进行加载试验，以证明其是否满足使用要求，又如沥青面层厚度误差超过了规定允许的范围，可采用弯沉试验来检查路面的整体强度等。监理工程师可根据对试验验证结果的分析、论证，再研究处理决策。

②定期观测。有些工程，在发现其质量缺陷时其状态可能尚未达到稳定仍会继续发展，对于这种情况一般不宜过早作出决定，可以对其进行一段时间的观测，然后再根据情况作出决定。如桥墩或其他工程的基础在施工期间发生沉降超过预计的或规定的标准；混凝土或高填土发生裂缝，并处于发展状态等。有些有缺陷的工程，短期内其影响可能不十分明显，需要较长时间的观测才能得出结论。对此，监理工程师应与业主及承包人协商，是否可以留待缺陷责任期解决或采取修改合同，延长缺陷责任的办法。

③专家论证。对于某些工程缺陷，可能涉及的技术领域比较广泛，或问题很复杂，有时仅根据合同规定难以决策时，可采用这种办法。此时，应事先做好充分准备，尽早为专家提供尽可能详尽的情况和资料，以便使专家能够进行较充分、全面和细致地分析、研究，提出切实的意见与建议。

4. 质量事故处理的验收鉴定

质量事故的处理是否达到了预期目的，是否仍留有隐患，应当通过检查鉴定和验收后确认。

事故处理的质量检查鉴定，应严格按施工验收规范及有关标准的规定进行，必要时还应通过实际量测、试验和仪表检测等方法获取必要的数据，才能对事故的处理结果给出确切的结论。检查和鉴定的结论可能有以下几种。

(1)事故已排除，可继续施工。

(2)隐患已消除，结构安全有保证。

(3)经修补或加固处理后，完全能够满足使用要求。

(4)基本满足使用要求，但使用时应有附加的限制条件，例如限制荷载等。

(5)对耐久性的结论。

(6)对建筑物外观影响的结论等。

(7)对短期难以做出结论者，可提出进一步观测检验的意见。

对于处理后符合规定要求和能满足使用要求的，监理工程师可予以验收、确认。

五、资料整理工作

质量缺陷与事故处理除以上需要附基础资料外，还应填写“工程质量事故报告单”(表3-4-1)、“工程质量事故处理意见单”(表3-4-2)作为系统资料归档。

工程质量事故报告单 表3-4-1

项目名称： 承包人： 编号：

<table>
<tr><td>工程名称</td><td></td><td>桩号</td><td></td></tr>
<tr><td>事故性质</td><td></td><td>发现时间</td><td></td></tr>
<tr><td colspan="4">事故描述：</td></tr>
<tr><td colspan="4">事故原因分析：</td></tr>
<tr><td colspan="4">造成损失：</td></tr>
<tr><td colspan="4">应急措施：</td></tr>
<tr><td colspan="4">处理意见：</td></tr>
<tr><td colspan="4">承包人：
年 月 日</td></tr>
<tr><td colspan="4">监理部及收件人：
年 月 日</td></tr>
</table>

工程质量事故处理意见单 表 3-4-2

项目名称： 承包人： 编号：

<table>
<tr><td>工程名称</td><td></td><td>发现时间</td><td></td></tr>
<tr><td>事故性质</td><td></td><td>桩号</td><td></td></tr>
<tr><td colspan="4">事故描述：</td></tr>
<tr><td colspan="4">事故责任及处罚意见：</td></tr>
<tr><td colspan="4">防范措施：</td></tr>
<tr><td colspan="4">处理方案：</td></tr>
<tr><td colspan="4">监理部主任：
年 月 日</td></tr>
<tr><td colspan="4">收件人：
年 月 日</td></tr>
</table>

第五节　施工测量控制细则及相关资料

一、概述

公路施工测量主要工作为：熟悉图纸及施工现场、导线点复测、敷设施工控制桩、公路中心线复测、水准路线复测、路基边坡桩放样、路面放样、涵洞、桥梁、隧道等构造物测设，目的是将线路设计图纸中各项元素准确无误地测设于实地，按照规定要求的精度指导监督施工。要求测量记录数据真实，不得随意涂改。

二、施工测量控制

(一)开工前交接桩

一般由业主安排勘察设计单位向承包人和监理工程师交桩。

1.交桩内容

(1)全线(本合同)平面控制桩，包括导线桩、转角桩、方向桩、大中桥、隧道、涵洞等构造物的定位桩。

(2)高程控制桩。

(3)控制桩的护桩。

2.交桩要点

(1)路线起止控制桩与国家控制网(平面、高程)的连接关系及精度。

(2)全路线由几个勘察设计单位分段承担设计时，应检查结合部桩位(平面、高程)连接关系及精度。

(3)重要桩位丢失过多，应要求原勘察设计单位补测。

3.接桩

交桩数量和精度已满足规范和施工需要时，承包人应签署接桩文件。

(二)施工测量监理工作内容

1.开工前

测量监理工程师应审查承包人下列内容，并以其结果作为承包人申请开工报告中测量工作准备情况的依据。

(1)承包人的测量组人员数量、资质、测量仪器种类、数量、精度级别及工作状态。

(2)全线(本合同)控制桩(平面、高程)恢复情况及复核精度，施工所需控制桩的加密情况。

(3)复核设计图纸给出路基、桥、隧等结构物的设计坐标、高程，并根据施工需要进行加密。

(4)护桩的恢复和补充情况。

(5)即将开工路段和构造物的施工测量及放样情况。

(6)桩的制作、埋设、保护情况。

2.施工中

(1)检查、批复承包人路基施工中测量、放样报告，按合同、规范和路基施工监理程序要求复核承包人路基施工中、边桩位置和高程测量结果。

(2)检查、批复承包人路基验收测量报告，按要求组织部分或全部路段复核放样。

(3)检查、批复承包人路面(包括结构层)施工放样报告,按要求组织部分或全部路段复核测量。

(4)对桥涵构造物施工中重要工程部位承包人测量、放样报告组织复核测量。

(5)经历雨季或按规范规定的施工时间间隔,应督促承包人复核全线(本合同)控制桩,并审核其测量结果。

(6)定期、不定期对测量仪器、施工控制桩进行校验,并将结果形成监理资料进行保存。

3.竣工后

(1)检查承包人全线(已竣工路段)恢复定线和路线竣工验收测量工作,审批竣工测量报告,视情况组织部分路段复测。

(2)检查承包人全线(已竣工)桥涵及其他设施竣工验收的测量资料,按总监或驻地办要求组织复核测量,审核批复测量报告。

(3)核实因变更设计引起工程数量变动所需的测量内容。

(4)检查、督办总监或代表、高级驻地要求的其他测量工作。

(三)施工测量监理工作

测量工程师负责全线(全合同)施工测量工作,安排测量组成员工作。涉及分项(分段)工程的测量内容时,应与该分项(分段)工程主管工程师研究并协调处理工作。同时应做好以下工作。

(1)检查承包人测量方面人员、仪器到位情况,查询仪器的精度级别,使用状态,检查校验证,必要时可指令承包人进行校核仪器精度的测量。

(2)检查承包人测量人员的测量记录、工作日志。

(3)检查或旁站测量、放样工作,审核测量结果并签署意见。

(4)可要求承包人对某些测量内容、计算结果进行解释,重新计算和重新测量,直到拒绝该测量报告,要求重新组织测量工作;可以在监理复核测量完成以后,对某一测量报告的拒绝,也可直接拒绝;对工作量较大的复测指令,应由测量工程师口头或书面下达。

1.各级测量监理人员的职责、权力

测量监理工程师的职责和批复时限应符合测量工作监理程序,可按下列安排进行。

(1)测量工程师

①测量监理工程师对所监理工程的测量监理工作负全责。

②参加制订测量工作监理程序,与分项(分段)工程监理工程师研究后确定监理复核测量内容。

③复核设计图纸给出所有测量参数;检查或旁站承包人开工前全线控制桩及重要分项工程的测量、放样工作,组织或参加监理复核的测量,审核批复测量报告。

④对施工中承包人部分重要控制测量的检查和审核工作,组织并参加监理复核测量。

⑤竣工后,全线(本合同)恢复定线工作的检查和审核,组织和参加监理复核测量,最终审核和批复承包人竣工文件中的测量资料。

(2)测量工程师助理

①完成测量工程师交派的监理工作。

②全过程旁站承包人开工前全线控制桩及重要分项工程的测量、放样工作,参加或主持监理复核测量,审核批复测量报告。

③施工中承包人重要控制测量的检查和审核工作,参加或主持监理复核测量。

④竣工后，协助测量工程师检查和审核全线(本合同)恢复定线测量，参加监理复核测量，协助最终审核和批复承包人竣工文件中测量资料及有关工作。

(3)测量监理员

①完成测量工程师和测量工程师助理交派的工作。

②执行对承包人一般测量、放样工作的检查或旁站。

③参加监理复核测量。

2.测量报告

(1)监理测量工程师对承包人测量资料的批复意见，应同时提供给分项工程监理工程师，重要测量内容的批复意见应报告总监或高级驻地监理工程师。

(2)承包人接受的监理批复意见文件，其抄送关系按内部质量检测制度办理。

(3)现场分项工程监理工程师批复的重要测量资料，应同时抄送测量工程师，并报告总监或高级驻地监理工程师。

(4)监理复核测量的资料一般不提供给承包人。

(四)路基、桥涵、隧道施工测量监理控制要点

1.路基施工测量监理控制要点

路基测量监理工作包括导线、中线、水准点复测、横断面复测、增设水准点等。

(1)导线复测

①导线复测应采用红外线测距仪，全站仪或其他能满足测量精度的仪器。仪器使用前应进行检验、校正。

②原有导线点不能满足施工要求时，应加密，相邻导线点间能互相通视。

③导线起讫点应与设计单位测定结果比较，测量精度满足设计要求，复测导线时，必须与相邻施工段导线闭合。

(2)中线复测

①路基开工前，监理人员应督促承包人全面恢复中线，并固定其主要控制桩，高速公路和一级公路应采用坐标法恢复主要控制桩。

②恢复中线应注意与结构物中心、相邻施工段的中线闭合，如发现问题，监理工程师应及时查明原因报告业主。

(3)校对及增设水准基点

①使用设计单位提供的水准点应仔细校核，并与国家的水准点闭合，超出允许误差范围时，监理工程师应查明原因，及时上报业主和设计单位。高速公路和一级公路的水准点闭合差为$\pm 20\sqrt{L}$mm，二级以下水准点闭合差为$\pm 30\sqrt{L}$mm，L为水准路线长度，以km计。

②水准点间距不宜大于1km，在人工结构物附近，高填深挖地段、工程量集中及地形复杂地段宜增设临时水准点，临时水准点必须符合精度要求，并与相邻路段水准点闭合。

③增设的水准点应设在便于观测的坚硬基岩上或永久性建筑物的牢固处。

(4)路基施工前，监理工程师应协同承包人仔细检查、核对纵横断面图、土石方工程量。

(5)监理工程师认真检查承包人路基施工放样，原始控制点、测量记录。

2.桥涵施工测量监理控制要点

(1)施工测量的内容

①根据桥梁的形式，跨径及设计要求的施工精度，确定利用原设计网加密或重新布设控制

网点。

②补充施工需要的水准点、桥涵轴线、墩台控制桩。

③桥涵放样测量

a)当有良好丈量条件时可采用直接丈量法进行墩台施工定位，直接丈量，应对尺长、温度、拉力、垂度、倾斜度进行改正计算。

b)大、中桥的水中墩、台和基础的位置，宜用检验过的全站仪或电磁波测距仪测量，桥墩中心线在桥轴线方向上的位置中误差不应大于±10mm。

c)曲线上的桥梁施工测量，应按照设计文件给定的曲线元素，以坐标法测量控制。

d)涵洞测量放样时，应注意核对涵洞纵横轴线的地形剖面图是否与设计图相符，应注意涵洞长度、涵底高程的正确性，对斜交涵洞曲线上和陡坡上的涵洞，应考虑交角、加宽、超高和纵坡对涵洞具体位置尺寸的影响，并注意锥坡、翼墙、一字墙和涵洞墙身顶部和上下游调整构造物的位置、方向、长度、高度、坡度、使之符合技术要求。

④桥梁施工过程中的测量、竣工测量

a)施工过程中，应经常测定并检查桥涵结构浇砌和安装部分的位置和高程，并做出测量记录和结论。桥轴线超过1000m的特大桥梁和结构复杂的桥梁施工过程中，应进行主要墩台(或锚塔)的沉降变形监测，桥梁控制网应每年复测一次，以确保施工安全和质量。

b)桥梁竣工后应进行竣工测量，测量项目如下：

ⓐ测定桥梁中线、丈量跨径。

ⓑ丈量墩台(或锚、塔)各部尺寸。

ⓒ检查桥面高程。

ⓓ为防止差错，施工测量必须由两个人相互检查核对并做出测量和检查核对记录。

(2)平面、水准控制测量

①平面控制网应采用三角测量和GPS测量，其等级应满足现行桥规规定；

②三角测量时，基线不应少于2条，基线端应与桥轴线连接，并尽量接近垂直，当桥轴线较长时，应尽可能两端均设基线，长度一般不小于桥轴线长度的0.7倍，困难地段不得小于0.5倍。三角网所有角度宜布设在30°～120°之间，困难情况下不应小于25°，其技术要求与平差应符合现行桥规规定。

(3)高程控制测量

①水准测量等级确定应符合2 000m以上的特大桥一般为三等，1 000～2 000m特大桥为四等，1 000m以下为五等。

②水准测量精度计算应符合现行桥规规定。

③特大、大、中桥施工设立临时水准点，高程偏差不得超过$\pm 20\sqrt{L}$mm。

④水准路线跨越江河时，应按照现行《公路勘测规程》执行。

3.隧道施工测量监理控制要点

工作内容分洞外控制测量、洞内控制测量、施工及竣工测量、成果的计算、整理及技术总结。

(1)一般要求

①应配备能胜任此项工作的测量工程师及与测量等级相适应的测量仪器、设备。

②应按现行《公路勘测规范》和《公路隧道施工技术规范》的要求进行洞外、洞内控制测量，施工及竣工测量。

③凡直线隧道长度大于 1 000m，曲线隧道长度大于 500m，均应根据横洞贯通精度要求进行隧道平面测量设计。

④凡洞外两端开挖洞口（包括横洞口、斜、竖井口）间水准路线长度大于 5km，应根据高程贯通精度进行隧道高程测量设计。

⑤隧道内相向两施工中线在贯通面上的限差规定为：隧道两端开挖洞口间的长度在 4 000m以下时为 100mm；在 4 000～8 000m 时为 150mm；高程贯通限差为 50mm。

⑥控制测量的精度以中误差衡量，最大误差（极限误差）规定为中误差的两倍。

⑦隧道竣工后应提交贯通测量技术成果书，贯通误差的实测成果和说明，净空断面测量和永久中线点、水准点的实测成果及示意图。

（2）洞外控制测量

①测量工作内容

a）应结合隧道长度、平面形状、线路通过地区的地形和环境，可采用中线法、精密导线法、三角锁网法、GPS 测量法，并在开工前完成。

b）洞外控制网应在每个洞口附近测设不少于 3 个平面控制点（含洞口投点及其联系的三角点或导线点）和 2 个水准点，作为洞内测量的起测依据。

c）洞口投点位置，在采用三角测量时，洞口投点应尽量纳入三角网内，并便于施工中线的放样测量和向洞内测设导线，向洞内测设方位的起始边不宜小于 300m，投点桩位的高程、位置要适当，埋设必须牢固可靠，以便长期使用和保存。

d）必须配备与测设控制网等级（三角测量或导线测量），要求精度相匹配的经纬仪，光电测距仪或全站仪等仪器设备。并认真按照测规要求施测，记录和计算整理平面控制测量成果报告单。

e）必须配备与相应等级水准测量要求精度相匹配的水准仪及配套设备，并认真按照测规要求施测，记录和计算整理高程编制测量成果报告单。

②资料整理

a）控制测量说明，包括隧道名称、长度、平面形状、布网情况、施测方法、仪器名称、等级、平差方法、施测日期、特殊情况及处理结果。

b）洞外控制测量布点示意图。

c）角度、边长和高程的实测精度及其计算方法，平差后的精度。

d）洞外三角锁或导线的边长、坐标、方位角的计算成果。

e）曲线要素计算及曲线起终点的控制里程。

f）控制里程与定测里程的关系。

g）控制水准点高程与实测水准点高程的关系。

h）洞口投点的进洞关系计算成果。

i）实测后贯通误差预计。

（3）洞内控制测量

①测量工作内容

a）洞内平面控制采用导线测量，洞内主导线点应尽量沿隧道衬砌中线布设，并组成多边形主副导线环，当导坑延伸有两倍洞内导线设计边长时，进行一次导线引伸测量。左、右线应利用横通道进行联测，以资检核。

b）布设洞内导线，导线边长应根据测量设计和通视条件而定，尽量选用较长的边长和接近等边长，一般直线地段不短于 200～300m，曲线地段不宜短于 70.0m。

c)由洞外引向洞内的测角工作，宜在夜晚或阴天进行，其测角精度及测回数应满足测规要求。

d)洞内导线边长测量，应尽量采用与洞外控制测量同精度的光电测距仪、全站仪测量。

e)斜井导线边长测量，应采用光电测距仪或两米横基尺测量、测角，量距精度应满足测规要求。

f)洞内应每隔 200～500m 设立一对高程控制点以便检核，为方便施工，应在导坑内拱部边墙至少要 100m 设立一个临时水准点，并应定期复测。

g)洞内高程控制的作业要求，观测限差和精度评定方法应符合洞外高程测量的有关规定，测量结果的精度必须符合洞内高程测量设计要求或规定等级精度。

h)隧道贯通后，实际贯通误差按现行《公路隧道施工技术规范》(JTJ 042—94)内容 3.3 调整。

②资料整理

a)洞内控制测量说明，包括布点情况，施测日期，施测方法和仪器名称，等级，实际贯通点的里程、平差方法，特殊情况及处理结果。

b)洞内控制测量布点示意图。

c)角度、边长和高程的实测精度及其计算方法。

d)与洞外控制点联测成果。

e)导线边长及各点坐标计算成果。

f)隧道中线放样计算。

g)实测的贯通误差(纵、横、竖向)。

h)贯通误差的调整方法。

i)隧道竣工后，应提交净空断面测量和永久中线点、水准点的实测成果及示意图。

(4)隧道施工测量

①隧道施工测量工作必须坚持“测量双检”、“换手测量”等，行之有效的测量制度，保证不出差错。

②隧道开挖和衬砌放样，都必须使用监理工程师批准的洞口投点、导线点和水准基点。

③隧道施工测量，应根据不同方法，制订出与之相适应的测量放样方案。

④开挖工序直线不超过 10m，曲线不超过 5.0m，必须使用仪器测设中线点及水平点，并做出书面交底，可采用“冲线法”或“串线法”标定，二次衬砌混凝土工程必须在衬砌台车就位前后，采用仪器设置和检查中线、水平及各部分尺寸。

⑤所有开挖工序在开钻(挖)前，都必须采用断面丈距法，准确画出设计轮廓线，严格控制超欠挖。开挖工作完成后，及时测量并绘出断面图。

⑥隧道竣工测量，应严格按照隧道施工规范测设要求进行。

三、测量成果的记录整理及技术总结

(1)所有观测和计算成果必须做到记录真实，注记明确，计算清楚，格式统一，并装订成册，长期保存。

(2)一切原始观测值和记事项目必须在现场记录清楚，不得涂改，不得凭记忆补记，手簿必须编列页码，注明观测者、记录者、观测日期、起止时间、气象条件、使用的仪器和规格类型，并详细记载观测时的特殊情况，因超限剔除的观测记录，应注明原因，并予以保存，不得撕毁。

(3)数值的取值要统一，按公路工程有关规定执行。

(4)各种三角点、导线点、水准点、中线点的名称必须记载明确，同一点名在各种资料中必须一致。

(5)竣工后应提交全线永久导线点、水准点实测成果及示意图。

(6)测量成果按国家有关规定的格式统一整理装订成册。

(7)凡使用新技术、新仪器或新方法进行测量控制工作的应及时编写技术总结报告。

四、常用施工测量表格名称

工程中常用的施工测量表格名称见表3-5-1。各表格范例见表3-5-2～表3-5-44。

施工测量表格名称　　表3-5-1

编　号	表格名称	备　注
	一、路类(共13种)	
监路01表	导线点复测成果表	
监路02表	路基、路面中线平面位置检查表	
监路03表	路基、路面高程测量记录表	
监路04表	盖板涵、箱涵检查表	
监路05表	圆管涵检查表	
监路06表	倒虹吸管检查表	
监路07表	拱涵检查表	
监路08表	排水沟检查表	
监路09表	急流槽、跌水、水簸箕检查表	
监路10表	盲沟检查表	
监路11表	锥、护坡检查表	
监路12表	浆砌砌体检查表	
监路13表	水泥混凝土路面检查表	
	二、桥类(共16种)	
监桥01表	钻孔桩护筒、桩位检查表	
监桥02表	钻孔桩成孔检查表	
监桥03表	钻孔桩混凝土灌注前检查表	
监桥04表	水下混凝土灌注记录表	
监桥05表	钻孔桩混凝土施工检查表	

续上表

编　　号	表 格 名 称	备　　注
监桥 06 表	钻孔桩成桩检查表	
监桥 07 表	挖孔桩挖孔记录表	
监桥 08 表	基础施工放样检查表	
监桥 09 表	基坑开挖检查表	
监桥 10 表	基底处理施工检查表	
监桥 11 表	混凝土成品检查表	
监桥 12 表	就地浇筑梁(板)检查表	
监桥 13 表	预制拱圈检查表	
监桥 14 表	梁(板)安装检查表	
监桥 15 表	桥梁护栏检查表	
监桥 16 表	桥梁总体检查表	
	三、隧道类(共 11 种)	
监隧 01 表	洞门端翼墙基础检查表	
监隧 02 表	洞身开挖检查记录表	
监隧 03 表	边墙基础检查表	
监隧 04 表	仰拱(隧底)基础检查表	
监隧 05 表	模筑混凝土模板检查表	
监隧 06 表	衬砌混凝土模板检查表	
监隧 07 表	仰拱(隧底)混凝土拆模检查表	
监隧 08 表	检修道、电缆沟检查表	
监隧 09 表	排水管安设检查表	
监隧 10 表	现场监理量测记录表(1)	
监隧 11 表	现场监理量测记录表(2)	
	四、交通工程类(共 3 种)	
监交 01 表	中央分隔带质量检查表	
监交 02 表	隔离栅质量检查表	
监交 03 表	紧急电话安装质量检查表	

表 3-5-2

导线点复测成果表

________公路______合同段　　　　第____页共____页　　　　监路 01 表

工程部位					桩号或部位					测量时间		
导线点编号	设计坐标		实测坐标		坐标差		设计 距离	实测 距离	距离 偏差	设计 方位角	实测 方位角	角度 偏差
	X	Y	X	Y	ΔX	ΔY						
示意图							主管		测量		记录	
							监理意见： 签名：　　年　　月　　日					

路基、路面中线平面位置检查表

表 3-5-3

____公路____合同段　　第____页共____页　　监路 02 表

<table>
<tr><td>工程名称</td><td colspan="2"></td><td colspan="2">桩号或范围</td><td>日期</td><td></td><td rowspan="3">允许偏差</td></tr>
<tr><td rowspan="2">桩号或测点</td><td colspan="2">设计值</td><td colspan="2">实测值</td><td colspan="2">偏差</td></tr>
<tr><td>X</td><td>Y</td><td>X</td><td>Y</td><td>ΔX</td><td>ΔY</td></tr>
<tr><td></td><td></td><td></td><td></td><td></td><td></td><td></td><td></td></tr>
<tr><td></td><td></td><td></td><td></td><td></td><td></td><td></td><td></td></tr>
<tr><td></td><td></td><td></td><td></td><td></td><td></td><td></td><td></td></tr>
<tr><td></td><td></td><td></td><td></td><td></td><td></td><td></td><td></td></tr>
<tr><td></td><td></td><td></td><td></td><td></td><td></td><td></td><td></td></tr>
<tr><td></td><td></td><td></td><td></td><td></td><td></td><td></td><td></td></tr>
<tr><td></td><td></td><td></td><td></td><td></td><td></td><td></td><td></td></tr>
<tr><td></td><td></td><td></td><td></td><td></td><td></td><td></td><td></td></tr>
<tr><td></td><td></td><td></td><td></td><td></td><td></td><td></td><td></td></tr>
<tr><td></td><td></td><td></td><td></td><td></td><td></td><td></td><td></td></tr>
<tr><td></td><td></td><td></td><td></td><td></td><td></td><td></td><td></td></tr>
<tr><td></td><td></td><td></td><td></td><td></td><td></td><td></td><td></td></tr>
<tr><td></td><td></td><td></td><td></td><td></td><td></td><td></td><td></td></tr>
<tr><td></td><td></td><td></td><td></td><td></td><td></td><td></td><td></td></tr>
<tr><td></td><td></td><td></td><td></td><td></td><td></td><td></td><td></td></tr>
<tr><td></td><td></td><td></td><td></td><td></td><td></td><td></td><td></td></tr>
<tr><td></td><td></td><td></td><td></td><td></td><td></td><td></td><td></td></tr>
<tr><td></td><td></td><td></td><td></td><td></td><td></td><td></td><td></td></tr>
<tr><td></td><td></td><td></td><td></td><td></td><td></td><td></td><td></td></tr>
<tr><td>示意图</td><td colspan="7"></td></tr>
<tr><td>主管</td><td colspan="2"></td><td>测量</td><td colspan="2"></td><td>记录</td><td></td></tr>
<tr><td colspan="8">监理意见：

签名：　　　　年　　月　　日</td></tr>
</table>

路基、路面高程测量记录表

表 3-5-4

____公路____合同段　　　　第____页共____页　　　　监路 03 表

工程名称				测量时间	
桩号或测点	前　视	后　视	实测高程(m)	设计高程(m)	偏差(m)
主管		测量		记录	

监理意见：

签名：　　　　年　　月　　日

表 3-5-5

盖板涵、箱涵检查表

____公路____合同段　　　　第____页共____页　　　　监路 04 表

<table>
<tr><td>工程名称</td><td colspan="2"></td><td>桩号</td><td></td><td>检查日期</td><td></td></tr>
<tr><td colspan="2">检 查 项 目</td><td colspan="2">规定值或
允许偏差</td><td>实 测 值</td><td colspan="2">备注或图示</td></tr>
<tr><td colspan="2">混凝土或砂浆强度(MPa)</td><td colspan="2"></td><td></td><td colspan="2" rowspan="10"></td></tr>
<tr><td rowspan="2">轴线偏位
(mm)</td><td>明涵</td><td colspan="2"></td><td></td></tr>
<tr><td>暗涵</td><td colspan="2"></td><td></td></tr>
<tr><td colspan="2">结构尺寸(mm)</td><td colspan="2"></td><td></td></tr>
<tr><td colspan="2">涵底流水面高程(mm)</td><td colspan="2"></td><td></td></tr>
<tr><td colspan="2">长度(mm)</td><td colspan="2"></td><td></td></tr>
<tr><td colspan="2">孔径(mm)</td><td colspan="2"></td><td></td></tr>
<tr><td rowspan="2">顶面偏位
(mm)</td><td>明涵</td><td colspan="2"></td><td></td></tr>
<tr><td>暗涵</td><td colspan="2"></td><td></td></tr>
<tr><td>质检负责</td><td colspan="2"></td><td>检测</td><td></td><td>复核</td><td></td></tr>
<tr><td colspan="7">监理意见：

签名：　　　　　年　　月　　日</td></tr>
</table>

圆管涵检查表

表 3-5-6

____公路____合同段　　　　第____页共____页　　　　监路 05 表

工程名称			施工日期	
桩号			检查日期	
检 查 项 目		规定值或允许偏差	检 查 结 果	备注或图示
混凝土强度(MPa)				
轴线偏位(mm)				
涵底流水面高程(m)				
涵管长度(mm)				
管座宽度(m)				
相邻管节底面错口(mm)	管径≤1m			
	管径>1m			
质检负责		检测		复核	

监理意见：

签名：　　　　年　　月　　日

表 3-5-7

倒虹吸管检查表

____公路____合同段　　　　第____页共____页　　　　监路 06 表

工程名称			桩号		检查日期	
检 查 项 目		规定值或允许偏差	检 测 结 果			
混凝土强度(MPa)						
砂浆强度(MPa)						
轴线偏位(mm)						
涵底流水面高程(mm)						
相邻管节底面错口(mm)	管径≤1m					
	管径>1m					
竖井尺寸(mm)	长、宽					
	直径					
竖井高程(mm)	顶部					
	底部					
渗水试验						
示意图						
质检负责		检测		复核		
监理意见： 签名：　　　　年　月　日						

拱 涵 检 查 表

表 3-5-8

____公路____合同段　　　　第____页共____页　　　　监路 07 表

<table>
<tr><td>工程名称</td><td></td><td>桩号</td><td></td><td>检查日期</td><td></td></tr>
<tr><td colspan="3">检 查 项 目</td><td>规定值或
允许偏差</td><td>检 测 结 果</td><td>备注或图示</td></tr>
<tr><td colspan="3">混凝土强度(MPa)</td><td></td><td></td><td rowspan="11"></td></tr>
<tr><td colspan="3">砂浆强度(MPa)</td><td></td><td></td></tr>
<tr><td colspan="3">轴线偏位(mm)</td><td></td><td></td></tr>
<tr><td rowspan="3">结构
尺寸
(mm)</td><td rowspan="2">拱圈</td><td>混凝土</td><td></td><td></td></tr>
<tr><td>石料</td><td></td><td></td></tr>
<tr><td colspan="2">涵台</td><td></td><td></td></tr>
<tr><td colspan="3">涵底流水面高程(mm)</td><td></td><td></td></tr>
<tr><td colspan="3">跨径(mm)</td><td></td><td></td></tr>
<tr><td colspan="3">长度(mm)</td><td></td><td></td></tr>
<tr><td colspan="3">砌体平整度(mm)</td><td></td><td></td></tr>
<tr><td colspan="3">石料抗压强度(MPa)</td><td></td><td></td></tr>
</table>

质检负责		检测		复核	

监理意见：

签名：　　　　年　　月　　日

排水沟检查表

表 3-5-9

____公路____合同段　　　　第____页共____页　　　　监路 08 表

工程名称		桩号		检查日期	

混凝土或砂浆配合比		石料抗压强度(MPa)	
检 查 项 目	规定值或允许偏差	检 测 结 果	备注或图示
混凝土或砂浆强度(MPa)			
轴线偏位(mm)			
涵底高程(mm)			
墙面顺直度(mm) 或坡度(°)			
断面尺寸(mm)			
铺砌厚度(mm)			
基础垫层宽度、厚度(mm)			

质检负责		检测		复核	

监理意见：

签名：　　　　年　　月　　日

急流槽、跌水、水簸箕检查表

表 3-5-10

____公路____合同段　　　　第____页共____页　　　　监路 09 表

工程名称		桩号		检查日期	
混凝土或砂浆配合比			水泥用量(kg/m³)		
检 查 项 目	规定值或允许偏差	检 查 结 果			
混凝土或砂浆强度(MPa)					
轴线偏位(mm)					
涵底高程(mm)					
竖直度或坡度(°)					
断面尺寸(mm)					
长度(mm)					
铺砌厚度(mm)					
基础垫层宽、厚度(mm)					
备汗或图示					
质检负责		检测		复核	
监理意见： 签名：　　　　年　　月　　日					

盲 沟 检 查 表　　　　表 3-5-11

____公路____合同段　　　　第____页共____页　　　　监路 10 表

<table>
<tr><td>工程名称</td><td colspan="3"></td><td>检查日期</td><td></td></tr>
<tr><td>桩号及部位</td><td colspan="5"></td></tr>
<tr><td>检查项目</td><td>规定值或
允许偏差</td><td colspan="4">检 查 结 果</td></tr>
<tr><td>沟底纵坡(%)</td><td></td><td colspan="4"></td></tr>
<tr><td>断面尺寸(mm)</td><td></td><td colspan="4"></td></tr>
<tr><td>反滤层材料</td><td colspan="2"></td><td>排水层材料</td><td colspan="2"></td></tr>
<tr><td colspan="3">进出水口排水情况</td><td colspan="3">图　示</td></tr>
<tr><td colspan="3"></td><td colspan="3"></td></tr>
<tr><td>质检负责</td><td></td><td>检测</td><td></td><td>复核</td><td></td></tr>
<tr><td colspan="6">监理意见：

签名：　　　　年　　月　　日</td></tr>
</table>

锥、护坡检查表

表 3-5-12

____公路____合同段　　　　第____页共____页　　　　监路 11 表

<table>
<tr><td>工程名称</td><td colspan="2"></td><td>桩号</td><td></td><td>检查日期</td><td></td></tr>
<tr><td colspan="2">砂浆配合比</td><td colspan="2"></td><td colspan="2">石料抗压强度(MPa)</td><td></td></tr>
<tr><td colspan="2">检查项目</td><td colspan="2">规定值或允许偏差</td><td colspan="3">检 查 结 果</td></tr>
<tr><td colspan="2">顶面高程(mm)</td><td colspan="2"></td><td colspan="3"></td></tr>
<tr><td colspan="2">表面平整度(mm)</td><td colspan="2"></td><td colspan="3"></td></tr>
<tr><td colspan="2">坡度</td><td colspan="2"></td><td colspan="3"></td></tr>
<tr><td colspan="2">厚度(mm)</td><td colspan="2"></td><td colspan="3"></td></tr>
<tr><td colspan="2">底面高程(mm)</td><td colspan="2"></td><td colspan="3"></td></tr>
<tr><td colspan="7">备 注 或 图 示</td></tr>
<tr><td colspan="7"></td></tr>
<tr><td>质检负责</td><td></td><td>检测</td><td></td><td>复核</td><td colspan="2"></td></tr>
<tr><td colspan="7">监理意见：

签名：　　　　年　　月　　日</td></tr>
</table>

浆砌砌体检查表

表 3-5-13

____公路____合同段　　　　第____页共____页　　　　监路 12 表

<table>
<tr><td colspan="2">工程名称</td><td colspan="2"></td><td>检查日期</td><td colspan="2"></td></tr>
<tr><td colspan="2">桩号</td><td></td><td>砂浆配合比</td><td></td><td>石料抗压强度(MPa)</td><td></td></tr>
<tr><td colspan="2">检 查 项 目</td><td>规定值或允许偏差</td><td colspan="2">检 测 结 果</td><td colspan="2">备注或图示</td></tr>
<tr><td colspan="2">砂浆强度(MPa)</td><td></td><td colspan="2"></td><td colspan="2" rowspan="14"></td></tr>
<tr><td rowspan="3">大面平整度
(mm)</td><td>料石</td><td></td><td colspan="2"></td></tr>
<tr><td>块石</td><td></td><td colspan="2"></td></tr>
<tr><td>片石</td><td></td><td colspan="2"></td></tr>
<tr><td rowspan="2">顶面高程
(mm)</td><td>料、块石</td><td></td><td colspan="2"></td></tr>
<tr><td>片石</td><td></td><td colspan="2"></td></tr>
<tr><td colspan="2">基底高程(mm)</td><td></td><td colspan="2"></td></tr>
<tr><td rowspan="2">竖直度
或坡度(°)</td><td>料、块石</td><td></td><td colspan="2"></td></tr>
<tr><td>片石</td><td></td><td colspan="2"></td></tr>
<tr><td rowspan="3">断面尺寸
(mm)</td><td>料石</td><td></td><td colspan="2"></td></tr>
<tr><td>块石</td><td></td><td colspan="2"></td></tr>
<tr><td>片石</td><td></td><td colspan="2"></td></tr>
<tr><td>质检负责</td><td></td><td>检测</td><td></td><td>复核</td><td></td><td></td></tr>
<tr><td colspan="7">监理意见：

签名：　　　　　　年　　月　　日</td></tr>
</table>

水泥混凝土路面检查表

表 3-5-14

____公路____合同段　　　　第____页共____页　　　　监路 13 表

工程名称		施工日期	
检查项目	规定值或允许偏差	实　测　值	备　　注
弯拉强度(MPa)			
板厚度(mm)	代表值：		
	极值：		
平整度			
抗滑构造深度(mm)			
相邻板高差(mm)			
纵横缝顺直度(mm)			
中线平面偏位(mm)			
路面宽度(mm)			
纵断面高程(mm)			
横坡(%)			

检查结论：

年　　月　　日

质检负责		检测		复核	

监理意见：

签名：　　　　年　　月　　日

钻孔桩护筒、桩位检查表

表 3-5-15

____公路____合同段　　第____页共____页　　监桥 01 表

<table>
<tr><td colspan="2">工程名称</td><td colspan="4"></td><td>检查日期</td><td colspan="2"></td></tr>
<tr><td colspan="2">桩位编号</td><td colspan="4"></td><td>地表(地下)水位</td><td colspan="2"></td></tr>
<tr><td colspan="2">护筒</td><td>类型：</td><td>直径：　m</td><td>长度：　m</td><td colspan="2">筒顶高程：</td><td colspan="2">埋深：　m</td></tr>
<tr><td rowspan="2">中心位置</td><td>X</td><td colspan="2">设计：</td><td colspan="3">实测：</td><td colspan="2">偏差：</td></tr>
<tr><td>Y</td><td colspan="2">设计：</td><td colspan="3">实测：</td><td colspan="2">偏差：</td></tr>
<tr><td colspan="2">护筒底
地质情况</td><td colspan="3"></td><td>护筒埋置
方法</td><td colspan="3"></td></tr>
<tr><td colspan="2">图示与说明</td><td colspan="7"></td></tr>
<tr><td colspan="9">检查结论：</td></tr>
<tr><td colspan="2">质检负责</td><td colspan="2"></td><td>检测</td><td colspan="2"></td><td>复核</td><td></td></tr>
<tr><td colspan="9">监理意见：

签名：　　　　年　　月　　日</td></tr>
</table>

钻孔桩成孔检查表

表 3-5-16

____公路____合同段　　　　第____页共____页　　　　监桥 02 表

工程名称				检查日期	
桩位		设计桩尖高程(m)		应钻深度(m)	
护筒顶高程(m)		孔底实际高程(m)		设计桩径(m)	
实钻深度(m)		倾斜率		测设工具	
检孔器说明：			成孔示意图：		
检孔器检测情况：					
检查结论：					
质检负责		检测		复核	
监理意见： 签名：　　　　年　　月　　日					

钻孔桩混凝土灌注前检查表

表 3-5-17

____公路____合同段　　　　第____页共____页　　　　监桥 03 表

<table>
<tr><td>工程名称</td><td colspan="3"></td><td>检查日期</td><td></td></tr>
<tr><td>桩位</td><td colspan="3"></td><td>孔位偏差(m)</td><td></td></tr>
<tr><td>设计桩径(m)</td><td></td><td>成孔直径(m)</td><td></td><td>护筒顶高程(m)</td><td></td></tr>
<tr><td>灌注混凝土前
孔底高程(m)</td><td></td><td>护筒底高程(m)</td><td></td><td>沉淀层厚度(m)</td><td></td></tr>
<tr><td>检孔器检孔情况</td><td colspan="5"></td></tr>
<tr><td>是否清孔、清孔
方法及效果</td><td colspan="5"></td></tr>
<tr><td>灌注前泥浆</td><td>密度(g/cm³)</td><td colspan="2"></td><td>含砂率(%)</td><td></td></tr>
<tr><td>钻孔中出现的
问题和处理方法</td><td colspan="5"></td></tr>
<tr><td rowspan="3">钢筋骨架</td><td>主筋根数</td><td colspan="2"></td><td>焊接方式及长度</td><td></td></tr>
<tr><td>主筋直径(mm)、</td><td colspan="2"></td><td>骨架顶面高程(m)</td><td></td></tr>
<tr><td>吊放节数</td><td colspan="2"></td><td>骨架底面高程(m)</td><td></td></tr>
<tr><td colspan="6">检查结论：</td></tr>
<tr><td>质检负责</td><td></td><td>检测</td><td></td><td>复核</td><td></td></tr>
<tr><td colspan="6">监理意见：

签名：　　　　　年　　月　　日</td></tr>
</table>

表 3-5-18

水下混凝土灌注记录表

________公路____合同段　　　　第____页共____页　　　　监桥 04 表

工程名称				桩位		水泥强度等级		设计直径(m)	
灌注前孔底高程(m)		护筒顶高程(m)		设计桩尖高程(m)		钢筋骨架顶高程(m)		混凝土强度等级	
设计混凝土数量(m^3)		坍落度		起始时间					
时　间	混凝土灌注深度(m)	导管深度(m)	导管拆除数量			实灌混凝土数量		钢筋位置情况、孔内情况、灌注情况、事故原因和处理情况等	
			节数	长度(m)	累计长度(m)	数量(m^3)	累计数量(m^3)		
质检负责		记录		监理意见： 签名：　　年　月　日					

钻孔桩混凝土施工检查表

表 3-5-19

____公路____合同段　　　　第____页共____页　　　　监桥 05 表

<table>
<tr><td>工程名称</td><td colspan="2"></td><td>检查日期</td><td></td></tr>
<tr><td>桩位</td><td colspan="4"></td></tr>
<tr><td>灌注时间</td><td colspan="2">开始：</td><td colspan="2">结束：</td></tr>
<tr><td>施工气温(℃)</td><td colspan="2">最高：</td><td colspan="2">最低：</td></tr>
<tr><td>混凝土搅拌方式</td><td colspan="2"></td><td>混凝土运输方式</td><td></td></tr>
<tr><td>设计桩顶高程(m)</td><td colspan="2"></td><td>灌注完毕后桩顶高程(m)</td><td></td></tr>
<tr><td>施工间断情况</td><td colspan="2"></td><td>有无浮筋现象</td><td></td></tr>
<tr><td>水泥品种及强度等级</td><td colspan="2"></td><td>水泥用量(kg/m³)</td><td></td></tr>
<tr><td>施工配合比</td><td colspan="2"></td><td>水灰比</td><td></td></tr>
<tr><td>外加剂</td><td colspan="2">名称：</td><td colspan="2">掺入量：　　　　%</td></tr>
<tr><td>实测坍落度(cm)</td><td colspan="2"></td><td colspan="2">平均：</td></tr>
<tr><td>试件取样</td><td colspan="2">组数：</td><td colspan="2">编号：</td></tr>
<tr><td colspan="5">检查结论：</td></tr>
</table>

质检负责		检测		复核	

监理意见：

签名：　　　　年　　月　　日

钻孔桩成桩检查表

表 3-5-20

____公路____合同段　　第____页共____页　　监桥 06 表

<table>
<tr><td colspan="2">工程名称</td><td colspan="3"></td><td>桩位</td><td></td><td>检查日期</td><td></td></tr>
<tr><td colspan="2">浇筑桩顶高程(m)</td><td colspan="2"></td><td>成桩顶高程(m)</td><td></td><td>设计混凝土强度等级</td><td colspan="2"></td></tr>
<tr><td rowspan="2">桩位坐标</td><td rowspan="2">设计</td><td>X</td><td></td><td>实测</td><td colspan="2"></td><td colspan="2">偏差：</td></tr>
<tr><td>Y</td><td></td><td>实测</td><td colspan="2"></td><td colspan="2">偏差：</td></tr>
<tr><td>桩径尺寸(m)</td><td>设计</td><td colspan="2"></td><td>实测</td><td colspan="2"></td><td colspan="2">偏差：</td></tr>
<tr><td colspan="2">凿桩长度(m)</td><td colspan="7"></td></tr>
<tr><td colspan="2">接桩长度(m)</td><td colspan="7"></td></tr>
<tr><td colspan="2">凿桩后混凝土质量情况</td><td colspan="7"></td></tr>
<tr><td colspan="2">最小保护层厚度(m)</td><td colspan="7"></td></tr>
<tr><td colspan="2">露筋情况</td><td colspan="7"></td></tr>
<tr><td colspan="2">露筋补修方法</td><td colspan="7"></td></tr>
<tr><td colspan="2">混凝土外观检查</td><td colspan="7"></td></tr>
<tr><td>图示</td><td colspan="5"></td><td colspan="3">检查结论：</td></tr>
<tr><td>质检负责</td><td colspan="2"></td><td>检测</td><td colspan="2"></td><td>复核</td><td colspan="2"></td></tr>
<tr><td colspan="9">监理意见：

签名：　　年　月　日</td></tr>
</table>

表 3-5-21

挖孔桩挖孔记录表

____公路____合同段　　　　第____页共____页　　　　监桥 07 表

<table>
<tr><td colspan="2">工程名称</td><td colspan="3"></td><td>桩位</td><td></td><td>施工起止时间</td><td></td></tr>
<tr><td colspan="2">设计桩长(m)</td><td></td><td colspan="2">设计孔底高程(m)</td><td colspan="2"></td><td>护壁顶高程(m)</td><td></td></tr>
<tr><td colspan="2">挖进时间</td><td colspan="2">挖进深度(m)</td><td rowspan="2">地质情况</td><td rowspan="2">孔径、竖直度</td><td colspan="2" rowspan="2">护壁情况</td><td rowspan="2">备注</td></tr>
<tr><td>起</td><td>止</td><td>本次</td><td>累计</td></tr>
<tr><td></td><td></td><td></td><td></td><td></td><td></td><td colspan="2"></td><td></td></tr>
<tr><td></td><td></td><td></td><td></td><td></td><td></td><td colspan="2"></td><td></td></tr>
<tr><td></td><td></td><td></td><td></td><td></td><td></td><td colspan="2"></td><td></td></tr>
<tr><td></td><td></td><td></td><td></td><td></td><td></td><td colspan="2"></td><td></td></tr>
<tr><td></td><td></td><td></td><td></td><td></td><td></td><td colspan="2"></td><td></td></tr>
<tr><td></td><td></td><td></td><td></td><td></td><td></td><td colspan="2"></td><td></td></tr>
<tr><td></td><td></td><td></td><td></td><td></td><td></td><td colspan="2"></td><td></td></tr>
<tr><td></td><td></td><td></td><td></td><td></td><td></td><td colspan="2"></td><td></td></tr>
<tr><td></td><td></td><td></td><td></td><td></td><td></td><td colspan="2"></td><td></td></tr>
<tr><td></td><td></td><td></td><td></td><td></td><td></td><td colspan="2"></td><td></td></tr>
<tr><td></td><td></td><td></td><td></td><td></td><td></td><td colspan="2"></td><td></td></tr>
<tr><td></td><td></td><td></td><td></td><td></td><td></td><td colspan="2"></td><td></td></tr>
<tr><td></td><td></td><td></td><td></td><td></td><td></td><td colspan="2"></td><td></td></tr>
<tr><td>质检负责</td><td colspan="4"></td><td>记录</td><td colspan="3"></td></tr>
<tr><td colspan="9">监理意见：

签名：　　　　　　年　　月　　日</td></tr>
</table>

基础施工放样检查表

表 3-5-22

____公路____合同段　　　　第____页共____页　　　　监桥 08 表

<table>
<tr><td colspan="3">工程名称</td><td colspan="3"></td><td>检查日期</td><td colspan="2"></td></tr>
<tr><td colspan="3">施工部位</td><td colspan="6"></td></tr>
<tr><td rowspan="2">轴线偏位
(mm)</td><td>横轴线</td><td>左端</td><td colspan="3"></td><td>右端</td><td colspan="2"></td></tr>
<tr><td>纵轴线</td><td>前端</td><td colspan="3"></td><td></td><td colspan="2"></td></tr>
<tr><td rowspan="2">几何尺寸
(mm)</td><td>长</td><td>设计</td><td colspan="2"></td><td>实测</td><td></td><td>偏差</td><td></td></tr>
<tr><td>宽</td><td>设计</td><td colspan="2"></td><td>实测</td><td></td><td>偏差</td><td></td></tr>
<tr><td colspan="2" rowspan="2">地面高程
(m)</td><td>左前</td><td colspan="3"></td><td>右前</td><td colspan="2"></td></tr>
<tr><td>左后</td><td colspan="3"></td><td>右后</td><td colspan="2"></td></tr>
<tr><td>图示</td><td colspan="8"></td></tr>
<tr><td>备注</td><td colspan="8"></td></tr>
<tr><td colspan="9">检查结论：</td></tr>
<tr><td colspan="2">质检负责</td><td colspan="2"></td><td>检测</td><td></td><td>复核</td><td colspan="2"></td></tr>
<tr><td colspan="9">监理意见：

签名：　　　　年　　月　　日</td></tr>
</table>

基坑开挖检查表

表 3-5-23

____公路____合同段　　　　第____页共____页　　　　监桥 09 表

<table>
<tr><td colspan="3">工程名称</td><td colspan="5"></td></tr>
<tr><td colspan="3">施工部位</td><td colspan="5"></td></tr>
<tr><td colspan="3">施工日期</td><td>开始</td><td></td><td>结束</td><td colspan="2"></td></tr>
<tr><td colspan="3">开挖方式</td><td colspan="5"></td></tr>
<tr><td colspan="3">地下水位高程(m)</td><td colspan="2"></td><td>排水措施</td><td colspan="2"></td></tr>
<tr><td colspan="3">支撑及围堰</td><td colspan="5"></td></tr>
<tr><td rowspan="2">轴线偏位
(mm)</td><td>横轴线</td><td>左端</td><td colspan="2"></td><td>右端</td><td colspan="2"></td></tr>
<tr><td>纵轴线</td><td>前端</td><td colspan="2"></td><td>后端</td><td colspan="2"></td></tr>
<tr><td colspan="2" rowspan="2">实测高程
(m)</td><td>左前</td><td colspan="2"></td><td>右前</td><td colspan="2"></td></tr>
<tr><td>左后</td><td colspan="2"></td><td>右后</td><td colspan="2"></td></tr>
<tr><td colspan="3">基底承载力
及地质情况</td><td colspan="5"></td></tr>
<tr><td>图
示</td><td colspan="7"></td></tr>
<tr><td colspan="8">检查结论：</td></tr>
<tr><td>质检负责</td><td colspan="2"></td><td>检测</td><td></td><td>复核</td><td colspan="2"></td></tr>
<tr><td colspan="8">监理意见：

签名：　　　　年　　月　　日</td></tr>
</table>

基底处理施工检查表

表 3-5-24

____公路____合同段　　　　第____页共____页　　　　监桥 10 表

<table>
<tr><td>工程名称</td><td colspan="2"></td><td>桩号</td><td colspan="2"></td><td>检查日期</td><td colspan="2"></td></tr>
<tr><td>施工日期</td><td>开始</td><td colspan="2"></td><td colspan="2">结束</td><td colspan="3"></td></tr>
<tr><td>处理方式</td><td colspan="8"></td></tr>
<tr><td>底面高程
（m）</td><td>设
计</td><td colspan="3"></td><td colspan="2">实
测</td><td colspan="2"></td></tr>
<tr><td>顶面高程
（m）</td><td>设
计</td><td colspan="3"></td><td colspan="2">实
测</td><td colspan="2"></td></tr>
<tr><td>厚度</td><td>总厚（m）</td><td></td><td colspan="2">分层松铺
厚度（m）</td><td></td><td>层数</td><td colspan="2"></td></tr>
<tr><td>示
意
图</td><td colspan="8"></td></tr>
<tr><td colspan="9">检查结论：</td></tr>
<tr><td>质检负责</td><td colspan="2"></td><td>检测</td><td colspan="2"></td><td>复核</td><td colspan="2"></td></tr>
<tr><td colspan="9">监理意见：

签名：　　　　年　　月　　日</td></tr>
</table>

混凝土成品检查表

表 3-5-25

____公路____合同段　　　第____页共____页　　　监桥 11 表

<table>
<tr><td>工程名称</td><td colspan="6"></td><td colspan="3">浇筑日期</td><td colspan="3"></td></tr>
<tr><td>施工部位</td><td colspan="6"></td><td colspan="3">检查日期</td><td colspan="3"></td></tr>
<tr><td>混凝土设计
强度等级</td><td colspan="3"></td><td colspan="3">拆模时混凝土强度</td><td colspan="6"></td></tr>
<tr><td rowspan="2">顶面高程
（m）</td><td>测量位置</td><td colspan="2"></td><td colspan="2"></td><td colspan="2"></td><td colspan="2"></td><td></td><td colspan="2"></td></tr>
<tr><td>高程</td><td colspan="2"></td><td colspan="2"></td><td colspan="2"></td><td colspan="2"></td><td></td><td colspan="2"></td></tr>
<tr><td>平整度
（mm）</td><td>允许值</td><td></td><td colspan="2">检查点数</td><td></td><td colspan="2">最大值</td><td colspan="2"></td><td>合格率
（%）</td><td colspan="2"></td></tr>
<tr><td rowspan="2">轴线偏位</td><td>横轴线</td><td>左端</td><td colspan="3"></td><td colspan="3">右端</td><td colspan="4"></td></tr>
<tr><td>纵轴线</td><td>前端</td><td colspan="3"></td><td colspan="3">后端</td><td colspan="4"></td></tr>
<tr><td rowspan="3">断面尺寸
（mm）</td><td colspan="2">允许值</td><td colspan="3"></td><td colspan="3">实测值</td><td colspan="4"></td></tr>
<tr><td colspan="2">允许值</td><td colspan="3"></td><td colspan="3">实测值</td><td colspan="4"></td></tr>
<tr><td colspan="2">允许值</td><td colspan="3"></td><td colspan="3">实测值</td><td colspan="4"></td></tr>
<tr><td>竖直度或
斜度（%）</td><td>允许值</td><td></td><td colspan="2">检查点数</td><td></td><td colspan="2">最大值</td><td colspan="2"></td><td>合格率
（%）</td><td colspan="2"></td></tr>
<tr><td rowspan="4">外观缺陷</td><td colspan="2">项　目</td><td colspan="3">部　位</td><td colspan="3">缺陷面积（cm^2）</td><td colspan="4">所占比例（%）</td></tr>
<tr><td colspan="2">蜂窝麻面</td><td colspan="3"></td><td colspan="3"></td><td colspan="4"></td></tr>
<tr><td colspan="2">非受力裂缝</td><td colspan="3"></td><td colspan="3"></td><td colspan="4"></td></tr>
<tr><td colspan="2">施工缝</td><td colspan="3"></td><td colspan="3"></td><td colspan="4"></td></tr>
<tr><td>备注
及示
意图</td><td colspan="12"></td></tr>
<tr><td colspan="13">检查结论：</td></tr>
<tr><td>质检负责</td><td colspan="3"></td><td colspan="2">检测</td><td colspan="3"></td><td colspan="2">复核</td><td colspan="2"></td></tr>
<tr><td colspan="13">监理意见：

签名：　　　　年　　月　　日</td></tr>
</table>

就地浇筑梁(板)检查表

表 3-5-26

____公路____合同段　　　　第____页共____页　　　　监桥 12 表

<table>
<tr><td>工程名称</td><td colspan="3"></td><td>检查日期</td><td></td></tr>
<tr><td>桩位</td><td colspan="5"></td></tr>
<tr><td>检查项目</td><td colspan="2">规定值或允许偏差</td><td>实　测　值</td><td colspan="2">备注或图示</td></tr>
<tr><td>混凝土强度(MPa)</td><td colspan="2"></td><td></td><td colspan="2" rowspan="6"></td></tr>
<tr><td>断面尺寸(mm)</td><td colspan="2"></td><td></td></tr>
<tr><td>长度(mm)</td><td colspan="2"></td><td></td></tr>
<tr><td>轴线偏位(mm)</td><td colspan="2"></td><td></td></tr>
<tr><td>平整度(mm)</td><td colspan="2"></td><td></td></tr>
<tr><td>支座板平面高差(mm)</td><td colspan="2"></td><td></td></tr>
<tr><td colspan="6">检查结论:</td></tr>
<tr><td>质检负责</td><td></td><td>检测</td><td></td><td>复核</td><td></td></tr>
<tr><td colspan="6">监理意见:

签名:　　　　年　　月　　日</td></tr>
</table>

预制拱圈检查表

表 3-5-27

____公路____合同段　　　第____页共____页　　　监桥 13 表

<table>
<tr><td colspan="2">工程名称</td><td colspan="2"></td><td>桩号</td><td></td><td>检查日期</td><td></td></tr>
<tr><td colspan="2">检查项目</td><td>规定值或
允许偏差</td><td colspan="3">实　测　值</td><td colspan="2">备注或图示</td></tr>
<tr><td colspan="2">混凝土强度
(MPa)</td><td></td><td colspan="3"></td><td colspan="2" rowspan="11"></td></tr>
<tr><td colspan="2">每段拱箱内弧长
(mm)</td><td></td><td colspan="3"></td></tr>
<tr><td colspan="2">内弧线偏离设计
弧线(mm)</td><td></td><td colspan="3"></td></tr>
<tr><td rowspan="2">断面
尺寸
(mm)</td><td>顶底腹
板厚</td><td></td><td colspan="3"></td></tr>
<tr><td>宽度及
高度</td><td></td><td colspan="3"></td></tr>
<tr><td rowspan="2">轴线
位置
(mm)</td><td>肋拱</td><td></td><td colspan="3"></td></tr>
<tr><td>箱拱</td><td></td><td colspan="3"></td></tr>
<tr><td colspan="2">拱箱接头尺寸及
倾角(mm)</td><td></td><td colspan="3"></td></tr>
<tr><td rowspan="2">预埋件
位置
(mm)</td><td>肋拱</td><td></td><td colspan="3"></td></tr>
<tr><td>箱拱</td><td></td><td colspan="3"></td></tr>
<tr><td colspan="8">检查结论：</td></tr>
<tr><td colspan="2">质检负责</td><td></td><td>检测</td><td></td><td>复核</td><td colspan="2"></td></tr>
<tr><td colspan="8">监理意见：

签名：　　　　年　月　日</td></tr>
</table>

表 3-5-28

梁(板)安装检查表

____公路____合同段　　第____页共____页　　监桥 14 表

<table>
<tr><td colspan="2">工程名称</td><td colspan="4"></td><td>检查日期</td><td></td></tr>
<tr><td colspan="2">大梁编号</td><td colspan="4"></td><td>安装位置</td><td></td></tr>
<tr><td colspan="2">梁横向连接形式</td><td colspan="4"></td><td>安装方法</td><td></td></tr>
<tr><td colspan="2">梁中线偏位(mm)</td><td colspan="6"></td></tr>
<tr><td colspan="2">梁顶面高程偏差(mm)</td><td>前端</td><td></td><td>跨中</td><td></td><td>后端</td><td></td></tr>
<tr><td rowspan="2">支座编号</td><td rowspan="2">支座型号</td><td colspan="3">轴线偏位(mm)</td><td colspan="3">顶面高程偏差(mm)</td></tr>
<tr><td>纵向</td><td colspan="2">横向</td><td colspan="2">连续梁</td><td>简支梁</td></tr>
<tr><td>前左</td><td></td><td></td><td colspan="2"></td><td colspan="2"></td><td></td></tr>
<tr><td>前右</td><td></td><td></td><td colspan="2"></td><td colspan="2"></td><td></td></tr>
<tr><td>后左</td><td></td><td></td><td colspan="2"></td><td colspan="2"></td><td></td></tr>
<tr><td>后右</td><td></td><td></td><td colspan="2"></td><td colspan="2"></td><td></td></tr>
<tr><td>支座支垫情况</td><td colspan="7"></td></tr>
<tr><td colspan="8">结论：</td></tr>
<tr><td>质检负责</td><td colspan="2"></td><td>检测</td><td colspan="2"></td><td>复核</td><td></td></tr>
<tr><td colspan="8">监理意见：

签名：　　　　年　月　日</td></tr>
</table>

桥梁护栏检查表 表 3-5-29

____公路____合同段 第____页共____页 监桥 15 表

工程名称		桩号		检查日期	

检 查 项 目	规定值或允许偏差	实 测 值	备 注
混凝土强度(MPa)			
平面偏位(mm)			
顶面高程(mm)			
竖直度(mm)			
护栏接缝两侧高差(mm)			
外观描述			

检查结论或图示：

质检负责		检测		复核	

监理意见：

签名： 年 月 日

桥梁总体检查表

表 3-5-30

____公路____合同段　　　　第____页共____页　　　　监桥 16 表

<table>
<tr><td colspan="2">工程名称</td><td colspan="2"></td><td>桩号</td><td></td><td>检查日期</td><td></td></tr>
<tr><td>项次</td><td colspan="2">检 验 项 目</td><td>规定值或允许偏差</td><td colspan="3">实 测 值</td><td>备注或图示</td></tr>
<tr><td>1</td><td colspan="2">桥面中线偏位(mm)</td><td></td><td colspan="3"></td><td rowspan="6"></td></tr>
<tr><td rowspan="2">2</td><td rowspan="2">桥宽(mm)</td><td>行车道</td><td></td><td colspan="3"></td></tr>
<tr><td>人行道</td><td></td><td colspan="3"></td></tr>
<tr><td>3</td><td colspan="2">桥长(mm)</td><td></td><td colspan="3"></td></tr>
<tr><td>4</td><td colspan="2">引道中心线与桥梁中心线的衔接(mm)</td><td></td><td colspan="3"></td></tr>
<tr><td>5</td><td colspan="2">桥头高程衔接(mm)</td><td></td><td colspan="3"></td></tr>
<tr><td colspan="8">检查结论：</td></tr>
<tr><td colspan="2">质检负责</td><td></td><td>检测</td><td colspan="2"></td><td>复核</td><td></td></tr>
<tr><td colspan="8">监理意见：

签名：　　　　年　　月　　日</td></tr>
</table>

洞门端翼墙基础检查表

表 3-5-31

____公路____合同段　　第____页共____页　　监隧 01 表

<table>
<tr><td colspan="1">隧道名称</td><td colspan="4"></td><td colspan="2">检查编号</td><td colspan="2"></td></tr>
<tr><td>检查部位</td><td colspan="4"></td><td colspan="2">土石分类</td><td colspan="2"></td></tr>
<tr><td rowspan="2">点位 / 项目</td><td colspan="2">左翼墙</td><td colspan="2">洞左端墙</td><td colspan="2">洞右端墙</td><td colspan="2">右翼墙</td></tr>
<tr><td>1</td><td>2</td><td>1</td><td>2</td><td>1</td><td>2</td><td>1</td><td>2</td></tr>
<tr><td>设计高程(m)</td><td></td><td></td><td></td><td></td><td></td><td></td><td></td><td></td></tr>
<tr><td>实测高程(m)</td><td></td><td></td><td></td><td></td><td></td><td></td><td></td><td></td></tr>
<tr><td>超欠挖(cm)</td><td></td><td></td><td></td><td></td><td></td><td></td><td></td><td></td></tr>
<tr><td colspan="9">基底几何尺寸对照：</td></tr>
<tr><td colspan="9">基底地质及水文地质描述：</td></tr>
<tr><td colspan="9">基底地层及承载力与设计对照的处理意见：</td></tr>
<tr><td colspan="9">基础背后边坡检查：</td></tr>
<tr><td colspan="9">基底清理情况：</td></tr>
<tr><td colspan="9">其他：</td></tr>
<tr><td colspan="9">施工单位自检意见：
签名：　　　　年　月　日</td></tr>
<tr><td colspan="9">监理工程师检查意见：
签名：　　　　年　月　日</td></tr>
</table>

洞身开挖检查记录表

表 3-5-32

______公路______合同段　　　　第____页共____页　　　　监隧 02 表

工程名称																		
桩号					部位						围岩类别							
拱顶	0	设计高程(m)																
		实测高程(m)																
		高＋低－																
设计宽度	点位	桩号																
			左侧	右侧	左侧	右侧	左侧	右侧	左侧	右侧	左侧	右侧	左侧	右侧	左侧	右侧	左侧	右侧
	1/2	实测宽(cm)																
		超＋欠－																
	3/4	实测宽(cm)																
		超＋欠－																
	5/6	实测宽(cm)																
		超＋欠－																
	7/8	实测宽(cm)																
		超＋欠－																
眼迹保存率	本茬炮进尺(cm)																	
	周边眼合计数量																	
	保留眼迹的周边眼数量																	
	保存率(%)																	
	施工时间																	

左　　右

0 1 2 3 4 5 6 7 8

现场测量意见：

签名：　　年　月　日

施工单位自检意见：

签名：　　年　月　日

监理工程师检查意见：

签名：　　年　月　日

边墙基础检查表

表 3-5-33

____公路____合同段　　　　　　第____页共____页　　　　　　监隧 03 表

<table>
<tr><td colspan="2">隧道名称</td><td colspan="6"></td></tr>
<tr><td colspan="2">检查部位</td><td></td><td>围岩类别</td><td></td><td colspan="2">检查日期</td><td></td></tr>
<tr><td colspan="2" rowspan="2">项目
点位</td><td colspan="3">基地高程(m)</td><td colspan="3">开挖宽度(m)</td></tr>
<tr><td>设计</td><td>实测</td><td>超＋欠－挖</td><td>设计</td><td>实测</td><td>超＋欠－挖</td></tr>
<tr><td rowspan="2">A</td><td>左</td><td></td><td></td><td></td><td></td><td></td><td></td></tr>
<tr><td>右</td><td></td><td></td><td></td><td></td><td></td><td></td></tr>
<tr><td rowspan="2">B</td><td>左</td><td></td><td></td><td></td><td></td><td></td><td></td></tr>
<tr><td>右</td><td></td><td></td><td></td><td></td><td></td><td></td></tr>
<tr><td colspan="8">基地地质描述：</td></tr>
<tr><td colspan="8">地下水发现情况及处置：</td></tr>
<tr><td colspan="8">基槽清理情况：</td></tr>
<tr><td colspan="8">其他：</td></tr>
<tr><td colspan="8">施工单位自检意见：

签名：　　　　年　　月　　日</td></tr>
<tr><td colspan="8">监理工程师检查意见：

签名：　　　　年　　月　　日</td></tr>
</table>

仰拱(隧底)基础检查表

表 3-5-34

____公路____合同段　　　　第____页共____页　　　　监隧 04 表

<table>
<tr><td>隧道名称</td><td colspan="8"></td></tr>
<tr><td></td><td colspan="2"></td><td>围岩类别</td><td colspan="2"></td><td>检查日期</td><td colspan="2">K</td></tr>
<tr><td rowspan="7">取点示意图
0:仰拱(隧底)中心
1、2:仰拱拱腰或隧底半宽中点</td><td rowspan="2">点位
里程</td><td colspan="2">1</td><td colspan="2">0</td><td colspan="2">2</td></tr>
<tr><td>设计高程/实测(m)</td><td>超+/欠−(m)</td><td>设计高程/实测(m)</td><td>超+/欠−(m)</td><td>设计高程/实测(m)</td><td>超+/欠−(m)</td></tr>
<tr><td></td><td></td><td></td><td></td><td></td><td></td><td></td></tr>
<tr><td></td><td></td><td></td><td></td><td></td><td></td><td></td></tr>
<tr><td></td><td></td><td></td><td></td><td></td><td></td><td></td></tr>
<tr><td></td><td></td><td></td><td></td><td></td><td></td><td></td></tr>
<tr><td></td><td></td><td></td><td></td><td></td><td></td><td></td></tr>
<tr><td colspan="9">基地地质描述:</td></tr>
<tr><td colspan="9">地下水发现情况及处置:</td></tr>
<tr><td colspan="9">仰拱(隧底)清理情况</td></tr>
<tr><td colspan="9">其他:</td></tr>
<tr><td colspan="9">施工单位自检意见:
签名:　　　　年　　月　　日</td></tr>
<tr><td colspan="9">监理工程师检查意见:
签名:　　　　年　　月　　日</td></tr>
</table>

模筑混凝土模板检查表

表 3-5-35

____公路____合同段　　　第____页共____页　　　监隧 05 表

<table>
<tr><td>隧道名称</td><td colspan="3"></td><td>检查范围</td><td colspan="3"></td><td>围岩类型</td><td></td></tr>
<tr><td colspan="2">内拱顶高程(0 点)设计高程
A/B(cm)</td><td></td><td colspan="2">实测高程
A/B(cm)</td><td></td><td colspan="2">高差
A/B(cm)</td><td colspan="2"></td></tr>
</table>

<table>
<tr><td rowspan="10">净空检查</td><td rowspan="10">取点示意图</td><td rowspan="2">点数</td><td colspan="2">净计净空(cm)</td><td colspan="2">实测宽度(cm)</td><td colspan="2">误差(cm)</td></tr>
<tr><td>h</td><td>b</td><td>A</td><td>B</td><td>A</td><td>B</td></tr>
<tr><td>1</td><td></td><td></td><td></td><td></td><td></td><td></td></tr>
<tr><td>2</td><td></td><td></td><td></td><td></td><td></td><td></td></tr>
<tr><td>3</td><td></td><td></td><td></td><td></td><td></td><td></td></tr>
<tr><td>4</td><td></td><td></td><td></td><td></td><td></td><td></td></tr>
<tr><td>5</td><td></td><td></td><td></td><td></td><td></td><td></td></tr>
<tr><td>6</td><td></td><td></td><td></td><td></td><td></td><td></td></tr>
<tr><td>7</td><td></td><td></td><td></td><td></td><td></td><td></td></tr>
<tr><td>8</td><td></td><td></td><td></td><td></td><td></td><td></td></tr>
</table>

<table>
<tr><td rowspan="10">衬砌厚度检查</td><td rowspan="10">取点示意图</td><td rowspan="2">点数</td><td rowspan="2">设计厚度(cm)</td><td colspan="3">实测厚度(cm)</td><td colspan="3">超(+)、欠(−)(cm)</td></tr>
<tr><td>A</td><td>S+米桩</td><td>B</td><td>A</td><td>S+米桩</td><td>B</td></tr>
<tr><td>1</td><td></td><td></td><td></td><td></td><td></td><td></td><td></td></tr>
<tr><td>2</td><td></td><td></td><td></td><td></td><td></td><td></td><td></td></tr>
<tr><td>3</td><td></td><td></td><td></td><td></td><td></td><td></td><td></td></tr>
<tr><td>4</td><td></td><td></td><td></td><td></td><td></td><td></td><td></td></tr>
<tr><td>5</td><td></td><td></td><td></td><td></td><td></td><td></td><td></td></tr>
<tr><td>6</td><td></td><td></td><td></td><td></td><td></td><td></td><td></td></tr>
<tr><td>7</td><td></td><td></td><td></td><td></td><td></td><td></td><td></td></tr>
<tr><td>8</td><td></td><td></td><td></td><td></td><td></td><td></td><td></td></tr>
</table>

超挖回填要求	
模板(板缝、平整、脱模剂、固定情况)	
堵头板安设与固定	
伸缩缝、沉降缝、工作缝处置橡胶止水带安设	
其他:预留孔洞预埋件设置	

施工单位自检意见:	监理工程师检查意见:
签名:　　　年　月　日	签名:　　　年　月　日

衬砌混凝土模板检查表

表 3-5-36

____公路____合同段　　第____页共____页　　监隧 06 表

<table>
<tr><td>隧道名称</td><td colspan="10"></td></tr>
<tr><td>桩号</td><td colspan="3">A</td><td colspan="3">B</td><td colspan="2">部位</td><td colspan="2"></td></tr>
<tr><td>混凝土设计等级</td><td colspan="3"></td><td colspan="2">浇筑日期</td><td colspan="2"></td><td>拆模日期</td><td colspan="2"></td></tr>
<tr><td colspan="2">内拱顶标高:0 点</td><td colspan="3">设计 A/B(cm)</td><td colspan="3">实测 A/B(cm)</td><td colspan="3">误差 A/B(cm)</td></tr>
<tr><td rowspan="10">净空
取点示意图，S:在检查范围内整 10m 桩号需加测断面</td><td>项目 / 点位</td><td colspan="3">设计(cm)</td><td colspan="3">实测(cm)</td><td colspan="3">误差(+、−)(cm)</td></tr>
<tr><td>1</td><td>A</td><td>S</td><td>B</td><td>A</td><td>S</td><td>B</td><td>A</td><td>S</td><td>B</td></tr>
<tr><td>2</td><td></td><td></td><td></td><td></td><td></td><td></td><td></td><td></td><td></td></tr>
<tr><td>3</td><td></td><td></td><td></td><td></td><td></td><td></td><td></td><td></td><td></td></tr>
<tr><td>4</td><td></td><td></td><td></td><td></td><td></td><td></td><td></td><td></td><td></td></tr>
<tr><td>5</td><td></td><td></td><td></td><td></td><td></td><td></td><td></td><td></td><td></td></tr>
<tr><td>6</td><td></td><td></td><td></td><td></td><td></td><td></td><td></td><td></td><td></td></tr>
<tr><td>7</td><td></td><td></td><td></td><td></td><td></td><td></td><td></td><td></td><td></td></tr>
<tr><td>8</td><td></td><td></td><td></td><td></td><td></td><td></td><td></td><td></td><td></td></tr>
<tr><td colspan="10"></td></tr>
<tr><td rowspan="6">外观
缺陷</td><td colspan="2">项目</td><td colspan="2">部位</td><td colspan="3">缺陷面积或长度(m^2,m)</td><td colspan="3">所占比例(%)</td></tr>
<tr><td colspan="2">蜂窝(m^2)</td><td colspan="2"></td><td colspan="3"></td><td colspan="3"></td></tr>
<tr><td colspan="2">麻面(m^2)</td><td colspan="2"></td><td colspan="3"></td><td colspan="3"></td></tr>
<tr><td colspan="2">露筋掉角(m^2)</td><td colspan="2"></td><td colspan="3"></td><td colspan="3"></td></tr>
<tr><td colspan="2">错台(mm)</td><td colspan="2"></td><td colspan="3"></td><td colspan="3"></td></tr>
<tr><td colspan="2">图示</td><td colspan="8"></td></tr>
<tr><td colspan="11">其他:</td></tr>
<tr><td colspan="5">施工单位自检意见:

签名:　　　年　月　日</td><td colspan="6">监理工程师检查意见:

签名:　　　年　月　日</td></tr>
</table>

仰拱(隧底)混凝土拆模检查表

表 3-5-37

____公路____合同段　　　　第____页共____页　　　　监隧 07 表

<table>
<tr><td>隧道名称</td><td colspan="2"></td><td colspan="2">检查范围</td><td colspan="2"></td><td>围岩类型</td><td></td></tr>
<tr><td rowspan="7">取点示意图
0:仰拱或充填或隧道之中心
1:左边
2:右边</td><td rowspan="3">点位
里程</td><td colspan="2">1</td><td colspan="2">2</td><td colspan="3">3</td></tr>
<tr><td>高程(cm)</td><td rowspan="2">误差(cm)</td><td>高程(cm)</td><td rowspan="2">误差(cm)</td><td colspan="2">高程(cm)</td><td rowspan="2">误差(cm)</td></tr>
<tr><td>设计/实测</td><td>设计/实测</td><td colspan="2">设计/实测</td></tr>
<tr><td></td><td></td><td></td><td></td><td></td><td colspan="2"></td><td></td></tr>
<tr><td></td><td></td><td></td><td></td><td></td><td colspan="2"></td><td></td></tr>
<tr><td></td><td></td><td></td><td></td><td></td><td colspan="2"></td><td></td></tr>
<tr><td></td><td></td><td></td><td></td><td></td><td colspan="2"></td><td></td></tr>
<tr><td>误差的对标检查处理</td><td colspan="8"></td></tr>
<tr><td>混凝土表面</td><td colspan="8"></td></tr>
<tr><td>其他</td><td colspan="8"></td></tr>
<tr><td colspan="9">施工单位自检意见:

签名:　　　　年　月　日</td></tr>
<tr><td colspan="9">监理工程师检查意见:

签名:　　　　年　月　日</td></tr>
</table>

检修道、电缆沟检查表

表 3-5-38

____公路____合同段　　　　第____页共____页　　　　监隧 08 表

隧道名称				检查范围		
桩号 \ 左右侧 \ 项目		高程检测(mm)				
		沟　底			沟　顶	
		设计	实测	误差	设计	实测	误差
桩号 \ 左右侧 \ 项目		高程检测(mm)					
		中线至沟外缘宽度			检查道宽度		
		设计	实测	误差	设计	实测	误差

钢筋混凝土盖板质量及安装检查：

沟身混凝土质量：

预埋件及预留孔洞：

施工单位自检意见：

签名：　　　　年　　月　　日

监理工程师检查意见：

签名：　　　　年　　月　　日

排水管安设检查表

表 3-5-39

____公路____合同段　　　　第____页共____页　　　　监隧 09 表

<table>
<tr><td colspan="2">项目名称</td><td colspan="5"></td><td colspan="3">共　页第　页</td></tr>
<tr><td colspan="2">隧道名称</td><td colspan="4"></td><td colspan="2">检查范围</td><td colspan="2"></td></tr>
<tr><td colspan="9">排水管型号、规格、材质：</td></tr>
<tr><td colspan="2" rowspan="2">点位桩号
项目</td><td></td><td></td><td></td><td></td><td></td><td></td><td></td></tr>
<tr><td>左/右</td><td>左/右</td><td>左/右</td><td>左/右</td><td>左/右</td><td>左/右</td><td>左/右</td></tr>
<tr><td rowspan="3">高程
(cm)</td><td>设计</td><td></td><td></td><td></td><td></td><td></td><td></td><td></td></tr>
<tr><td>实测</td><td></td><td></td><td></td><td></td><td></td><td></td><td></td></tr>
<tr><td>误差</td><td></td><td></td><td></td><td></td><td></td><td></td><td></td></tr>
<tr><td colspan="9">排水管口布设位置及 T 接(中心排水管轴线偏位)：
(1)
(2)
(3)
(4)
(5)</td></tr>
<tr><td colspan="9">接头连接及安设：</td></tr>
<tr><td colspan="9">过滤层设置(管基及干砌片石设置)：</td></tr>
<tr><td colspan="9">安设质量综合班评价：</td></tr>
<tr><td colspan="9">施工单位自检意见：
签名：　　　　年　　月　　日</td></tr>
<tr><td colspan="9">监理工程师检查意见：
签名：　　　　年　　月　　日</td></tr>
</table>

现场监理量测记录表(1)

表 3-5-40

________公路____合同段　　　　第____页共____页　　　　监隧 10 表

隧道名称								桩号							量测断面编号				
测量编号	测量时间				观测值							温度修正值	修正后观测值		相对第一次收敛值	相对上次收敛值	间隔时间	收敛速率	备注
	年	月	日	时	温度	I		II		平均值									
					℃	m	mm	m	mm	m	mm	℃	m	mm	mm	mm	d	mm/d	
测量者											记录者								

施工单位自检意见：

签名：　　　　年　　月　　日

监理工程师检查意见：

签名：　　　　年　　月　　日

表 3-5-41

现场监理量测记录表(2)

________公路______合同段　　　　第____页共____页　　　　监隧 11 表

隧道名称											
开挖日期						初读日期					
测点号											备注
记录 量测值 日期时间	测值	计算值	测值	计算值	测值	计算值	测值	计算值	测值	计算值	
测量者					记录者						

施工单位自检意见：

签名：　　　　年　　月　　日

监理工程师检查意见：

签名：　　　　年　　月　　日

中央分隔带质量检查表

表 3-5-42

____公路____合同段　　　　第____页共____页　　　　监交 01 表

<table>
<tr><td colspan="2">工程名称</td><td colspan="2"></td><td>施工日期</td><td colspan="2"></td></tr>
<tr><td colspan="2">桩号及部位</td><td colspan="2"></td><td>检查日期</td><td colspan="2"></td></tr>
<tr><td>项次</td><td>检查项目</td><td colspan="2">规定值或允许偏差</td><td colspan="2">检查结果</td><td>备　注</td></tr>
<tr><td>1</td><td>压实度(%)</td><td colspan="2"></td><td colspan="2"></td><td></td></tr>
<tr><td>2</td><td>平整度(mm)</td><td colspan="2"></td><td colspan="2"></td><td></td></tr>
<tr><td>3</td><td>横坡度(%)</td><td colspan="2"></td><td colspan="2"></td><td></td></tr>
<tr><td>4</td><td>纵断面高程(mm)</td><td colspan="2"></td><td colspan="2"></td><td></td></tr>
<tr><td>5</td><td>直顺度(mm)</td><td colspan="2"></td><td colspan="2"></td><td></td></tr>
<tr><td>6</td><td>相邻两块高差(mm)</td><td colspan="2"></td><td colspan="2"></td><td></td></tr>
<tr><td></td><td></td><td colspan="2"></td><td colspan="2"></td><td></td></tr>
<tr><td></td><td></td><td colspan="2"></td><td colspan="2"></td><td></td></tr>
<tr><td colspan="7">自检结论：</td></tr>
<tr><td colspan="2">质检负责</td><td></td><td>检测</td><td></td><td>复核</td><td></td></tr>
<tr><td colspan="7">监理意见：

签名：　　　　　年　　月　　日</td></tr>
</table>

隔离栅质量检查表

表 3-5-43

____公路____合同段　　第____页共____页　　监交 02 表

工程名称			施工日期	
桩号及部位			检查日期	

项次	检查项目	规定值或允许偏差	检查结果	备注
1	立柱直度(mm/m)			
2	柱顶高度(mm)			
3	立柱中距(mm)			
4	隔离栅顺直度(mm/m)			

自检结论：

质检负责		检测		复核	

监理意见：

签名：　　　　年　　月　　日

紧急电话安装质量检查表

表 3-5-44

____公路____合同段　　　　第____页共____页　　　　监交 03 表

<table>
<tr><td colspan="2">工程名称</td><td colspan="2"></td><td>施工日期</td><td colspan="2"></td></tr>
<tr><td colspan="2">桩号及部位</td><td colspan="2"></td><td>检查日期</td><td colspan="2"></td></tr>
<tr><td>项次</td><td colspan="2">检 查 项 目</td><td>规定值或允许偏差</td><td colspan="2">检 查 结 果</td><td>备 注</td></tr>
<tr><td>1</td><td colspan="2">立柱顶面高程(mm)</td><td></td><td colspan="2"></td><td></td></tr>
<tr><td rowspan="2">2</td><td rowspan="2">通话
质量</td><td>音量及清晰度</td><td></td><td colspan="2"></td><td></td></tr>
<tr><td>准确率</td><td></td><td colspan="2"></td><td></td></tr>
<tr><td>3</td><td colspan="2">立柱中心至路肩边缘间距(mm)</td><td></td><td colspan="2"></td><td></td></tr>
<tr><td>4</td><td colspan="2">立柱垂直度(mm)</td><td></td><td colspan="2"></td><td></td></tr>
<tr><td></td><td colspan="2"></td><td></td><td colspan="2"></td><td></td></tr>
<tr><td></td><td colspan="2"></td><td></td><td colspan="2"></td><td></td></tr>
<tr><td colspan="7">自检结论：</td></tr>
<tr><td colspan="2">质检负责</td><td></td><td>检测</td><td></td><td>复核</td><td></td></tr>
<tr><td colspan="7">监理意见：

签名：　　　　年　　月　　日</td></tr>
</table>

第六节 试验管理工作细则及相关资料

一、概述

试验工作是监理工程师进行质量控制的重要手段，是承包人和各级监理单位施工过程中的一项重要日常质量管理工作。

试验管理工作的内容涉及试验管理体系的设置及管理职责的划分；承包人及监理工程师试验室的仪器设备、人员配备及试验室的验收；试验检测内容及频率；试验类别的划分及试验资料的报批与管理等。

特别值得一提的是，按照交通部2004年颁布的《公路工程竣（交）工验收办法》（2004年第3号部长令）（以下简称《验收办法》），监理工程师要依据自己独立抽检的资料对工程质量进行评定。因此，驻地监理工程师必须配备自己的试验室，并按规定的频率进行试验检测工作，才能独立地进行工程质量评定。这对试验及其管理工作，提出了更高的要求。

如无特殊说明，本节中的“技术规范”系指招标人针对其工程项目的特点编制的“招标文件”的第二卷（一般称为“技术规范”），它是工程施工合同不可缺少的内容。

二、管理机构及职责范围

（一）试验管理体系及机构设置

对不同的工程项目，监理体系一般各不相同。对于大型、复杂、高速公路项目，一般采用二级或三级监理体系。而对于小型、简单或较低等级的公路项目，常采用一级或二级监理体系。

对于多级监理体系，各级监理的职责也因项目而异。就试验管理工作而言，我们认为宜采用“分级把关、重点下移”的原则。

下面以高速公路三级监理体系（驻地监理办、总监代表处、总监办）为例，对试验管理工作进行探讨，其他情况可参照进行适当调整。

对高速公路项目，按照《验收办法》的要求，试验工作的主体是承包人和驻地监理办，即承包人和驻地监理办都必须配备自己的独立的试验室，用于工程施工质量的日常控制。

总监代表处也应配备试验室，用于重要原材料的质量检验、重要配合比的核查及重要工程的质量检测。

总监办一般不设试验室，但可委托或指定一家有资质的试验检测机构，对一些关键性材料、配合比、工程质量进行把关。

试验管理体系的最常见的模式如图3-6-1如下。

（二）各试验管理机构的主要职责

按照三级监理体系，各级试验室的主要职责可划分如下。

1.承包人试验室

（1）取得拟用于永久性工程的所有原材料的相关性能指标的试验、检验或证明资料，报驻地办或代表处中心试验室审批；

（2）对拟用于永久性工程的所有进场材料按“技术规范”规定频率例行常规检验；

（3）完成所有标准试验，并报驻地办或代表处中心试验室审批；

(4)对工程施工过程质量进行常规试验和中间检测；

(5)完成合同文件规定及监理工程师要求的各种试验及检验；

(6)收集、整理、保管所有试验资料，建立完善的试验、检测资料台账。

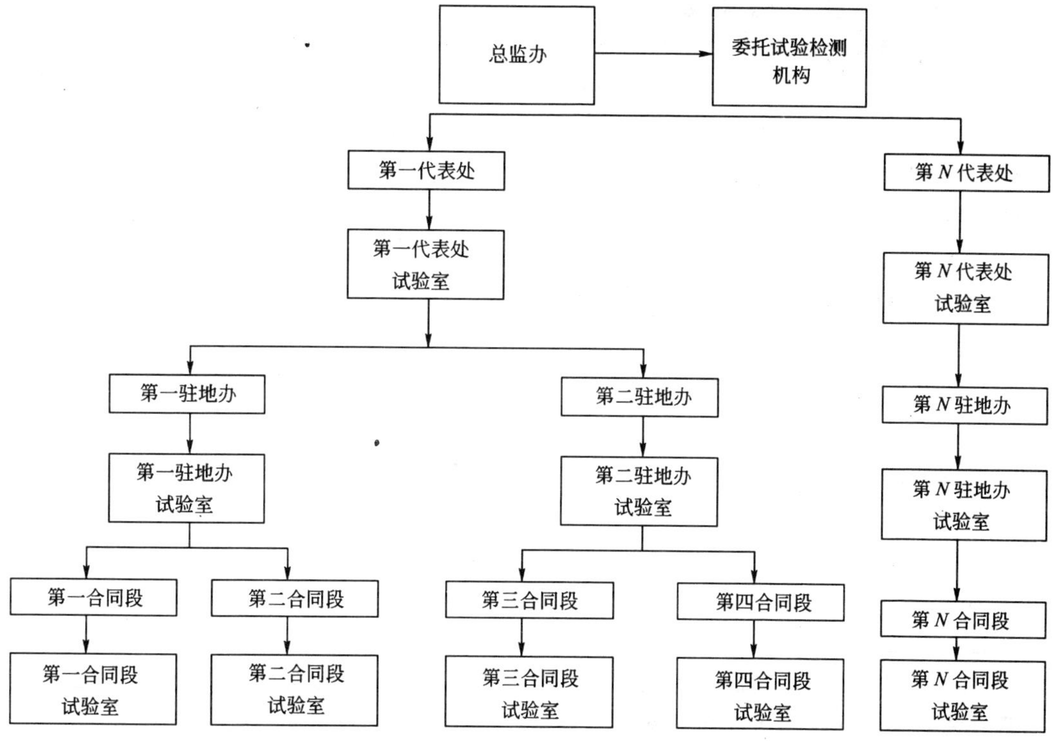

图 3-6-1 试验管理体系图

2. 驻地办试验室

(1)核查并审批承包人拟用于永久性工程的一般原材料料源及原材料；

(2)按"技术规范"规定的频率对进场各种原材料进行随机抽检试验；

(3)监督承包人的标准试验全过程，对砂浆、C25 以下水泥混凝土(不包括 C25)的标准试验进行批复，并抄报代表处；

(4)定期或不定期对工程施工过程中质量进行抽检试验，频率应达到"技术规范"规定试验频率 20%以上；

(5)参与单项工程交工验收；

(6)对承包人试验室进行督促和指导；

(7)协助代表处中心试验室对施工质量进行定期检查；

(8)定期汇总并向代表处中心试验室报送关于原材料、施工质量的检验成果统计报表，建立试验检测抽查资料台账。

3. 代表处试验室

(1)核查承包人拟用于永久性工程的重要原材料料源及原材料。其中，高强钢丝、钢绞线、锚具、桥梁支座、伸缩缝材料、桥隧防水材料、混凝土外加剂、土工合成材料等材料经代表处中心试验室核查后，代表处应将审核意见上报总监办进行审查、批复。其他重要原材料由代表处批复。

(2)核查承包人的标准试验；批复除 C50 以上(含 C50)水泥混凝土的配合比及沥青混凝土

配合比之外的标准试验。

(3)对进场材料、工程施工质量按规定频率进行定期、不定期抽检试验。

(4)参与新技术、新工艺、新材料以及重要工程的试验、检测工作。

(5)参与单项工程的交工验收。

(6)完成有争议的试验工作,并出具试验报告。

(7)定期汇总并向总监办报送关于原材料、施工质量的检验成果统计报表。

(8)对驻地办、承包人试验室人员资质进行审查,对业务技术进行监督、检查和指导。

(9)完成总监办、项目组要求的其他试验工作。

(10)建立完善的试验检测资料台账。

4.总监办试验检测机构

(1)制订试验检测工作管理制度、办法、程序。

(2)制订试验、检测记录和管理用表。

(3)制定"技术规范"(合同文件第二卷)未作规定的材料、工程的试验、检测方法、频率及标准。

(4)对各级试验检测机构的人员资质进行审查,对业务技术进行指导、监督和检查,对存在的问题进行处理。

(5)对用于本工程的高强钢丝、钢绞线、锚具、桥梁支座、伸缩缝材料、桥隧防水材料、混凝土外加剂、土工合成材料、沥青等材料及C50以上(含C50)水泥混凝土的配合比及沥青混凝土配合比进行审查批复。

(6)组织有关单位和试验人员对进入现场的材料、工程质量进行随机抽查,发出通报并根据管理办法对存在问题提出处罚意见。

(7)负责委托CMA认证的试验检测机构进行重大的仲裁性试验。

(8)完成建设单位委托的其他试验检测工作。

三、试验室配置及验收

(一)试验室仪器设备配置

包括路基及路面基层、桥涵结构物、沥青路面、隧道、土工合成材料、交通工程等方面的试验仪器设备基本配置清单。各项目可根据工程内容适当增减。

试验室主要仪器设备配置见表3-6-1。

试验室主要仪器设备配置表　　表3-6-1

序号	仪器设备名称	规格	单位	备　注
一	路基及路面基层类			
1	土壤自动击实仪	—	台	配 ϕ100、ϕ150mm 筒各两套
2	表面振动压实仪	—	台	
3	光电式液塑限联合测定仪	—	台	
4	快速直读式测钙仪	—	台	

续上表

序号	仪器设备名称	规格	单位	备　注
5	滴定架	—	套	配酸式滴定管
6	路面材料强度试验仪	—	台	配全套应力环
7	勃氏透气比表面积仪	—	台	
8	马弗炉	—	台	
9	乙型比重计	—	根	
10	电子天平	200g/0.0001g	台	
11	电子天平	400g/0.001g	台	
12	电子天平	4 000g/0.01g	台	
13	电子天平	30 000g/0.5g	台	
14	精密电子秤	15 000g/5g	台	
15	台式干燥箱	—	台	
16	电热鼓风干燥箱	—	台	
17	电动脱模器	—	台	
18	调温电炉	—	台	
19	塔式电热蒸馏水器	—	台	
20	弯沉仪(百分表)	3.6m	台	
21	三米直尺	—	把	
22	环刀取土器	—	套	配 200cm^3 环刀
23	灌砂筒	ϕ100mm	套	
24	灌砂筒	ϕ150mm	套	
25	土壤标准筛	ϕ200×45	套	
26	砂石标准筛	ϕ300×75	套	
27	砂石标准筛	ϕ200×45	套	
二	桥涵等结构物类			
28	试样划线机	—	台	
29	型材切割机	—	台	
30	压力试验机	200t/1 级	台	
31	万能试验机	100t/1 级	台	配拉、弯全套夹具
32	万能试验机	30t/1 级	台	配拉、弯全套夹具
33	混凝土用压碎值测定仪	—	套	

续上表

序号	仪器设备名称	规格	单位	备　注
34	负压筛析仪	—	台	
35	水泥净浆搅拌机	—	台	
36	水泥标准稠度、凝结时间测定仪(维卡仪)	—	台	
37	沸煮箱	—	台	
38	雷氏夹测定仪	—	台	
39	行星式水泥胶砂搅拌机	—	台	
40	水泥胶砂振实台	—	台	
41	胶砂流动度测定仪	—	台	
42	水泥电动抗折试验机	—	台	
43	砂浆搅拌机	—	台	
44	砂浆稠度仪	—	台	
45	砂浆分层度仪	—	台	
46	混凝土搅拌机	—	台	
47	混凝土振动台	—	台	
48	磅秤	100kg/50g	台	
49	混凝土贯入阻力仪	—	台	
50	混凝土维勃稠度仪	—	台	
51	混凝土抗渗仪	—	台	
52	混凝土标准养护箱	±2℃	台	
53	养生室自动数显控温控湿设备	±2℃	台	
54	坍落度筒	—	套	
55	加大坍落度筒	—	套	
56	容量筒	—	套	
57	含气量测定仪	—	台	
58	回弹仪	—	台	
59	钢筋保护层厚度测定仪	—	台	
60	三菱发电机	—	台	
61	取芯机	—	台	配 ϕ100、ϕ150mm 转头
三	沥青路面类			
62	压碎值测定仪	—	套	

续上表

序号	仪器设备名称	规格	单位	备　注
63	针片状规准仪	—	套	
64	砂当量仪	—	台	
65	冲击试验仪	—	台	
66	细集料粗糙度试验仪	—	台	
67	洛杉矶磨耗机	—	台	
68	加速磨光机	—	台	
69	摆式摩擦仪	—	台	
70	沥青针入度仪	—	台	
71	沥青低温延度仪	—	台	
72	软化点测定仪	—	台	
73	沥青闪点仪	—	台	
74	沥青脆点仪	—	台	
75	旋转薄膜烘箱	—	台	
76	含蜡量测定仪	—	台	
77	真空干燥箱	—	台	
78	沥青布氏旋转黏度仪	—	台	
79	动力黏度测定仪(真空毛细管法)	—	台	
80	道路标准黏度计	—	台	
81	全自动混合料拌和机	—	台	
82	马歇尔自动击实仪	—	台	
83	马歇尔自动测试仪	—	台	
84	最大理论密度测定仪	—	台	
85	水中称重系统	—	台	
86	恒温水浴	±1℃	台	
87	沥青自动抽提仪	—	台	
88	车辙成型仪	—	台	
89	车辙试验仪	—	台	
90	震击式标准摇筛机	—	台	
91	脱模器	—	台	

续上表

序号	仪器设备名称	规格	单位	备　注
92	数字温度计	0～200℃/1℃	个	
93	游标卡尺	0～150mm/0.03mm	把	
94	游标卡尺	0～200mm/0.02mm	把	
95	标准砂石筛	ϕ300×75	套	
96	标准砂石筛	ϕ200×45	套	
97	路面平整度仪	—	台	
98	弯沉仪	5.4m	台	
99	铺砂仪	—	台	
100	路面渗水量测定仪	—	台	
四	隧道检测类			
101	自动岩石切割机	—	台	
102	双端面磨平机	—	台	
103	激光隧道多功能检测仪	—	台	
104	断面仪	—	台	
105	锚杆拔力仪	—	台	
106	地质雷达	—	台	
107	水准仪	—	台	
108	经纬仪	—	台	
109	全站仪	—	台	
五	土工合成材料类			
110	土工布综合强力试验机	—	台	
111	土工合成材料厚度试验仪	—	台	
112	土工合成材料透水性测定仪	—	台	
113	土工布动态穿孔试验仪	—	台	
114	土工布有效孔径测定仪	—	台	
115	防水材料不透水试验仪	—	台	
116	合成材料冲片机	—	台	
117	防水材料厚度仪	—	台	
118	防水卷材冲片机	—	台	
119	圆盘取样器	—	台	

续上表

序号	仪器设备名称	规格	单位	备　注
120	哑铃型裁刀	—	台	
六	交通工程类			
121	反光标志逆反射系数测试仪	—	台	
122	反光标线逆反射系数测试仪	—	台	
123	突起路标发光强度系数测试仪	—	台	
124	标线涂层厚度测试装置	—	台	
125	色彩色差仪	—	台	
126	覆层测厚仪	—	台	
127	超声波测厚仪	—	台	
128	反光膜附着性能测定装置	—	台	
129	玻璃珠筛分器	—	台	
130	漆膜磨耗仪	—	台	
131	恒温恒湿环境试验箱	—	台	
132	气流式盐雾腐蚀试验箱	—	台	
133	突起路标抗冲击试验装置	—	台	
134	塑料通信管内壁摩擦系数测定仪	—	台	

（二）人员配置及资质要求

1. 人员最低配置要求（表 3-6-2）

2. 人员最低资质要求

上表中各类人员的最低资质要求见表 3-6-3。

人员最低配置要求　　表 3-6-2

部　门	人数及资质要求			备　注
	技术岗位	人数	资质要求	
总监理工程师办公室				负责全线试验检测工作的指导、检查与监督
代表处中心试验室	主任	1	符合资质 a	试验工程师可根据工程进展情况及工作需要进场。试验工应全部进场，不少于规定人数
	路基（路面）试验工程师	1	符合资质 b	
	结构物试验工程师	1	符合资质 c	
	材料试验工程师	1	符合资质 d	
	试验助理	3	符合资质 e	

续上表

部门	人数及资质要求			备注
	技术岗位	人数	资质要求	
驻地办试验工程师	路基试验工程师	1	符合资质 b	试验工程师可根据工程进展情况及工作需要进场
	结构物试验工程师	1	符合资质 c	
	试验工程师助理	1	符合资质 e	
承包人试验室	主任	1	符合资质 a	试验工程师可根据工程进展情况及工作需要进场，人数不得少于规定
	路基试验工程师	不少于 1	符合资质 b	
	结构物试验工程师	不少于 1	符合资质 c	
	材料试验工程师	不少于 1	符合资质 d	
	路基试验工程师助理	不少于 1	符合资质 e	试验工程师助理及试验工应全部进场，人数不得少于规定。根据工作需要，应及时增加试验人员
	结构物试验工程师助理	不少于 1	符合资质 e	
	材料试验工程师助理	不少于 1	符合资质 e	
	试验工	不少于 5	符合资质 f	

人员最低资质要求 表 3-6-3

资质	要求
a	工程师及以上职称，5 年以上相关经历，有专业证书，全面掌握试验检测工作
b	助工或以上职称，3 年以上相关经历，经过专业培训，熟悉路基、路面试验工作
c	助工或以上职称，3 年以上相关经历，经过专业培训，熟悉结构物试验工作
d	助工或以上职称，3 年以上相关经历，经过专业培训，熟悉材料试验工作
e	技术员或以上职称，经过专业培训，了解试验工作
f	高中或以上学历，经过试验检测培训

(三)试验室验收

1. 承包人试验室验收办法

承包人试验室可参照下述办法进行验收。

(一)一 般 要 求

(1)承包人应有一名主要领导负责试验工作；建立完善的试验管理机构，建立健全试验工作制度和程序；严把材料质量关，严格按照规定频率及方法进行原材料的自检工作；严格按照技术规范的要求对工程实体进行过程质量控制检验。

(2)承包人应拥有自己合格的试验室，试验室的规模、装备、人员素质等，应能满足合同文件及总监办的要求，并能满足工程施工期间的原材料试验、标准试验及施工过程中的质量检查验收的需要。

(3)只有承包人的试验、检测机构及质量管理体系设置完善，能有效地控制施工质量；试验设备运行良好，能满足工程施工期间试验工作的正常需要；试验人员具有良好的试验操作技能，能完全胜任试验工作的要求；其试验室才可通过验收。

(二)环境、设备要求

(1)承包人应根据本项目工程所涉及的试验、检测项目特点，科学、合理的布置、划分试验专业操作室，使各项试验都能在规定的试验环境下安全、方便的顺利进行，确保试验结果的客观性。

(2)试验室应按项目“技术文件”(合同文件第二卷)的要求及工程实际情况配备设备。在满足工程施工需要的前提下，设备可分批到位。

(3)到位的设备必须完好，试运行状况良好，并备有充足的零部件和试验消耗材料。

(4)每批设备到位后，属于强制检定的设备，必须经法定计量部门进行计量检定，出具检定证书。未经计量检定或检定不合格的设备，不得在本工程试验工作中使用。

(三)试验人员要求

(1)承包人应设一名试验室主任，按专业(路基、路面、结构等)设若干名试验工程师、试验工程师助理和试验工。试验工程师、工程师助理和试验工的人数，应能满足工程施工期间试验工作的正常需要及总监办相关要求。

(2)试验室主任应具有工程师或以上职称，在类似工程中从事试验工作5年以上，或从事工程施工管理工作5年以上，在试验方面具有较高的理论水平和丰富的实践经验。

(3)试验工程师应具有助工或以上职称，在类似工程中从事试验工作3年以上，或从事工程施工工作5年以上，具有熟练的试验操作技能和丰富的试验工作知识。

(4)试验工程师助理应在类似工程中从事过试验工作，并经过专业的试验检测技能培训。

(四)验 收 程 序

(1)每批设备到位后，承包人应做仔细的检查，并试运行，确保设备性能良好。

(2)承包人必须请法定计量部门对到位设备中属于强制检定的设备，逐一进行计量检定，并出具检定证书，对属于自检、自校的设备，必须依据相关检定规程进行自检、自校，并填写自检、自校报告。

(3)承包人应将试验机构设置，试验工作的规章制度，试验仪器设备状况、仪器的计量检定报告副本，人员配置、人员状况、相应的学历证书副本、任职资格证书副本等资料，随同试验室验收申请报告一起，报送驻地监理办初审。初审合格后，将上述材料报代表处。

(4)代表处将组织中心试验室、工程部、驻地办等部门组成验收组，对待验收试验室的上述资料及试验室现场进行详细的审查，必要时，将通过平行试验考核承包人的设备和人员操作技能。

(5)经驻地办初验、代表处复验合格后，由代表处邀请省交通厅质监站对其试验室进行检查验收，并颁发试验检测机构临时资质证书。未获得交通厅质监站临时资质证书的试验室，不得进行正常的试验工作，其试验检测结果在项目中不被承认。

2. 驻地监理办试验室验收办法

按照《验收办法》，驻地监理办应配备自己独立的试验室。对驻地监理办试验室，可参照承包人试验室进行验收，只是在验收程序上，应由代表处及总监办进行审查验收，同时，也必须取得省级交通厅质监站的临时资质证书。

3. 总监代表处试验室验收办法

总监代表处试验室可按下述办法验收。

(一)一 般 要 求

(1)代表处应有一名主要领导负责试验工作；代表处应建立完善的试验检测管理机构和质量管理体系，建立健全试验工作制度和程序；指导、管理驻地监理办的试验检测工作；监控承包人的试验检测工作及其质量管理体系的运转情况；加强抽检工作力度，严格控制原材料质量和工程施工质量。

(2)代表处中心试验室设备和人员由总监办根据合同文件及工作要求统一配备。中心试验室的规模、装备、人员素质等，应能满足工程建设及业主、总监办的要求，并能满足工程施工期间的试验检测需要。

(3)只有代表处中心试验室的机构及质量管理体系设置完善，试验设备运行良好，能满足工程施工期间试验、检测工作的正常需要；试验人员具有良好的试验操作技能并能有效地管理各合同段的试验检测工作、控制其施工质量；其试验室才可通过验收。

(二)环境、设备要求

(1)代表处应根据本项目工程所涉及的试验、检测项目特点，科学、合理的布置、划分试验专业操作室，使各项试验都能在规定的试验环境下安全、方便的顺利进行，确保试验结果的客观性。

(2)代表处中心试验室应按合同文件的要求配备设备。在满足工程施工需要的前提下，设备可分批到位。

(3)到位的设备必须完好，试运行状况良好，并备有充足的零备件和试验消耗材料。

(4)每批设备到位后，对须要强制检定的仪器、设备必须经法定计量部门进行计量检定，出具检定证书，对须要自检、自校的仪器、设备必须按照相关检定规程进行自检、自校，未经检定或检定不合格的设备，不得在本工程试验工作中使用。

(三)试验人员要求

(1)代表处中心试验室设一名试验室主任，按专业(路基、路面、结构等)设若干试验工程师、试验工程师助理和试验工。试验工程师、工程师助理和试验工的人数，应能满足工程施工期间试验工作的正常需要及总监办相关要求。

(2)试验室主任应具有工程师或以上职称，在类似工程中从事试验工作 5 年以上，或从事工程施工管理工作 5 年以上，在试验方面具有较高的理论水平和丰富的实践经验。

(3)试验工程师应具有助工或以上职称，在类似工程中从事试验工作 3 年以上，或从事工程施工工作 5 年以上，具有熟练的试验操作技能和丰富的试验检测知识。

(4)试验工程师助理应在类似工程中从事过试验工作，并经过专业的试验检测技能培训。

(四)验 收 程 序

(1)每批设备到位后,代表处中心试验室应做仔细的校对、调试,确保设备性能良好。

(2)由代表处邀请法定计量部门对须强制检定的设备逐一进行计量检定,并出具检定证,对须要自检、自校的仪器、设备也必须进行自检、自校工作,填写校验报告,建立校验台账。

(3)代表处中心试验室应将试验机构设置、试验工作的规章制度,设备状况、设备的计量检定报告副本,人员配置、人员状况及相应的学历证书副本、任职资格证书副本等资料,随同试验室验收申请报告一起,报送代表处初审。初审合格后,将上述材料报总监办。

(4)总监办将会同代表处组成验收组,对中心试验室的上述资料及试验室现场进行详细的审查,必要时,将通过平行试验考核代表处中心试验室的设备、人员的操作技能,并颁发人员上岗证书。

(5)经代表处初验、总监办复验合格后,总监办将邀请省交通厅质监站对代表处中心试验室进行检查验收,并由质监站颁发试验检测机构临时资质证书。未获得省交通厅质监站临时资质的试验室,不得进行正常的试验工作,其试验检测结果在项目中不被承认。

四、试验室试验检测项目及频率

各级试验室试验检测项目及频率,可参照表 3-6-4 执行。

试验检测项目及频率　　表 3-6-4

序号	工程名称	试验检测对象	试验检测项目	规定的试验检测频率或要求	各级试验室应承担的试验检测频率		
					承包人	驻地办	代表处
1	路基工程	土	筛分	20 000～50 000m³ 或土质发生变化时	100%	20%	3%
			容重				
			液、塑限				
			颗粒分析				
			有机质、易溶盐含量				
			含水量				
			承载比(CBR)		100%	—	—
			标准击实		100%	—	100%
		石灰	有效氧化钙及氧化镁含量	每合同段每种配合比试验1次;其后每200t检验一次	100%	100%	3%
		稳定土配合比设计	稳定土配合比标准试验	每合同段每种配合比试验1次	100%	—	100%
		土工合成材料	抗拉、剪、撕、剥强度,耐腐蚀性	每合同段每批材料进场时检验;其后每月抽检2次	100%	100%	3%

续上表

<table>
<tr><th rowspan="2">序号</th><th rowspan="2">工程名称</th><th rowspan="2">试验检测对象</th><th rowspan="2">试验检测项目</th><th rowspan="2">规定的试验检测频率或要求</th><th colspan="3">各级试验室应承担的试验检测频率</th></tr>
<tr><th>承包人</th><th>驻地办</th><th>代表处</th></tr>
<tr><td rowspan="4">1</td><td rowspan="4">路基工程</td><td rowspan="4">施工质量</td><td>加固土石灰剂量</td><td>每 2 000m^2 检测 4 处</td><td rowspan="3">100%</td><td rowspan="3">20%</td><td rowspan="3">3%</td></tr>
<tr><td rowspan="2">路基压实度</td><td>每 2 000m^2 每压实层检测 4 处(土方路基)</td></tr>
<tr><td>层厚和碾压遍数符合要求(石方路基)</td></tr>
<tr><td>弯沉(路床)</td><td>40～50 个点/车道/公里</td><td>100%</td><td>100%</td><td>100%</td></tr>
<tr><td rowspan="21">2</td><td rowspan="21">路面底基层</td><td rowspan="7">土</td><td>筛分</td><td rowspan="7">20 000～50 000m^3 或土质发生变化时</td><td rowspan="6">100%</td><td rowspan="6">20%</td><td rowspan="6">3%</td></tr>
<tr><td>容重</td></tr>
<tr><td>液、塑限</td></tr>
<tr><td>颗粒分析</td></tr>
<tr><td>有机质、易溶盐含量</td></tr>
<tr><td>含水率</td></tr>
<tr><td>承载比(CBR)</td><td>100%</td><td>—</td><td>—</td></tr>
<tr><td rowspan="5">粉煤灰</td><td>细度</td><td rowspan="5">每合同段每种配合比试验 1 次;换料场时重新试验</td><td rowspan="6">100%</td><td rowspan="6">100%</td><td rowspan="6">3%</td></tr>
<tr><td>含水率</td></tr>
<tr><td>烧失量</td></tr>
<tr><td>比表面积</td></tr>
<tr><td>化学成分分析</td></tr>
<tr><td>石灰</td><td>有效氧化钙及氧化镁含量</td><td>每 200t 检验一次</td></tr>
<tr><td>配合比设计</td><td>稳定土配合比标准试验</td><td>每合同段每种配合比试验 1 次</td><td>100%</td><td>—</td><td>100%</td></tr>
<tr><td rowspan="3">混合料</td><td>含水率</td><td>随机抽检</td><td rowspan="6">100%</td><td rowspan="6">20%</td><td rowspan="6">3%</td></tr>
<tr><td>石灰剂量</td><td>每 2 000m^2 测 1 次</td></tr>
<tr><td>强度</td><td>每 2 000m^2 取样 2 组(6 个试件)</td></tr>
<tr><td rowspan="4">施工质量</td><td>压实度</td><td>>6 次/2 000m^2</td></tr>
<tr><td>厚度</td><td>每 1 500m^2 不少于 6 处</td></tr>
<tr><td>平整度</td><td>3m 直尺:2 处 × 10 尺/200m</td></tr>
<tr><td>弯沉</td><td>40～50 个点/车道/公里</td><td>100%</td><td>—</td><td>—</td></tr>
</table>

续上表

序号	工程名称	试验检测对象	试验检测项目	规定的试验检测频率或要求	各级试验室应承担的试验检测频率		
					承包人	驻地办	代表处
3	路面基层	粉煤灰	细度	每合同段每种配合比试验1次；换料场时重新试验	100%	100%	3%
			含水率				
			烧失量				
			比表面积				
			化学成分分析				
		水泥	细度	每100t检验1次			
			安定性				
			初、终凝时间				
			胶砂强度				
		石灰	有效氧化钙及氧化镁含量	每200t检验1次			
		集料	筛分	每1 000m^3检验1次			
		配合比设计	稳定土配合比标准试验	每合同段每种配合比试验1次	100%	—	100%
		混合料	含水率	每2 000m^2检测1次	100%	20%	3%
			石灰剂量、水泥剂量				
			颗粒组成				
			强度	每2 000m^2取3组(9个试件)			
		施工质量	压实度	>6次/2 000m^2			
			厚度	每1 500m^2不少于6处			
			平整度	3m直尺：2处×10尺/200m			
			弯沉	40～50个点/车道/公里	100%	—	100%
4	沥青混凝土面层	沥青	沥青针入度	每300t(或1000桶)抽检1次	100%	100%	3%
			沥青延度				
			沥青软化点				
			沥青闪点				
			沥青含蜡量				
			沥青密度(15℃)				
			沥青溶解度				
			沥青薄膜加热试验				
			乳化沥青标准黏度				
			沥青含量				

续上表

序号	工程名称	试验检测对象	试验检测项目	规定的试验检测频率或要求	各级试验室应承担的试验检测频率		
					承包人	驻地办	代表处
4	沥青混凝土面层	集料	筛分	每合同段每种配合比全面试验1次，对进场的每批材料，按规范要求随机取样检查有关指标	100%	100%	3%
			视比重				
			重度				
			含泥量				
			针片状含量				
			压碎值				
			洛杉矶磨耗损失				
			吸水率				
			对沥青的黏附性				
			坚固性				
			小于0.075mm颗粒含量				
			软石含量				
			石料磨光值(面层)				
			冲击值				
			松方单位重				
		砂	筛分				
			砂当量或含泥量				
			松方单位重				
		矿粉	小于0.075mm颗粒含量				
			亲水系数				
			含水量				
		配合比设计	沥青混合料马歇尔试验		100%	—	100%
		混合料	车辙试验	每合同段每种上面层配合比试验1次			
			马歇尔稳定度(含残稳)	每台班抽检2组	100%	20%	3%
			生产配合比验证				
			施工温度	每台班抽查10次			
			抽提试验	每台班抽检2组			

续上表

序号	工程名称	试验检测对象	试验检测项目	规定的试验检测频率或要求	各级试验室应承担的试验检测频率		
					承包人	驻地办	代表处
4	沥青混凝土面层	施工质量	摩擦系数(上面层)	每1 000m测6处	100%	20%	3%
			纹理深度(上面层)	每1 000m(单幅)抽查6处			
			压实度	每2 000m² 检查1处	100%	20%	3%
			厚度	每2 000m² 不少于1点			
			平整度	利用平整度仪连续检测计算		—	100%
5	水泥混凝土面层	水泥	细度	每批或100t检查1次	100%	100%	3%
			安定性				
			初、终凝时间				
			胶砂强度				
		集料	筛分	每合同段每种配合比全面试验1次;对进场的每批材料按规范要求随机取样检查有关指标			
			重度				
			视比重				
			含泥量				
			砂云母含量				
			压碎指标值				
			针片状含量				
			磨耗				
			石料硬度				
			碱含量				
			冲击				
			抗冻性				
		砂	筛分				
			含泥量				
		混凝土配合比设计	抗冻	每合同段每种配合比试验1次	100%	—	100%
			配合比				
		外加剂	性能试验,匀质性试验	每种外加剂进行1次性能检验,同时每30t进行1次匀质性检验			

续上表

序号	工程名称	试验检测对象	试验检测项目	规定的试验检测频率或要求	各级试验室应承担的试验检测频率		
					承包人	驻地办	代表处
5	水泥混凝土面层	施工质量	弯拉强度	每 1 000m^2 留 2 组试件	100%	100%	3%
			厚度	每 1 000m(车道)抽查 10 处	100%	20%	3%
			平整度	利用平整度仪每车道连续检测	100%	—	100%
			抗滑构造深度	利用铺砂法，每单幅 1 000m 检测 10 处	100%	20%	3%
6	桥梁与结构物	水泥	细度	每批或 100t 检查 1 次	100%	100%	3%
			安定性				
			初、终凝时间				
			胶砂强度				
		钢材	抗拉	每批或 50t 检验 1 组			
			冷弯				
			焊接				
		钢绞线及高强钢丝	力学性能	每批或 60t 检验 1 组	100%	100%	3%
			伸长率				
			松弛率	每合同段每批检验 1 组			
		外加剂	性能试验，匀质性试验	每种外加剂进行 1 次性能检验，同时每 30t 进行 1 次匀质性检验			
		集料	筛分	每合同段每种配合比全面试验 1 次；对进场的每批材料按规范要求随机取样检查有关指标	100%	100%	3%
			重度				
			视比重				
			含泥量				
			砂云母含量				
			压碎指标值				
			针片状含量				
			磨耗				
			石料硬度				
			碱含量				
			冲击				
			抗冻性				
		砂	筛分				
			含泥量				

续上表

<table>
<tr><th rowspan="2">序号</th><th rowspan="2">工程名称</th><th rowspan="2">试验检测对象</th><th rowspan="2">试验检测项目</th><th rowspan="2">规定的试验检测频率或要求</th><th colspan="3">各级试验室应承担的试验检测频率</th></tr>
<tr><th>承包人</th><th>驻地办</th><th>代表处</th></tr>
<tr><td rowspan="16">6</td><td rowspan="16">桥梁与结构物</td><td rowspan="3">混凝土配合比设计</td><td>抗冻</td><td rowspan="4">每合同段每种配合比试验1次</td><td rowspan="4">100%</td><td rowspan="4">—</td><td rowspan="2">—</td></tr>
<tr><td>抗渗</td></tr>
<tr><td>配合比</td><td rowspan="2">100%</td></tr>
<tr><td>砂浆配合比</td><td>配合比</td></tr>
<tr><td rowspan="2">混凝土</td><td>混凝土强度</td><td>每构件或每 $30m^3$ 抽查3组</td><td>100%</td><td>100%</td><td>3%</td></tr>
<tr><td>坍落度</td><td>每工班抽查不少于4次</td><td>100%</td><td>20%</td><td>3%</td></tr>
<tr><td>支座</td><td rowspan="3">全套指标</td><td rowspan="3">每合同段每批检验1次</td><td rowspan="3">100%</td><td rowspan="3">100%</td><td rowspan="3">3%</td></tr>
<tr><td>桥面防水材料</td></tr>
<tr><td>伸缩缝</td></tr>
<tr><td rowspan="5">工程质量</td><td>桩基检测</td><td>无损检测100%，取芯3%</td><td rowspan="5">100%</td><td rowspan="5">—</td><td rowspan="5">—</td></tr>
<tr><td>桥梁荷载试验</td><td>每座大桥、特大桥每种结构1次</td></tr>
<tr><td>预制梁顶板厚度检测</td><td>随机抽检30%预制梁，每梁至少测5个断面</td></tr>
<tr><td>预制梁顶板钢筋保护层厚度检测</td><td>随机抽检30%预制梁，每梁至少测5个断面</td></tr>
<tr><td>预制梁承载力试验</td><td>每合同段每种结构1～2次</td></tr>
<tr><td rowspan="8">7</td><td rowspan="8">隧道工程</td><td rowspan="4">水泥</td><td>初终凝时间</td><td rowspan="4">每批或100t检查1次</td><td rowspan="7">100%</td><td rowspan="7">100%</td><td rowspan="7">3%</td></tr>
<tr><td>安定性</td></tr>
<tr><td>细度</td></tr>
<tr><td>胶砂强度</td></tr>
<tr><td rowspan="3">钢材</td><td>抗拉</td><td rowspan="3">每批或50t检查1次</td></tr>
<tr><td>冷弯</td></tr>
<tr><td>焊接</td></tr>
<tr><td>锚杆</td><td>力学性能</td><td>每10t检验1次</td><td>100%</td><td>100%</td><td>3%</td></tr>
</table>

续上表

<table>
<tr><th rowspan="2">序号</th><th rowspan="2">工程名称</th><th rowspan="2">试验检测对象</th><th rowspan="2">试验检测项目</th><th rowspan="2">规定的试验检测频率或要求</th><th colspan="3">各级试验室应承担的试验检测频率</th></tr>
<tr><th>承包人</th><th>驻地办</th><th>代表处</th></tr>
<tr><td rowspan="26">7</td><td rowspan="26">隧道工程</td><td>钢纤维</td><td rowspan="2">要求性能</td><td rowspan="2">代表处视情况而定</td><td rowspan="19">100%</td><td rowspan="19">100%</td><td rowspan="19">3%</td></tr>
<tr><td>非镀锌焊接钢筋网</td></tr>
<tr><td>外加剂</td><td>性能试验，匀质性试验</td><td>每种外加剂进行1次性能检验，同时每30t进行1次匀质性检验</td></tr>
<tr><td rowspan="12">碎石</td><td>筛分</td><td rowspan="16">每合同段每种配合比全面试验1次；对进场的每批材料按规范要求随机取样检查有关指标</td></tr>
<tr><td>容重</td></tr>
<tr><td>视比重</td></tr>
<tr><td>含泥量</td></tr>
<tr><td>砂云母含量</td></tr>
<tr><td>压碎指标值</td></tr>
<tr><td>针片状含量</td></tr>
<tr><td>磨耗</td></tr>
<tr><td>石料硬度</td></tr>
<tr><td>碱含量</td></tr>
<tr><td>冲击</td></tr>
<tr><td>含水率</td></tr>
<tr><td rowspan="3">砂</td><td>筛分</td></tr>
<tr><td>含泥量</td></tr>
<tr><td>含水率</td></tr>
<tr><td>水</td><td>水质分析</td></tr>
<tr><td rowspan="3">混凝土配合比设计</td><td>配合比</td><td rowspan="3">每合同段每种配合比试验1次</td><td rowspan="3">100%</td><td rowspan="3">—</td><td>100%</td></tr>
<tr><td>喷射混凝土黏结强度</td><td rowspan="2">—</td></tr>
<tr><td>喷射混凝土芯样抗压强度</td></tr>
<tr><td>混凝土</td><td>强度</td><td>每台班或每50m³检测3组</td><td>100%</td><td>100%</td><td>3%</td></tr>
<tr><td rowspan="3">喷射混凝土</td><td>强度</td><td>每10m隧道在拱部和边墙部各取1组</td><td>100%</td><td>100%</td><td>3%</td></tr>
<tr><td>厚度</td><td>每10m隧道检查1个断面，每个断面自拱顶每2m测1个点</td><td>100%</td><td>100%</td><td>3%</td></tr>
<tr><td>防水材料</td><td>抗拉、剪、撕、剥强度，耐腐蚀性，黏结试验</td><td>100%</td><td>100%</td><td>3%</td></tr>
</table>

续上表

序号	工程名称	试验检测对象	试验检测项目	规定的试验检测频率或要求	各级试验室应承担的试验检测频率		
					承包人	驻地办	代表处
7	隧道工程	模筑混凝土	衬砌厚度	每 40m 检查 1 个断面(无损或开孔)	100%	100%	3%
			强度	每台班或每 50m³ 检测 3 组	100%	100%	3%
			墙面平整度	每 40m 用 2m 直尺每侧检查 2 处(每处 9 尺)	100%	20%	3%
			衬砌后空洞探测	分别在拱顶及 1/4 拱线处,用地质雷达连续测 3 条线	100%	—	—
		路基基础	基底承载力试验(全风化、强风化洞门基础)		100%	20%	3%
		混凝土路面	同 5. 水泥混凝土路面				
		锚杆	抗拔力	每 300 根锚杆检查 1 组,每组 3 根	100%	20%	3%
			注浆压力		100%	20%	3%
		横断面检测	毛洞横断面尺寸	每 10m 测 1 断面	100%	100%	3%
			初期支护后横断面尺寸				
			二衬后横断面尺寸				
		超前地质预报	导坑探测	声波探测每 150m 探测 1 次	100%	—	—
			超前水平岩芯钻探				
			工作面上的浅孔钻探				
			声波探测				
8	浆砌工程	水泥	初、终凝时间	每批或 100t 抽检 1 次	100%	100%	3%
			安定性				
			细度				
			胶砂强度				
		石料	抗压强度	进场或换料源时检测 1 次			
			冻融				
		混凝土、砂浆配合比设计		每合同段每种配合比 1 次	100%	—	100%
		砂浆	强度	每 50m³ 抽查 3 组	100%	100%	3%

续上表

序号	工程名称	试验检测对象	试验检测项目	规定的试验检测频率或要求	各级试验室应承担的试验检测频率		
					承包人	驻地办	代表处
8	浆砌工程	砂浆	强度	每 50m^3 抽查 3 组	100%	100%	3%

注：①本表所列试验检测项目及频率等，如与“技术规范”（合同文件第二卷）或业主的有关规定矛盾时，按“技术规范”或有关规定执行；否则，按本表规定执行。

②驻地办利用承包人试验室完成相应的独立试验、检测工作。

五、试验资料的报批及管理

（一）试验类别划分及审批

1. 原材料（含成品半成品材料）料源试验

（1）一般原材料

水、土、砂、石、石灰、粉煤灰、石屑、砖等地材均为一般原材料。承包人应在材料进场前取得试验结果，征得材料试验工程师同意签字后，将原材料料源审批报表报送驻地办核查并审批。承包人应在取得驻地办书面批准后，才可将材料运进现场。

（2）重要原材料

①大桥、特大桥、互通、立交、隧道、防护等工程中使用的水泥、钢材、高强钢丝、钢绞线、锚具、桥梁支座、伸缩缝材料、混凝土外加剂等。

②隧道工程中锚杆、防水材料、支护钢构件、钢模板。

③沥青混凝土路面结构中的沥青、沥青混凝土粗、细集料，水泥混凝土路面中的水泥及粗、细集料、外加剂，道路工程中的土工合成材料等。

承包人应在材料进场前取得相应的产品合格证明材料，并提供试验结果，由材料试验工程师签字后，将原材料料源审批报表随同试样一起报送代表处中心试验室核查。经过总监代表处或总监办书面批准后，承包人才可将材料运进现场。

其中，高强钢丝、钢绞线、锚具、桥梁支座、伸缩缝材料、桥隧防水材料、混凝土外加剂、土工合成材料等料源材料的质量检验报告经代表处中心试验室核查后，代表处应将审核意见上报总监办进行审查，总监办书面同意后该料源材料方可使用。

2. 原材料（含成品半成品材料）验收试验

（1）重要原材料进场后，承包人应按“技术规范”（合同文件第二卷）或总监办的有关要求对其进行自检试验（可外委经批准的有资质的试验室进行试验），确保其技术指标不低于规范要求。自检合格后，承包人将原材料审批报表和试验资料以及试样提交代表处中心试验室进行核查，并由代表处批准后，该材料方可用于该工程。

（2）一般原材料进场后，承包人应在驻地办试验工程师在场的情况下，对其进行抽样检验，检验合格并经试验工程师签字后，承包人将原材料审批报表及试验资料一起报驻地办，由驻地监理办批准后，该材料方可使用。

3. 标准试验

标准试验包括：（1）素土及各类稳定土的标准击实试验；（2）各类稳定土的配合比试验；（3）砂浆、混凝土的配合比试验；（4）沥青混凝土的配合比试验。

素土及各类稳定土的标准击实试验，用于确定素土、灰土、二灰土、二灰砾（碎）石等的最大干密度及最佳含水量，从而确定其施工含水量及压实度计算标准；各类稳定土的配合比试验，是根据各类稳定土的设计 7d 无侧限抗压强度，确定其配合比；砂浆、混凝土的配合比试验，用于确定其实验室配合比；沥青混凝土的配合比试验，则根据沥青混合料的技术要求，确定其目标配合比、生产配合比，并进行目标配合比验证。

所有标准试验，须由承包人在材料试验监理工程师在场的情况下进行试验。在取得材料试验监理工程师签字后，将标准试验审批报表、试验报告、随同试样一起，由承包人以项目经理部的正式文件上报代表处中心试验室，由代表处中心试验室审核并进行平行试验，由总监代表批准。其中，C50 及以上水泥混凝土的配比、沥青混凝土配合比必须上报总监办审查批复。

4. 抽检试验

(1)定期抽检

代表处中心试验室定期对工程材料(含成品、半成品)及工程施工质量进行全面抽检。抽检不合格的工程材料,承包人必须在 3 天内自费清运出场;抽检不合格的工程,承包人必须根据监理工程师的指令,立即采取补救措施直至返工。

(2)不定期抽检

各级试验室可随时对任何工程材料或工程质量进行抽检;当专业工程师要求时,可就某种材料或某项工程进行抽检试验或开孔检验。

5. 验收试验

每一单项工程完成后,由驻地监理办组织,代表处中心试验室和工程部参加,进行单项工程交工验收。验收时,应全面审查承包人的基础试验资料及统计分析资料,必要时,可对待验工程进行复核性抽样检验。

(二)试验资料审批表

试验资料审批表包括如下 6 张表格:原材料料源审批表;原材料审批表;标准击实审批表;无机结合料稳定土配合比审批报表;砂浆、混凝土配合比审批报表;粗、中、细、砂粒式沥青混凝土配合比审批报表,分别见表 3-6-5～表 3-6-10。

(三)试验管理用表的使用方法

(1)“原材料料源审批报表”(表 3-6-5)主要用于各种材料料源的审批。未经审批的材料不得运入工地现场,已运入的也应清除出场。

施工单位应按照表格内容完成相应试验工作,确认材料符合“技术规范”相应要求时,填报本表并按项目管理规定程序报批。监理单位按照权限对不同材料的料源申报进行审批,必要时应进行相应试验。施工单位应从经过审批的料源地购进相关材料。

(2)“原材料审批报表”(表 3-6-6)主要用于运进施工现场的材料质量的确认。施工、监理单位都应按规定的频率,对进场材料在使用前进行相关试验。经试验不合格的材料,应由施工单位立即、无偿清退出场。

施工、监理单位的试验室应分别完成表格要求的工作内容,并填报本表,按规定权限审批。

本表应作为施工、监理单位检查永久性工程材料质量的依据,并进入施工技术档案。

(3)“标准击实审批报表”(表 3-6-7)主要用于路基、路面基层及底基层材料压实工作施工标准的审批。

施工、监理单位的试验室应分别完成表格要求的工作内容,并填报本表,按规定权限审批。

本表应作为施工、监理单位控制路基、路面基层及底基层压实的依据,并进入施工技术档案。

本表中涉及的材料,其料源试验(仅对土、砂砾或其他大宗地材)或进场检验(对胶结材料)结果必须合格,否则施工单位不得申报本表,监理单位也不得批准本表。

(4)“无机结合料稳定土配合比审批报表”(表 3-6-8)主要用于路面基层、底基层材料掺配比例施工标准的审批。

施工、监理单位的试验室应分别完成表格要求的工作内容,并填报本表,按规定权限审批。

本表应作为施工、监理单位控制路面基层、底基层材料掺配比例的依据,并进入施工技术档案。

原材料料源审批报表

表 3-6-5

申报单位			合同段		编号		
材料名称		规格、型号		产地		生产厂商	
用途	A		B			C	
试验项目	用途及“技术规范”要求值			生产厂商或承包人试验值			附件
	A	B	C	试验方法	试验结果	试验记录编号	
申报人意见： 签名：　　年　月　日	驻地办试验工程师意见	意见： 签名：　　年　月　日		代表处中心试验室意见	意见： 签名：　　年　月　日		

原材料审批报表

表 3-6-6

<table>
<tr><td>申报单位</td><td colspan="2"></td><td>合同段</td><td></td><td>编号</td><td colspan="2"></td><td colspan="2"></td></tr>
<tr><td>材料名称</td><td colspan="2"></td><td>规格、型号</td><td></td><td>产地</td><td></td><td>生产厂商</td><td colspan="2"></td></tr>
<tr><td>用途</td><td colspan="2">A</td><td colspan="3">B</td><td colspan="4">C</td></tr>
<tr><td colspan="2" rowspan="2">试 验 项 目</td><td colspan="3">用途及“技术规范”要求值</td><td colspan="3">承包人试验值</td><td colspan="2">核查试验值</td></tr>
<tr><td>A</td><td>B</td><td>C</td><td>试验方法</td><td>试验结果</td><td>试验记录编号</td><td>试验结果</td><td>试验记录编号</td></tr>
<tr><td colspan="2"></td><td></td><td></td><td></td><td></td><td></td><td></td><td></td><td></td></tr>
<tr><td colspan="2"></td><td></td><td></td><td></td><td></td><td></td><td></td><td></td><td></td></tr>
<tr><td colspan="2"></td><td></td><td></td><td></td><td></td><td></td><td></td><td></td><td></td></tr>
<tr><td colspan="2"></td><td></td><td></td><td></td><td></td><td></td><td></td><td></td><td></td></tr>
<tr><td colspan="2"></td><td></td><td></td><td></td><td></td><td></td><td></td><td></td><td></td></tr>
<tr><td colspan="2"></td><td></td><td></td><td></td><td></td><td></td><td></td><td></td><td></td></tr>
<tr><td colspan="2"></td><td></td><td></td><td></td><td></td><td></td><td></td><td></td><td></td></tr>
<tr><td colspan="2"></td><td></td><td></td><td></td><td></td><td></td><td></td><td></td><td></td></tr>
<tr><td colspan="2"></td><td></td><td></td><td></td><td></td><td></td><td></td><td></td><td></td></tr>
<tr><td colspan="2"></td><td></td><td></td><td></td><td></td><td></td><td></td><td></td><td></td></tr>
<tr><td colspan="2"></td><td></td><td></td><td></td><td></td><td></td><td></td><td></td><td></td></tr>
<tr><td colspan="2">申报人意见：

签名：　　　　年　月　日</td><td>驻地办试验
工程师意见</td><td colspan="3">意见：

签名：　　　　年　月　日</td><td>代表处中心
试验室意见</td><td colspan="3">意见：

签名：　　　　年　月　日</td></tr>
</table>

标准击实审批报表

表 3-6-7

<table>
<tr><td colspan="2">申报单位</td><td colspan="3"></td><td>合同段</td><td colspan="2"></td><td>编号</td><td colspan="3"></td><td colspan="2"></td></tr>
<tr><td colspan="2">材料名称</td><td colspan="3"></td><td>试验方法</td><td colspan="2"></td><td>试模容积</td><td></td><td colspan="2">试验工程师签字</td><td colspan="2"></td></tr>
<tr><td colspan="2" rowspan="2">标准击实试验记录编号</td><td colspan="4">试 验 用 土</td><td colspan="4">配合比(重量/体积)</td><td colspan="2">试验结果</td><td colspan="2">用 途</td></tr>
<tr><td>取土场</td><td>取土深度（cm）</td><td>土名</td><td>超尺寸颗粒含量(%)</td><td>土</td><td>石灰</td><td>粉煤灰</td><td>砾(碎)石</td><td>最大干密度（g/cm^3）</td><td>最佳含水率（%）</td><td>拟用路段</td><td>拟用层别</td></tr>
<tr><td rowspan="5">承包人试验值</td><td></td><td></td><td></td><td></td><td></td><td></td><td></td><td></td><td></td><td></td><td></td><td></td><td></td></tr>
<tr><td></td><td></td><td></td><td></td><td></td><td></td><td></td><td></td><td></td><td></td><td></td><td></td><td></td></tr>
<tr><td></td><td></td><td></td><td></td><td></td><td></td><td></td><td></td><td></td><td></td><td></td><td></td><td></td></tr>
<tr><td></td><td></td><td></td><td></td><td></td><td></td><td></td><td></td><td></td><td></td><td></td><td></td><td></td></tr>
<tr><td></td><td></td><td></td><td></td><td></td><td></td><td></td><td></td><td></td><td></td><td></td><td></td><td></td></tr>
<tr><td rowspan="5">核查试验值</td><td></td><td></td><td></td><td></td><td></td><td></td><td></td><td></td><td></td><td></td><td></td><td></td><td></td></tr>
<tr><td></td><td></td><td></td><td></td><td></td><td></td><td></td><td></td><td></td><td></td><td></td><td></td><td></td></tr>
<tr><td></td><td></td><td></td><td></td><td></td><td></td><td></td><td></td><td></td><td></td><td></td><td></td><td></td></tr>
<tr><td></td><td></td><td></td><td></td><td></td><td></td><td></td><td></td><td></td><td></td><td></td><td></td><td></td></tr>
<tr><td></td><td></td><td></td><td></td><td></td><td></td><td></td><td></td><td></td><td></td><td></td><td></td><td></td></tr>
<tr><td colspan="4">申报人意见：

签名：　　　年　月　日</td><td>驻地办评价及签名</td><td colspan="4">意见：

签名：　　　年　月　日</td><td>代表处中心试验室审批意见及签名</td><td colspan="4">意见：

签名：　　　年　月　日</td></tr>
<tr><td colspan="2">申报文号</td><td colspan="7"></td><td>批复文号</td><td colspan="4"></td></tr>
</table>

表 3-6-8

无机结合料稳定土配合比审批报表

<table>
<tr><td colspan="2">申报单位</td><td colspan="2"></td><td>合同段</td><td></td><td>编号</td><td></td></tr>
<tr><td colspan="3">设计 7d 无侧限抗压强度</td><td colspan="2">MPa</td><td>试验工程师签字</td><td colspan="2"></td></tr>
<tr><td colspan="3">原材料及其审批报表编号</td><td>配合比（重量/体积）</td><td colspan="2">实用料(kg/m³)</td><td colspan="2">拟用工程名称及起讫桩号</td></tr>
<tr><td>1</td><td>土</td><td></td><td></td><td colspan="2"></td><td colspan="2" rowspan="3"></td></tr>
<tr><td>2</td><td>砾(碎)石</td><td></td><td></td><td colspan="2"></td></tr>
<tr><td>3</td><td>水泥</td><td></td><td></td><td colspan="2"></td></tr>
<tr><td>4</td><td>石灰</td><td></td><td></td><td colspan="2"></td><td colspan="2">拟用层别</td></tr>
<tr><td>5</td><td>粉煤灰</td><td></td><td></td><td colspan="2"></td><td colspan="2" rowspan="2"></td></tr>
<tr><td>6</td><td>水</td><td></td><td></td><td colspan="2"></td></tr>
<tr><td colspan="2">试验项目</td><td>试验记录编号</td><td>试验方法</td><td>试验值</td><td>试模直径</td><td>修正系数</td><td>修正值</td></tr>
<tr><td rowspan="8">承包人试验值</td><td></td><td></td><td></td><td></td><td></td><td></td><td></td></tr>
<tr><td></td><td></td><td></td><td></td><td></td><td></td><td></td></tr>
<tr><td></td><td></td><td></td><td></td><td></td><td></td><td></td></tr>
<tr><td></td><td></td><td></td><td></td><td></td><td></td><td></td></tr>
<tr><td></td><td></td><td></td><td></td><td></td><td></td><td></td></tr>
<tr><td></td><td></td><td></td><td></td><td></td><td></td><td></td></tr>
<tr><td></td><td></td><td></td><td></td><td></td><td></td><td></td></tr>
<tr><td></td><td></td><td></td><td></td><td></td><td></td><td></td></tr>
<tr><td rowspan="8">核查试验值</td><td></td><td></td><td></td><td></td><td></td><td></td><td></td></tr>
<tr><td></td><td></td><td></td><td></td><td></td><td></td><td></td></tr>
<tr><td></td><td></td><td></td><td></td><td></td><td></td><td></td></tr>
<tr><td></td><td></td><td></td><td></td><td></td><td></td><td></td></tr>
<tr><td></td><td></td><td></td><td></td><td></td><td></td><td></td></tr>
<tr><td></td><td></td><td></td><td></td><td></td><td></td><td></td></tr>
<tr><td></td><td></td><td></td><td></td><td></td><td></td><td></td></tr>
<tr><td></td><td></td><td></td><td></td><td></td><td></td><td></td></tr>
<tr><td colspan="3">申报人意见：

签名：　年　月　日</td><td>驻地办
核查意
见及签名</td><td>意见：

签名：　年　月　日</td><td>中心试验室
审批意见
及签名</td><td colspan="2">意见：

签名：　年　月　日</td></tr>
<tr><td colspan="2">申报文号</td><td colspan="3"></td><td>批复文号</td><td colspan="2"></td></tr>
</table>

本表中涉及到的材料，其料源试验(仅对填土、砂砾或其他大宗地材)或进场检验(对胶结材料)结果必须合格，否则施工单位不得申报本表，监理单位也不得批准本表。

(5)“砂浆、混凝土配合比审批报表”(表 3-6-9)主要用于结构物混凝土材料掺配比例施工标准的审批。

施工、监理单位的试验室应分别完成表格要求的工作内容，并填报本表，按规定权限审批。

本表应作为施工、监理单位控制结构物混凝土材料掺配比例的依据，并进入施工技术档案。

本表中涉及的材料，其进场检验结果必须合格，否则施工单位不得申报本表，监理单位也不得批准本表。

(6)“粗、中、细砂粒式沥青混凝土配合比审批报表”(表 3-6-10)主要用于沥青路面材料掺配比例、压实等施工标准的审批。

施工、监理单位的试验室应分别完成表格要求的工作内容，并填报本表，按规定权限审批。

本表应作为施工、监理单位控制沥青路面材料掺配比例、压实的依据，并进入施工技术档案。

本表中涉及的材料，其进场检验结果必须合格，否则施工单位不得申报本表，监理单位也不得批准本表。

上述各表中涉及的相关试验记录表格的格式，不同项目可采用统一格式，也可采用施工或监理单位各自的表格。对于不能包括在上述表格中的特殊情况(例如，填石路基压实标准的审批)，可制定相应审批表格。

(四)试验管理用表的填写

(1)原材料料源审批报表

用途栏：分别填写该材料的初拟用途。同一材料可有不同用途。

试验项目栏：“技术规范”要求对该材料进行的所有试验项目或试验参数。

用途及“技术规范”要求值栏：针对不同用途，“技术规范”规定的该试验项目(试验参数)的合格界限值。

试验方法栏：该试验项目所采用的相关试验规程中的试验方法，如 T 0604—2000[表示《公路工程沥青及沥青混合料试验规程》(JTJ 052—2000)中的“沥青针入度试验”]。

试验结果栏：该试验项目的实际试验结果。

试验记录编号栏：该试验项目对应的试验记录表的编号。

附件栏：记载随本表一起上报的材料出厂证明、试验记录等资料清单。

申报人栏：由申报单位材料负责人签名。

审批意见及签名：由代表处中心试验室或驻地办填写意见并签名。

(2)原材料审批报表

核查试验值栏由监理单位试验室填写。其他基本同上。

(3)标准击实审批报表

用途栏应注明拟用的路段起讫桩号和层位。其他基本同上。

(4)无机结合料稳定土，砂浆、混凝土，沥青混合料配合比审批报表基本同上。

(五)试验管理程序及流程

试验管理程序及流程分别见表 3-6-11、图 3-6-12。

砂浆、混凝土配合比审批报表

表 3-6-9

<table>
<tr><td colspan="2">申报单位</td><td colspan="2"></td><td>合同段</td><td></td><td>编号</td><td></td></tr>
<tr><td colspan="2">设计强度</td><td>MPa</td><td>试配强度</td><td>MPa</td><td colspan="2">试验工程师签字</td><td></td></tr>
<tr><td colspan="3">原材料及其审批报表编号</td><td>配合比（重量）</td><td colspan="2">实用料（kg/m^3）</td><td colspan="2">拟用工程名称及桩号</td></tr>
<tr><td>1</td><td>水</td><td></td><td></td><td colspan="2"></td><td colspan="2" rowspan="3"></td></tr>
<tr><td>2</td><td>水泥</td><td></td><td></td><td colspan="2"></td></tr>
<tr><td>3</td><td>砂</td><td></td><td></td><td colspan="2"></td></tr>
<tr><td>4</td><td>砾（碎）石 1</td><td></td><td></td><td colspan="2"></td><td colspan="2">拟用部位</td></tr>
<tr><td>5</td><td>砾（碎）石 2</td><td></td><td></td><td colspan="2"></td><td colspan="2" rowspan="2"></td></tr>
<tr><td>6</td><td>外加剂</td><td></td><td></td><td colspan="2"></td></tr>
<tr><td colspan="2">试验项目</td><td>试验记录编号</td><td>试验方法</td><td>试验值</td><td>试模尺寸（cm^3）</td><td>修正系数</td><td>修正值</td></tr>
<tr><td rowspan="7">承包人试验值</td><td></td><td></td><td></td><td></td><td></td><td></td><td></td></tr>
<tr><td></td><td></td><td></td><td></td><td></td><td></td><td></td></tr>
<tr><td></td><td></td><td></td><td></td><td></td><td></td><td></td></tr>
<tr><td></td><td></td><td></td><td></td><td></td><td></td><td></td></tr>
<tr><td></td><td></td><td></td><td></td><td></td><td></td><td></td></tr>
<tr><td></td><td></td><td></td><td></td><td></td><td></td><td></td></tr>
<tr><td></td><td></td><td></td><td></td><td></td><td></td><td></td></tr>
<tr><td rowspan="8">核查试验值</td><td></td><td></td><td></td><td></td><td></td><td></td><td></td></tr>
<tr><td></td><td></td><td></td><td></td><td></td><td></td><td></td></tr>
<tr><td></td><td></td><td></td><td></td><td></td><td></td><td></td></tr>
<tr><td></td><td></td><td></td><td></td><td></td><td></td><td></td></tr>
<tr><td></td><td></td><td></td><td></td><td></td><td></td><td></td></tr>
<tr><td></td><td></td><td></td><td></td><td></td><td></td><td></td></tr>
<tr><td></td><td></td><td></td><td></td><td></td><td></td><td></td></tr>
<tr><td></td><td></td><td></td><td></td><td></td><td></td><td></td></tr>
<tr><td colspan="3">申报人意见：

签名：　　年　月　日</td><td>驻地办核查意见及签名</td><td>意见：

签名：　　年　月　日</td><td>中心试验室审批意见及签名</td><td colspan="2">意见：

签名：　　年　月　日</td></tr>
<tr><td colspan="2">申报文号</td><td colspan="3"></td><td>批复文号</td><td colspan="2"></td></tr>
</table>

粗、中、细、砂粒式沥青混凝土配合比审批报表

表 3-6-10

申报单位					合同段		编号		
拟铺筑路段					拟用层别		试验工程师签字		
材料及配比	材料	沥青	碎石 1(cm)	碎石 2(cm)	碎石 3(cm)	石屑	砂	矿粉	外加剂
	规格								
	审批报表编号								
	质量百分率(%)								
技术指标及要求值	技术指标	混合料级配	沥青含量(%)	稳定度(kN)	流值(1/100)	残留稳定度(kN)	空隙率(%)	饱和度(%)	密度(g/cm³)
	要求值	见“技术规范”							
承包人试验值	试验结果								
	试验方法								
	试验记录编号								
核查试验值	试验结果								
	试验记录编号								
申报人意见： 签名： 年 月 日		中心试验室核查意见及签名	意见： 签名： 年 月 日			代表处批复意见及签名	意见： 签名： 年 月 日		
申报文号						批复文号			

试验管理程序表　　表 3-6-11

<table>
<tr><th colspan="2">试验类别</th><th>试验方式</th><th>报送资料</th><th>报送人</th><th>送达人</th><th>送达份数</th><th>审批人</th><th>报批时限</th><th>注意事项</th></tr>
<tr><td rowspan="3">I
原材料料源试验</td><td>I.1 水、土、砂、石、石灰、粉煤灰、石屑、砖等地材</td><td rowspan="3">材料进场前，由承包人取得试验资料或产品质量技术资料</td><td rowspan="3">I.a 原材料料源审批报表
I.b 自检试验原始记录或产品质量资料</td><td rowspan="2">承包人</td><td>驻地办试验工程师</td><td rowspan="3">I.a 2份
I.b 1份</td><td>高级驻地</td><td rowspan="3">材料或产品料源未获批准前，不得运抵工地</td><td rowspan="3">对料源的批准，并不意味着对运进工地的这种材料的使用许可</td></tr>
<tr><td>I.2 水泥、普通钢材及其他成品、半成品材料等</td><td>代表处中心试验室</td><td>总监代表</td></tr>
<tr><td>I.3 钢绞线、锚具、桥梁支座、伸缩缝、防水材料、混凝土添加剂、土工材料</td><td>代表处</td><td>总监办</td><td>总监</td></tr>
<tr><td rowspan="3">II
材料验收试验</td><td rowspan="3">按“技术规范”及总监办试验验收频率的有关规定，对进场的原材料进行试验验收</td><td>II.1 试验工程师利用承包人试验室进行验收</td><td rowspan="3">II.a 原材料审批报表
II.b 试验记录或
II.c 原材料质量统计表</td><td>试验工程师</td><td>驻地办</td><td rowspan="3">II.a 2份
II.b 1份</td><td>高级驻地</td><td rowspan="3">每批材料或产品使用前</td><td rowspan="3">在请求监理部门验收前，承包人必须先行予以检验；未经验收批准的材料，不得用于该工程；承包人应及时提请监理进行验收，否则，由此引起的时间延误或其他任何责任，由承包人自负</td></tr>
<tr><td>II.2 由代表处中心试验室验收</td><td rowspan="2">代表处中心试验室</td><td rowspan="2">总监代表处</td><td rowspan="2">总监代表</td></tr>
<tr><td>II.3 由代表处中心试验室检验，送总监办审查</td></tr>
<tr><td rowspan="3">III
标准试验</td><td>各类稳定土的标准击实试验
各类稳定土的7d无侧限抗压强度试验</td><td rowspan="3">在材料试验工程师在场的情况下，由承包人取得试验资料，经试验工程师签字，随申报公文和试样一起送总监代表处</td><td rowspan="3">III.a 标准试验审批表
III.b 试验记录表
III.c 试样或试件
III.d 申报公文
III.e 核查报告
III.f 批复公文</td><td rowspan="3">承包人；中心试验室；总监代表处</td><td rowspan="3">所有标准试验均由代表处中心试验室予以核查；中心试验室核查后，将核查报告送总监代表批准，批文送承包人</td><td rowspan="3">III.a 2份
III.b 1份
III.c 1份或1组
III.d 1份
III.e 1份
III.f 1份</td><td rowspan="3">总监代表</td><td>施工前14d</td><td rowspan="3">除M10(不含)以下砂浆、C20以下混凝土配合比送一组(三块)试件外，其余均送试样。混凝土试样不得少于三组所需，Marshell试验试样不少于六组(每组四件)所需</td></tr>
<tr><td>各强度等级砂浆、混凝土的配合比试验</td><td>施工前45d</td></tr>
<tr><td>沥青混凝土的配合比试验</td><td>施工前60d</td></tr>
</table>

续上表

试验类别		试验方式	报送资料	报送人	送达人	送达份数	审批人	报批时限	注意事项
IV 抽检试验	定期抽检	驻地材料工程师、代表处中心试验室，按规定对原材料、工程施工质量进行抽检	IV. a 检验报告 IV. b 试验记录	试验工程师；代表处中心试验室	驻地监理办；总监代表处；总监办	IV. a 1份 IV. b 1份	高级驻地总监代表	及时报送	抽检不合格的材料，必须由承包人自费清运出场。抽检不合格的工程，承包人必须按监理工程师的指令，自费采取必要的补救措施，直至返工
	不定期抽检	代表处中心试验室对原材料、工程施工质量随时进行抽检		代表处中心试验室				及时报送	
V 工程验收试验	按工程施工质量验收规范，对施工质量进行验收试验	由驻地办与代表处中心试验室参与验收试验	V. a 检验报告 V. b 试验记录 V. c 施工质量统计报表	代表处中心试验室	驻地监理办；总监代表处；总监办	V. a 1份 V. b 1份 V. c 1份	高级驻地总监代表	后续工程施工前	每一工序，每一单项工程完工后，承包人必须进行自检，自检合格后，及时提请监理部门验收，未经验收准许而进行后续工程施工时，必须返工
VI 仲裁试验	对原材料、工程施工质量，承包人与监理部门的试验结果有较大出入，且承包人有异议时，总监或其代表可要求仲裁试验	总监代表处中心试验室会同有关方面进行试验或委托CMA认证的试验检测机构进行仲裁性试验	VI. a 检验报告 VI. b 试验记录	总监办中心试验室	总监代表处；总监办	VI. a 1份 VI. b 1份	总监或其代表	及时报送	承包人、有关合同段的驻地监理、代表处及其试验室等的代表，应全过程审查仲裁试验的各环节，并对结果签字确认。试验由代表处中心试验室或外委完成，由总监或其授权代表作出裁决决定

流程图 1　原材料料源及原材料审批流程

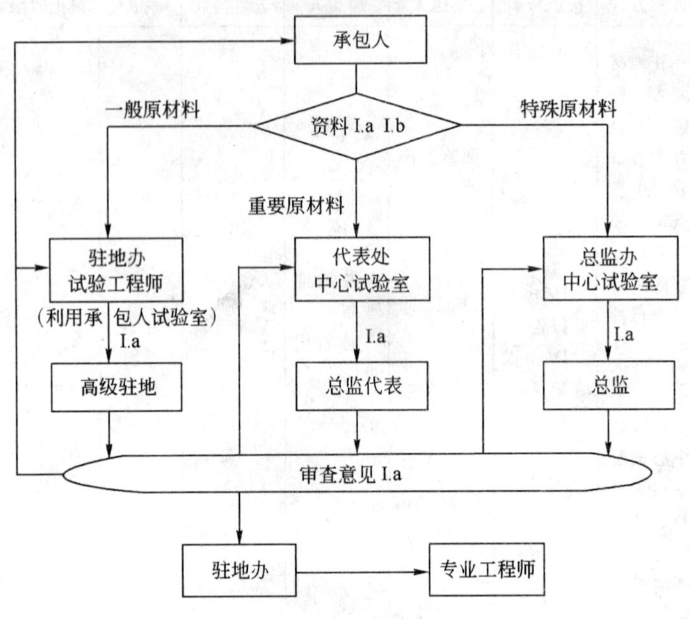

流程图 2　标准试验审批流程

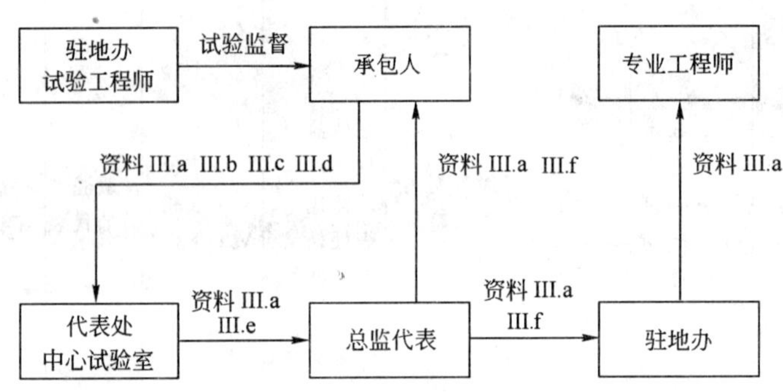

图 3-6-2　试验管理流程框图

六、现场监理主要试验、检测项目的实施及注意事项

(一)路基工程

1. 实体工程施工质量

路基工程的试验检测项目及相应技术要求见项目合同文件第二卷“技术规范”相关章节。

主要控制指标:压实度、(路床)弯沉。

影响压实度的主要因素:填筑材料性能、含水量、压实层厚、压实方式及压实功率。

压实度检测常用方法:环刀法、灌砂法(水袋法)、核子密度仪法。

环刀法:适合匀质细粒土,测试结果受取样深度影响。

灌砂法:适合各种填筑材料(大孔隙材料除外),结果较为其实;

核子仪法:适合各种较匀质材料,快速便捷,推荐用于施工控制,但用于验收时,应与环刀法或灌砂法进行标定。

影响(路床)弯沉的主要因素:填筑材料性能,压实度。

弯沉检测方法：贝克曼梁，自动弯沉仪，落锤式弯沉仪。

贝克曼梁法：普遍，简便易行。但贝克曼梁在阳光作用下的变形非常明显，因此，检测读数一定要快，加载车离开（弯沉盆）后的瞬间读数较为真实。最好给贝克曼梁做一个布套子。

自动弯沉仪：较少采用。

落锤式弯沉仪：使用简便，建议使用。但由于落锤式弯沉仪的测试结果与贝克曼梁的测试结果的物理意义不同，故不能直接采用，而应与贝克曼梁进行比对后进行换算。另应注意，现行《道路设计规范》的设计弯沉指标，同贝克曼梁所测。

2. 原材料——土

试验目的：判定材料的适用性，工程性质。适用性试验指标：液、塑限，塑性指数，颗粒分析，有机质和易溶盐，CBR。

工程性质：含水率、标准击实等。

注意：

①必须对土的适用性进行试验评价，土的适用性标准在"技术规范"中给出。强风化岩石不得用作路基填料。

②标准击实的结果一定要客观、公正、合理。如发现土质变化，或填料确实难以压实（排除碾压机具因素）及压实度常有大于100%时，应重新确定最大干密度。

③土工合成材料：注意其抗拉、剪、撕、剥、顶穿强度及抗腐蚀性。

（二）路面基层、底基层、垫层

1. 实体工程施工质量

主要控制指标：压实度、强度、厚度、弯沉、平整度。

相应的技术要求：见"技术规范"相应章节。

压实度：除环刀法、灌砂法（水袋法）、核子仪法外，对无机结合料稳定材料，还可用钻芯法。用钻芯法时，应根据材料性状采用合适的密度测定方法（蜡封法、表干法等）。

强度：对无机结合料稳定材料，应在现场取样，并在室内进行试件成型及养生，测定施工强度。

厚度：常用挖坑探测或钻芯法。

弯沉：检测方法及注意事项同路床弯沉。

平整度：基层、底基层平整度常用3m直尺测量，有条件时也可用手推式连续平整度仪（短波）。

2. 工程材料

工程材料（混合料）的试验检测项目及相应技术要求见"技术规范"相关章节。

级配粒料：如天然砂砾、级配碎石、填隙碎石等。主要试验检测项目包括：级配、材料均匀性、固体体积率、集料压碎值、CBR等。

石灰、粉煤灰稳定土或稳定粒料：包括石灰土、二灰土、二灰碎石等。主要试验检测项目包括：配合比、石灰剂量、含水率、级配等。

水泥稳定粒料：包括水泥稳定碎石、稳定砂砾等。主要试验检测项目包括：配合比、级配、水泥剂量、含水率、强度等。

对无机结合料稳定材料基层、底基层，主要以其混合料的强度为控制指标。进行配合比设计时，必须适当提高室内配合比强度指标，确保施工强度。

3. 原材料

基层、底基层涉及的原材料包括:碎石、砂砾、土、水泥、石灰、粉煤灰等。对这些材料的基本要求见"技术规范"相关章节。

(三)沥青混凝土路面

包括:透层,黏层,封层,沥青(改性沥青)混凝土(下、中、上)面层、抗滑表层,沥青表处层等。

1. 实体工程施工质量

主要控制指标:压实度、平整度、弯沉、抗滑性能、厚度。相应的技术要求见"技术规范"相关章节。

(1)压实度:钻芯取样法。对不同类型的混合料,应采用不同的方法评定试件的密度,见《公路工程沥青及沥青混合料试验规程》(JTJ 052—2000)。注意,对同种混合料,蜡封法、表干法、水中称重法等给出的密度是有差异的。

(2)平整度:要求用连续式平整度仪测量。

连续平整度仪有:(1)手推自记式连续平整度仪(短波);(2)车载式连续平整度仪或颠簸累计仪(一般为中、长波);(3)8 轮仪。其中(1)、(2)两种仪器均可同时测定标准差(σ)和国际平整度指数(IRI,m/km),而(3)一般只能测定标准差。

注意:目前平整度评定中,同时采用标准差和国际平整度指数,以后会逐步过渡到用国际平整度指数评价平整度。因为物理概念不同,两者之间没有明确的对应关系,为方便使用,《公路工程质量检验评定标准》(JTG F80/1—2004)中给出了一个简单关系,必要时可引用。

(3)弯沉:弯沉检测及注意事项同路床。

(4)抗滑性能:保证雨天的行车安全,用摩擦系数和构造深度表示。

(5)摩擦系数:用摆式仪或横向力系数测试车(五轮仪)测试。

(6)构造深度(纹理深度):用砂铺法或激光纹理仪测试。

注意:摩擦系数与构造深度是不能互相取代的,应同时测定。另外,激光纹理仪测试速度高,测试结果直观,有条件时建议采用。

(7)厚度:用钻芯法或电磁测厚仪测定。

2. 工程材料

主要为沥青混合料,施工过程中试验室对混合料进行控制的主要项目包括:配合比设计,矿料级配及油石比,马歇尔稳定度、流值、密度、空隙率,浸水马歇尔稳定度,车辙等。

对改性沥青混合料,除上述常规试验检测项目外,应注意现行《公路改性沥青路面施工技术规范》(JTJ 036—98)中,对其高温稳定性、低温抗裂性和水稳性给出了具体规定。其中,高温稳定性仍以车辙试验的动稳定度表示,但动稳定度指标有大幅度提高;低温抗裂性以小梁弯曲试验的破坏应变表示;水稳性以浸水马歇尔稳定度和沥青混合料冻融劈裂试验的劈裂强度比表示。这些试验方法首次在《公路工程沥青及沥青混合料试验规程》(JTJ 052—2000)中出现。

3. 原材料

包括:碎石,砂,石屑,矿粉,沥青,沥青改性剂、添加剂等。"技术规范"相应章节对各种材料的试验项目和相应的技术指标有明确规定,兹不赘述。

(四)水泥混凝土路面

1. 工程实体施工质量

主要控制指标:弯拉强度、厚度、平整度、抗滑构造深度等。相应的技术要求见"技术规范"

相关章节。

(1)弯拉强度:室内制件、养生并进行强度测试;

(2)厚度:钻芯法;

(3)平整度:3m 直尺;

(4)抗滑构造深度:砂铺法或尺量。

2. 工程材料

施工过程中试验室进行控制的主要项目包括:混凝土配合比设计,集料级配,水泥用量,水灰比,坍落度,抗压及抗弯拉强度等。

3. 原材料

主要包括水泥、粗集料、细集料、外加剂等。其试验检测项目和相应技术指标,与桥梁及结构物同。

(五)桥梁与结构物

对桥梁与结构物,试验室应予以控制的主要项目包括:结构混凝土及其材料、钢材、构件和结构性能、特殊工程材料。

1. 结构混凝土及相应的材料质量

对结构混凝土及其材料的试验检测和技术要求,见"技术规范"相关章节,并应注意以下事项。

(1)关于混凝土强度的表述

现行的《公路钢筋混凝土及预应力混凝土桥涵设计规范》(JTG D62—2004)(简称"04 设计规范")及《公路工程质量检验评定标准》中,将混凝土强度以"强度等级"表示。但在《公路钢筋混凝土及预应力混凝土桥涵设计规范》(JTJ 023—85)(简称"85 设计规范")中,将混凝土强度以"标号"表示,两者的区别是:

①保证率不同:"标号"的保证率为 85%,"强度等级" 的保证率为 95%。

②评定标准不同:"标号"规定,一批混凝土试件(小于 10 组)强度的平均值大于等于设计值,且最低一组强度不小于设计值的 85%,即为合格;而"强度等级"规定一批混凝土试件(小于 10 组)强度的平均值大于等于设计值的 115%,且最低一组强度不小于设计值的 95%,才为合格。

③养生条件不同:"标号"规定"同条件养生","强度等级"规定"标准养生"。

对按"85 设计规范"设计的桥涵,如果按"04 设计规范"进行复算时,"强度等级"和"标号"及两者各项设计指标的关系,见"04 设计规范"复录 A 的有关规定。

(2)高强混凝土

高强混凝土系指 C50 及以上强度等级的混凝土。高强度混凝土的配制,除常规材料外,还应加入超细粉及特种外加剂,粗集料自身的强度也是重要的因素。

(3)水泥混凝土芯样强度的评定

根据对相关规范、标准的分析,混凝土芯样的强度评定方法为:

混凝土强度由一组三个混凝土试件的试压结果给出,即最大、最小试压结果与中值的偏差小于 15%时,取三个结果的平均值为该组试件的混凝土强度;有一个结果与中值的偏差大于 15%时,取中值为该组试件的混凝土强度;有两个结果与中值的偏差大于 15%时,该组试件作废。

混凝土芯样试件应为高径比为 1∶1 的圆柱形试件,两端应磨平或用水泥净浆修补平整。

当芯样直径为10cm时，圆柱体轴向抗压的芯样混凝土的强度，即为标准立方体单轴抗压强度；芯样直径为15cm时，芯样混凝土强度应乘以1.05的修正系数，修正为标准立方体抗压强度。不推荐高径比为2∶1的试样进行强度试验。具体试验可参考《钻芯法检测混凝土强度技术规程》(CECS 03∶88)。

(4)关于外加剂

外加剂的使用，改善了混凝土的工作性、稳定性、耐久性，增加了混凝土用途的多样性，使混凝土的应用范围越来越广。可以说，外加剂使混凝土的应用进入了一个新阶段。

然而，一般工程技术人员对外加剂性能不很了解，不清楚应如何控制外加剂质量，交通行业对外加剂质量尚未作强制性检验要求，这些因素导致了目前混凝土外加剂市场比较混乱，产品质量良莠不齐。导致的后果是，有的项目出现了一些影响混凝土质量的情况，例如：大面积混凝土逊强；混凝土强度波动较大；混凝土后期强度增长缓慢、不增长甚至负增长；混凝土色泽、表观质量差。

针对上述情况，首先试验人员应要清楚拟采用的外加剂的种类，以及该类外加剂的使用范围，在哪些工程部位可以使用，哪些是受限制或不能使用的。例如：含有氯盐配制的早强剂及早强减水剂就严禁用于预应力混凝土结构和相对湿度大于80%环境中使用的结构。在此基础上初步确定拟采用的外加剂，并对混凝土外加剂进行全面检验，进场前可对每种外加剂进行一次性能试验，同时每30t进行一次匀质性试验。

性能试验：在同等条件下，对加入和不加入特定外加剂的混凝土性能进行试验，通过对比，确定外加剂的性能是否满足《混凝土外加剂应用技术规范》(GB 50119—2003)要求。由于部分种类的外加剂与水泥的适应性较差，造成拌和的混凝土拌和物“假凝”、“泌水现象严重”、“坍落度损失过快和过大”等问题的出现，特别是现在常用的木质素磺酸盐和萘系减水剂和水泥的适应性较差，在性能试验时，应该特别注意使用的外加剂与水泥的适应性，在混凝土配合比设计前必须进行外加剂的适应性试验。

匀质性试验：确定特定外加剂的技术指标是否符合相关技术规范，如《混凝土外加剂应用技术规范》(GB 50119—2003)的要求。

2.钢材

对钢材的试验检测和技术要求，见“技术规范”相关章节。

3.构件和结构性能

必要时，对混凝土构件和结构应进行性能检验。检验工作应委托有资质的检测单位完成。

(1)桩基完整性：检测频率(占各桥桩基总根数的百分比)一般为，小应变法85%，超声波法15%，钻芯取样法3%～5%(每桥不少于2根)。目前，有些地区对高速公路中采取水下混凝土灌注的桩基要求100%用超声波检测。

重要建议：对嵌岩桩(支承桩)的桩底沉渣厚度，应采用钻芯法进行抽检。发现问题时，一方面应加大抽检频率，另一方面应妥善处理。

(2)试桩：足尺寸桩基承载力试验。对重要桥梁，应进行桩基承载力试验，验证设计。

(3)预制构件：必要时，应对预制大梁的顶板厚度等项目进行检测，亦应对每个预制厂的每种预制构件，抽检其承载力。

(4)结构荷载试验：检测频率一般为：每座桥梁、每种结构至少做1～2孔。对重要桥梁，也可按总孔数的10%～20%进行结构动静载试验。

4. 特殊工程材料

支座、伸缩缝、桥面防水材料等，应分别按“技术规范”有关章节的规定进行试验。

重要建议：（委托方可要求）检测单位进行桥梁荷载试验时，对被测试桥梁中结构相同的非测试孔，用与测试孔相同的试验荷载逐孔进行加载。加载时，以精密水准仪进行挠度监测，并将检测结果与测试孔的实测挠度进行比较。对挠度异常者，应通过检测查明原因。

（六）隧道工程

隧道工程中，常规试验室能予以控制的，主要是混凝土质量和支护衬砌中的普通钢材质量，这与桥梁与结构物中的内容相同。对隧道工程，应注意以下几个问题。

1. 喷射混凝土

喷射混凝土是隧道和边坡治理工程中使用的一种特殊混凝土。喷射混凝土除强度要求之外，最重要的是与岩石的黏结力。应采用适宜的外加剂，以满足不同用途对喷射混凝土性能的要求。外加剂是喷射混凝土配合比能否试配成功的关键（工地上目前较多采用劈裂法试验喷射混凝土与围岩的黏结力）。

喷射混凝土的强度试验，应注意混凝土制件方法不同于常规混凝土。具体要求见《锚杆喷射混凝土支护技术规范》(GB 50086—2001)有关内容。

2. 防水材料

隧道工程对防水性能要求很高，一方面是为保障隧道的耐久性，另一方面是为保证隧道的行车安全。

防水材料包括防水板材和止水带（塑料或橡胶材料）。防水板材应具柔韧性，有足够的强度和延伸率，耐老化，抗腐蚀，易黏结（或焊接）且便于大面积施工。止水带主要用于衬砌沉降缝或伸缩缝的止水。

目前，常用防水板材种类可按照材质分为硫化橡胶类、非硫化橡胶类、树脂类，这些板材又可按照生产方法不同分为均质片（压延法或挤压法生产）和复合片（以高分子材料复合而成，包括带织物加强层）两大类。因为每一类防水板材的试验项目及指标合格值不尽相同，在送检或检测防水板材时要注意所用材料属于哪一种类。具体可参考国标《高分子防水材料第一部分片材》(GB 18173.1—2000)。

对于当前隧道衬砌工程沉降缝或伸缩缝施工常用的橡胶止水带质量检验来说，作为试验检测人员首先要弄清楚橡胶止水带的种类，止水带按其用途可分为：B类—适用于变形缝用止水带；S类—适用于施工缝用止水带；J类—适用于有特殊老化要求的接缝止水带。

每类止水带的使用环境和部位不同，相应的试验项目和指标合格值也不同。具体可参考国标《高分子防水材料—第二部分—止水带》(GB 18173.2—2000)。

3. 地质预报

不良地质是隧道施工的大敌，因而，地质监测和预报，对长大隧道尤为重要。

对长大隧道，建议采用声波超前地质预报，将不良地质对施工的影响降低到最小程度。对埋深较大的隧道，建议对围岩进行收敛性和地应力监测，防止因岩层的膨胀性或岩爆对施工质量和施工安全造成威胁。

4. 断面开挖尺寸

包括毛洞的超、欠挖，喷射混凝土厚度，模筑混凝土（二衬）厚度，隧道建筑限界等。

上述各项均可用断面仪（限界仪）测定。其中喷射混凝土和二衬混凝土厚度常用钻孔法测定。为防止防水板材被破坏，二衬混凝土厚度可用“设计厚度减 5cm”进行检测评定。二衬混凝土厚也可用板厚测定仪或平面超声波仪进行无损测试。

毛洞的超、欠挖，隧道建筑限界等必须用断面仪检测，有条件时，喷射混凝土及模筑混凝土厚度也应用断面仪检测。

二衬混凝土后的空洞测试，应该用高频地质雷达检测。分别在拱顶及 1/4 拱圈处，沿隧道轴线方向连续测 3 条线。地质雷达亦可用于衬砌厚度的无损检测。

(七)浆砌工程

浆砌工程包括排水及防护工程。

试验室应予控制的项目主要是砂浆及片、块石质量。详见本章第七节有关内容。

第七节 路基工程质量控制细则与相关资料表格填写实例

一、概述

路基是公路工程最基础的组成部分，是道路结构中最重要的承力部位，路基通过路面承受着汽车传递的荷载，同时还承受着自然界和人为因素施加的各种影响，如地下水、降雨等不利因素都会对路基造成不同程度的危害。因此，路基必须具有足够的强度和可靠的稳定性。路基施工中的监理工作，应当从路基基础处理和材料的控制入手，紧紧围绕充分保证路基强度的主题，努力提高路基整体稳定性，尤其是水稳定性，搞好施工全过程的质量控制。

路基工程工作内容包括路基土石方工程、排水工程及路基防护工程。

二、施工前的准备

(一)测量控制

其内容包括原始导线点、水准点的复测及加密；路线中线及控制点的复测；路基横断面的复测与绘制；路基施工放样复核。这里仅对路基横断面的复测与绘制进行叙述。

(1)监理工程师应根据已复核的路线中线、控制点、增设中桩及路线中线起伏情况，与承包人一起现场确定需测量的路基横断面位置的中心桩号及横断方向，其横断方向应与路线中线垂直，曲线段落为法线方向。

(2)横断地面线测定应在原始地面线未被施工扰动以前进行，采用水准仪—皮(卷)尺法、横断面仪法、全站仪法或经纬仪视距法，其高程读数取位至厘米，测量宽度应在坡脚线或坡口线以外每侧至少 5m 以上。

(3)横断地面线应在现场点绘成图，并进行及时核对；采用测记法室内点绘时，必须进行现场核对，监理工程师应全过程旁站，对测定数据进行现场签认，并对测定工作进行检查验收。

(4)根据设计文件提供的标准横断面在横断地面线上“戴帽子”并计算各横断面填挖高度、填挖断面面积，报监理工程师审核，监理工程师进行独立抽检后对路基横断面予以认定，此断面将作为施工放样，施工控制及确定土石方工程数量的依据。

(5)根据监理工程师认定的路基横断面，利用路基土石方工程量计算表，计算路基土石方工程数量，并报监理工程师审核无误后上报业主批准。

(二)料源调查及试验

(1)路基工程开工前，在承包人料源调查的基础上，监理工程师应对料源进行现场考察，包括材料的外观质量、储量、生产能力、承包人开采方式、运输方式、运输路线等，若调查结果与图纸资料不符时，监理工程师应要求承包人提出解决方案并报监理工程师审批。

(2)选取各料场有代表性的试样进行试验。承包人的各项试验均应在试验监理工程师在场的情况下进行，并将试验结果报监理工程师。

(3)监理工程师应对用于路基工程的材料进行验证试验，合格后应对料源进行批复，同意用于本工程。但监理工程师的料源批复并不意味着原材料全部合格，承包人应对运到现场的不合格材料负责。

(4)监理工程师应对标准击实、配合比进行标准试验，对其结果进行复核对比，并肯定、否定或调整承包人标准试验的参数或指标，最终对标准试验结果进行批复。

(三)技术准备

(1)路基工程开工前，监理工程师应要求承包人对施工范围内的地质、水文、障碍物、文物古迹及各种管线等情况进行详细调查，并上报调查结果，监理工程师应对承包人调查结果进行复查认可。

(2)监理工程师应详细阅读并熟悉合同文件及有关标准、规程、规范，合同文件包括合同协议书及廉政、安全合同、中标通知书、投标书及投标附录、合同专用条款、合同通用条款、技术规范、图纸、标价的工程量清单、构成合同组成部分的其他文件，并制定详细的监理工作计划。

(3)监理工程师应组织有关人员对设计图纸进行认真复核，现场核对图纸中的差、错、漏并予以澄清或改正，对于重大差错及时上报。

(4)监理工程师应在每个单项工程开工前，要求承包人对现场施工人员进行详细认真的技术交底，使所有参建人员明白怎样做、达到怎样标准，并对现场监理人员进行技术交底。

(5)监理工程师应要求承包人在详细阅读合同文件的基础上，编制详细的施工组织设计、进度计划，资金使用计划，并报监理工程师审批。

(6)监理工程师应要求承包人在详细复核设计图纸及现场复测的基础上，绘制施工图，图幅应与竣工图要求一致，特别注意排水结构物的位置及高程、防护工程的尺寸、形状位置及基础高程，若与实际不符时应提出变更方案报监理工程师批准。

(7)单项工程开工通知签发见第二章相关内容。

(四)路基填筑试验路施工

路基填筑试验路成果是有效指导本工程路基填筑施工的科学依据，是保证施工质量的重要工作之一，因此，在路基大面积施工前，必须做好试验路施工及总结。对于高速公路、一级公路或采用新技术、新工艺、新材料进行路基填筑时，应采用不同的施工方案对每种类型的材料按不同的压实标准进行现场压实试验，即验证试验，从中选出路基施工的最佳方案以指导全线施工。

1.试验路的目的

验证室内标准击实结果，确定路基填筑适宜的松铺厚度，确定最佳的压实机械组合及相应的碾压遍数，验证施工组织是否合理等。

2.施工方案

内容包括施工计划、组织机构、工艺流程、摊铺整平压实工艺、不同的松铺厚度、不同的压实机械组合、测点的位置及频率、试验频率及测定方法，质保体系等，并报监理工程师审批。

3.试验段施工要求

(1)承包人与监理工程师现场确定试验段位置，并应满足地质条件、断面形式均具有代表性；施工前必须进行地表处理，并进行填前压实。路线长度必须符合规范要求。

(2)在平整压实经验收合格的下承层上准确放样，包括中桩、两侧边桩及测点位置，上料前采用网格控制法。摊铺宽度应比实际设计宽度每侧超出 30～50cm。

(3)试验路施工过程中监理工程师应全过程旁站，按批复的方案对其实施进行全过程的监督并对各种记录、成果予以认可。

(4)现场压实应随着碾压遍数的增加，压实度趋于稳定直至达到压实度要求为止。

(5)试验路施工时应记录压实设备的类型、组合方式；碾压遍数、工序；每层材料的松铺厚度、材料的含水率，最终对记录及成果进行汇总整理，形成试验路总结报告。

(6)试验路总结报告内容包括：施工过程中的控制的相应记录及成果（包括压实度与遍数曲线）；最终确定的最佳机械组合及碾压遍数；松铺厚度；各工序的施工工艺及室内标准击实试验的可靠性；存在的问题等。

(7)作为现场监理还应针对试验段的全过程监督，写出监理总结对其予以评价。

4. 监理工程师的批复

(1)施工单位的人员、机械、组织能力能否满足施工需要，能否进行大面积施工。

(2)施工控制参数：松铺系数；松铺厚度；碾压工艺（每区的碾压遍数、碾压速度、机械组合以及轮迹重合等）；

(3)批复的标准击实结果通过试验路能否用于施工；

(4)施工注意事项。

三、场地清理及填前碾压

(一)质量控制细则

(1)监理工程师应要求承包人在开工前现场调查的基础上，根据设计文件进行公路用地放样，对路基范围内的障碍物予以拆除，并将拆除后的坑穴及既有洞穴分层回填并压实，监理工程师应现场监督并做好有关记录。

(2)对于临近建筑物、设施的拆除承包人应上报拆除方案并报监理工程师批准，由于不当拆除引起的损害承包人应自费修复或赔偿。

(3)路基范围内场地清理结束后，应做好路基的临时排水工作，按边清理边填筑的原则，并经监理工程师验收合格后进行填前碾压，监理工程师应按不同桩号现场丈量清理宽度并做好记录，作为计量的依据。

(4)填前碾压前，应对清表后的地面进行大致整平，地面自然横坡或纵坡陡于 1∶5 时应将原地面挖成台阶，台阶顶为 2%～4%的内倾斜坡，台阶宽度应满足压实和摊铺设备操作的需要，且不得小于 1m，台阶高度不得小于 0.5m，经监理工程师验收合格后方可进行填前碾压。

(5)采用合理的压实机械进行压实，依据监理审批的原地表土样标准击实结果计算压实度，压实度应不小于 90%（二级以上公路），频率为每 2 000m^2 四个点。

(6)监理工程师对填前碾压验收合格后，承包人应重新对填方段落横断面进行复测，并将结果提交监理工程师核准，作为分层填筑时层数划分的依据，但不作为工程数量审定的依据。

(二)质量控制流程

场地清理及填前碾压质量控制流程图如图 3-7-1 所示。

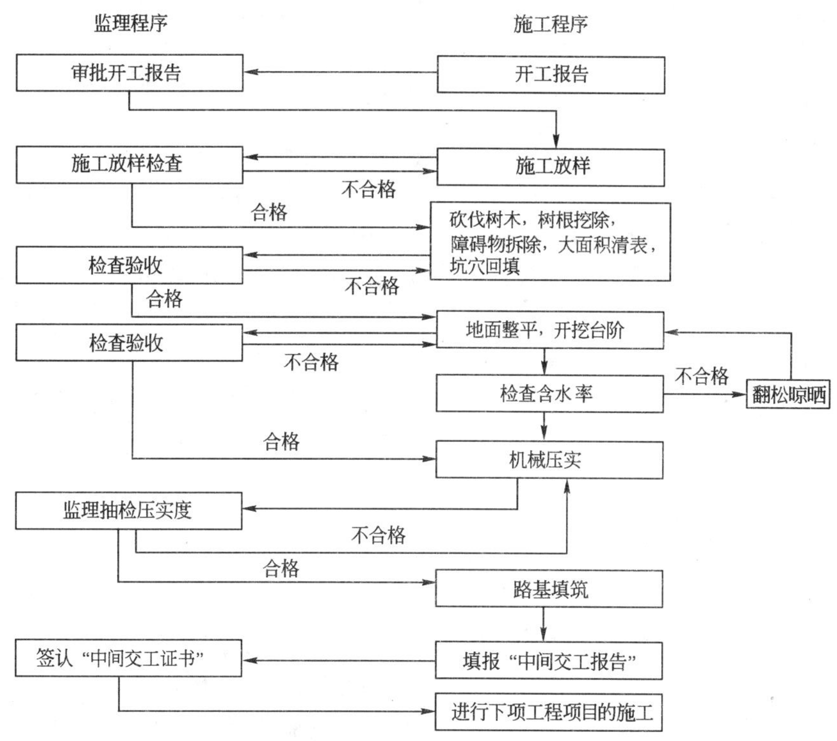

图 3-7-1　场地清理及填前碾压质量控制流程图

四、填方路基

(一)路堤填料技术要求

路堤填筑材料必须是经过严格试验，各项技术指标达到要求，且具有规定的强度能被压实到规定密实度，能形成稳定的结构层，并经监理工程师批准的适用材料。

(1)路堤填料不得使用淤泥、沼泽土、冻土、有机土、含草皮土、垃圾、树根和含有腐殖质物质的土。

(2)对于盐渍土、膨胀土及含水率超过规定的土，不得直接作为路堤填料，需在采取图纸要求的技术措施或其他可行的技术措施并经监理工程师批准后方可使用。

(3)液限大于 50%，塑性指数大于 26 的土必须采取满足设计要求的技术措施，经检验合格后方可使用。

(4)填石路堤中石块最大粒径应小于层厚的 2/3，路床顶面以下 50cm 厚度内不得采用石块填筑。

(二)路堤填筑临时排水

在多雨地区或多雨季节做好路堤施工过程中的临时排水工作显得尤为重要，监理工程师应要求承包人引起足够重视，确保施工场地处于良好的排水状态，并督促实施。

(1)坚持临时排水设施与永久性排水设施相结合的原则，并确保施工场地流水不排入农田、耕地或污染水源，也不引起淤泥、阻塞和冲刷。

(2)施工中应做到各施工层表面不积水，各施工层随时保持一定的泄水横坡或纵向排水通道。

(3)监理工程师应要求承包人上报临时排水方案及设施，批准后实施，由于排水不当引起的一切问题均应由承包人负责处理，费用自理。

(4)雨季施工或因故中断施工时，监理工程师应检查表面层是否整平并压实，否则监理工程师应要求承包人予以处理以避免受水浸泡。

(三)质量控制细则

依据批准的试验路成果进行路堤填筑施工，所用材料及机具应与试验路所用材料和机具相同，进场材料必须经监理工程师抽检合格后方可使用，每层填筑完成后承包人应认真自检，并将结果上报监理工程师，监理工程师检验合格后才能进行上一层填筑施工，上料前根据运输车的体积及松铺厚度计算摊铺面积并打出网格。每填筑一层监理工程师应要求承包人恢复中线，测量高程，计算设计宽度确保填筑宽度及中线满足要求，监理工程师应不少于三层独立抽检一次。压实度应每层抽检并及时评定。

1. 零填及挖方路基

挖方段及零填路床顶面以下 0～30cm 范围内应采用翻松、晾晒、分层等方法压实，确保压实度达到规定的要求。

2. 填土路堤

(1)填筑应采用水平分层法施工，即按照横断面全宽(包括护坡道)分层水平逐层填筑，对于低洼处应首先填筑，从最低处分层填至与附近原地面大致平齐后拉通填筑。

(2)填筑采用分段填筑，段落划分应以桥涵结构物或地形起伏变化较大处自然段开为宜。

(3)填料摊铺宽度每侧应超出路堤设计宽度 30cm 以上，确保边坡修整后路堤边坡有足够的压实度，严禁亏坡、贴补。

(4)不同土质填料应分层填筑，每种土质填料连续填筑层数必须在 3 层以上，优良土应填在上层，强度较小的土应填在下层。

(5)相邻施工段同高度同时施工时，应相互交叠衔接、搭接长度不小于 2m，非同高度或非同一时间施工，则应在先填筑段开挖台阶。

(6)在路堤范围内修建的临时便道不能作为路堤填筑的一部分，应予以拆除。翻越路基的上下坡道也应拆除，填筑时挖成内倾的坡度。

(7)采用透水性较好的材料填筑路堤，可不受含水率限制，透水性较小的土填筑路堤时，应使含水率均匀，并严格控制含水率在最佳含水率的±2%范围内。

3. 填石路堤

(1)填石路堤应分层填筑，分层压实，压实到所要求的紧密程度及分层厚度，严格控制摊铺厚度，机械组合根据试验路确定。

(2)填石路堤的紧密程度：在规定的深度范围内，以通过 20t 以上振动压路机进行压实试验，当压实层顶面石块稳定，不再下沉(无轮迹及沉降量为 0)为止。

(3)填石路堤应采用重型振动压路机压实，压实过程中应不断用小石块或石屑嵌缝，确保压实完成后路堤无空洞及表面平整。

(4)填石路堤在压实前，应用大型推土机摊铺平整，个别不平处，应用人工配合以细石屑找平。

(5)人工铺填石料时，应大面向下、摆放平整、紧密靠拢，所有缝隙填以小石块或石屑。

(6)填料岩性相差较大时，应将不同岩性的填料分层或分段填筑，严禁混填。

(7)高速公路及一级公路填石路堤路床顶面以下 60cm 范围内应填筑符合路床要求的填

料并分层压实。

(8)填石路堤边部应采用人工码砌，确保碾压过程中边部稳定。

4. 砂路堤

砂路堤适合于沙漠地区路基施工，其标准击实实验、压实标准、碾压工艺等不同于其他路基施工。砂路堤施工时必须有包边土，顶层要做灰土封层（详见《榆林至靖边高速公路沙区路基施工技术规程》）。

5. 路基填挖交界、V 形沟地段路堤填方

按填前碾压前开挖台阶的有关要求进行台阶开挖并压实，经监理工程师检验合格后，从低处往高处分层摊铺碾压，严禁将挖出的非适用材料用于填筑，并特别注意填、挖交界处衔接，必要时配以小型压实机械夯实，确保接缝密实无拼痕。

6. 结构物处的回填

(1)准备工作

①对于台背基坑内和两侧松土必须进行彻底的清理，挖至基坑底部和压实断面处。

②做好机械准备工作，要备有 18t 以上的光轮压路机进行台背回填压实，若在振动压路机台背处不能振动或压路机无法到达的地方时，应备有相应的手扶振动碾或打夯机。

③施工前要批复施工方案及施工工艺，要对每个结构物设专人管理，要求承包人及监理把责任落实到具体的人身上。

④所有台背回填前，要按分层的压实厚度，在台背的左、中、右分别用红漆做出标志，并由下向上编排序号，以利施工管理。

⑤按台背回填材料的要求，分别做好选料及标准击实，保证原材料的质量。结构物的强度达到设计强度 100%时方可回填。涵洞两侧的填土与压实和桥台桥背与锥坡的填土与压实应在梁板安装后对称并同时进行，按设计宽度一次填足，挡墙墙背回填应与挡墙砌筑衔接紧密，回填顶面不得与砌筑顶面形成较大高差。

⑥对于柱式、肋式桥台必须先完成台背及锥坡的填筑后，才能进行帽梁施工。

⑦对于“三背”回填有时因填筑面积狭小，压实机具难以到达，也可采用浆砌片石来回填，此费用由承包人自理。

(2)分层填筑

①施工方案批准后，可按“技术规范”的要求进行回填，回填时，结构物的强度要达到设计要求，要注意台(涵)背两侧对称回填，每层压实厚度不超过 15cm。填筑的范围必须满足设计图纸的要求。

②回填材料应选用透水性材料如砂砾、碎石、矿渣、碎石土、砾石土等，填料最大粒径不得超过 5cm。应处理好与路基已填筑部分的衔接。应将原填路基挖成台阶状，并检查压实度，达到要求后，方可填筑。

③回填压实度不小于 96%。

④施工过程中要认真填写施工压实记录，写明填土层数及挖验厚度。

⑤回填材料是灰土时，灰土必须异地集中机械拌和，运至现场分层摊铺。

(3)检查验收

①压实完成后，承包人每层必须至少检查 3 点，监理工程师按 30%的频率抽检，检测部位应与承包人交错进行，合格后方可进行下一层填筑。

②台背回填完成后，单独进行报验交工，合格后，方可计量。

7. 路基压实度的评定

(1)压实度的规定极值：压实度规定极值为标准值减 5%，单点测定值小于规定极值的点为不合格点，应局部返工。

(2)压实度合格点：评定路段测定值不小于标准值减 2%的测点为合格点。小于标准值 2%～5%的测点，在进行压实度评定时，应按其数量占评定路段总检查点的百分率扣分。

(3)路基压实度的评定：每一层每一验收段或施工作业段，压实度代表值 K 应满足下列要求：

$$K=\overline{K}-t_{\alpha}S/\sqrt{n}\geqslant K_0$$

式中：$\overline{K}$——检验评定段实测压实度的平均值；

t_{α}——t 分布表中随测点数和保证率而变的系数，高速、一级公路路基保证率为 99%，其他公路路基为 90%，$t_{\alpha}/\sqrt{n}$可查阅有关概率统计书；

S——实测值的均方差；

n——实测点数；

K_0——压实度的标准值；

路堤施工段落较短时，分层压实度要求点点符合要求，且实际样本数不少于 6 个。

(四)质量控制流程

填方路基质量控制流程图如图 3-7-2 所示。

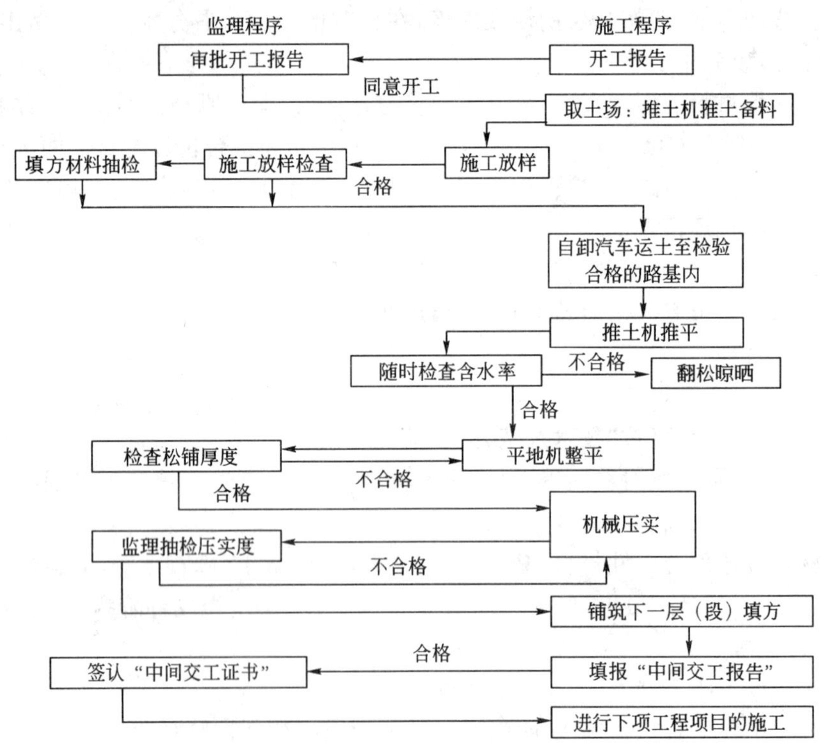

图 3-7-2　填方路基质量控制流程图

(五)监理工作要点

(1)路基填筑要抓七部、四度、三线、一处理。七部即：填挖结合部，标段(工区)结合部，台背墙体回填部，软基，沟槽零填部、路基上下便道部，新旧路基结合部，墙背路基结合部。四度即:虚铺厚度、平整度、压实度、纵横坡度。三线即:一条中线和两条边线。一处理是要注重原地面的处理。

(2)每月计量支付时,要对当月完成的路基高程进行测量后确定计量数量。路基施工中至少每填3层进行一次中线偏位和高程测量。

(3)要经常巡视工地,按试验段批复的结果对路基的施工进行全面的监督,力求路基施工标准化、规范化。

(4)每层施工前或施工过程中要对下承层进行检查,对于出现的病害如翻浆等及时处理,避免造成质量隐患。

(5)对路基填料上料的情况进行检查,及时清除不合格的填料。

(6)为了更好的控制填筑厚度以及便于管理,路基施工采用石灰网格布土法,网格的大小根据松铺厚度、车辆的容积进行详细计算确定。

(7)施工过程中要注意检查纵、横坡的调整,避免到达每区时的薄层贴补,同时正常施工时的横坡要比设计略大1%～2%,以利排水。

(8)严格按照检验评定标准的要求对路基各部及时进行检查验收。

五、挖方路基

(一)挖方路基临时排水

(1)挖方路段施工前应对全段进行全面认真检查,做好临时排水设施,并与永久性排水设施相结合,并视土质情况做好防渗工作。

(2)施工期间,监理工程师应要求承包人根据路堑断面形式、路线纵坡大小、路堑长度及施工方案等确定合理的排水方案,始终保证路基范围内排水畅通。

(3)临时排水方案需经监理工程师批准,实施后验收合格方可开工。

(二)质量控制细则

核查调整土石方调配方案及制订土石方开挖方案并经监理工程师批准;施工过程中不定期检查开挖边坡线,确保边坡位置准确,坡度符合要求。原则上坡口线应适当靠外,防止边坡陡于设计。

1.土方开挖

(1)在开挖过程中出现石方时,监理工程师应要求承包人将土方清理干净,与承包人现场确定并测定土石分界线,经监理工程师签认后,方可继续开挖,若出现零星孤石时,应事先现场测定石方数量,报经监理工程师批准后,方能继续施工。

(2)开挖应自上而下分层进行,不得超挖乱挖,严禁掏洞开挖。

(3)如遇土质发生变化,需改变原设计边坡坡度时应及时报批。

(4)边坡不应一次性挖至设计位置,应沿坡面预留30cm厚,每层完成后人工对边坡进行修整达到设计要求,经监理工程师检查验收合格后及时施作边坡防护方可进行下层开挖。

(5)开挖路堑不宜一次性挖至路床设计高程,应预留30～50cm,待挖方段其他工程全部结束后再挖至路床设计高程,对路床进行处理使之达到要求。

2.石方开挖

(1)石方开挖应根据岩石的类别、风化程度和节理发育程度、岩石走向等确定合理的开挖方式,并按监理工程师审批的施工方案进行施工并严禁超挖。

(2)对于软石和强风化岩石、能用机械直接开挖的均应采用机械或人工开挖，凡不能使用机械或人工直接开挖的石方，则应采用爆破法开挖，地质条件适合时优先选用光面爆破或预裂爆破。

(3)爆破形成的边坡松动岩石、悬石、残渣应及时清除。

(4)爆破作业必须由经过专业培训并取得相应资质证书的人员按有关操作规程操作，并做好有关爆破器材运输、存储、使用管理工作。

(5)石方路堑的路床顶面高程应符合设计要求，高出部分应辅以人工凿平，超挖部分应按监理工程师批准的材料回填并碾压密实稳固。

(三)质量控制流程

挖方路基质量控制流程图如图 3-7-3 所示。

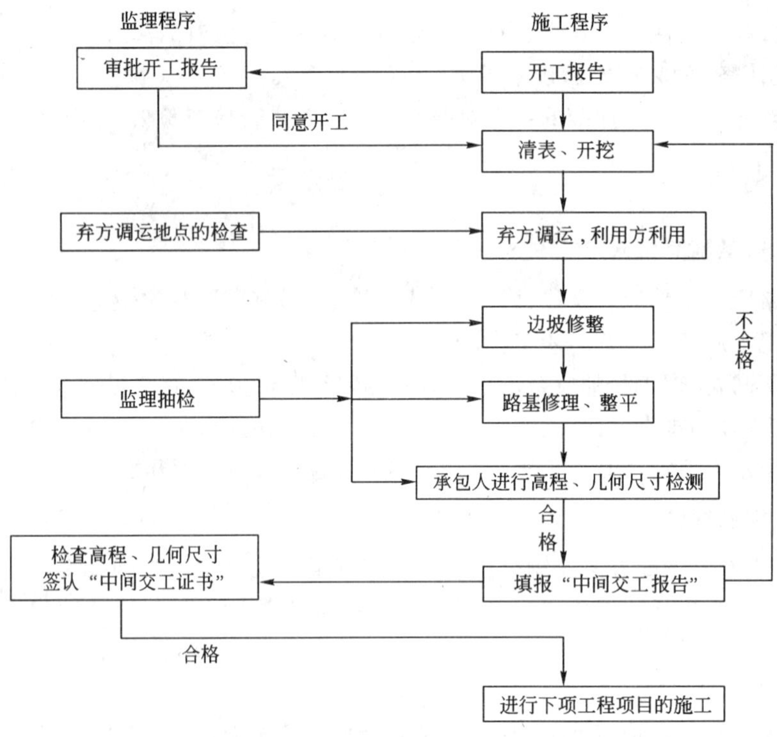

图 3-7-3　挖方路基质量控制流程图

(四)监理工作要点

(1)开挖前做好路基挖方区临时排水工程，防止水向挖方区漫流。

(2)放出坡口开挖线，原则上可适当向外，以便开挖后的坡度不陡于设计坡度。

(3)开挖应分层进行，不应一次性挖至设计边坡位置，每层开挖完成后应对边坡进行修整，并对中线偏位及高程进行测量，确保位置准确、坡度满足要求。

(4)设计为多级边坡时，每开挖一级应严格按检验评定标准的要求进行检查验收，满足要求后对边坡及时施作防护工程，完成后方可进行下一级开挖。

(5)施工过程中做好挖方区域的排水工作，防止受水浸泡。

(6)开挖不应一次性挖至路床设计高程，应预留 30cm 以上，待挖方区其他工程完工后再挖至设计高程并对路床进行处理。

(7)路床超挖部分应按监理工程师批准的材料回填并碾压密实稳固。

(8)严格按检验评定标准的要求对挖方各部及时进行检查验收。

六、特殊路基

(一)施工准备及临时排水

(1)在特殊路基处理施工前,监理工程师应要求承包人编制详细的施工方案,方案应包括一切材料的说明、试验报告和机械设备情况及施工工艺、技术措施、达到的质量标准等内容,并报监理工程师审批。

(2)在施工前,监理工程师应要求承包人将拟用的所有材料的样品附以产品的说明、出厂合格证、出厂检验报告及自检报告上报监理工程师,监理工程师抽样检验合格后方可使用,所用材料应妥善保管,严禁材料被污染或混合堆放,过期产品严禁使用。

(3)不同类型的地基处理开工前应先铺筑试验路或进行成桩试验,监理工程师应全过程监控,并要求上报成果总结,审批后方可进行规模施工。

(4)施工前应做好临时排水工作,确保路基范围内不积水,若施工受地下水影响时,应采用开挖沟槽的方法将水引出,从而降低地下水位,使基底保持干燥。

(5)路基填筑时应做好必要的沉降和稳定观测,沉降观测的目的是为了调整填土速率、预测沉降趋势、确定预压卸载时间和结构物及路面施工时间并为施工期间沉降土方量的计量提供依据,稳定(位移)观测的目的是控制水平位移及地面隆起情况确保路堤施工的安全和稳定,施工中严格控制加载速度,每填一层应进行一次观测。并要求承包人在每次观测后及时整理、汇总测量结果并报监理工程师,监理工程师也应做好抽检工作。路堤填筑完成后,应留有足够的沉降期,设计无要求时,一般不少于 6 个月,路面铺筑前必须使路基沉降基本趋于稳定,地基固结度能满足设计要求,设计无要求时应达到 90%以上。

(二)质量控制细则

在软土地基上填筑路堤应考虑路堤的稳定性和路堤的沉降,因此应进行稳定性验算与沉降计算,确保路堤稳定。软土地基应根据软土的物理力学性质、埋层深度、路堤高度、材料条件、公路等级等因素分别采用挖除换填、抛石挤淤、预压或超载预压、反压护道、设置垫层、袋装砂井、塑料排水板、碎石桩、砂桩、铺设土工织物等措施或几种方法相结合予以处理,同时应进行路堤沉降位移观测。

施工前应确定观测桩的埋设位置,基准桩采用混凝土桩埋设在路基外稳固的地方以方便观测为原则,沉降板采用钢套管、钢板、钢杆按设计的断面埋设在路基中线、路肩两侧边缘线处,位移桩采用混凝土埋设在路堤两侧趾部及距趾部 5m 处。监理工程师应对承包人按批准的施工方案确定的位移和沉降观测点进行检查复测,并做好相关成果记录,以此作为观测的基准。在施工过程中按设计或规范要求的填筑速率和观测频率进行填筑和观测。填筑完成后监理工程师应进行全面检查验收,确定是否可进入沉降期,沉降期应重新对观测点进行布设,并增加观测点的数量,继续做好观测工作。对于产生沉降引起的预压高度不足的问题应要求承包人及时补足,直至满足预压期及沉降的要求,在此过程中监理工程师应要求承包人将监测原始记录、沉降记录汇总表、沉降曲线图等资料及预压期分析报告上报并得到批准。

1. 挖除换填

施工时严格控制挖除换填的宽度和深度,并彻底挖除软土;经监理工程师验收合格后用符合要求的粒径较大的透水性材料分层铺筑，逐层压实，使之达到规定的压实度；同时应采用目测表面无明显轮迹及沉降观测即压路机振动碾压最后两遍高程之差不大于 2mm，判定是否合格。

2. 抛石挤淤

施工时，当软土地层平坦时，从路堤中心成等腰三角形向前抛填，渐次向两侧对称抛填至全宽；当软土地层横坡陡于 1：10 时应自高侧向低侧抛填，并在低侧边部超填不小于 2m 宽。待石料露出，用小石块填塞垫平后用重型压路机碾压，如此循环，直至稳定。稳定判断可采用沉降观测即压路机振动碾压最后两遍高程差不大于 2mm，同时施工过程中监理工程师应做好抛填用料统计工作，作为计量支付的依据。

3. 设置垫层

施工前应对地基进行检验，彻底挖除软弱材料，并用合适材料填平夯实；用经监理工程师批准的材料或混合料分层填筑，确保均匀，含水量适中；施工过程中采取排水措施，不得受水浸泡。

4. 反压护道

按设计高度及宽度分层填筑；施工宜与路堤同时分层填筑，并达到要求的压实度；分开填筑时，必须在路堤达到临界高度前将反压护道填筑完成。

5. 预压或超载预压

填土高度应满足要求；预压过程中出现预压高程低于规定预压高程时应及时补填；分层填筑并压实；路堤顶面应设置一定的横坡使排水顺畅；加强位移及沉降观测。

6. 袋装砂井

砂应采用渗水率较高的中、粗砂且应干燥；检查深度不小于设计深度，顶部伸入砂砾垫层至少 30cm，并不得卧倒；砂袋应吊起垂直下井，不应发生扭结、断裂、缩颈、砂袋破损等现象；拔套管时不应带出和损坏砂袋；严格检查井距、井深、竖直度、砂井直径、灌砂量并做好记录。

7. 砂桩

监理工程师应要求承包人在批准的初步施工方案基础上在监理工程师指定位置，施作 5 根试验桩，试验桩完成后应通过标准贯入试验验证施工方法是否满足要求；每次灌砂高度应通过现场试验确定，确保密实；砂应采用渗水率较高的中、粗砂；严格检查桩径、桩距、桩长、竖直度及灌砂量并做好记录。

8. 碎石桩

监理工程师应要求承包人在批准的初步方案基础上在监理工程师指定的位置试作 5 根试验桩，对其中 3 根试验桩进行标准贯入试验，对其中 2 根桩进行荷载试验，以检验施工设备和方法是否满足要求；认真记录桩的贯入时间和深度、冲水量和水压、压入的碎石量和电流的变化等，以确定桩体在密实状态下的各项指标，并以此作为设置碎石桩的工艺控制；严格检查竖直度、桩距、桩长、桩径及灌入量并做好记录；碎石桩设置完成后，在顶部按有关要求铺设碎石或砂砾垫层。

9. 塑料排水板

排水板深度不小于设计深度，且顶部留出孔口长度不小于 50cm ，并全部伸入砂垫层，使其与砂垫层贯通；安装过程中应保证排水板不扭曲、折断破裂，滤套透水膜无破损、不被污染；保护套抽出时不将排水板带出；排水板采用滤水膜内平搭接的方法连接，搭接长度不小于 20cm；严格检查竖直度、板距、板长、灌入量并做好记录。

10. 铺设土工合成材料

铺设应在经验收合格的下承层上全断面铺设，且应拉直平顺，紧贴下承层，用插钉等措施予以固定，并将强度高的方向置于垂直于路堤轴线方向；连接时应保证一定的搭接宽度；施工时车辆及施工机械应沿路堤轴线方向行驶；填料应采用后倾法沿土工合成材料两侧边缘倾料，并将已铺设的土工合成材料张紧，再由两侧向中心平行于路堤中线对称填筑，施工面始终保持U形填筑。

(三)质量控制流程

1. 袋装砂井质量控制

其质量控制流程图如图3-7-4所示。

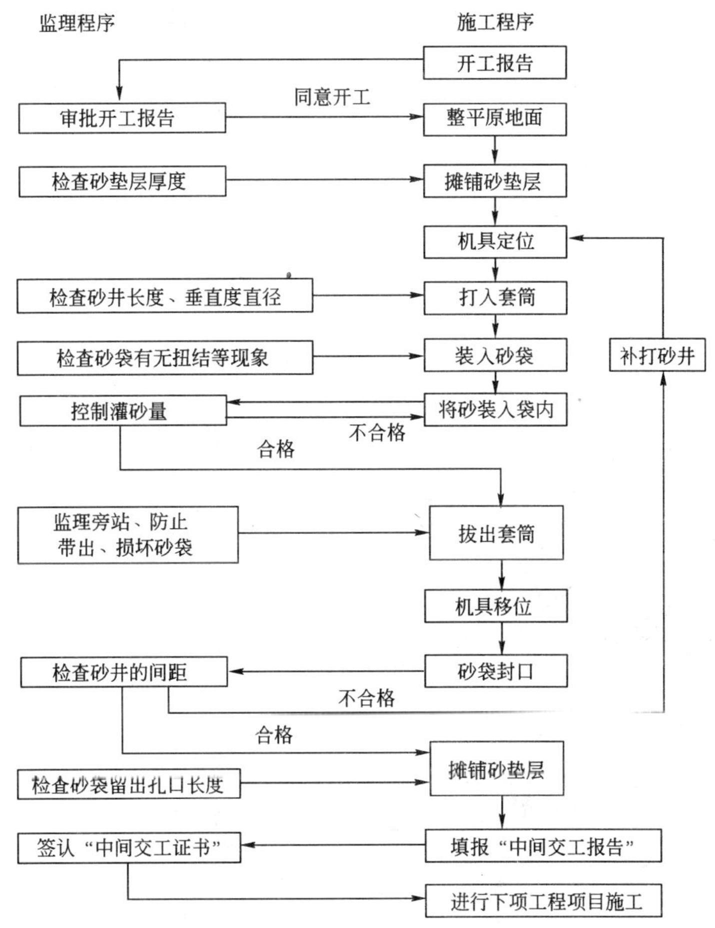

图3-7-4 袋装砂井质量控制流程图

2. 砂桩质量控制

其质量控制流程图如图3-7-5所示。

3. 碎石桩质量控制

其质量控制流程图如图3-7-6所示。

4. 塑料排水板质量控制

其质量控制流程图如图3-7-7所示。

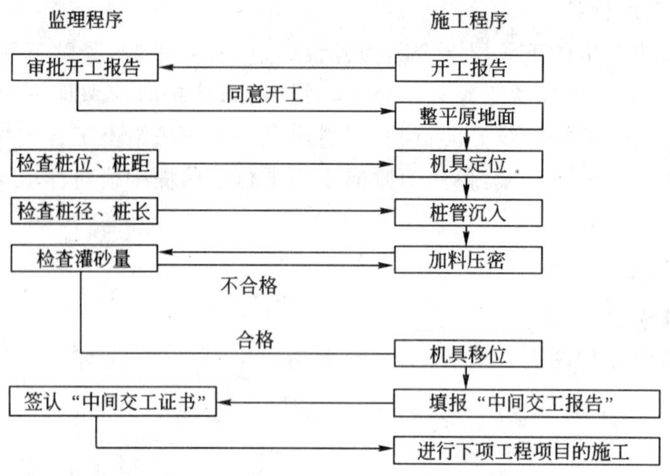

图 3-7-5　砂桩质量控制流程图

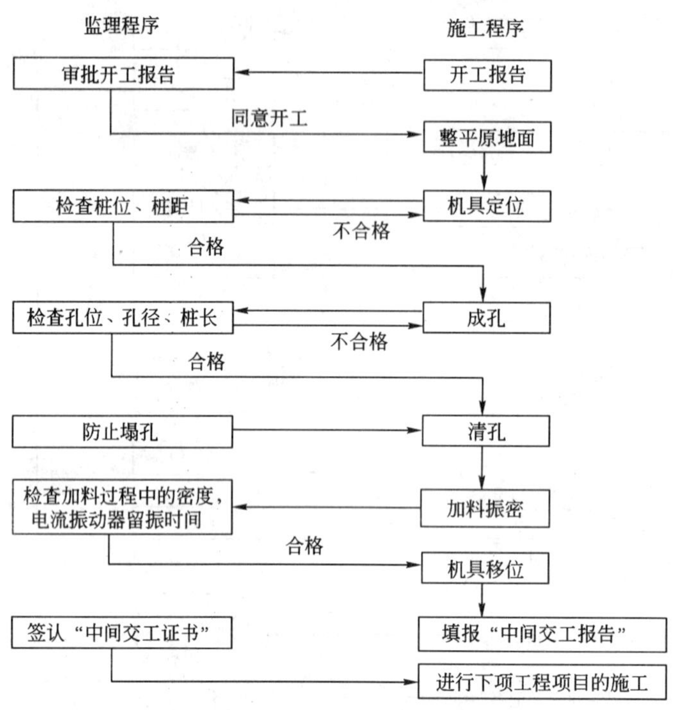

图 3-7-6　碎石桩质量控制流程图

(四)监理工作要点

(1)施工前依据设计图纸做好有关方案和工艺的审批工作。

(2)加强试验路或试验桩的施工过程控制，确保试验成果真实准确，可用于大面积施工。

(3)沉降板的埋设应在每一层填筑碾压完成后开挖接长，始终保持沉降管顶面低于压实面30cm以上，防止碰撞损坏，并注意沉降管周围的夯实。

(4)做好试验路试验桩沉降和稳定观测的各种记录，并形成成果分析报告。

(5)填料尽量选用粒径较大的透水性材料，并全宽填筑(包括护坡道)。

(6)严格按照检验评定标准的要求对已完工程进行检查验收。

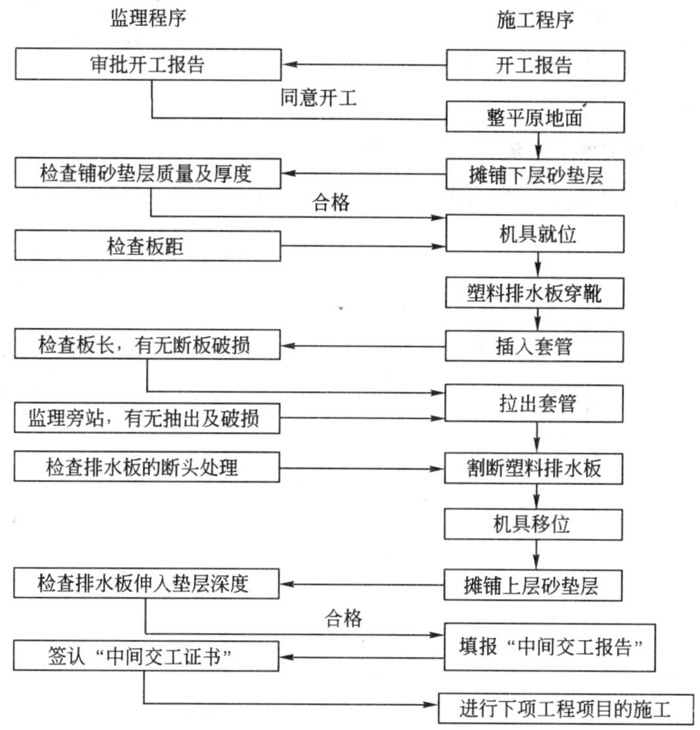

图 3-7-7　塑料排水板质量控制流程图

七、路基排水工程

施工前监理工程师应与承包人一起现场校核全线路基排水系统的设计是否完备和完善，必要时应予以补充或修改，使全线的沟渠、管道、桥涵组成完整的排水系统，并要求承包人绘制施工图，报监理工程师审批；施工中严格按施工图施工，确保砌缝饱满，线形圆滑顺直；每一施工段完成后，监理工程师可采用破口检查的方式对内在质量进行检查，并对已完段落验收。

（一）质量控制细则

1. 边沟、截水沟、排水沟、急流槽

(1)准确放样并开挖修整，经监理工程师验收后方可施工。

(2)浆砌工程应采用坐浆法施工，砌缝饱满，预制构件安装应错缝，且缝隙饱满，确保沟身不漏水。

(3)注意与结构物接合处的平顺衔接，便于水流进入及时排出。

(4)开挖和砌筑时应制作“样板”，以便校核与检查。

(5)加强勾缝质量，确保内实外美。清缝、湿润应彻底，勾缝线形美观，养护到位。

(6)沉降缝应整齐竖直、上下贯通，并用不透水弹性材料填充密实。

2. 盲沟及渗沟

(1)准确放样并开挖修整，经监理工程师验收后方可施工。

(2)开挖宜自下游向上游进行，做到“随挖，随支撑，随施工”。

(3)施工时应控制埋置深度，其深度应满足渗水材料的顶部（封闭层以下）不低于原有地下水位及底部应埋于最下面的不透水层上的要求，且出水口底高程应高出沟外最高水位 0.2m。

(4)用土工织物作反滤层时,应先在底部及两侧沟壁铺好就位,并预留顶部覆盖所需的长度,拉直平顺并紧贴,所有搭接应交替错开且高处压低处,搭接长度不小于30cm。

(二)质量控制流程

1.边沟、截水沟、排水沟、急流槽质量控制

其质量控制流程图如图3-7-8所示。

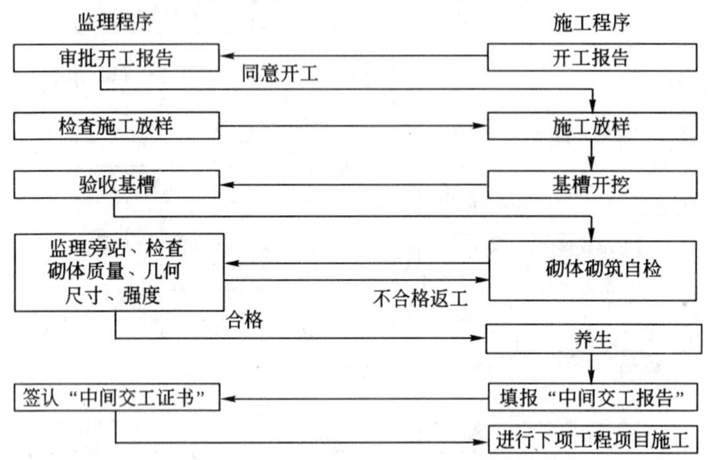

图3-7-8　边沟、排水沟、截水沟、急流槽质量控制流程图

2.盲沟、渗沟质量控制

其质量控制流程图3-7-9所示。

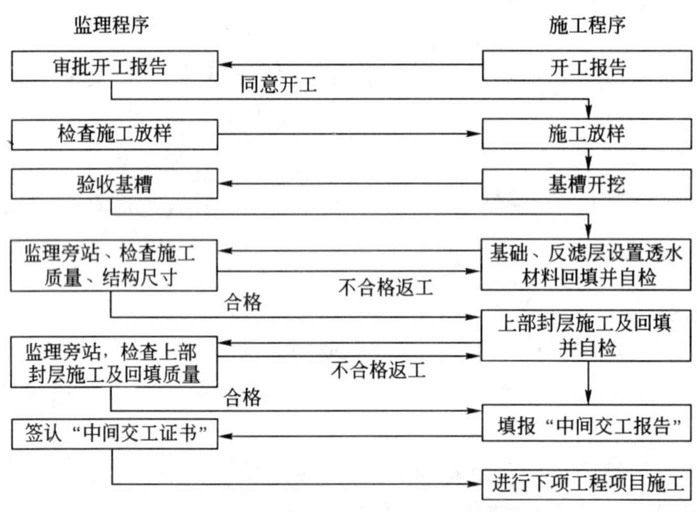

图3-7-9　盲沟、渗沟质量控制流程图

(三)监理工作要点

(1)施工前应依据设计图纸现场对已完结构物的流水高程进行测量核对,重新对流水面高程、纵坡等进行调整。对于未接通的完善整个排水系统并绘制施工图,以此为依据进行施工,确保排水畅通。

(2)加强对沉降缝的防渗水处理的检查。

(3)对于预制小构件应加大质量监督的力度。

(4)浆砌工程砌筑过程中应立杆挂线或采用样板，确保断面尺寸及线形。

(5)地下排水系统做好反滤层设置的检查。

(6)在保证内在质量及几何尺寸前提下加强对外观质量的控制，确保内实外美，线形流畅顺舒。

(7)严格按照检验评定标准的要求对已完工程进行检查验收。

八、坡面防护与加固

路基坡面防护与加固，是保证路基强度和稳定性的必要措施，应贯彻“以防为主、防治结合”的方针，根据当地条件，因地制宜采取经济合理，耐久适用的防护措施。施工前监理工程师应与承包人一起现场进行详细的核对，与实际不符时应及时补充调查，完善设计并绘制施工图；开工前应对承包人上报的施工方案审核批准。施工中当路基施工完成或告一段落时，应及时进行防护工程的施工，并做到坚实牢固，线形顺舒，表面平整，外表美观，沉降缝整齐垂直，上下贯通，泄水孔畅通。每一施工段落完成后应及时进行检查验收。

(一)质量控制细则

1.植物坡面防护

植物防护是指在边坡上以种草、铺草皮、植树等方法，以保证路基边坡不受雨水冲刷的一种防护措施，其主要施工方法有喷播、客土喷播和挂网客土喷播等，这些工艺适合于各种土质的边坡和各类挖方段的石质边坡。

(1)播种的草籽应选用适合当地气候条件易于生长的草种，播种时间以气候温度、湿度较大的季节(春季或雨季)为宜；播前草籽应进行发芽试验，满足有关要求；播种时应均匀撒布。

(2)进场草皮必须经监理工程师验收批准，草皮规格满足要求，从坡脚向上逐排错缝铺设，并用小木桩固定于边坡上。

(3)植树应选用在当地气候与土壤条件下能迅速生长，根系发达，枝叶茂盛的树种，采用带状成行交错或连续式植树。

(4)施工前对已修整的坡面进行检查，施工后应经常检查洒水养护情况，确保成活率。

2.砌石(锥护坡、护面墙、骨架、挡墙)防护

(1)砌筑前应准确放样，坡面应一次性整修完成，严禁边砌筑边修坡，施工时应立杆挂线或采用样板控制，并经常性复核，确保线形顺舒，砌体平整。

(2)砂砾垫层设置应符合有关要求，并与砌筑同步进行，随铺随砌并控制厚度均匀。

(3)砌筑之前需将基底或坡面整修至设计要求后平整夯实。

(4)砌体背面与坡面应密贴结合，砌体咬口紧密、错缝、砂浆饱满，不得有通缝、叠砌、贴砌和浮塞，勾缝应美观牢固。

(5)砌体应自下而上逐层分段砌筑，直至墙顶。沉降缝应上下垂直贯通，泄水孔反滤层设置应规范且及时施作回填。

(6)砌体顶四周与边坡间缝隙应封严，且尽量镶入，与周边平顺衔接。

(7)骨架砌体应严格按设计的形式、尺寸施工，砌体应镶入边坡，棱线顺直美观。

(8)挡土墙基础的埋置深度应满足要求。

(9)墙后回填与挡墙施工应同步，砌筑顶面与回填顶面高差不应超过1.5m，砂浆强度达到75%以上应用透水性材料及时回填。

3.预应力锚索边坡加固

(1)锚索施工前，应做抗拔力试验，检验锚固效果，监理工程师应会同承包人和设计人员现

场对已放样的施工范围地段进行详细检查，确定设计与实际是否相符，尤其是孔位布设及定向，并清理坡面危石，平整场地。

(2)根据设计孔位及定向进行钻孔，钻孔过程应安装吸尘装置，并随时检查倾角、孔深及倾斜度，确保钻孔质量合格。

(3)钢绞线编束前应在锚固自由段涂防锈剂并加护套，护套不得有破损，护套接头及端头应封闭严密；钢绞线编束应采用定位套予以固定，定位套中心留孔用以预埋注浆管，每隔1m设定位套，保证钢绞线之间有足够的空隙，注浆管与孔底距离不应大于50cm。

(4)锚索安装前应检查钻孔、清孔、编索情况，保证孔深与锚索长度一致并预留一定工作长度，经监理工程师验收合格后采用人工推进的方法将锚索及注浆管顺直送入孔底。

(5)浇筑混凝土锚固梁或墩，并使锚固面与钢绞线束垂直。

(6)注浆强度及锚固梁或墩混凝土强度达到设计要求后方可进行锚索张拉，其张拉力应符合有关规定。

(7)张拉完成后应进行二次注浆，直至有浓浆冒出，最后用混凝土封锚。

(二)质量控制流程

1.砌石防护质量控制

其质量控制流程图如图3-7-10所示。

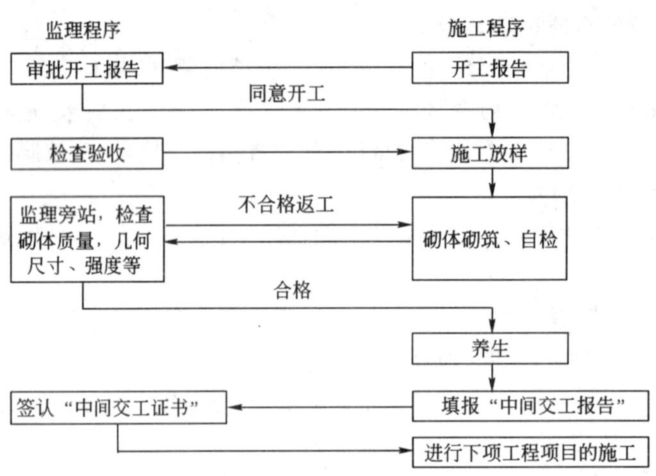

图3-7-10 砌石防护质量控制流程图

2.预应力锚索边坡加固质量控制

其质量控制流程图如图3-7-11所示。

(三)监理工作要点

(1)施工前应依据设计图纸现场进行核对以完善设计，并绘制施工图，以此为依据进行施工。

(2)加强对关键工序如基坑、反滤层、锚杆锚索孔位、孔深、注浆等工序的检查验收。

(3)对地基承载力有要求的基底应加强承载力检验，确保满足设计要求。

(4)浆砌工程应采用立杆挂线或样板分段逐层砌筑，不定期对线形、线位进行复核，沉降缝应上下垂直贯通。

(5)坡面防护与加固工程应在确保工程内在质量及几何尺寸的前提下，加强对外观质量的控制，确保内实外美、线形流畅顺舒。

(6)加强锚索编束、锚固段长度、注浆的质量控制。

(7)施工过程中加强工地巡查,做好过程控制。

(8)严格按照检验评定标准的要求对已完工程进行检查验收。

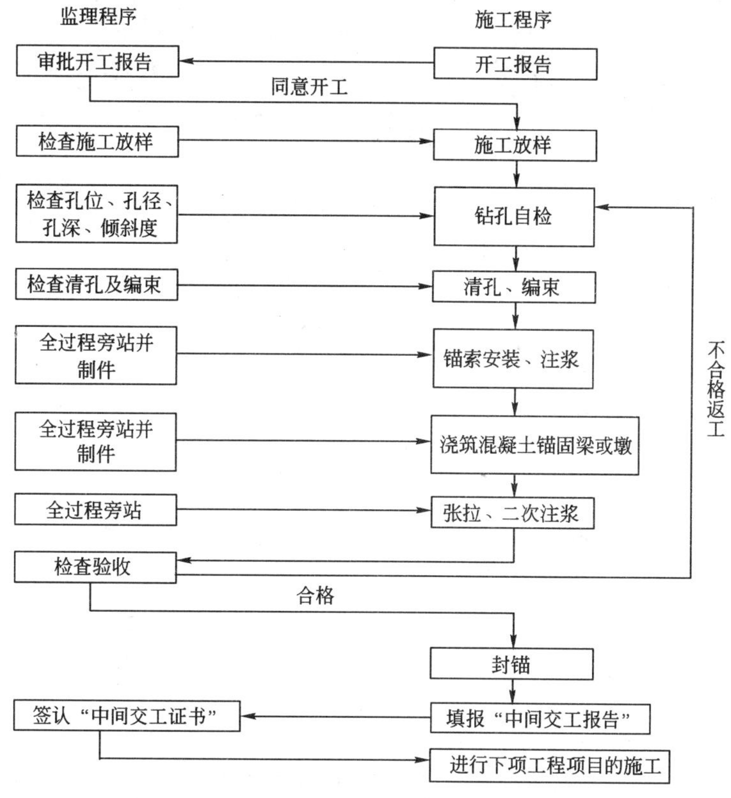

图 3-7-11　预应力锚索边坡加固质量控制流程图

九、相关资料表格填写实例

本部分主要归纳了路基工程监理抽检常用表格(见表 3-7-1 所列)共十九种(表 3-7-2～表 3-7-20),并列举了填写实例作为质量控制的检查用表,监理工程师可根据项目的实际情况选择使用。

路基工程监理抽检常用表格　目录　　表 3-7-1

表　号	表　名	备　注
路监 01	路基中线平面位置检查表	
路监 02	路基高程测量检查表	
路监 03	路基宽度检查表	
路监 04	路基填料虚铺厚度检查表	
路监 05	路基填筑沉降量检查表	
路监 06	路基平整度检查表	
路监 07	路基宽度、横坡、边坡坡度检查表	
路监 08	路基压实度汇总评定表	
路监 09	路基弯沉测定检查表	

续上表

表 号	表 名	备 注
路监 10	水沟检查表	
路监 11	盲沟检查表	
路监 12	小型预制构件检查表	
路监 13	锥护坡检查表	
路监 14	浆砌挡墙检查表	
路监 15	预应力锚索锚孔检查表	
路监 16	预应力锚索施工检查表	
路监 17	土工合成材料施工检查表	
路监 18	砂桩质量检查表	
路监 19	骨架护坡检查表	

路基中线平面位置检查表 表 3-7-2

第 页共 页 路监 01 表

合同段：××× 建设项目：××高速公路 施工单位：×××

工程名称：砂砾路堤 检测段落： 检查日期：××

桩 号	设计值(m)		实测值(m)		偏差值(mm)		允许偏差(mm)
	X	Y	X	Y	ΔX	ΔY	
K21+220	75 249.154	63 500.094	75 249.158	63 500.096	4	2	50
+270	75 237.059	63 451.579	75 237.068	63 451.583	9	4	50
+320	75 224.447	63 403.196	75 224.430	63 403.192	17	4	50
+370	75 211.320	63 354.950	75 211.300	63 354.940	20	10	50
+420	75 197.677	63 306.847	75 197.670	63 306.835	7	12	50
+470	75 183.521	63 258.893	75 183.501	63 258.876	20	17	50
示意图	K21+220 +270 +320 +370 +420 +470						

结论：

监理工程师签名：××× ××年×月×日

路基高程测量检查表

表 3-7-3

第　页共　页　　路监 02 表

合同段：×××　　建设项目：××高速公路　　施工单位：×××

工程名称：砂砾路堤　　检测段落：　　检查日期：××

桩　号	前视	后视	实测高程（m）	设计高程（m）	偏差（mm）	允许偏差（mm）
S033		4.221		465.542		+10，−15
K21+220	1.436		468.327	468.32	+7	+10，−15
+270	1.189		468.574	468.57	+4	+10，−15
+320	0.942		468.821	468.82	+1	+10，−15
+370	0.702		469.061	469.070	−9	+10，−15
+420	0.437		469.326	469.320	+6	+10，−15
+470	0.202		469.561	469.570	−9	+10，−15
ZD_1	1.551	1.321				
S034	3.059		466.474	466.472	$f_{闭}=2$	

闭合差计算：

$$f_{容许}=\pm 20\sqrt{L}=\pm 20\sqrt{0.25}=10\text{mm}$$

结论：

监理工程师签名：×××　　××年×月×日

注：此表用于路床检查验收。

路基宽度检查表

表 3-7-4

第　页共　页　　路监 03 表

合同段:×××　　建设项目:××高速公路　　施工单位:×××

层位:第三层　　检测段落:　　检查日期:××

桩号	位置（左或右幅）	宽度			允许偏差（cm）
		设计值(m)	实测值(m)	偏差(cm)	
K21+250	左	17.93	18.35	42	大于 30
	右	17.93	18.33	40	大于 30
+300	左	18.08	18.49	41	大于 30
	右	18.08	18.50	42	大于 30
+350	左	18.16	18.52	36	大于 30
	右	18.16	18.54	38	大于 30
+400	左	18.53	18.96	43	大于 30
	右	18.53	18.98	45	大于 30
+450	左	18.67	19.09	42	大于 30
	右	18.67	18.99	32	大于 30
结论： 监理工程师签名:×××　　××年×月×日					

注:此表适用于路基填筑过程中每层的宽度检查。

路基填料虚铺厚度检查表　　表 3-7-5

第　页共　页　　路监 04 表

合同段:×××　　建设项目:××高速公路　　施工单位:×××

层位:第三层　　检测段落:　　检查日期:××

桩　号	位置(左或右幅)	厚　度		
		要求虚铺厚度(cm)	实测值(cm)	偏差(mm)
K21+220	左 5m	小于 30	26	−40
+270	右 8m	小于 30	28.5	−15
+320	左 13m	小于 30	29.5	−5
+370	右 10m	小于 30	29	−10
	中	小于 30	28	−20
+420	左 6m	小于 30	28.5	−15
+470	右 12.5m	小于 30	27	−30
	中	小于 30	29.5	−5

结论:

监理工程师签名:×××　　××年×月×日

注:①左右××m 是指左右幅距中线××m 距离的点位;

②此表适用于路堤填筑过程中每层虚铺厚度的检查。

路基填筑沉降量检查表

表 3-7-6

第　页共　页　　　路监 05 表

合同段：×××　　建设项目：××高速公路　　施工单位：×××

工程名称：换填砂砾　　检测段落：　　检查日期：××

桩　号	位置(左或右幅)	碾压前读数(m)	碾压后读数(m)	沉降量(mm)
K21+220	左 10m	1.654	1.653	1
	右 8m	1.631	1.631	0
	中	1.644	1.642	2
+270	中	1.529	1.528	1
+320	右 12m	1.418	1.418	0
+370	左 14m	1.420	1.419	1
+420	中	1.308	1.306	2
	右 10m	1.119	1.117	2
+470	中	0.984	0.984	0
	左 6m	0.772	0.771	1
	右 8m	0.766	0.764	2

结论：

监理工程师签名：×××　　××年×月×日

注：①左右××m 是指左右幅距中线××m 距离的点位；

②沉降量需在要求值范围内，否则需继续碾压，直至沉降量符合要求为止。

路基平整度检查表

表 3-7-7

第　页共　页　　路监 06 表

合同段：×××　　建设项目：××高速公路　　施工单位：×××

检测段落：　　检查日期：××

桩　号	位置(左或右幅)	检测值(mm)			平均值(mm)	规定值(mm)
K21+220	右 8m	10	15	12	12	15
	左 5m	9	13	10	11	15
+270	右 10m	8	7	14	10	15
	左 10m	6	9	12	9	15
+320	左 4m	14	13	10	12	15
	右 9m	12	14	9	12	15
+370	左 6m	10	11	8	10	15
	右 8m	14	10	6	10	15
+420	左 10m	6	4	9	6	15
	右 7m	12	9	7	9	15
+470	左 11m	8	11	7	9	15
	右 4m	10	6	4	7	15

结论：

监理工程师签名：×××　　××年×月×日

注：左右××m 是指左右幅距中线××m 距离的点位。此表用于路床检查验收。

路基宽度、横坡、边坡坡度检查表

表 3-7-8

第　页共　页　　路监 07 表

合同段：×××　　建设项目：××高速公路　　施工单位：×××

检测段落：　　检查日期：××

桩　号	位置	宽度（允许偏差：不小于设计）			横坡%（允许偏差：±03%）			边坡坡度 1∶n（沉降缝不陡于设计）		
	（左或右幅）	设计值（m）	实测值（m）	误差（mm）	设计值（m）	实测值（m）	误差（mm）	设计值（m）	实测值（m）	误差（mm）
K21＋220	左	27.89	27.93	40	2	2.3	0.3	1.5	1.55	0.05
	右	27.89	27.95	60	2	2.1	0.1	1.5	1.58	0.08
＋270	左	27.89	27.91	20	2	1.8	−0.2	1.5	1.5	0
	右	27.89	27.94	50	2	2.1	0.1	1.5	1.6	0.10
＋320	左	27.89	27.90	10	2	2.2	0.2	1.5	1.55	0.05
	右	27.89	27.89	0	2	1.9	−0.1	1.5	1.53	0.03
＋370	左	27.89	27.93	40	2	1.8	−0.2	1.5	1.56	0.06
	右	27.89	27.92	30	2	2.1	0.1	1.5	1.54	0.04
＋420	左	27.89	27.94	50	2	2.2	0.2	1.5	1.51	0.01
	右	27.89	27.91	20	2	1.9	−0.1	1.5	1.53	0.03

结论：

监理工程师签名：×××　　××年×月×日

注：此表用于路床检查验收。

路基压实度汇总评定表

表 3-7-9

第　页共　页　　　　路监 08 表

合同段:×××　　建设项目:××高速公路　　施工单位:×××

压实度规定值:96%　　检测段落:　　评定层位:上路床

取样位置	压实度	取样位置	压实度
K21+210 左 9.0m	96.2		
+220 中	97.6		
+230 右 11.0m	97.2		
+245 左 7.0m	96.4		
+260 右 9.5m	97.2		
+270 左 6.0m	97.3		

评定:(1)压实度平均值 $\overline{K}=97\%$

(2)检测值的均方差 $S=0.553$

(3)压实度代表值 $K=\overline{K}-\mathrm{txS}/\sqrt{n}$

$=97\%-0.553\times0.603=96.7\%>96\%$

压实度评定合格

结论:

监理工程师签名:×××　　××年×月×日

路基弯沉测定检查表 表 3-7-10

第　页共　页　　　　路监 09 表

合同段：××× 建设项目：××高速公路 施工单位：×××

弯沉规定值：300(10^{-2}mm) 检测段落： 检测层位：上路床

检测车型：东风-153 轮胎压力：0.7MPa 后轴重：10kN

当天气温：20℃ 路表温度：19℃ 检测日期：××

桩号	位置（左或右幅、行车道或超车道）	百分表读数(10^{-2}mm)				弯沉值(10^{-2}mm)	
		左轮		右轮			
		初读数	终读数	初读数	终读数	左	右
K21+225	右行	3	90	8	96	174	176
+250	右超	10	106	20	99	192	158
+275	右行	4	89	18	89	170	142
+300	右超	6	103	7	87	194	160
+325	右行	7	102	11	89	190	156
+350	右超	15	105	10	101	180	182
+375	右行	12	104	6	95	184	178
+400	右超	19	113	9	104	188	190
+425	右行	9	104	21	113	190	184
+450	右超	14	111	17	111	194	188
+475	右行	8	93	23	118	170	190

弯沉评定：(1)弯沉平均值 $L=178.6$(mm)

(2)检测值的标准差 $\sigma=13.85$

(3)该路段弯沉代表值 $L = L+Z_a\sigma$

$=178.6+13.85\times2.0=206.3<300(10^{-2}\text{mm})$

弯沉评定合格

结论：

监理工程师签名：××× ××年×月×日

水 沟 检 查 表

表 3-7-11

第　页共　页　　路监 10 表

合同段:×××　　建设项目:××高速公路　　施工单位:×××

工程名称:浆砌水沟　　检测段落:　　检查日期:××

<table>
<tr><td>砂浆配合比</td><td colspan="4">1∶4.39∶0.79</td><td colspan="3">石料抗压强度
(MPa)</td><td>95</td><td>施工日期</td><td>××～××</td></tr>
<tr><td>检查项目</td><td colspan="2">规定值或
允许偏差</td><td colspan="6">检查结果</td><td colspan="2">备注或图示</td></tr>
<tr><td>砂浆强度
(MPa)</td><td colspan="2">在合格标准内
(7.5MPa)</td><td>8.1</td><td>8.9</td><td>9.3</td><td>9.2</td><td>9.7</td><td>9.6</td><td colspan="2" rowspan="9"> 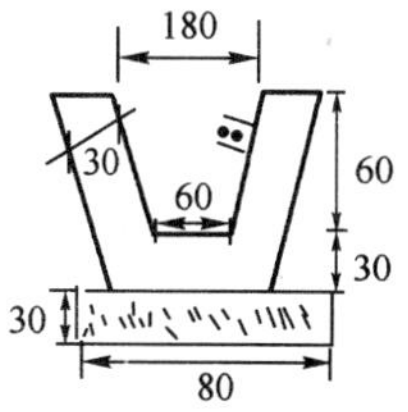(尺寸单位:cm)</td></tr>
<tr><td>沟底高程
(mm)</td><td colspan="2">±15</td><td>+220
+12</td><td>+270
−10</td><td>+320
+2</td><td>+370
+5</td><td>+420
−6</td><td></td></tr>
<tr><td>轴线偏位(mm)</td><td colspan="2">50</td><td>29</td><td>36</td><td>38</td><td>30</td><td>15</td><td></td></tr>
<tr><td rowspan="2">墙面直顺度(mm)
或坡度(1∶n)</td><td colspan="2">30</td><td>25</td><td>19</td><td></td><td></td><td></td><td></td></tr>
<tr><td colspan="2">不陡于设计
(n=1)</td><td>1.05</td><td>1.10</td><td></td><td></td><td></td><td></td></tr>
<tr><td>断面尺寸
(mm)</td><td colspan="2">±30</td><td>顶宽
1 810
(+21)</td><td>深
595
(−5)</td><td>顶宽
1 790
(−10)</td><td>深
611
(+11)</td><td>底宽
605
(+5)</td><td></td></tr>
<tr><td>铺砌厚度
(mm)</td><td colspan="2">不小于设计
(30cm)</td><td>31</td><td>33</td><td></td><td></td><td></td><td></td></tr>
<tr><td rowspan="2">基础垫层宽度
(cm)</td><td rowspan="2">不小于设计</td><td>宽 80
cm</td><td>83</td><td>81</td><td></td><td></td><td></td><td></td></tr>
<tr><td>厚 30
cm</td><td>31</td><td>34</td><td></td><td></td><td></td><td></td></tr>
<tr><td colspan="11">结论:

监理工程师签名:×××　　××年×月×日</td></tr>
</table>

注:表中沟底高程上一栏为测量点的桩号,断面尺寸上一栏为实测尺寸。

盲沟检查表

表 3-7-12

第　页共　页　　路监 11 表

合同段：×××　　建设项目：××高速公路　　施工单位：×××

工程名称：砾石盲沟　　检测段落：　　检查日期：××

反滤层材料	中粗砂		排水层材料			3～5cm 砾石		施工日期		××～××		
检查项目	规定值或允许偏差		检查结果									
沟底高程(%)	±15		+10	+8	0	0	+14	+11	−7	−10	+12	+7
断面尺寸 (cm)	不小于 设计	宽 60cm	61	63	60.5	60	62	66	64	63	61	62
		深 80cm	85	84	87	82	81	81	82	88	87	85
出水口排水情况			图　示									
水流通畅			封闭层 反滤层 80 排水层 60 (尺寸单位：cm)									
结论： 监理工程师签名：×××　　××年×月×日												

小型预制构件检查表

表 3-7-13

第　页共　页　　路监 12 表

合同段：×××　　建设项目：××高速公路　　施工单位：×××

部位：边沟　　工程名称：混凝土边沟盖板　　检测段落：

<table>
<tr><td colspan="3">施工日期</td><td colspan="3">××～××</td><td colspan="3">检查日期</td><td colspan="4">××</td></tr>
<tr><td>检查项目</td><td colspan="2">规定值或允许偏差</td><td colspan="10">检查结果</td></tr>
<tr><td>混凝土强度(MPa)</td><td colspan="2">在合格标准内(25MPa)</td><td>28.9</td><td>30.1</td><td>29.2</td><td></td><td></td><td></td><td></td><td></td><td></td><td></td></tr>
<tr><td rowspan="2">断面尺寸(mm)</td><td rowspan="2">±10</td><td>厚</td><td>20.6cm
(+6)</td><td>20.5cm
(+5)</td><td>19.7cm
(−3)</td><td>19.8cm
(−2)</td><td>20.4cm
(+4)</td><td>20cm
(0)</td><td>20.9cm
(+9)</td><td>19.6cm
(−4)</td><td>19.8cm
(−2)</td><td>19.7cm
(−3)</td></tr>
<tr><td>宽</td><td>100.1cm
(+1)</td><td>100.6cm
(+6)</td><td>98.3cm
(−7)</td><td>98.5cm
(−5)</td><td>100cm
(0)</td><td>100.5cm
(+5)</td><td>100.4cm
(+4)</td><td>100.1cm
(+1)</td><td>99.5cm
(−5)</td><td>99.6cm
(−4)</td></tr>
<tr><td>长度(mm)</td><td colspan="2">+5，−10</td><td>99.4cm
(−6)</td><td>99.3cm
(−7)</td><td>100.2cm
(+2)</td><td>100.1cm
(+1)</td><td>99.9cm
(−1)</td><td>100.2cm
(+2)</td><td>99.6cm
(−4)</td><td>99.8cm
(−2)</td><td>100.6cm
(+6)</td><td>100.4cm
(+4)</td></tr>
<tr><td colspan="5">外观质量描述</td><td colspan="8">图　示</td></tr>
<tr><td colspan="5">线条直顺，无翘曲，
个别混凝土板存在漏浆现象</td><td colspan="8">100
100　厚 20
(尺寸单位：cm)</td></tr>
<tr><td colspan="2">预制块数</td><td colspan="2">40</td><td colspan="2">抽检块数</td><td colspan="2">10</td><td colspan="3">抽样频率</td><td colspan="2">40%</td></tr>
<tr><td colspan="13">结论：

监理工程师签名：×××　　××年×月×日</td></tr>
</table>

注：表中上一栏为实测值。

锥护坡检查表

表 3-7-14

第　页共　页　　路监 13 表

合同段：×××　　建设项目：××高速公路　　施工单位：×××

工程名称：护坡　　检测段落：　　检查日期：××

砂浆配合比	1∶4.30∶0.82	石料抗压强度(MPa)			89		施工日期		××～××	
检查项目	规定值或允许偏差	检查结果								
砂浆强度(MPa)	在合格标准内(7.5MPa)	9.8	10.1	10.0	10.9	10.7	10.0			
顶面高程(mm)	±50	+42	+30	+1	−5	−23	+16	−9	+11	−11
表面平整度(mm)	30	23	19	4	17	12	6	3	14	17
坡度(1∶n)	不陡于设计(1.5)	1.55	1.53	1.57	1.51	1.5	1.52	1.57	1.55	1.53
厚度(mm)	不小于设计(30cm)	31.5cm(+15)	32cm(+20)	30.3cm(+3)	30.4cm(+4)	31.1cm(+11)	30.6cm(+6)	31.1cm(+11)	33cm(+33)	30.4cm(+4)
底面高程(mm)	±50	−36	−42	+16	−28	+9	+7	−11	−32	−19
备注或图示										

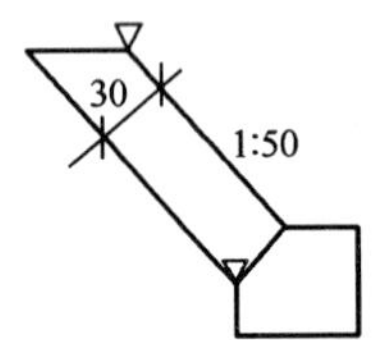

(尺寸单位：cm)

结论：

监理工程师签名：×××　　××年×月×日

注：表中上一栏为实测值。

浆砌挡墙检查表

表 3-7-15

第　页共　页　　路监 14 表

合同段：×××　　建设项目：××高速公路　　施工单位：×××

工程名称：浆砌片石挡墙　　检测段落：　　检查日期：××

砂浆配合比	1∶4.3∶0.8	石料抗压强度(MPa)		89		施工日期		××～××		
检查项目	规定值或允许偏差	检查结果								
砂浆强度(MPa)	在合格标准内(7.5MPa)	9.3	9.7	10.6	10.8	10.3	11.0			
顶面高程(mm)	±20	+19	+14	−2	−13	−16	+1	+16	+12	−8	−9
平面位置(mm)	50	19	36	42	33	8	10	15			
断面尺寸(mm)	不小于设计(140cm)	145cm(+50)	141cm(+10)	140cm(0)	143.2cm(+32)	141.1cm(+11)	142.3cm(+23)	141.9cm(+19)	141.3cm(+13)	142.5cm(+25)	143.6cm(+36)
底面高程(mm)	±50	−37	−20	−11	−8	+7	+11	+20	+43	+19	+8
表面平整度(mm)	30	17	22	10	5	7	2	3	1	14	10
泄水管设置情况	备注或图示										
泄水管通长设置进水口用砾石土工布包裹良好，反滤层设置规范	140 1:0.25 1:0.25 10 50 1:5 29 143 (尺寸单位：cm)										

结论：

监理工程师签名：×××　　××年×月×日

预应力锚索锚孔检查表 表 3-7-16

第　页共　页　　路监 15 表

合同段：×××　　建设项目：××高速公路　　施工单位：×××

桩号：　　施工日期：××～××　　检查日期：××

锚孔编号	位置偏差(cm) 允许偏差±5		钻孔深度(cm) 允许偏差 0,+20			锚孔倾斜度(°) 允许偏差±3		
	X	Y	设计值	实测值	偏差	设计值	实测值	偏差
1	Δ^{+4}	Δ^{-3}	2 800	2 819	+19	15	14.5	−0.5
2	−5	+4	2 800	2 810	+10	15	15.6	+0.6
3	+3	−2	2 800	2 811	+11	15	16	+1
4	+4	+3	2 800	2 808	+8	15	14.3	−0.7
5	−5	−4	2 800	2 818	+18	15	15.8	+0.8
6	−1	−2	2 800	2 810	+10	15	14.2	−0.8

备注或示意图

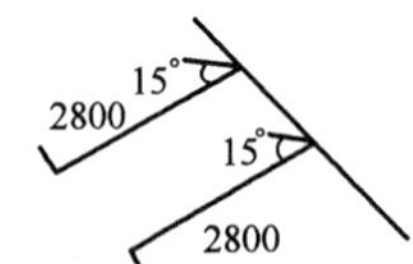

(尺寸单位：cm)

结论：

监理工程师签名：×××　　××年×月×日

预应力锚索施工检查表

表 3-7-17

第　页共　页　　路监 16 表

合同段：×××　　建设项目：××高速公路　　施工单位：×××

桩号：　　锚索编号：1 号　　施工日期：××～××　　检查日期：××

<table>
<tr><th>检查项目</th><th>规定值或允许偏差</th><th colspan="6">检查结果</th></tr>
<tr><td>锚索长度(cm)</td><td>0,+20(2 800cm)</td><td>2 819
(+19)</td><td></td><td></td><td></td><td></td><td></td></tr>
<tr><td>注浆强度(MPa)</td><td>在合格标准内(40MPa)</td><td>47.9</td><td>48.5</td><td>47.5</td><td>48.3</td><td>49.1</td><td>46.2</td></tr>
<tr><td>预应力张控(kN)</td><td>符合图纸规定(980kN)</td><td>980</td><td></td><td></td><td></td><td></td><td></td></tr>
<tr><td colspan="8">锚索编束情况：
定位环间距满足设计要求，编束绑扎牢固，无扭曲缠绕现象</td></tr>
<tr><td colspan="8">锚固情况：
锚固段长度符合设计要求，自由段保护良好，能自由拉伸</td></tr>
<tr><td colspan="8">注浆情况：
注浆管深入孔底，注浆饱满，孔口溢出浓浆</td></tr>
<tr><td colspan="8">结论：

监理工程师签名：×××　　××年×月×日</td></tr>
</table>

土工合成材料施工检查表

表 3-7-18

第　页共　页　　路监 17 表

合同段：×××　　建设项目：××高速公路　　施工单位：×××

检查段落：　　施工日期：××～××　　检查日期：××

材料名称	土工格栅	材料规格	TGSG 40—40	材料产地		西安	
抗拉强度（MPa）	40	外观状况	黑灰，网孔尺寸 33×33mm			铺设层位	第一层
检查项目	规定值或允许偏差	检查结果					
下承层平整度（mm）	符合设计要求(20)	11	18	19	7	6	11
搭接宽度(mm)	大于 50	70	69	73	78	63	68
搭接缝错开距离（m）	符合设计要求(10)	10.5	10.6	10.7	15	14.9	14.8
锚固长度(mm)	符合设计要求(100)	115	120	110	117	118	114

铺设情况：

土工格栅铺设平整，紧巾下承层，未出现褶皱。

结论：

监理工程师签名：×××　　××年×月×日

砂桩质量检查表

表 3-7-19

第　页共　页　　路监 18 表

合同段：×××　　建设项目：××高速公路　　施工单位：×××

检查段落：　　检查日期：××

土基类型	软土地基	施工日期			××～××		
检查项目	规定值或允许偏差	检 查 结 果					
桩距(cm)	±15(150)	151 (+1)	162 (+12)	148 (−2)	156 (+6)	143 (−7)	149 (−1)	
桩径(mm)	不小于设计(500)	512 (+12)	510 (+10)	506 (+6)	504 (+4)	513 (+13)	509 (+9)	
桩长(m)	不小于设计(6m)	6.09 (+9cm)	6.13 (+13cm)	6.04 (+4cm)	6.02 (+2cm)	6.08 (+8cm)	6.10 (+10cm)	
灌砂量(m^3)	不小于设计(1.20)	1.21 (+0.01)	1.23 (+0.03)	1.21 (+0.01)	1.21 (+0.01)	1.22 (0.02)	1.23 (+0.03)	
竖直度(%)	1.5	1.48	1.50	1.48	1.49	1.47	1.50	
垫层设置情况：桩顶大致平整，杂物清理干净，垫层厚度设置均匀、表面平整								
结论： 监理工程师签名：×××　　××年×月×日								

骨架护坡检查表

表 3-7-20

第　页共　页　　路监 19 表

合同段:×××　　建设项目:××高速公路　　施工单位:×××

工程名称:混凝土骨架护坡　　检测段落:　　检查日期:××

砂浆配合比	1:4.3:0.8	石料抗压强度(MPa)				89	施工日期			××	
检查项目	规定值或允许偏差	检查结果									
混凝土强度(MPa)	在合格标准内(2.0KPa)	26.8	27.2	28.1							
网眼尺寸(mm)	±100	+58	+40	+11	+2	−3	−12	−15	+14	+16	−11
坡度(1:n)	不陡于设计(1.5)	1.53	1.50	1.57	1.54	1.57	1.51	1.51	1.54	1.55	1.57
边棱直顺度(mm)	±50	+40	+12	−11	+9	−13	+19	−11	+12	−18	+12
表面平整度(mm)	30	17	15	8	6	13	21	11	19	5	6
嵌入度(mm)	±50	+43	+47	+20	−11	+17	+33	+29	+18	+19	+28

备注或图示

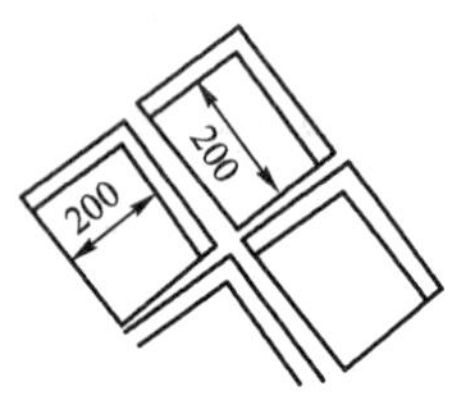

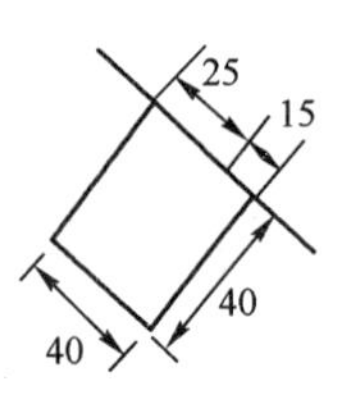

(尺寸单位:cm)

结论:

监理工程师签名:×××　　××年×月×日

第八节　路面工程质量控制细则与相关资料表格填写实例

一、概述

路面工程是公路施工作业中的重要组成部分，其工程质量优劣将直接影响项目的投资效果、经济效益和使用年限，路面工程质量控制在监理工作中具有关键性的作用。

路面工程质量控制依据，主要是根据现行国家有关技术、经济法规、交通部《公路工程国内招标文件范本》(2003 版)、《公路沥青路面施工技术规范》(JTG F40—2004)、《公路工程质量检验评定标准》(JTG F80/1—2004)、业主制订的《项目专用本》，业主与承包人签订的施工合同文件、施工设计文件等，并严格按照上述规范、标准和合同文件所规定的质量控制目标进行工程质量控制。

本节内容为路面工程，包括黏层、透层、底基层、基层、沥青路面、沥青砂拦水带、路缘石等作业。

二、路面工程施工准备阶段的监理要点

(一)测量控制

其内容包括原始水准点、导线点的复测、加密及固定，路线中线的复测等。

(1)水准、导线复测应延伸至相邻施工合同段内至少 2 个控制点，确保水准点、导线点闭合。

(2)对于复测无误的水准点、导线点应要求承包人固定或将水准点引至相邻可通视的结构物，设立临时水准点。临时或永久性控制点固定应牢固可靠，且能得到有效的保护。

(3)路面底基层工程开工前，应由业主组织路床交验工作。路床交验时，路基、路面施工，监理单位均要参加，易发生纠纷的高程、宽度共同测量，以确保将符合规范要求的合格路床交给路面施工、监理单位。

(二)料源调查及试验

(1)路面工程开工前，在承包人料源调查的基础上，监理工程师应对料源进行现场考察，包括材料的外观质量、储量、生产能力、开采方式、运输方式、运输路线等。

(2)选取各料场有代表性的试样进行试验。粗集料试验项目包括筛分、容量、视比重、压碎值、针片状含量、软弱颗粒含量，上面层石料还应进行磨光值试验。细集料试验项目包括筛分、容量、视比重、含泥量等。承包人的各项试验均应在监理工程师在场的情况下进行，并将试验结果报监理工程师审批。

(3)监理工程师应对用于路面工程的材料进行验证试验，合格后进行批复。但监理工程师的批复并不免除承包人应承担的合同规定的任何义务。监理工程师应对标准击实、配合比进行验证试验，对其结果进行复核对比，以确定、否定、调整承包人标准试验的参数或指标。

(三)技术准备

(1)监理工程师应详细阅读并熟悉合同文件及有关标准、规程、规范，熟悉合同文件的组成及优先顺序，并制定详细的监理工作计划。

(2)监理工程师应组织有关人员对设计图纸进行认真复核，核对图纸中的差、错、漏并予以

澄清或改正，对于重大差错及时报设计单位予以澄清。

(3)监理工程师应在每个单项工程开工前，通过试验路段确定施工工艺参数及机械组合，并要求承包人对现场施工人员及施工队伍进行详细认真的技术交底工作。

(4)承包人应在详细阅读合同文件，了解工程现场情况的基础上，编制详细的实施性施工组织设计报监理工程师审批。

(5)承包人应在单项工程开工前 14 天将单项工程开工报告报监理工程师审批。监理工程师经审查满足开工条件，即以通知书形式批准开工。单项工程开工通知书应按统一格式由监理工程师负责人签发，并抄报(送)有关部门，批复除对施工注意事项简要提出外，还应明确主要负责监理人员，并以附件的形式使施工技术人员、现场监理明确质量检查程序、检查记录表格、质量控制标准等。

(四)试验路施工

试验路成果是有效指导大面积施工的科学依据，是保证施工质量的重要工作之一。因此，在大面积施工前，必须做好试验路施工及总结。

(1)施做试验路的目的。验证室内标准试验结果，确定结构层松铺系数，确定达到要求压实标准时最佳压实机械组合及相应碾压遍数，验证施工组织是否合理。承包人与监理工程师现场确定的试验段位置、断面形式均应具有代表性，路线长度不宜小于 150m。

(2)针对实际情况、工作经验、规范要求的标准，承包人应制定详细试验路施工方案，方案内容包括：施工计划、组织机构、工艺流程、摊铺整平及压实工艺、不同的压实机械组合、测点的位置及频率、试验频率及测定方法，质保体系等。

(3)在经验收合格的下承层上准确放样，包括中桩、两侧边桩及测点位置，直线段桩位 10m 一个，曲线段 5m 一个；按试验路开工报告中拟定的松铺系数确定挂线高程。

(4)试验路施工过程中监理工程师应全过程旁站，并对各种记录、成果予以认可。现场压实试验应进行到能有效使该种填料达到规定的压实度且压实度随着碾压遍数的增加不再增加或有减少趋势时为止。

(5)试验路施工时应记录压实设备类型、组合方式、碾压遍数、工序，每层材料松铺厚度、材料含水量，最终对记录及成果进行汇总整理，形成试验路总结报告。

(6)试验路总结报告包括施工过程中控制，相应记录及成果，最终确定的最佳机械组合及碾压遍数、松铺厚度，各工序的施工工艺及室内标准击实试验的可靠性，并将此报告上报监理工程师审批。

三、路面工程施工阶段监理要点

(一)石灰、粉煤灰稳定土底基层施工

1. 二灰稳定类材料强度形成机理

石灰、粉煤灰稳定土(二灰稳定土)强度主要是依靠石灰和粉煤灰中活性物质通过一定的物理、化学反应过程来完成。

2. 二灰土配合比设计

(1)原材料选择

在陕西某高速公路施工中，根据设计文件和图纸要求，经对周围料场认真考察，选择的土场液限 34，塑性指数 12.5；石灰选用富平产 III 级以上的消石灰；粉煤灰采用渭河电厂。技术

指标如下：SiO_2 含量 47.74%，Al_2O_3 含量 32.14%，Fe_2O_3 含量 8.63%，烧失量 4.0%，满足现行《公路路面基层施工技术规范》(JTJ 034—2000)要求。

(2)配合比选定

配合比选定时，监理工程师应首先根据规范推荐的石灰：粉煤为 1：2～1：4 的比例范围，确定二灰强度最大的比例，之后确定土的比例和用量。二灰土比例确定后，按上下浮动 0.5%，确定 5 种不同石灰用量的配比，制件确定 7d 强度。在配合比选定过程中，监理工程师要根据土的类型来确定配合比，如属于粉质低液限黏土，配合比可采用 10：20：70，但强度要满足规范要求；在多年沉积老黄土地区如陕北高原地带，为确保早期强度的形成，采用外掺 2%水泥来满足强度要求。

为减少裂缝的产生，提高后期强度，在征得业主同意后，监理工程师将配合比由原设计 10：30：60 调整为 10：40：50，7d 强度满足规范要求。

(3)标准击实和滴定曲线选定

①通过标准击实试验，监理工程师批复了二灰土压实控制标准。二灰土最大干密度 $1.533g/cm^3$，最佳含水量 20.8%。

②二灰土工作曲线。通过 EDTA 的耗量与灰剂量百分比的相关关系表现出来。

二灰土工作曲线点列表 表 3-8-1

EDTA 耗量(mL)	35.7	37.9	40.1	42.4	44.6
灰剂量(%)	8	9	10	11	12

回归方程式为 $y=0.448x-7.999$。

3.二灰土压实与施工

二灰土设计厚度为 30cm，为保证二灰土充分压实，经与承包人探讨，监理工程师确定分上、下两层施工，下层 16cm，上层 14cm。根据结构层厚度的不同，确定了不同的施工方法。二灰土底基层施工中，下 16cm 采用厂拌平地机摊铺施工，上 14cm 层采用厂拌摊铺机施工。

(1)下层 16cm 厂拌平地机施工

①摊铺上料

在摊铺混合料前，应对路床表面严格检测，用 12～16t 振动压路机振压，监理人员跟随压路机，对出现的反弹、松散、泛(翻)浆等病害及时发现处理。在台背处，尤其应注意要防止雨水下渗引起路基软弱或台背回填处松弱。施工工艺流程为：路床松软检测→洒水→打方格上混合料→推土机粗平、平地机精平→碾压并检测压实度→平地机精平→整型→光轮压路机碾压、封面→养生→交验。

②结构层的压实

首先采用自行式羊足碾压 1 遍，当混合料处于最佳含水量时方可进行正常碾压，如含水量偏小，用洒水车补水。压实程序如下：179 自行式羊足碾稳压 1 遍，YZTK22 拖式羊足碾压 5 遍，1102 光轮压路机振压稳压各 1 遍。压实度检测应在光轮压路机封面前进行，光轮压路机封面应平稳、慢速进行，防止结构层推移产生裂缝，并应注意防止细小裂纹的产生。为避免光轮封面而产生细小或推移裂缝，可使用胶轮压路机封面。

③养生和检测

碾压完成且压实度检测合格后，应立即检查平整度、高程，纵、横坡等指标，不符合规范要求处及时处理，同时洒水养生，在上层施工前，表面必须保持湿润状态。在台背处压路机无法碾压到的部位，人工用打夯机夯实，压实度检测在此部位应加大频率重点检查，$50m^2$ 至少检查2点，不足 50 m^2 时至少检查1点。

(2)上层 14cm 厂拌摊铺机施工

上层 14cm 采用集中厂拌混合料摊铺机施工。上层施工采用两台稳定土拌和机，其型号分别为 YUCB 和 YWCB，产量为 300t/h。拌和的混合料在运至施工现场前灰剂量必须检测合格，含水量大于最佳含水量 2%～3%。为保证灰剂量、粉煤灰用量、含水量准确，监理工程师应要求承包人委托有资质单位对计量系统进行标定，对进、出料的带速和流量进行了反复调整，以确保各种材料配比准确。上 14cm 层施工压实程序如下：179 自行式羊足碾稳压 1 遍，1802 自行式羊足碾振压 5 遍，179 光轮压路机振压、静压各 1 遍。

4. 二灰土底基层施工中监理工程师控制要点

(1)施工前要重视对下承层的检查，确保下承层无松散、起皮等病害并保持湿润；

(2)对承包人施工放样进行抽查，确保准确无误；

(3)对即将用于施工的机械、人员进行核对，确保满足施工需要；

(4)对进场的混合料进行检查，对发现不合格料进行清理，并及时与拌和站联系，进行调整；

(5)严格按照试验路批复的工艺参数对承包人施工进行全面的监督；

(6)接缝、台(墙)背的处理、平整度、高程的控制及裂缝的预防应为底基层质量控制的重点。

(二)石灰、粉煤灰稳定碎石基层施工

1. 材料

(1)石灰：采用 III 级以上钙质消石灰。

(2)碎石：石料最大粒径不得超过 31.5mm，压碎值不得大于 30%；石料颗粒中细长及扁平颗粒(即长边与短边之比大于 3 的颗粒)含量不超过 15%，并不得掺有软质的破碎物或其他杂质；石料按粒径可分为 3 档，10～30mm(简称碎石 I)、5～10mm(简称碎石 II)、3～5mm(简称碎石 III)。物理性质见表 3-8-2。

(3)粉煤灰：粉煤灰取自西安霸桥电厂，其物理和化学性质分析结果见表 3-8-2 和表 3-8-3。由表可知，粉煤灰活性 $SiO_2+Al_2O_3+Fe_2O_3=86.67\%$，活性物质含量很高，而 CaO 只有 3.9%，属于硅铝粉煤灰，各项指标均满足规范要求。

粉煤灰筛分结果　　表 3-8-2

筛孔尺寸(mm)	1	1.2	0.6	0.3	0.15	0.074	0.053	0.038
通过率(%)	100	98.78	97.12	94.59	82.96	57.97	46.21	19.13

粉煤灰化学成分　　表 3-8-3

化 学 成 分	SiO_2	Al_2O_3	Fe_2O_3	CaO	MgO	烧失量
含量(%)	51.36	26.31	9.0	3.9	1.12	5.93

2. 施工前测量

测量放样是保证施工质量的关键，放样时，首先是在已铺筑的下承层上恢复中线，直线段每 10m 设一桩，曲线段加密至 5m 一桩，并在两侧边缘外 0.3～0.5m 设指示桩；然后进行水平测量，在两侧指示桩上方根据设计高程及试验段确定的松铺厚度设置摊铺机水平传感导线。导线采用直径 2～3mm 的不锈钢丝，用张紧器张紧，张紧力不小于 800N，架设长度不大于 200m，并根据摊铺机特性设置方向导线，并在每次摊铺前和摊铺过程中对导线进行复核测量，

确保施工的准确性。

3. 配合比设计

为确保基层的整体性和抗冲刷能力，基层配合比宜采用骨架密实结构。根据规范推荐的石灰、粉煤灰比例 1∶2～1∶4，首先确定二灰强度最大的比例，之后确定碎石用量。按确定的石灰用量，按上下浮动 0.5%，制取 5 种石灰用量的试件，试压 7d 强度，根据此范围确定施工中石灰偏差用量，但级配及 7d 抗压强度要满足规范要求。为确保二灰类基层早期强度的形成，可采取外掺或内掺 2%水泥确保 7d 强度满足规范要求。

混合料中要确保 4.75mm 以下用量，以增加施工和易性，使路面结构层具有良好的强度和板体性，并减少混合料离析。基层设计抗压强度不小于 3.5MPa，混合料级配范围见表 3-8-4。配合比确定后，监理工程师要注意根据 4.75mm 上下不同碎石含量进行标准击实试验。如选定基层配合比为 5∶15∶80，则碎石中 4.75mm 通过率为 24%～40%，大于 4.75mm 碎石用量为 60%～76%，根据此用量范围，采取"抓药方"方法对 4.75mm 用量按上下约 5%配制混合料，进行标准击实试验，确定不同碎石含量的标准击实曲线。监理工程师批复标准击实，作为工地压实度检测的标准和依据。

基层混合料级配范围 表 3-8-4

结构类型	通过下列筛孔(方孔筛，mm)的百分率(%)								
	37.5	31.5	19.0	9.5	4.75	2.36	1.18	0.60	0.075
基层	—	100	81～98	52～70	30～50	18～38	10～27	6～20	0～7

4. 拌和

采用厂拌法施工。在正式生产混合料之前，首先调试好所用的设备，使混合料的颗粒组成和含水量都达到规定的要求，如集料的颗粒组成发生变化时，则重新调试设备。拌和时应做到配料准确，拌和均匀。拌和时含水量应比最佳含水量大 0.5%～1.0%，以补偿施工过程中水分蒸发的损失，并根据集料含水量的大小、气候及气温变化的实际情况(如早、中、晚)以及运输和运距情况及时调整加水量，确保施工时处于最佳含水量。实际施工中采用的石灰剂量应比现场室内试验确定的剂量多 0.5%。为了防止装料过程中集料离析现象，应采取严格控制堆料高度的措施，一般情况控制在 4～6m 高度以下，并且分层堆放。

5. 摊铺

基层采用 ABG422 型混合料摊铺机进行全幅摊铺，摊铺前底基层上浮土、杂物予以清扫，适当洒水湿润。

摊铺机摊铺时，通过感应两侧挂线来控制高程及方向，并进行初步压实。摊铺时两边各配置 2 个工人对松铺层边缘进行修整，并对摊铺机摊铺不到或摊铺不均匀的地方进行人工补料。摊铺过程中还应兼顾出料的速度，适当调整摊铺速度，尽量减少停机待料的情况。在摊铺面后设专人消除粗集料离析等现象，铲除任何离析、太湿等不合格的混合料，并在碾压前采用合格的拌和料填补。

6. 碾压

碾压遵循先轻后重、由低位到高位、由边到中的原则，碾压时控制混合料的含水量处于最佳值。先用 14t 轻型光轮压路机及时并连续地在全宽范围内进行一遍初压(静压)，相邻碾压轮迹重叠 1/2 轮宽，然后用 18t 重型振动压路机继续碾压，并检测压实度，直到全宽范围都均匀达到规范规定的压实度为止，一般碾压 6～8 遍。最后用胶轮压路机封面，以确保路面的平整度及消除轮迹。

7.养生

每一段碾压完成且压实度检测合格后，立即进行养生，不能延误。养生采用透水土工布覆盖养生，在覆盖前，先对自检合格的基层洒足量水养生，之后铺设土工布。覆盖养生不宜少于7d，养生期间封闭交通，严禁车辆通行，特别注意对2个侧边的养生，一定要将土工布铺设到位，防止干燥或忽干忽湿，确保整个养生期间半刚性基层表面始终保持润湿状态。

8.二灰碎石基层施工中监理工程师控制要点

(1)只有质量合格的原材料才能进场使用，尤其对4.75mm左右的通过率要加大抽检频率，级配范围内用量小于30%或大于50%时，将影响到标准击实结果及压实度的检验结果。

(2)施工过程中，当集料含水量大小发生改变或出现气温变化等情况时应及时调整加水量，确保施工时混合料处于最佳含水量。基层混合料具有嵌挤结构，4.75mm颗粒以上含量应不小于60%。混合料摊铺时尽量减少集料离析现象。基层表面应保持粗糙，以便与下面层黏结。

(3)施工结束后，及时采用透水土工布养生。在施工下面层或下封层之前，要对基层裂缝按有关要求进行检查、处理。

(4)二灰类基层采用洒水养生，覆盖不小于7d，应始终保持表面处于润湿状态。也可采用沥青下封层进行养生，不少于7d，养生期间，应封闭车辆，禁止重车通行。

(5)二灰类基层施工完成后不小于21d，应取芯验证强度和整体性。通过取芯，基层能取出完整芯样，则证明强度和整体性良好，如取不出完整芯样，则应确定不合格范围，进行返工处理。

(6)监理工程师要提倡使用双机联机摊铺作业，前、后机行驶距离约20m左右，控制行驶速度及摊铺机螺旋送料器的转速均匀一致，尽量避免混合料摊铺而产生的离析情况。

(三)黏层和透层施工

1.透层施工

根据大量大修项目调查的数据，沥青路面发生早期破坏和车辙与透层施工质量较差有一定的关系。透层油未起到渗透作用，只是在基层表面形成一层薄层，影响沥青路面与基层的整体连接效果。

基层压实完成并检测合格后，应封闭交通，及时清理表面浮渣并洒水润湿；表面微干后，洒布乳化沥青(可洒布煤油乳化沥青，渗透效果较好)，待破乳后，施做封层(即再洒布乳化沥青一层)，待破乳后，再撒布少量3～5mm小石子，撒布面积以石子露黑为宜。封层完成后，要封闭交通，禁止车辆通行。

为了确保透层施工质量，监理工程师应要求承包人坚持试验路制度。即在透层施工完成后，施做150m左右的沥青混凝土路面下面层，路面冷却后用取芯机钻取路面芯样，取芯机要取透基层以下约10cm。芯样如果与基层完全连接，证明了透层油及下封层起到作用；如果芯样在基层与下面层交界处断开，则要调整透层油中沥青用量、洒布时间等，确保基层与沥青混凝土下面层连接牢固及完整性。

2.黏层施工

通过大调查数据修项目，沥青路面发生早期破坏和车辙还与路面各结构层连接效果不好有一定关系，尤其黏层施工质量。

黏层油洒布在长距离上、下坡道时，宜采用改性乳化沥青，洒布时下层要干净，无污染；如遇施工污染，要用高压水、高压风枪冲洗干净。

黏层油的施工质量也可通过取芯来判断，即取芯后，上、中面层与下层的芯样连接牢固，要采用切割方式分开的，证明黏层的施工质量良好。

(四)沥青面层施工

沥青面层目前最常用的结构形式为 4cmAK-16＋5cmAC-20 ＋6cmAC-25。

1. 沥青面层质量要求

沥青面层在直接承受汽车车轮荷载作用同时，还受阳光、温度、雨水、大气等自然因素的影响，为保证使用质量，沥青面层必须具备足够强度（包括抗压强度、抗剪强度、抗弯控强度）、温度稳定性（即抗高温变形和抗低温开裂）、耐久性（即抗疲劳），及良好的水稳定性、较高的平整度和足够的抗滑性能。

2. 原材料质量控制

在沥青混凝土路面工程施工准备阶段，原材料质量检查应当是质量控制工作的主要内容。这阶段应对选定的石料、矿粉、沥青按照频率进行质量检查，对于不合格的原材料坚决不允许进场使用。对于进场的细集料，应采取覆盖措施，保持含水量均匀。粗集料严禁高层堆放，防止离析。矿粉质量是确保混合料强度的一个重要指标，对矿粉要加强塑性指数、亲水系数的检查，不合格材料坚决不能使用，建议用低强度等级的水泥代替矿粉。为确保质量控制落到实处，监理工程师应提倡采用优质石料在沥青拌和场现场加工矿粉。为确保沥青混合料各项指标满足规范要求及沥青路面的使用寿命，监理工程师应提倡使用优质机制砂替代天然砂；禁止使用石屑或使用 3～5mm 碎石代替石屑。上面层应提倡使用改性沥青，改性沥青要在拌和现场加工，除对各指标进行常规检验外，还应加强对低温黏度这一指标的检验，确保改性沥青质量合格；在沥青及改性沥青质量检验过程中，监理工程师要坚持随机取样制度，确保检验公平、公正。

3. 基层表面的清理与检查

(1)清扫基层

施工前对路面基层表面清扫。要达到干燥、清洁、无松散石料、灰尘与杂质，清理宽度应至摊铺沥青混凝土面层边缘以外至少 30cm。

(2)检查路面基层的高程和平整度

按《公路工程质量检验评定标准》(JTG F80/1—2004)，路面基层的纵断高程和平整度若不符合要求应制订处理方案，取得监理工程师批准。高程应满足(＋5，－10mm)要求；平整度用 3m 直尺按第 200m 测 2 处乘 10 尺，最大值不超过 8mm。对于基层即使通过高程测量和平整度检测，也很难保证消除高点。通常采用的做法是：

①两侧埋设路缘石的，每 5m 按横断面方法拉线绳，剔除高点；

②单侧埋设路缘石的，在外侧立桩，挂线测量 5m 断面，剔除高点。

4. 沥青混合料配合比设计

沥青混合料配合比设计应根据同类道路与同类材料施工实践经验和马歇尔试验结果，使得矿料级配满足要求，马歇尔试验技术指标达到要求标准，并经过试拌试铺论证确定满足矿料颗粒组成要求时矿粉的掺配比例及沥青用量或油石比。高速和一级公路的热拌沥青混合料配合比设计应包括目标配合比设计，生产配合比设计及生产配合比验证。设计采用马歇尔试验方法，并对设计的沥青混合料进行浸水马歇尔试验、车辙试验、冻融劈裂试验。

(1)目标配合比设计

用工程实际使用的材料确定各种材料的用量比例，配合成符合规定的矿料级配，进行马歇尔试验，使之达到相应技术标准，确定沥青最佳用量。以此矿料级配及沥青用量作为目标配合比，供拌和机确定各料仓的供料比例，进料速度及试拌使用。

①矿料配合比计算

a. 根据道路等级，路面类型及所处的结构层等选择适用的沥青混合料类型，按结构类型确定矿料级配范围。

b. 现场取样，对粗集料、细集料和矿粉进行筛分试验并绘制筛分曲线，同时测出各材料的相对密度。

c. 根据各材料的筛分试验结果，采用图解法或试算法计算矿料满足级配要求时各材料的用量比例。

d. 根据各材料用量比例及矿粉要求的级配范围，调整用量比例，使合成级配满足0.075mm、2.36mm、4.75mm 筛孔在内较多筛孔通过量接近设计级配范围的中限；交通量大、轴载重的公路，宜偏向级配范围的下(粗)限。曲线应接近连续或有合理的间断级配，形成"S"形曲线，不得有过多的犬牙交错(锯齿状)。

e. 为满足重载车辆的行驶要求，防止沥青路面早期车辙发生，各结构层宜采用粗型密级配结构。

②按马歇尔试验方法确定最佳沥青用量。

③水稳定性检验

按最佳沥青用量制作马歇尔试件，进行残留稳定性试验，当残留稳定度不符合规定时，应对矿料级配或沥青用量进行调整，重新进行配合比设计或采取抗剥离措施重新试验，直至符合要求为止；当最佳沥青用量与两个终始值相差甚大时，分别制件进行残留稳定度试验，根据试验结果对最佳沥青用量作适当调整，使残留稳定度满足要求。

④高温稳定性检验

按最佳沥青用量制作车辙试验试件进行车辙试验，当动稳定度不符合要求时，应对矿料级配或沥青用量进行调整，重新进行配合比设计；当最佳沥青用量与两个初始值相差甚大时，宜分别制件进行车辙试验，根据试验结果对最佳沥青用量作适当调整，使动稳定度满足要求。

⑤冻融劈裂试验参照 C、D 项进行试验。

(2)生产配合比设计

根据已确定的目标配合比对热料仓及冷料仓进料比例进行调整，并取样制件进行马歇尔试验，确定生产配合比。

对间歇式拌和机，必须从二次筛分后进入各热料仓材料取样进行筛分，以确定各热料仓材料比例，供拌和机控制室使用。同时反复调整冷料仓进料比例以达到供料均衡，并取目标配合比设计最佳沥青用量及最佳沥青用量±0.3%三个沥青用量进行马歇尔试验，确定生产配合比最佳沥青用量。

(3)生产配合比验证

采用生产配合比进行试拌，铺筑试验段。并用拌和的沥青混合料进行马歇尔试验检验。用路上钻取的芯样进行密度试验，以检验压实度，并进行芯样马歇尔试验，由此确定生产用标准配合比，作为生产上控制的依据和质量检验的标准。配合比监理工程师批复后，任何人不得随意更改，应严格按照配合比确定的石料，油石比、级配生产施工。

5. 试验路施工

在进行大规模施工之前，应采用正常施工所需采用的全部设备，按照现行《公路沥青路面施工技术规范》(JTG F40—2004)中要求进行试验路施工，试验路长度 100～300m。

6. 施工阶段的质量控制

(1)各环节控制

①拌和温度

根据黏温曲线确定沥青及混合料适宜的拌和和碾压温度。同时应满足以下条件，拌和时沥青的温度在160～170℃，由于矿粉几乎是与矿料同时加入的，为保证矿料的拌和温度，矿料进仓温度控制在175～190℃，混合料出厂温度以155～170℃为宜。对于改性沥青，其矿料和混合料加热温度宜大10～20℃，同时根据黏温曲线确定混合料拌和和压实温度。

②拌和时间应以混合料拌和均匀、所有矿料颗粒全部裹覆沥青为度，并经试拌确定，间歇式拌和机每锅拌和时间宜为30～50s(其中干拌时间不少于5s)。热料仓二次筛分用的振动筛筛孔应根据矿料级配要求选用，其安装角度应根据材料的可筛分性、振动能力等通过试验确定。拌和过程中随时检查填料添加装置运转情况及添加比例，阴天或雨后更要注意防止填料受潮堵塞。

③拌和不得使用回收粉尘，粉尘必须排放出去。用于生产沥青混凝土的矿粉必须存放于拌和机石粉罐中，使矿粉保持干燥，呈现自由流动状态。为确保矿料与沥青的黏附性能，可采用掺加2%水泥代替矿粉。

④工地试验室每天对拌和料性能、集料级配和沥青用量进行抽样检验2次，拌和料各项性能指标必须与试铺合格产品相符。矿粉对沥青混合料力学性能影响较大，应加强对矿粉的塑性指数和亲水系数的检查。

⑤拌和料应均匀一致，无花白、结团成块或严重的粗细料分离现象，严禁不合格的产品出场。

⑥多雨潮湿气候时，生产沥青混合料所需集料(尤其是石屑)应储存在干燥处，当细集料需要量少又受潮使冷料仓供料困难时，尽量不安排施工。

(2)沥青混合料运输

混合料尽可能采用大吨位自卸汽车运输，运输车的数量，根据生产能力、车速、运距等情况综合考虑，合理配置，并留有适量富余的备用。在运输过程中，应注意做好以下几点。

①为了确保摊铺温度，并防止漏料造成污染和防雨，所有沥青混合料的运输车辆都用油布覆盖。

②运输车装料前必须将车箱清理干净，车箱底板及周壁要涂一薄层油水混合液(柴油∶水＜1∶3)，防止混合料黏结。

③拌和机向运料车卸料时，应每卸一斗混合料挪动一下汽车位置，以减少离析现象。

④倒车卸料时，要避免汽车撞击摊铺机，指定专人指挥车辆，在摊铺机前10～30cm处停车，卸料过程中应挂空挡靠摊铺机推支前进。

⑤沥青混合料运到现场的温度不得低于130～150℃。已经结团或受雨淋的混合料不得摊铺。

⑥运输车在返回途中，料斗要落下，以免发生事故和余料外漏污染路面。料车中残余混合料运离摊铺现场，在指定地点集中清除，当天施工产生的废料当天运出工地。

(3)沥青混合料摊铺

①为避免沥青混合料在摊铺断面上离析，施工宜采用摊铺机梯队作业，其纵向接缝应在前部已摊铺混合料部分留下10～20cm宽暂不碾压，作为后面摊铺的高程基准面，并有5～10cm的摊铺层重叠，以热接缝形式在最后做跨接缝碾压以消除缝迹。上下层纵缝应错开15cm以上。

②为确保沥青混凝土路面平整度、厚度达到设计要求，中、上面层摊铺采用走雪橇方式控制摊铺层厚度和平整度，摊铺机安装移动式自动找平基准装置(平衡梁)。

③摊铺过程中，摊铺机以试铺确定的摊铺速度，振动、振捣频率匀速前进，严禁中途变速或

停顿。摊铺速度宜控制在 3～5 m/s。

④每天开始摊铺前，熨平板必须预热，预热温度不得低于 70℃。

⑤机械摊铺过程中，不得用人工反复修整。但在下列情况下，可用人工局部找补、更换混合料或人工摊铺。

a. 横断面不符合要求或摊铺带边缘局部缺料。

b. 结构物接头部位缺料。

c. 摊铺好的沥青混合料在未经压实前，施工人员不得踩踏。

d. 雨天严禁摊铺。若摊铺遇雨时，应立即停止施工，并在雨后清除未压实成型的混合料。

(4)沥青混合料的压实及成型

①沥青混合料压实以试铺段确定的碾压组合和速度紧接摊铺面进行，分为初压、复压、终压三个阶段进行，一般高速公路的沥青混凝土路面采用钢轮压路机和轮胎压路机联合作业完成压实工作。对于中、下两层，应采用大吨位胶轮压路机复压为主；上面层以大吨位光轮压路机复压为主。压路机碾压时，应采取措施在不粘轮情况下尽量少洒水或不洒水。

②碾压分段进行，分段长度控制在 30～50m，即一段初压、一段复压、一段终压，段与段之间应设标志，并指定专人负责移动，便于辨认。

③初压采用 2 台双轮轻型钢轮压路机(≤8t)在混合料摊铺后进行稳压，每台压路机至少碾压一遍，碾压速度 2～3km/h。

④复压采用 3 台重型轮胎压路机碾压，自重不小于 20t，每台压路机至少碾压二遍，碾压速度 4.5～5.5km/h。

⑤终压采用 1 台轻型双钢轮压路机和 1 台重型双钢轮压路机静压。每台压路机至少碾压一遍，碾压速度 5～7km/h。

⑥压路机启动、停止必须减速缓慢进行，不得紧急制动。压路机加水时，应行驶到已复压的沥青混凝土路面边缘停放，加水后应就地回压，平整后再离开原位。

⑦相邻碾压带应重叠 1/3～1/2 轮宽，压路机转向角度不得大于 35°。初压后的沥青混凝土面层不得产生推移、开裂现象；复压后的沥青混凝土面层表面无明显轮迹；终压后要求表面平整、光洁、颜色均匀一致，无明显轮迹。对压路机无法压实的边缘及构造物接头处应采用小型压路机或振动夯压实。

⑧施工过程中禁止对路缘石及硬化土路肩造成污染，胶轮压路机碾压时须距路缘石边缘 5cm 左右。

⑨当天碾压的沥青混合料面层应封闭交通，不得停放任何机械设备或车辆，不得散落矿料、油料等杂物。

(5)接缝处理

①横向施工缝采用平接缝(挖缝)，在摊铺段端部用 3m 直尺呈悬臂状，以摊铺层与直尺脱离接触处定出接缝位置，用人工切割、清除；继续摊铺时，应涂上少量黏层沥青并预热，摊铺机熨平板从接缝处开始摊铺。

②接缝处碾压时用钢轮压路机进行横向压实，从先铺路面上跨缝逐渐移向新铺面层，碾压后用 3m 直尺检查平整度是否达到要求。

③上下面层的横向接缝必须错位 1m 以上，横向施工缝应远离桥梁毛勒缝 20m 以外，不得设在毛勒缝处，以确保毛勒缝两边路面的平顺。

(6)施工遇雨的处理

沥青面层雨天不得施工。如在施工过程中遇雨,采取以下措施。

①现场立即停止摊铺,用油布等把摊铺机包括料斗部分全部覆盖;

②运输车及时盖上油布,并立即通知拌和厂停止拌和;

③已摊铺部分加快碾压,尽快完成;

④雨过后,如摊铺机前地面干燥,无积水,摊铺机料斗内沥青混合料温度能满足最低温度要求,可以把已运到工地的混合料铺完,是否继续拌和、摊铺,应根据气候情况研究决定。如果地面潮湿,储料斗内沥青混合料温度低于最低温度标准,则应丢弃。摊铺后未经碾压密实即遭雨淋的沥青混合料,全部清除。

(7)检测

对于铺筑完成的路面由专人严格按现行《公路工程质量检验评定标准》(JTG F80/1—2004)进行检测,主要包括以下几个方面内容。

①原材料的质量检查

包括沥青、粗集料、细集料、填料。

②混合料的质量检查

油石比、矿料级配、稳定度、流值、空隙率;混合料出厂温度、运到现场温度、初压温度、碾压终了温度;混合料拌和均匀性。

③面层质量检查

厚度、平整度、宽度、高程、横坡度、压实度、偏位、摊铺的均匀性。

④施工完的面层及时报验。

⑤不符合标准的部位,能够修补的要及时修补,无法补救的必须返工。

四、沥青砂拦水带施工监理要点

(1)配合比设计。承包人要采用监理工程师批准的原材料进行配合比设计并取得批复。

(2) 沥青砂拦水带施工应在路基外侧防撞护栏施工前完成,防止施工冲突。

(3)沥青砂拦水带与急流槽等排水构造物衔接时,要采用水簸箕形式,确保排水畅通。

(4)注意平、纵面的线形和高程。

五、路缘石施工监理要点

基层施工完成后,应立即进行路缘石安装施工。施工过程要加强对砂浆质量及安装质量的检测。安装重点检查路缘石缝宽,直顺度,顶面高程,以确保安装质量和线形。设计有中央分割带防、排水、渗水设计,要使防渗、防水土工布埋置于设计位置,不与路缘石施工发生冲突,确保路缘石与防水施工质量。

以下附路面工程常用表格及其格式。

沥青面层用矿粉试验报告(监路试 01 表),见表 3-8-5。

沥青试验报告(监路试 02 表),见表 3-8-6。

沥青混合料矿料组成设计表(监路试 03 表),见表 3-8-7。

沥青混合料抽提试验记录(监路试 04 表),见表 3-8-8。

水泥或石灰剂量测定表(EDTA 法)(监路试 05 表),见表 3-8-9。

粗、中、细粒式沥青混合料马歇尔试验记录(监路试 06 表),见表 3-8-10。

粗、中、细粒式沥青混合料马歇尔试验记录(监路试 07 表),见表 3-8-11。

沥青路面压实度试验记录(监路试 08 表),见表 3-8-12。

________高速公路

沥青面层用矿粉试验报告

表 3-8-5

____公路____合同段　　　第__页　共__页　　　监路试 01 表

<table>
<tr><td>工程名称</td><td colspan="2">路面工程</td><td colspan="2">试验单位</td><td colspan="2"></td></tr>
<tr><td>试验规程</td><td colspan="2">JTJ 058—2000</td><td colspan="2">代表数量/进场日期</td><td colspan="2">2004.8.25</td></tr>
<tr><td>材料用途</td><td colspan="2">沥青混凝土下面层</td><td colspan="2">材料名称，进场地点</td><td colspan="2">矿粉，勉县</td></tr>
<tr><td>主管</td><td></td><td>试验</td><td></td><td>报告</td><td></td><td>报告日期</td></tr>
<tr><td rowspan="6">颗粒级配</td><td>筛孔尺寸(mm)</td><td colspan="2">< 0.3</td><td colspan="2">< 0.15</td><td>< 0.075</td></tr>
<tr><td>筛余质量(g)</td><td colspan="2">0.7</td><td colspan="2">1.8</td><td>13.0</td></tr>
<tr><td>分计筛余(%)</td><td colspan="2">0.7</td><td colspan="2">1.8</td><td>13.0</td></tr>
<tr><td>累计筛余(%)</td><td colspan="2">0.7</td><td colspan="2">2.5</td><td>15.5</td></tr>
<tr><td>通过量(%)</td><td colspan="2">99.3</td><td colspan="2">97.5</td><td>84.5</td></tr>
<tr><td>规范值</td><td colspan="2">100</td><td colspan="2">90～100</td><td>75～100</td></tr>
<tr><td colspan="2">试验项目</td><td colspan="3">规范值</td><td colspan="2">试验结果</td></tr>
<tr><td colspan="2">视密度(g/cm³)</td><td colspan="3">≤2.5</td><td colspan="2">2.7/0</td></tr>
<tr><td colspan="2">含水量(%)</td><td colspan="3">≥1</td><td colspan="2">0.2</td></tr>
<tr><td colspan="2">亲水系数</td><td colspan="3"><1</td><td colspan="2">0.4</td></tr>
<tr><td>记录</td><td colspan="2"></td><td>复核</td><td colspan="3"></td></tr>
</table>

______高速公路

沥 青 试 验 报 告

表 3-8-6

____公路____合同段　　第__页　共__页　　监路试 02 表

工 程 名 称	路 面 工 程	试 验 单 位	
试验规程	JTJ 052—2000	代表数量/进场日期	50T/2004.8.23
材料用途	沥青混凝土中面层	材料名称、规格、产地	AH—70 克拉玛依
试 验 项 目		规 范 值	试 验 值
针入度(25℃,100Q,5S)(0.1mm)		60～80	78
延度(5cm/min,15℃)不小于(cm)		＞100	＞100
软化点(球求法)(℃)		44～54	48.4
闪点不小于(℃)			
含蜡量(蒸馏法)不小于(%)			
密度(15℃)(g/cm³)		实测值	0.986
溶解度(二氯乙烯)不小于(%)		≥99.0	99.74
薄膜加热试验 163℃,5h	质量损失不小于(%)	≤0.8	0.03
	针入度比不小于(%)	≥55	82.4
	延度(25℃)不小于(cm)	≥50	87
	延度(15℃)不小于(cm)	实测值	51
记录		复核	

__________高速公路

沥青混合料矿料组成设计表 表 3-8-7

______公路______合同段 第____页 共____页 监路试 03 表

工程名称	路面工程	混合料类型	AC—20I
矿料规格、名称、产地	碎石、南郑	试验日期	2004.12.31

各种筛分试验结果

筛孔尺寸(mm) / 通过百分率(%) / 矿料名称	31.5	26.5	19	16	13.2	9.5	4.75	2.36	1.18	0.6	0.3	0.15	0.075	底
4 号仓	100	100	81.5	19.8	2.9	1.6	0.9	0.5	0.4	0.3	0.3	0.2	0.2	
3 号仓	100	100	100	98.4	82.3	31.6	0.7	0.4	0.4	0.4	0.3	0.3	0.2	
2 号仓	100	100	100	100	100	100	73.9	18.2	10.1	7.2	5.1	4.3	3.8	
1 号仓	100	100	100	100	100	100	100	93.4	68.9	43.1	24.3	11.6	6.1	
矿粉	100	100	100	100	100	100	100	100	100	100	99.9	99.3	84.6	

矿料混合料级配组成

矿料规格名称	矿料配合比(%)	通过下列处筛孔(mm)的质量百分比(%)												
		31.5	26.5	19	16	13.2	9.5	4.75	2.36	1.18	0.6	0.3	0.15	0.075	底
4 号仓	23	23.0	23.0	18.7	4.6	0.7	0.4	0.3	0.2	0.1	0.1	0.1	0.1	0.1	
3 号仓	29	29.0	29.0	29.0	28.5	23.9	9.2	0.2	0.1	0.1	0.1	0.1	0.1	0.1	
2 号仓	15.5	15.5	15.5	15.3	15.5	15.5	15.5	11.5	2.3	1.6	1.1	0.8	0.7	0.6	
1 号仓	28	28.0	28.0	28.0	28.0	28.0	28.0	28.0	26.2	19.3	12.1	6.8	3.2	1.7	
矿粉	4.5	4.5	4.5	4.5	4.5	4.5	4.5	4.5	4.5	4.5	4.5	4.5	4.5	3.8	
混合料级配		100	100	95.7	81.1	72.5	57.5	44.5	33.8	25.6	17.9	12.3	8.5	6.2	
设计级配范围			100	90～100	78～92	62～80	50～72	26～56	16～44	12～23	8～24	5～17	4～13	3～7	

主管		复核		试验	

______高速公路

沥青混合料抽提试验记录

表 3-8-8

______公路______合同段　　　　第____页　共____页　　　　监路试 04 表

工程名称	路 面 工 程						
混合料类型	AC—25I	代表路段		K100＋000～ K100＋540 右幅	设计油石比		4.2
取样人		取样日期		2004.12.5	试验日期		2004.12.5
混合料试样重 (g)	筒＋滤纸 重(g)	筒＋滤纸＋ 矿粉重(g)	矿粉重 (g)	集料重 (g)	沥青重 (g)	油石比(%)	平均值
1222.4	1889.3	1890.8	1.5	1172.2	48.7	4.2	4.2
1223.1	1889.7	1891.1	1.4	1173.0	48.7	4.2	
筛孔尺寸 (mm)	1	2	平均值	分计筛余 (%)	累计筛余 (%)	通过量 (%)	规范值
37.5							
31.5							100
26.5	0	0	0	0	0	100	90～100
19.0	161.0	232.2	196.6	16.8	16.8	83.2	75～90
16.0	97.8	103.5	100.7	8.6	25.4	74.6	65～83
13.2	114.5	95.8	105.2	9.0	34.3	65.7	57～76
9.5	163.1	160.0	161.6	13.8	48.1	51.9	45～65
4.75	222.0	196.2	209.1	17.8	65.9	34.1	24～52
2.36	81.4	90.4	85.9	7.3	73.3	26.7	16～42
1.18	71.3	64.7	68.0	5.8	79.1	20.9	12～33
0.6	81.6	73.0	77.3	6.6	85.6	14.4	8～24
0.3	44.5	38.1	41.3	3.5	89.2	10.8	5～17
0.15	18.3	18.5	18.4	1.6	90.7	9.3	4～13
0.075	31.2	29.4	30.3	2.6	93.3	6.7	3～7
<0.075	82.7	69.3	76.0	6.5	99.8	0.2	
主管			复核			试验	

________高速公路

水泥或石灰剂量测定表(EDTA 法)

表 3-8-9

______公路______合同段　　　　第____页　共____页　　　　监路试 05 表

工 程 名 称	路 面 工 程			取样位置	K67＋753～K67＋972 右幅下基层	材料名称及产地	南化石料厂碎石
混合料名称	水泥稳定碎石	混合料配合比	水尼：集料＝5：100		试验日期	2005.3.3	
取样位置	试样重量(g)	滴定量(ml)				剂量(%)	回归方程式
		初读数	未读数	滴定量	平均值		
K67＋800	300	0	22.5	22.5	21.5	6.7	Y＝0.494x－3.944
	300	0	20.5	20.5			
K67＋850	300	0	20.3	20.3	20.0	5.9	
	300	0	19.7	19.7			
主管			复核	试验			

______高速公路

粗、中、细粒式沥青混合料马歇尔试验记录

表 3-8-10

______公路______合同段　　　　第____页　共____页　　　　监路试 06 表

工程名称	路面			混合料类型	AC—20I		
所用区段	K104+700～K105+500	试验方法		取样人		取样日期	2004.8.22
规范要求 稳定度(kN)	>7.5	流值 10^{-1}mm	20～40	空隙率(%)	3～6	饱和度(%)	70～85

试件制用								
捣击温度	135℃	锤击次数	75×2	制作日期	2004.8.22	试验日期	2004.8.22	
材料名称	沥青	碎石(cm)	碎石(cm)	石屑	砂	矿粉	外掺剂	备注
型号及规格								
产地								
相对密度								
质量百分率								

试件编号	油石比(%)	试件厚度					试件重(g)	水中重(g)	饱和面干重(g)	蜡封试件重(g)	体积(cm^3)	试验密度(g/cm^3)	理论密度(g/cm^3)	沥青体积百分率(%)	空隙率(%)	粒料空隙率(%)	饱和度%	稳定度(kN)	流值10^{-1}(mm)	备注
	1	2				平均	3	4	5	6	7	8	9	10	11	12	13	14	15	16
1		63.8	64.0	63.5	63.2	63.6	1203.32	715.98	1211.19		495.21	2.440	2.544	9.9	3.9	13.8	2.3	10.12	28	
2		63.0	63.7	64.0	63.4	63.5	1210.81	716.28	1212.93		496.64	2.458			2.8	13.7	2.3	11.28	32	
3		62.9	63.3	63.0	63.2	63.3	1206.13	716.31	1209.42		493.10	2.446			2.9	13.8	1.7	10.56	33	
4		64.0	63.2	63.7	63.0	63.4	1212.10	707.24	1214.81		497.57	2.436			4.1	14.0	0.7	11.83	27	
												2.440			3.9	13.0	71.7	10.9	30	

主管		复核		试验	

______高速公路

粗、中、细粒式沥青混合料马歇尔试验记录

表 3-8-11

____公路____合同段　　　　第____页　共____页　　　　监路试 07 表

工程名称	路　面			混合料类型	AC—25I		
所用区段	K104+000～K100+540 右幅	试验方法	TOT 02—2000	取样人		取样日期	2004.12.5
规范要求	稳定度 kN ≥8	流值 10^{-1}mm	20～40	空隙率(%)	3～6	饱和度(%)	70～85

试件制用	捣击温度	135℃	锤击次数	75	制作日期	2004.12.5	试验日期	2004.12.6	
	材料名称	沥青	碎石(cm)	碎石(cm)	石屑	砂	矿粉	外掺剂	备注
	型号及规格								
	产地								
	相对密度(g/cm^3)								
	重量百分率(%)								

试件编号	油石比(%)	试件厚度					试件重(g)	水中重(g)	饱和面干重(g)	蜡封试件重(g)	体积(cm^3)	试验密度(g/cm^3)	理论密度(g/cm^3)	沥青体积百分率(%)	空隙率(%)	粒料空隙率(%)	饱和度(%)	稳定度 kN	流值 10^{-1}(mm)	备注
	1	2				平均	3	4	5	6	7	8	9	10	11	12	13	14	15	16
1		62.8	64.0	64.0	63.2	63.8	1190.60	697.28	1192.05		494.77	2.406	2.510	9.8	4.14	13.9	70.3	10.97	37.7	
2		64.0	64.1	62.8	63.8	63.9	1192.95	698.27	1195.24		476.97	2.400			4.27	14.2	69.2	13.04	28.4	
3		62.3	63.3	62.4	62.4	63.4	1190.66	697.02	1192.99		495.97	2.411			4.36	14.2	69.2	13.70	37.9	
4		63.8	62.0	63.9	62.5	63.6	1193.69	699.24	1195.88		496.54	2.404			4.23	14.0	69.9	11.36	37.6	
												2.403			4.28	14.1	69.7	12.61	35.4	

主　管		复　核		试　验	

______高速公路

沥青路面压实度试验记录

表 3-8-12

______公路______合同段　　　　第____页　共____页　　　　监路试 08 表

<table>
<tr><td>工 程 名 称</td><td colspan="2">沥青混凝土下面层</td><td colspan="2">混合料类型</td><td colspan="2">AC－25I</td><td colspan="2">抽 检 段</td><td colspan="2">K100＋180</td><td colspan="2">试 验 方 法</td><td colspan="2">TOT 05—2000</td></tr>
<tr><td>要求压实度</td><td colspan="2">97%</td><td colspan="2">取样人</td><td colspan="2"></td><td colspan="2">取样日期</td><td colspan="2">2004.12.9</td><td colspan="2">试验日期</td><td colspan="2">2004.12.10</td></tr>
<tr><td rowspan="2">取样位置</td><td colspan="5">芯样厚度 cm)</td><td rowspan="2">芯样重量(g)</td><td rowspan="2">水中重(g)</td><td rowspan="2">饱和面干重(g)</td><td rowspan="2">蜡封芯样重(g)</td><td rowspan="2">芯样体积(cm³)</td><td rowspan="2">实测密度(g/cm³)</td><td rowspan="2">标准密度(g/cm³)</td><td rowspan="2">压实度(%)</td><td rowspan="2">备注</td></tr>
<tr><td>1</td><td>2</td><td>3</td><td>4</td><td>平均</td></tr>
<tr><td>K100＋180 距左 1m</td><td>65.0</td><td>65.4</td><td>64.7</td><td>64.1</td><td>64.9</td><td>481.4</td><td>2.388</td><td>1152.6</td><td></td><td>481.4</td><td>2.388</td><td>2.420</td><td>98.7</td><td></td></tr>
<tr><td>K100＋180 中</td><td>60.7</td><td>61.5</td><td>61.7</td><td>61.5</td><td>61.4</td><td>459.6</td><td>2.352</td><td>1083.8</td><td></td><td>459.6</td><td>2.352</td><td>2.420</td><td>97.2</td><td></td></tr>
<tr><td>K100＋180 距右 1m</td><td>63.0</td><td>62.6</td><td>62.8</td><td>61.7</td><td>62.5</td><td>463.1</td><td>2.411</td><td>1119.4</td><td></td><td>463.1</td><td>2.411</td><td>2.420</td><td>99.6</td><td></td></tr>
<tr><td></td><td></td><td></td><td></td><td></td><td></td><td></td><td></td><td></td><td></td><td></td><td></td><td></td><td></td><td></td></tr>
<tr><td></td><td></td><td></td><td></td><td></td><td></td><td></td><td></td><td></td><td></td><td></td><td></td><td></td><td></td><td></td></tr>
<tr><td colspan="5">主 管</td><td colspan="2">复 核</td><td colspan="3"></td><td colspan="2">试 验</td><td colspan="3"></td></tr>
</table>

第九节　桥梁、涵洞工程质量控制细则

一、概述

为保证桥梁、涵洞工程质量，使桥梁、涵洞工程施工标准化、规范化、程序化，提高监理工作水平，本节对桥涵工程质量控制重点做了明确的阐述。

桥梁、涵洞工程质量控制，主要是根据国家现行有关技术标准、经济法规、交通部《公路工程国内招标文件范本》、《公路桥涵施工技术规范》(JTJ 041—2000)、《公路工程质量检验评定标准》(JTG F80/1—2000)以及招标时业主制订的《项目专用本》和与承包人签订的施工合同文件及施工设计图纸，并严格按照上述法规、规范、标准、合同文件所规定的质量控制目标进行工程质量控制。

二、桥梁工程施工准备阶段的监理要点

(一)原材料质量控制要点

1. 原材料进场前质量检查

在施工准备阶段，承包人应将自购施工原材料的料源(明确材料名称、规格、数量、产地、使用部位等)报监理工程师审批，监理工程师应就承包人所报料源资料进行认真审查并现场查勘。在料源批复之前，承包人不得将所报原材料进场使用。

2. 原材料进场后质量控制

原材料进场后，试验监理工程师应按合同、规范或项目规定的检测项目和频率进行抽样检测，合格后方可用于工程实体，并作为审批开工报告的依据之一。

3. 对外购成品及半成品构件的处理

对外购成品及半成品构件，监理工程师应检查其资质及出场质量书，必要时赴现场考察厂方施工工艺及质量控制情况。

4. 对不合格原材料的处理

经试验检测确定为不合格的原材料，监理工程师应书面通知承包人清理出场，严禁用于工程实体。

(二)工地试验室监理要点

原材料料源选定后，监理工程师应就承包人工地试验室做以下检查。

(1)位置及规模是否满足本项目工程试验要求；

(2)试验人员的资质、人数能否满足正常试验的需要；

(3)试验仪器的数量和性能是否符合合同的要求；

(4)试验仪器是否按要求进行标定；

(5)是否通过行业主管部门的临时资质审查，获得临时资质证书。

(三)对承包人技术准备工作的监理要点

监理工程师应督促承包人认真做好以下工作：(参照第二章施工准备阶段的相关内容)。除此之外，监理工程师对单项工程开工报告的审批还应注意如下几点。

1. 施工方案、质保体系、质量控制目标的审查

是否按照批复的总体施工组织设计中的方案组织施工，质保体系是否健全并能正常运转，质量控制目标是否与项目控制目标相一致，各单项工程的抽检频率是否符合规范要求。

2. 机械、人员、设备到位情况

是否按照施工组织设计要求配足业务熟练、资质相符的管理人员，具有同等施工能力的机械、设备，各种机械设备是否配套，平衡配置。

3. 测量、试验工作是否到位

(1)测量控制点是否复核完成，其结果是否满足要求，开工报告中需附测量成果批复表；

(2)各种原材料试验，标准试验是否完成并已批复，开工报告中需附相关批复文件；

(3)各种进场原材料是否抽检合格。

4. 施工图审核是否完成

(1)单位、分部、分项工程的划分是否完成并经过审批；

(2)单项工程数量是否审核完成并审批；

(3)施工图中的错误、遗漏、数据不明确等问题是否已答疑完毕。

5. 所附施工资料样表是否齐全

6. 监理工程师的审批

监理工程师应提出具体意见、要求和施工注意事项，质量控制程序、质量标准及检测频率，并明确专业监理工程师及监理助理。

三、桥梁工程施工阶段监理要点

(一)明挖扩大基础

1. 基础放线

(1)根据经复测精度满足要求的导线点和加密点，对拟施工的结构物轴线逐墩、台进行坐标计算，复核无误后方可进行单台、墩放线。

(2)依据设计的基础尺寸和基础地质情况，放线时留足边坡坡率，保证基础周围有足够的施工作业面，一般应比基础平面尺寸增宽0.5～1.0m。

(3)为便于基坑开挖后检查、复核，基础的纵、横轴线控制桩应延长至坑外，并加以固定。

(4)基坑放线后，承包人应及时填写《基础放线检查表》，并由测量专业监理工程师对其平面位置和测量放线精度进行复核确认。

2. 基坑开挖监理要点

(1)基础开挖之前，监理应对基础原地面高程、平面位置进行测量检查，作为工程量审核的依据，在未得到批准之前不得进行基础开挖。

(2)基础开挖平面位置和高程，必须符合设计要求。

(3)监理工程师应对承包人开挖的基坑进行检查、检验。基坑须检验的项目有如下几点。

①基底平面位置，尺寸和基底高程；

②基底承载力是否符合设计要求；

③如需要进行基底处理，处理后的平面位置、尺寸、高程和承载力是否达到相关要求；

④基坑未经监理工程师现场检查确认，不得进行下一道工序施工；

⑤基底超挖部分应分情况予以处理，不得用虚土回填；

⑥基底应平整，否则应开挖台阶，如基底有水必须做好排水措施。

3. 基础开挖监理程序

测量定位检查—审批开工报告—基底检查认可（高程、平面位置、平面尺寸、承载力）—模板检查—钢筋检查—混凝土浇筑（监理旁站）—混凝土成品检查—中间交工检查验收。

（二）钻孔灌注桩监理要点

1. 审批《开工报告》并要求承包人按《实施性施工组织设计》中钻孔灌注桩所承诺的钻孔机械、施工工艺，根据不同的地质情况，采用正确的施工方法进行施工。

2. 开钻前，检查验收桩位及护筒埋设情况，及时填写《钻孔桩护筒桩位检查表》。

3. 认真填写《钻孔桩钻孔记录表》，监理工程师应要求承包人、施工人员如实填写包括以下内容的钻孔记录。

①交接班时间以及注意事项；

②本班次钻孔进尺；

③根据原设计地质钻探资料和捞取的渣样，判断分析描述本班次地质情况；

a. 钻头磨损以及修复情况，特别是钻头直径的检查数据；

b. 钻孔中的泥浆比重、黏度和孔内泥浆水位。

4. 在钻孔除渣或因故障停钻时，检查孔内水位和泥浆相对黏度，防止造成坍孔事故。

5. 钻孔作业中，经常检查钻孔机座是否平稳，利用桩位的护桩检查钻机是否移位并及时予以调正。

6. 结合设计要求及实际钻孔情况确定桩长，及时填写《钻孔桩成孔检查表》。

7. 成孔检查项目有如下几点。

（1）设计的孔底高程和实际钻孔的孔底高程以及护筒高程；

（2）应钻孔深度和实际钻孔深度；

（3）设计桩径和实际钻孔桩径；

（4）规范允许的倾斜度和成孔实测倾斜度；

（5）要求使用探孔器检测的桩孔应注明探孔器制作的直径、长度以及探孔器检测情况的描述。

8. 清孔

（1）钻孔达到图纸设计高程，钻孔经成孔检查并复验确认符合设计和规范要求后，即可同意承包人进行清孔。

（2）清孔的方法可根据具体地质情况、机械设备、设计要求等情况，选用掏渣、换浆等方法将孔底石渣、砂砾清除孔外。如采用换浆法清孔时，应使泥浆保持相对的密度和黏度，以便较大颗粒的钻渣随泥浆浮出孔外。

（3）清孔后的孔底沉淀物厚度达到规定的沉淀厚度标准后，方可吊入经自检并经监理工程师复验合格的钢筋骨架。

（4）混凝土灌注前检查如下几点。

①沉淀层厚度是否符合规范或图纸要求；

②泥浆比重和黏度，含砂率是否符合要求；

③钢筋骨架顶面高程，位置是否符合要求。

9. 水下混凝土灌注监理要点

（1）检查承包人是否做好灌注水下混凝土前的准备工作。

①施工机械是否满足施工需要，吊车、运输罐车、搅拌机械以及备用发电机是否完好。

②灌注用导管每节长度配置是否合理，是否经过规定水压（水深的 1.3 倍）水密渗透试验。

③灌注用大漏斗容积是否能保证一次将所灌孔导管出料口埋深不小于 1m。

④水下混凝土配合比是否经过试验审批，水泥规格、粗细骨料是否符合要求。

(2)水下混凝土灌注应连续进行，中途拆卸导管、料斗的时间以及罐车运输时间应尽量缩短，若在规定时间内不能完成，则应掺入缓凝剂。

(3)水下混凝土的坍落度、和易性是灌注过程是否顺利进行的关键，监理工程师应严格按设计配合比调整施工配合比，并在施工现场进行抽检，不合格的混凝土不得灌注。

(4)在整个灌注过程中，应经常量测孔内混凝土面层的高程，及时调整导管埋置深度，一般控制在 2～6m 之间。

(5)按照规范要求的检测方法和比例，合理安排布置受检测桩位。

(6)钻孔灌注桩质量验收的内容如下。

①成孔资料、孔位、孔径、孔深、倾斜度、沉淀厚度；

②钢筋笼检查资料；

③混凝土拌和及灌注资料，以及混凝土强度报告；

④按合同规范或设计文件进行钻芯取样试验。

(三)钢筋加工监理要点

1.钢筋工程监理事项

(1)钢筋的力学性能必须符合国家标准；

(2)钢筋必须按不同钢种、等级、牌号、规格及生产厂家分批验收，不得混杂，且应标识清楚。应储存于地面以上 0.5m 的平台、垫木或其他支承上，并应保护其不受机械损伤及由于暴露于大气而产生锈蚀和表面破损；

(3)钢筋应具有出厂质量证明书；

(4)钢筋代用应符合以下规定。

①经监理工程师同意，屈服强度高的钢筋可以代替屈服强度低的钢筋，但代用钢筋总面积和总周长均不得小丁原图所用钢筋；

②除非经监理工程师同意，不得以多种直径的钢筋代替原有同一直径的钢筋；

③光圆钢筋不得代替带肋钢筋；

④代用的钢筋层数不得多于原图纸规定钢筋层数。

2.钢筋加工监理要点

(1)调直钢筋和清除污锈应符合有关规范要求，盘筋和弯曲的钢筋，采用冷拉方法调直时，I 级钢筋的冷拉率不宜大于 2%；HRB335、HRB400 号钢筋的冷拉率不宜大于 1%。

(2)钢筋弯制应符合设计要求。

3.钢筋连接监理要点

(1)受力主筋的连接仅允许按图纸或按批准的加工图规定设置。

(2)钢筋连接点不应设于最大应力处，接头应交错排列。

(3)钢筋的纵向焊接，应优先采用直螺纹连接、挤压套筒、闪光对焊等工艺；当缺乏条件时，可采用电弧焊（搭接焊、帮条焊）。当采用闪光对焊焊接热轧钢筋时，钢筋的焊接端应在垂直于钢筋的轴线方向切平，两焊接端面应彼此平行。在构件任一有钢筋焊接接头的区段内，闪光对焊接头的钢筋面积，在受拉区不应超过钢筋总面积的50％，上述区段长度不小于35d(d为钢筋直径)且不小于500mm。同一根钢筋在上述区段内不得有两个接头。采用电弧焊接热轧钢筋时，焊缝长度、宽度、厚度应符合图纸规定，电弧焊接接头与钢筋弯曲处的距离不应小于10倍钢筋直径。

(4)在不利于焊接的气候条件下，施焊场地应采取适当的措施。当环境湿度温度低于5℃时，钢筋在焊接前应预热；当温度低于－20℃时，不得进行电焊。

(5)除图纸所示或监理工程师同意(当无焊接及机械接头条件时，且钢筋直径≤25mm)外，一般不宜采用绑扎搭接接头。搭接部分应在三处绑扎，即中点及两端，采用直径为0.7～1.6mm(视钢筋直径而定)的软退火铁丝。在构件任一有钢筋绑扎搭接接头的区段内，搭接接头的钢筋面积，在受拉区不得超过其总面积的25％，受压区不得超过其总面积的50％。

4.钢筋骨架和钢筋网监理要点

(1)宜先制成钢筋骨架或钢筋网片，运至工地后就位，进行焊接或绑扎，以保证安装质量和加快施工进度。

(2)预制成的钢筋骨架，必须具有足够的刚度和稳定性。

(3)钢筋骨架的焊接拼装应在坚固的工作台上进行。

(四)模板、拱架和支架监理要点

1.模板的加工

随着高等级公路的快速发展以及人们欣赏水平的提高，混凝土的外观质量普遍引起人们的重视。因此，为使所有外露的混凝土构造物在可视、可感部分的质量上一个新台阶，即结构物外表平整、密实、光洁、线形顺畅、色泽均匀一致、模板接缝平顺、混凝土外观无蜂窝、麻面、漏浆、错台等缺陷，不允许有任何修饰和修补。混凝土施工模板制作时除满足规范要求外还应符合以下要求。

(1)桥梁预制梁板外模板采用新的钢模板，芯模可采取易拆除的木模、钢模、胶囊等，面板厚度不小于6mm且分段长度不宜小于2m，加劲肋采用10cm槽钢加强，间距不大于50cm，表面光滑平整，预制平台表面应铺厚度不小于8mm且分段长度不小于2m的平面钢板，其表面光滑平整。

(2)其他结构物的模板采用整体新钢模板，模板厚度不小于8mm且分段长度不宜小于2m，加劲肋采用10cm槽钢加强，间距不大于50cm，板面平整光滑，几何尺寸及接缝加工准确精细。

(3)现浇箱梁的模板，可采用整体钢模或优质抛光面厚度不小于1.5cm的竹胶板或其他材料加铺塑料板、地板革等达到整体效果。

(4)系梁、盖梁、预制梁板等模板，采取预拼装，编号后安装的施工方式；墩、柱施工采取先拼装，后整体安装的施工方式进行施工。

(5)所有模板均采用对缝方式拼接模板，接缝应采用双面海绵胶带，橡胶板垫或自配接缝胶封严密，杜绝采用透明胶带粘贴或焊接打磨。

(6)脱模剂必须选用方便脱模，且能确保混凝土色泽一致，不污染混凝土本色的材料。

2.模板、拱架和支架的批复

所有的混凝土构造物模板、拱架和支架，在开工前14天内，承包人应向监理工程师提交模板、拱架和支架的施工工艺，应力、稳定及预算挠度计算书，监理工程师应认真审核并予以批准。

虽有监理工程师的批准，但并不排除承包人对此应负的责任。批复时应注意以下几个方面。

(1)结构表面外露的模板挠度不得超过模板构件跨度的1/400，结构隐蔽面的模板不应超过1/250；

(2)支架、拱架的杆件扰度不得大于相应结构跨度的1/400；

(3)钢模板的面板变形不应大于1.5mm，钢模板的钢棱和柱箍的变形值不大于$L/500$和$B/500$(L为跨径，B为柱宽)；

(4)验证模板及其支架在荷载作用下其倾覆稳定系数不得小于1.3，拱架各截面的应力验证倾覆稳定系数不得小于1.3；

(5)拱架和支架的预拱度应考虑以下因素。

①支架和拱架承受施工荷载后引起的弹性变形；

②超静定结构由于混凝土收缩及徐变而引起的挠度；

③由于杆件接头的挤压和卸落设备的压缩而产生的塑性变形；

④脚手架基础在受载后的弹性沉降；

⑤梁、板、拱的底模板的预拱度设置。

3.模板、拱架和支架的制作和安装监理要点

(1)梁及墩台帽的突出部分，应做成倒角或削边，以便脱模，并按图纸所示或监理工程师指示，在结构物的某些部位设置凸条或凹槽的装饰线；

(2)在模板内的金属连接件或锚固件，应至少在混凝土表面25mm深处将其拆卸或截断，且不损伤混凝土。混凝土表面所留空洞应用水泥砂浆填塞，表面应坚固、光滑、平顺，颜色均匀；

(3)充气胶囊用作内模时，应在使用前检查是否漏气，在施工中防止铁件扎破和硬折，确保气压稳定，位置准确。使用后及时清理表面泥浆，并防止日晒和有害物质侵蚀；

(4)模板内应无污物、砂浆及其他物质。以后要拆除的模板，应在使用前彻底涂以脱模剂。脱模剂或其他相当的代替品，应能易于脱模，使混凝土不变色；

(5)当所有和模板有关的工作做完，待浇混凝土构件中所有预埋件亦安装完毕，应经监理工程师检查认可后，才能浇筑混凝土。这些工作应包括清除模板中所有污物、碎屑物、木屑以及其他杂物；

(6)除非监理工程师批准，拱架和支架不得支承于除基础以外的结构物的任何部分；

(7)在拱架和支架中应设有合适的千斤顶和楔块，以便用于调整在浇筑混凝土以前或浇筑混凝土时支架的沉降。拱架建造应使落架缓慢且均匀。桥梁中支撑桥面板及悬出部分脚手架的设计，应使在浇筑桥面混凝土时，梁和桥面板模板间无明显的不均匀沉降；

(8)在浇筑混凝土及砌筑拱圈过程中，承包人应随时测量和记录拱架和支架的沉降量。在监理工程师同意下，必要时可将发生过度沉降的拱架和支架的底脚顶起；

(9)现浇混凝土的梁(板)结构，在其支架架设完后，应按图纸要求或监理工程师的指示，对支架进行预压，加在支架上的载荷应为梁(板)自重加施工动载。

(五)结构混凝土监理要点

1.一般监理要点

(1)结构混凝土各部位强度等级必须符合设计图纸注明的强度等级；

(2)各强度等级的混凝土必须经过设计试配，并经过上一级试验单位做平行试验合格，经批准使用的配合比；

(3)严格控制材料计量、配合比情况。认真检查拌和方法，材料倒入顺序、外加剂加入方法等。对离析严重等不合格的混凝土应指令废弃，不得直接进行结构混凝土的浇筑；

(4)混凝土运输应首选输送泵，距离较远，采用罐车运输时料斗应不停旋转，严禁途中停转使混凝离析；

(5)混凝土由高处向低处浇筑时，其垂直高度不超过2.0m，因地形限制高度超过2.0m，应采用滑槽，吊桶或导管进行浇筑，无论采取哪种方法，都不应使混凝土产生离析现象；

(6)现场监理应抽检混合料的温度(冬季、夏季施工)、坍落度等，制取标养试件及其他试件；

(7)发生停电等突然事故，应按规范要求设置施工缝，确保接缝质量；

(8)混凝土养生和脱模。

①检查养生方法和养生时间，洒水养生必须保湿，不得形成干湿循环。

②对墩柱可采用塑料薄膜包裹保持湿度。

③注意对大体积混凝土的养护要求及温差规定。

2.基础及墩台施工监理要点

(1)基础及墩、台混凝土应水平分层连续浇筑施工，分层厚度以30cm为宜，用插入式振动器均匀振捣，直到表面泛浆，不再有气泡冒出为止，避免漏振或过振；

(2)当结构截面过大，不能在前层混凝土初凝前完成第二层浇筑时，应采用分块浇筑，每分块面积不小于50㎡，分块上、下层混凝土之间竖缝位置错开布置，按施工缝处理；

(3)基础及墩台模板应有足够的强度和刚度，模板支撑牢固稳定。浇筑混凝土施工期间须有专人巡视检查，及时对变形、松动、移位的地方进行加固调整，以保证混凝土成品各部尺寸符合要求；

(4)设计为片石混凝土结构的墩台，除按照混凝土浇筑有关要求外，还需符合以下要求和规定。

①按结构物的体积以及每分层的体积，将符合要求的片石按不大于20%的结构体积计算，分堆码放，以便准确控制片石掺量；

②片石的最小厚度不小于15cm；

③片石的抗压强度不低于30MPa，表面的泥土杂物应清洗干净，禁止采用沾有油污及有害物质的片石；

④片石应均匀摆放，两片石之间净距不小于10cm，距模板和顶面不小于15cm，且不得接触钢筋和预埋件。

⑤基础及墩、台浇筑过程中，监理必须全过程旁站。

3.钢筋混凝土墩柱监理要点

(1)桩基必须经检测合格后，方可进行墩柱或承台的施工；

(2)墩柱钢筋骨架绑扎安装完毕，承包人须先行自检并填写《钢筋加工及安装检查表》报监理工程师复验，监理工程师应对以下项目进行复验。

①主筋的长度、根数，主筋间距以及制作尺寸；

②箍筋、螺旋筋的间距，特别是柱体上、下端螺旋筋加密区的长度和间距；

③主筋焊接的焊接方法、焊缝质量与长度以及在同一断面的接头比例；

④钢筋骨架表面清洗情况；

⑤钢筋的保护层厚度。

(3)柱体模板安装接头的平整度以及其平面位置必须符合规范要求；

(4)墩柱混凝土浇筑在施工条件和机具充分的情况下，应一次浇筑完成。

4. 盖梁施工监理要点

(1)盖梁施工前，必须对高程以及纵、横轴线进行测量；

(2)盖梁底模定位应采用抱箍或满堂式支架。采用抱箍定位时，抱箍的强度和刚度应经计算，内部与柱接触面设置橡胶垫片，即可保护柱的混凝土表面不被损坏，还可提高摩擦力；采用满堂式支架时，地面须经夯实硬化并支垫方木，保证盖梁施工中的相对稳固；

(3)盖梁混凝土应严格按照施工配合比进行拌和，混凝土浇筑时须整截面均匀水平分层浇筑，防止因混凝土堆积产生侧压力，使模板变形或移位；

(4)如设计无规定，柱体混凝土强度至少达到设计强度的75%以上时，方可进行盖梁施工；

(5)盖梁的整个施工过程，监理应全过程旁站。

5. 现浇箱梁监理要点

(1)钢筋混凝土梁在支架上浇筑

①浇筑梁体混凝土时，一般宜全横断面斜向分段，水平分层连续浇筑，上层与下层前后浇筑距离不应小于1.5m，每层浇筑厚度当用插入式振动棒时，不宜超过30cm；若不能一次浇筑完成，需要分层浇筑时，底板可一次浇筑完成，腹板可分层浇筑，分层间隔时间必须控制在混凝土初凝之前；

②简支梁板的浇筑，一般应由墩、台两端开始向跨中方向同时进行，如采用分层浇筑，也可从一端开始，无论采用何种方式，均应一次浇筑完成；

③一般跨径的悬臂梁桥混凝土浇筑，应从跨中向两端墩台进行，其邻跨悬臂应从悬臂向墩台进行，悬臂梁桥吊梁的混凝土，应在悬臂梁混凝土强度达到设计等级的70%后再行浇筑。

(2)现浇箱梁质量控制要点

①认真审批承包人提交的现浇箱梁施工方案，方案应有详细的内容和相关说明，包括支架静力计算等，严格审查支架的专用设备组拼方案，确保施工安全；

②支架地基应有足够的承载力，避免地基沉降过大或沉降不均匀；

③支架应稳定，其强度、刚度应符合现行《公路桥涵施工技术规范》(JTJ 041—2000)第9.2.3条和9.2.4条的规定；

④支架的弹性、非弹性变形及基础的允许下沉量应满足施工后梁体设计高程的要求；

⑤严格按批复的配合比进行施工，在混凝土初凝前，支架和地基变形应基本稳定，监理工程师应严格按图纸要求，检查预应力管道、钢筋、预埋件设置等；

⑥混凝土整体浇筑时应采取措施，尽量减少支座反力，以使桥墩钢性支撑和支架弹性支撑在受力时沉降均匀，避免墩顶处顶板开裂；

⑦若地基下沉可能造成梁体混凝土产生裂缝时，应分段浇筑，分段工作缝设在弯距零点附近。

6. T形刚构监理要点

(1)承包人应在T形刚构施工前14天，向监理工程师提交其施工方案，包括应力、稳定及预算挠度等计算书，监理工程师应认真审核并予以批准。虽有监理工程师的批准，但并不排除承包人对此应负的责任。

(2)T形刚构施工中，挠度控制极为重要。而影响挠度的因素较多，主要有挂篮的变形、刚构的自重、预应力大小、施工荷载、结构体系转换、混凝土收缩与徐变、日照和温度的变化等。挠度控制将影响到合龙精度及成功与否，故必须对挠度进行精确的计算和严格控制。

(3)多跨连续及连续钢构或组合系多个T形刚构必须均衡对称合龙。在各T形刚构最后一节梁段浇筑张拉完后，清除T形刚构上不必要的施工荷载，一时无法清除者可以移至0号块上，使各T形刚构上的荷载处于相对平衡状态。合龙时卸载也必须对称同步进行，避免在合龙段部造成相对变形，产生“剪力差”变位，影响合龙精度。

(4)在全桥各T形刚构最后一节梁段张拉完成后，对全桥的梁顶面高程及轴线进行联测，并连续观察气温变化及梁体相对高程变化和轴线偏位，观察合龙段在温度影响下的梁体长度变化。连续观察时间不少于48h，观测间隔根据温度变化情况和梁体的构造而定，一般可间隔3h观测一次。

(5)采用刚性支撑和张拉临时合龙束锁定方案，使合龙段两端形成可以支承一定弯矩和剪力的刚结点，防止由于温度等各种因素硬性在合龙尚未完成之前就产生变形。对刚支撑的段面积和支承位置及临时束的张拉力必须严格按设计要求实施。若刚性支承经验计算能满足承压抗剪和轴向力要求时，不施拉合临时束。刚性支撑锁定时间根据连续观测的结果确定，原则上是各合龙段在规定时间，即梁体相对变形最小和温度变化幅度最小的时间区间内，全桥对称，应完成合龙临时束张拉的准备工作(如千斤顶安放就位等)。待刚性支撑焊完之后，要求在1h之内张拉完设计要求的全部合龙束，至此已构成了多跨连续刚体系。

(6)合龙段混凝土浇筑。锁定刚性支撑后，应立即浇筑混凝土。为保证浇筑过程中混凝土始终处于稳定状态，在浇筑之前各悬臂端应加与混凝土质量相等的配重。加配重时要按桥轴线对称加载，卸载时按浇筑量分级卸载。

合龙段混凝土浇筑时应选在日气温较低，温度变化幅度小的时间内进行。浇筑完成后，时气温开始上升为宜。混凝土的强度要求早强，须做特殊配合比设计，注意振捣和养生质量，以防裂缝发生。

(7)待合龙混凝土强度达到设计要求后，方可进行底板束的张拉。应严格按照设计要求的张拉顺序双向对称张拉。

(8)当底板束张拉完一定数量后，根据设计要求，可以对称解除连续梁的临时固结支座，此时即完成全桥的体系转换。当临时固结解除后，就按设计要求张拉全桥剩余束，最终形成刚构连续组合体系。

7.预应力箱梁预制监理要点

(1)预应力箱梁施工前，承包人应编制详细的施工方案报监理工程师审批，施工方案一般应包括以下内容。

①施工现场工程技术人员配备，机具组合及劳力安排；

②各种地材、外购钢材、钢绞线的试验检测报告以及抽检报告和批复；

③张拉设备的千斤顶、油压表、测力仪的校验报告；

④“双控法”的张拉控制计算书；

⑤图纸或业主要求的孔道注浆工艺流程。

(2)按规定的检验方法和频率对钢绞线表面质量、直径、力学性能进行试验，各种指标必须符合设计和规范要求。

(3)按规定的检验方法和频率对预应力筋锚具的锚固性能、强度、硬度进行检测，其各项指标应符合现行《预应力筋用锚具、夹具和连接器》(GB/T 14370—2000)的要求。

(4)混凝土浇筑监理要点有如下几点。

①严格监督施工单位按照试验选用既满足强度又有较好和易性和流动性的施工配合比进行施工；

②箱梁的浇筑，一般情况下应先浇筑底板，振捣密实后，再进行腹板浇筑，最后浇筑顶板和翼板，一片梁应一次连续浇筑完毕；

③混凝土振捣必须使其混凝密实，表面平整、光洁，振捣时应避免接触预应力筋预埋管道和预埋钢筋，箱梁两端钢筋密集区应注意加强振捣，防止漏振；

④箱梁浇筑完毕后，及时覆盖养护，以防止裂纹的产生；

⑤整个箱梁混凝土浇筑过程，现场监理必须旁站监督，及时填写《混凝施工记录表》。

(5)预应力张拉

①在预应力张拉前，监理工程师应检查现场使用的压力表和千斤顶是否校核合格；

②拟张拉的箱梁混凝土强度应不低于图纸规定的强度，如图纸无规定，混凝土强度应不低于设计强度的75%；

③对承包人的预应力束进行检查，严禁缠绕，一般要经过理束—编号—定位帮扎—捆绑—穿束等程序；

④预应力张拉应按照图纸规定的顺序，从两端双束对称张拉，张拉程序、张拉应力和持荷时间应符合图纸和规范规定的要求；

⑤预应力筋张拉到规定荷载后，应仔细检查其实际伸长量，如实际伸长量误差超过理论伸长值的6%时，应查明原因；

⑥预应力筋在张拉或持荷以及锚固过程中出现滑丝、断丝，其数量不得超过现行《公路桥涵施工技术规范》(JTJ 041—2000)中表12.9.2-2之规定；

⑦整个张拉、锚固过程监理工程师应全过程旁站监督。

8.孔道压浆监理要点

(1)普通压浆

①压浆前检查设备校验情况，工作性能能否满足施工需要；

②检查水泥浆的配合比是否符合要求；

③检查压浆温度、压浆顺序、压浆压力和稳压时间等，并认真做好压浆记录；

④按工作班抽取试件，并按相关要求进行强度评定。

(2)真空压浆

①施工前检查设备、原材料、配合比是否符合要求；

②通过工艺试验确定各种参数，要求承包人制定孔道真空注浆施工方案并予以审核批复；

③按批复的压浆施工方案中的压浆顺序、方法及安全操作事项监督施工；

④检查真空度(负压一般为−0.06～0.09MPa)；

⑤检查水泥浆技术指标、温度等，必须符合有关要求。

(六)梁板安装

(1)梁板安装方案审查要点有如下几点。

①梁体安装方案是否与桥梁上部结构形式，桥高、跨径、地形和设备状况相适应；

②下部结构施工和预制构件施工的施工次序安排是否合理；

③安装设备的强度、刚度和稳定性是否满足施工要求。

(2)安装前必须检测支座垫石高程、平面位置和平整度，各项误差应在规范允许范围内。

(3)安装前检查支座产品合格证书中有关技术性能指标，如不符合设计要求不得使用。在构件安装平稳脱勾后检查各个支座的受力情况，当支座与梁体或垫石未能紧贴、就位不准确或支座发生变形等状况，超出规范允许值时，应重新吊起予以纠正。

(4)每个构件在安装就位后应随即检查平台位置和顶面的高程，不满足设计要求时必须吊起重新就位。

(5)构件就位检查合格，及时对构件进行连接或固定，确认构件稳定后方可脱钩。

(七)桥面系施工监理要点

1.桥面防水

桥面防水层应按设计要求设置。防水层材料应经过检查。防水层通过伸缩缝或沉降缝时应按设计规定铺设。防水层在横桥向不应留接缝，底层表面应平顺、干燥、平整。

2.桥面铺装施工监理要点

(1)混凝土配合比必须经过监理工程师审批；

(2)桥面混凝土铺装层施工必须在梁板安装中间交验合格后方可进行，未经交验的梁板不得进行桥面整体化施工；

(3)在进行桥面铺装混凝土施工前必须对箱梁顶面的水泥浆、混凝土残渣等清除彻底，并用高压水冲洗干净，对梁板顶面拉毛不到位的部分须进行凿毛处理，确保混凝土铺装层与梁板黏结良好；

(4)为增强铺装层的整体性及抗剪能力，桥面钢筋网的安装定位必须用锚固架立钢筋并与钢筋网焊接牢固，以保证钢筋网位置准确和保护层厚度，不得使用砂浆垫块支垫钢筋网；

(5)桥面混凝土铺装应用平板振动器配合振捣梁在半幅宽度上一次铺筑，以保证桥面铺装的平整度及整体性；

(6)桥面钢筋网应在整个桥面铺装层内连续，纵、横向不得断开，钢筋网未经监理检查不得进行混凝土浇筑施工；

(7)在每次施工的桥面铺装混凝土修整完成并在其表面收浆、拉毛后，须尽快按规范要求进行养生；

(8)沥青混凝土桥面铺装的配合比设计、铺筑、碾压等施工程序，应符合现行《公路沥青路面施工技术规范》(JTG F40—2004)的有关规定。

3.泄水管

泄水管安设位置应在梁板预制或护栏施工中根据设计要求预先留出孔位。管道要有良好的固定装置。

4.伸缩缝

(1)安装橡胶伸缩装置前，应清理梁端之间落入的碎石、泥块等杂物，缝宽应符合设计要求；

(2)橡胶伸缩装置应符合现行《公路桥梁橡胶伸缩装置》(JT/T 327—2004)标准的规定，型号符合设计要求；

(3)伸缩装置安装之前，应按照安装时的气温调整安装时的定位值，用专用卡具将其固定；

(4)安装时，伸缩装置的中心线与盖梁中线重合，顶面高程符合设计高程并应与桥台铺装层顶面相吻合；

(5)伸缩缝两侧混凝土强度等指标应符合设计，安装时混凝土强度满足设计要求后方可开放交通。

5. 防护设施

(1)墙式或柱式护栏的平面线形应与路线纵断面和竖向一致,与已完成的桥台铺装层的高差宜保持一致;

(2)伸缩缝的设置应符合设计,断缝位置的选择应根据伸缩缝综合考虑,墙式护栏两个断缝间距宜小于 10m;

(3)墙式护栏施工完成后,外侧应清理干净,若梁顶有外露面,应采用 M10 水泥砂浆抹平。

四、涵洞工程监理要点

1. 一般监理事项

(1)开工前,应核对设计资料、地形复杂处涵洞施工详图,通过放样核实设计涵位,涵长和交角高程是否满足地形或农田排灌的要求,当设计不能满足使用要求时,可按有关变更设计的规定办理;

(2)测定中线和墩台位置;

(3)审查沉降缝的防水层材料、回填时间、回填顺序、回填土的压实度、涵洞进出口及其沟床等。

2. 管涵检查部位

(1)基底处理,涵洞一般设置在冲沟、水渠等常年过水位置,在基础开挖后应做地基承载力试验。当地基承载力不能满足设计要求时,应采取处理措施。

(2)管座施工。

(3)涵顶回填。

(4)管节安装质量。

3. 拱涵、盖板涵检查事项

(1)拱圈和出入口拱上端墙应由两侧向中间对称施工;

(2)现浇拱圈宜连续进行,宜采用连续钢模板;

(3)当采用土工牛胎施工时注意事项如下:

①土牛台土的质量;

②每层填土厚度;

③压实度;

④填土宽度及表土保护层。

(4)预制拱圈和盖板施工时注意事项如下。

①检查盖板上下面的方向、倾斜角、安装时的强度、成品及拱座、墩台尺寸、吊装孔的处理;

②拆除拱架时,应注意拱圈砂浆或混凝土强度、拱顶填土时间。

4. 沉降缝的位置

涵洞沉降缝的设置应符合设计和规范要求,沉降缝处两端面应竖直、平整、上下不得交错。填缝料应具有弹性和不透水性,填塞紧密。

5. 涵洞各部位尺寸、流水面高程应符合设计

6. 涵洞进出水口

涵洞进出水口应与地形衔接吻合,必要时设置附属引排水设施。

7. 涵背回填

涵洞完成后，当砌体砂浆或混凝土强度达到设计强度 75%时方可回填涵背。涵背回填应符合相关规范要求。

从下列示桥梁、涵洞工程常用表格及格式，见表 3-9-1～表 3-9-25。

桥梁、涵洞工程常用表格

表 3-9-1

编　号	表格名称	备　注
	桥类(共 24 种)	
表 3-9-2 监桥 01 表	钻孔桩护筒、桩位检查表	
表 3-9-3 监桥 02 表	钻孔桩成孔检查表	
表 3-9-4 监桥 03 表	钻孔桩混凝土灌注前检查表	
表 3-9-5 监桥 04 表	钻孔桩混凝土施工检查表	
表 3-9-6 监桥 05 表	钻孔桩成桩检查表	
表 3-9-7 监桥 06 表	挖孔桩挖孔记录表	
表 3-9-8 监桥 07 表	挖孔桩成孔检查表	
表 3-9-9 监桥 08 表	挖孔桩混凝土灌注前检查表	
表 3-9-10 监桥 09 表	基础施工放样检查表	
表 3-9-11 监桥 10 表	基底处理施工检查表	
表 3-9-12 监桥 11 表	模板检查表	
表 3-9-13 监桥 12 表	钢筋加工及安检查表	
表 3-9-14 监桥 13 表	钢筋网检查表	
表 3-9-15 监桥 14 表	混凝土施工记录表	
表 3-9-16 监桥 15 表	混凝土成品检查表	
表 3-9-17 监桥 16 表	混凝土养护检查表	
表 3-9-18 监桥 17 表	就地浇筑梁(板)检查表	
表 3-9-19 监桥 18 表	预应力孔道检查表	
表 3-9-20 监桥 19 表	预制梁封端检查表	
表 3-9-21 监桥 20 表	预制梁(板)成品检查表	
表 3-9-22 监桥 21 表	梁(板)安装检查表	
表 3-9-23 监桥 22 表	桥面铺装检查表	
表 3-9-24 监桥 23 表	桥梁护栏检查表	
表 3-9-25 监桥 24 表	挖孔桩混凝土灌注前检查表	

××高速公路

钻孔桩护筒、桩位检查表

表 3-9-2

××高速公路××合同段　　　　第 1 页共 1 页　　　　监桥 01 表

<table>
<tr><td colspan="2">工 程 名 称</td><td colspan="2">K92+790 大桥</td><td>检 查 日 期</td><td colspan="2">2004.11.23</td></tr>
<tr><td colspan="2">桩位编号</td><td colspan="2">5-B</td><td>地表(地下)水位</td><td colspan="2">1241.1</td></tr>
<tr><td colspan="2">护筒</td><td>类型:钢护筒</td><td>直径:1.4m</td><td>筒顶高程(m):1248.307</td><td colspan="2">埋深(m):1.3</td></tr>
<tr><td rowspan="2">中心位置</td><td>X</td><td>设计:3 717 705.231</td><td colspan="2">实测:3 717 705.233</td><td colspan="2">偏差:0.002</td></tr>
<tr><td>Y</td><td>设计:535 640.165</td><td colspan="2">实测:535 640.164</td><td colspan="2">偏差:0.001</td></tr>
<tr><td colspan="2">护筒底
地质情况</td><td colspan="2"></td><td>护筒埋置方法</td><td colspan="2">人工开挖埋置</td></tr>
<tr><td colspan="2">图示与说明</td><td colspan="5"></td></tr>
<tr><td colspan="7">检查结论:
经检查各项技术指标,符合设计及××规范××节××条要求</td></tr>
<tr><td>质检负责</td><td>×××</td><td>检测</td><td>×××</td><td>复核</td><td colspan="2">×××</td></tr>
<tr><td colspan="7">监理意见:

签名:　　　　××年×月×日</td></tr>
</table>

××高速公路

钻孔桩成孔检查表

表 3-9-3

××高速公路××合同段　　第 1 页共 1 页　　监桥 02 表

<table>
<tr><td>工 程 名 称</td><td colspan="2"></td><td>检 查 日 期</td><td colspan="2">2004.11.23</td></tr>
<tr><td>桩位</td><td>5-B</td><td>设计桩尖高程(m)</td><td>1 221.450</td><td>应钻深度(m)</td><td>26.857</td></tr>
<tr><td>护筒顶高程(m)</td><td>1 248.307</td><td>孔底实际高程(m)</td><td>1 221.307</td><td>设计桩径(m)</td><td>1.4</td></tr>
<tr><td>实钻深度(m)</td><td>27</td><td>倾斜率</td><td>0.03%</td><td>测设工具</td><td>测绳、检孔器</td></tr>
<tr><td colspan="3">直径:1.4
长:6.5</td><td colspan="3" rowspan="2">成孔示意图:</td></tr>
<tr><td colspan="3">检孔器检测情况:
检孔器不放顺畅
检孔器符合设计及规范要求</td></tr>
<tr><td colspan="6">检查结论:
经检查孔符合设计及××规范××节××条要求</td></tr>
</table>

质检负责	×××	检测	×××	复核	×××

<table>
<tr><td>监理意见:

签名:　　××年×月×日</td></tr>
</table>

××高速公路

钻孔桩混凝土灌注前检查表

表 3-9-4

××高速公路××合同段　　第 1 页共 1 页　　监桥 03 表

工 程 名 称	K92+790 大桥			检 查 日 期	2004.12.3
桩位				孔位偏差	0.001
设计桩径(m)	1.4	成孔直径(m)	1.42	护筒顶高程(m)	1.4
灌注混凝土前孔底高程(m)	1 221.307	护筒底高程(m)	1 246.807	沉淀层厚度	测绳、检孔器
检孔器检测情况	检孔器检验孔符合设计及规范要求				
是清孔、清孔方法及效果	清孔后泥浆浓度、含砂率等均符合设计及规范要求				
灌注前泥浆	密度(g/cm³)	1.098/cm³	含砂率(%)	2	
钻孔中出现的问题和处理方法	无问题				
钢筋骨架	主筋根数	24	焊接方式及长度(cm)	帮条电弧焊 22	
	主筋直径(mm)	22	骨贺顶面高程(m)	1246.494	
	吊放节数	2	骨架底面高程(m)	1221.450	

检查结论：

经检查灌注前各项技术指标均符合设计及××规范××节××条要求

质检负责	×××	检测	×××	复核	×××

监理意见：

签名：　　　　××年×月×日

××高速公路

钻孔桩混凝土施工检查表

表 3-9-5

××高速公路××合同段　　第 1 页共 1 页　　监桥 04 表

<table>
<tr><td>工 程 名 称</td><td colspan="2">K92+790 大桥</td><td>检 查 日 期</td><td>2004.12.3</td></tr>
<tr><td>桩位</td><td colspan="4">5 B</td></tr>
<tr><td>灌注时间</td><td colspan="2">开始:11∶05</td><td colspan="2">结束:14∶00</td></tr>
<tr><td>施工气温(℃)</td><td colspan="2">最高:4</td><td colspan="2">最低:—1</td></tr>
<tr><td>混凝土搅拌方式</td><td>强制机械拌和</td><td colspan="2">混凝土运输方式</td><td>混凝土搅拌运输车</td></tr>
<tr><td>设计桩顶高程(m)</td><td>1245</td><td colspan="2">灌注完毕后桩顶高程(m)</td><td></td></tr>
<tr><td>施工间断情况</td><td></td><td colspan="2">有无浮筋现象</td><td></td></tr>
<tr><td>水泥品种及强度等级</td><td></td><td colspan="2">水泥用量(kg/m³)</td><td></td></tr>
<tr><td>施工配合比</td><td></td><td colspan="2">水灰比</td><td></td></tr>
<tr><td>外加剂</td><td colspan="4">名称:UNF—3A 缓凝高效减水剂——掺入量:0.1%</td></tr>
<tr><td>实测坍落度(cm)</td><td colspan="4">19.19.19.19.19.20.19 平均:19</td></tr>
<tr><td>试件取样</td><td colspan="4">组数:　编号:</td></tr>
<tr><td colspan="5">检查结论:
经检查混凝土施工符合设计及××规范××节××条要求</td></tr>
</table>

质检负责	×××	检测	×××	复核	×××

监理意见:

签名:×××　　××年×月×日

××高速公路

钻孔桩成桩检查表

表 3-9-6

××高速公路××合同段　　　　第____页共____页　　　　监桥 05 表

<table>
<tr><td colspan="2">工 程 名 称</td><td colspan="2">K92+790 大桥</td><td>桩位</td><td>5～13 桩</td><td>检 查 日 期</td><td colspan="2">2005.12.13</td></tr>
<tr><td colspan="2">浇筑桩顶高程(m)</td><td colspan="2">1245.450</td><td>成桩顶高程(m)</td><td>1245.450</td><td colspan="2">设计混凝土强度等级</td><td>225</td></tr>
<tr><td rowspan="2">桩位坐标</td><td rowspan="2">设计</td><td>X</td><td>3 717 705.231</td><td>实测</td><td colspan="2">3 717 705.233</td><td colspan="2">偏差:+2mm</td></tr>
<tr><td>Y</td><td>535 640.164</td><td>实测</td><td colspan="2">535 640.165</td><td colspan="2">偏差:1mm</td></tr>
<tr><td>桩径尺寸</td><td>设计</td><td colspan="2">1.4m</td><td>实测</td><td colspan="2">1.43m</td><td colspan="2">偏差:+0.03m</td></tr>
<tr><td colspan="2">凿桩长度(m)</td><td colspan="7">50　2</td></tr>
<tr><td colspan="2">接桩长度(m)</td><td colspan="7">0</td></tr>
<tr><td colspan="2">凿桩后混凝土质量情况</td><td colspan="7">混凝土密实、无松散层</td></tr>
<tr><td colspan="2">最小保护层厚度(m)</td><td colspan="7">72</td></tr>
<tr><td colspan="2">露筋情况</td><td colspan="7">无</td></tr>
<tr><td colspan="2">露筋补修方法</td><td colspan="7">无</td></tr>
<tr><td colspan="2">混凝土外观检查</td><td colspan="7">密实、无松散层</td></tr>
<tr><td>图示</td><td colspan="4"></td><td colspan="4">检查结论：
符合设计及××规范××节××条要求</td></tr>
<tr><td colspan="2">质检负责</td><td>×××</td><td>检测</td><td>×××</td><td colspan="2">复核</td><td colspan="2">×××</td></tr>
<tr><td colspan="9">监理意见：

签名：×××　　　　××年×月×日</td></tr>
</table>

××高速公路

挖孔桩挖孔记录表

表 3-9-7

××高速公路××合同段　　　　第____页共____页　　　　监桥 06 表

工程名称		K93+600 大桥		桩位	4 号桩	施工起止时间	2004.9.6
设计桩长(m)		4	设计孔底高程(m)	1227.000	护壁顶高程(m)		1233.00
挖进时间		挖进深度(m)		地质情况	孔径、竖直度	护壁情况	备注
起	止	本次	累计				
9.6 8:00	9.9 18:00	1	1	漂石土	1.43m 0.0%	混凝土护壁	
9.11 8:00	9.15 17:00	1	2	漂石土	1.43m 0.0%	混凝土护壁	
9.18 8:00	9.21 17:00	1	3	强风化大理岩	1.43m 0.01%	混凝土护壁	
9.24 8:00	9.28 18:00	1	4	强风化大理岩	1.43m 0.1%	无护壁	
9.30 8:00	10.3 18:00	1	5	强风化大理岩	1.43m 0.2%	无护壁	
10.6 8:00	10.9 18:00	1	6	强风化大理岩	1.43m 0.2%	无护壁	
10.2 8:00	10.16 18:00	1	7	强风化大理岩	1.43m 0.2%	无护壁	
质检负责	×××			记录	×××		

监理意见：

签名：×××　　　　××年×月×日

××高速公路

挖孔桩成孔检查表

表 3-9-8

××高速公路××合同段　　　　第____页共____页　　　　监桥 07 表

工 程 名 称	K93＋600 大桥			检 查 日 期	2004.09.20
桩位	4 a 桩	设计桩顶高程(m)	1 231.000	应挖深度(m)	1 227.000
护壁顶高程(m)	1 233.000	孔底实际高程(m)	1 227.006	设计桩径(m)	1.4
实挖深度(m)	3.994	倾斜率	1%	岩深度(m)	2
测设工具					
检孔器说明： 长 6m,直径 1.4m 检孔器检测情况： 下放顺畅、符合设计及规范	成孔示意图：				
检查结论： 各项检查结果均符合设计及××规范××节××条要求,可以进行下道工序施工					
质检负责	××	检测	××	复核	××
监理意见： 签名:×××　　　　××年×月×日					

××高速公路

挖孔桩混凝土灌注前检查表

表 3-9-9

××高速公路××合同段　　　　第____页共____页　　　　监桥 08 表

工 程 名 称	K93+600 大桥		检 查 日 期	2004.10.20
桩位	4—a 桩		孔位偏差	3mm
设计桩径(m)	1.4	成桩直径(m)	1.4	
护壁顶高程(m)	1 233.000	灌注混凝土前孔底高程(m)	1 226.98	
检孔器检孔情况	下放顺畅,符合设计及规范要求			
挖孔中出现的问题和处理方法				
钢筋骨架	主筋根数	24	焊接方式及长度	
	主筋直径(mm)	22	骨架顶面高程(mm)	1 231.054
	吊放节数	1	骨架底面高程(mm)	1 227.01

检查结论:

符合设计及××规范××节××条要求

质检负责	×××	检测	×××	复核	×××

监理意见:

签名:×××　　　　××年×月×日

××高速公路

基础施工放样检查表

表 3-9-10

××高速公路××合同段　　　　第____页共____页　　　　监桥 09 表

<table>
<tr><td colspan="2">工程名称</td><td colspan="3">K93+600 大桥</td><td colspan="2">检查日期</td><td>2004. 8. 7</td></tr>
<tr><td colspan="2">施工部位</td><td colspan="6">0 号台基础</td></tr>
<tr><td rowspan="2">轴线偏位(mm)</td><td>横轴</td><td>左端</td><td colspan="2">3</td><td></td><td colspan="2"></td></tr>
<tr><td>纵轴</td><td>右端</td><td colspan="2">4</td><td></td><td colspan="2"></td></tr>
<tr><td rowspan="2">几何尺寸(mm)</td><td>长</td><td>设计</td><td>24 500</td><td>实测</td><td>24 510</td><td>偏差</td><td>+10</td></tr>
<tr><td>宽</td><td>设计</td><td>8 900</td><td>实测</td><td>8 910</td><td>偏差</td><td>+10</td></tr>
<tr><td colspan="2" rowspan="2">地面高程(m)</td><td>左前</td><td colspan="2">1 234. 673</td><td>右前</td><td colspan="2">1 234. 243</td></tr>
<tr><td>左后</td><td colspan="2">1 235. 764</td><td>右后</td><td colspan="2">1 243. 231</td></tr>
<tr><td>图示</td><td colspan="7"></td></tr>
<tr><td colspan="2">备注</td><td colspan="6"></td></tr>
<tr><td colspan="8">检查结论：
符合××规范××节××条要求</td></tr>
<tr><td colspan="2">质检负责</td><td>检测</td><td>×××</td><td>复核</td><td colspan="3">×××</td></tr>
<tr><td colspan="8">监理意见：

签名：×××　　　　××年×月×日</td></tr>
</table>

××高速公路

基底处理施工检查表

表 3-9-11

××高速公路××合同段　　　　第____页共____页　　　　监桥 10 表

<table>
<tr><td>工 程 名 称</td><td colspan="2">K93＋600 大桥</td><td colspan="2">桩　　号</td><td colspan="2">K93＋600</td><td>检 查 日 期</td><td>2004.8.12</td></tr>
<tr><td>施工日期</td><td>开始</td><td colspan="3">2004.8.8</td><td colspan="2">结束</td><td colspan="2">2004.8.11</td></tr>
<tr><td>处理方式</td><td colspan="8">砂砾石换填</td></tr>
<tr><td>底面高程(m)</td><td>设计</td><td colspan="3">1 235.000</td><td colspan="3">实测(m)</td><td>1 235.020</td></tr>
<tr><td>顶面高程(m)</td><td>设计</td><td colspan="3">1 236.000</td><td colspan="3">实测(m)</td><td>1 236.010</td></tr>
<tr><td>厚度</td><td>总厚(m)</td><td>1</td><td colspan="2">分层松铺(m)</td><td>0.152</td><td colspan="2">层数</td><td>7 层</td></tr>
<tr><td>示意图</td><td colspan="8"></td></tr>
<tr><td colspan="9">检查结论：

符合设计及××规范××节××条要求</td></tr>
<tr><td>质检负责</td><td>×××</td><td colspan="2">检测</td><td colspan="2">×××</td><td>复核</td><td colspan="2">×××</td></tr>
<tr><td colspan="9">监理意见：

签名：×××　　　　××年×月×日</td></tr>
</table>

××高速公路

模板检查表

表 3-9-12

××高速公路××合同段　　第____页共____页　　监桥 11 表

<table>
<tr><td>工 程 名 称</td><td colspan="4">K93+600 大桥</td><td colspan="3">检 查 日 期</td><td>2004.6.5</td></tr>
<tr><td>施工部位</td><td>10 号墩帽梁</td><td>模板类型</td><td colspan="2">钢模</td><td colspan="3">模板厚度(mm)</td><td>6</td></tr>
<tr><td>平整度(mm)</td><td>允许值</td><td>5</td><td colspan="2">检测点数</td><td>9</td><td>最大值</td><td>3</td><td>合格率 100%</td></tr>
<tr><td rowspan="3">尺寸偏差(mm)</td><td>中</td><td colspan="2">允许值</td><td colspan="2">±30</td><td colspan="2">实测值</td><td>12.10.26</td></tr>
<tr><td>宽</td><td colspan="2">允许值</td><td colspan="2">±30</td><td colspan="2">实测值</td><td>12.21.17</td></tr>
<tr><td>高</td><td colspan="2">允许值</td><td colspan="2">±30</td><td colspan="2">实测值</td><td>10.20.20</td></tr>
<tr><td>垂直度或坡度</td><td colspan="8">符合设计,偏差在允许范围内</td></tr>
<tr><td>接缝情况</td><td colspan="8">严密</td></tr>
<tr><td rowspan="2">轴线偏位(mm)</td><td rowspan="2">允许值</td><td>左端</td><td colspan="2">3</td><td colspan="3">右端</td><td>4</td></tr>
<tr><td>前端</td><td colspan="2">2</td><td colspan="3">右端</td><td>3</td></tr>
<tr><td>示意图</td><td colspan="8"></td></tr>
<tr><td colspan="9">检查结论:
模板加工及安装符合及××规范××节××条要求</td></tr>
<tr><td>质检负责</td><td>×××</td><td>检测</td><td colspan="2">×××</td><td colspan="2">复核</td><td colspan="2">×××</td></tr>
<tr><td colspan="9">监理意见:

签名:×××　　××年×月×日</td></tr>
</table>

××高速公路

钢筋加工及安检查表

表 3-9-13

××高速公路××合同段　　　　第____页共____页　　　　监桥 12 表

<table>
<tr><td colspan="2">工 程 名 称</td><td colspan="3">K93+600 大桥</td><td>检 查 日 期</td><td>2005.11.29</td></tr>
<tr><td colspan="2">施工部位</td><td colspan="5">5 号墩 B 柱</td></tr>
<tr><td colspan="2">检查项目</td><td>规定值或允许偏差</td><td colspan="3">实测值</td><td>备注或图示</td></tr>
<tr><td rowspan="2">钢筋骨架尺寸
(mm)</td><td>长</td><td>25 044±10</td><td colspan="3">+3、+4、+3、+5</td><td rowspan="6"></td></tr>
<tr><td>宽、高或直径</td><td>1260±5</td><td colspan="3">+1、+1、0、+1</td></tr>
<tr><td colspan="2">受力钢筋间距(mm)</td><td>168 ± 20</td><td colspan="3">+4、+3、−2、+5</td></tr>
<tr><td colspan="2">箍筋、横向水平筋、螺旋筋间距(mm)</td><td>2 000,−20</td><td colspan="3"></td></tr>
<tr><td colspan="2">弯起钢筋位置(mm)</td><td>1</td><td colspan="3">−9、−8、−9、−9</td></tr>
<tr><td colspan="2">保护层(mm)</td><td>70±5</td><td colspan="3">+1、+2、+1、+1</td></tr>
<tr><td>钢筋接头</td><td>接头方法</td><td>焊条电弧焊</td><td>同断面最大比例</td><td>5%</td><td>接长</td><td>22cm</td></tr>
<tr><td colspan="3">梁骨架预留拱度(cm)</td><td>要求值</td><td>/</td><td>实测值</td><td>/</td></tr>
<tr><td colspan="2">钢筋在模板内固定情况</td><td colspan="3">牢固</td><td>除锈情况</td><td>钢筋表面无锈</td></tr>
<tr><td>备注</td><td colspan="6"></td></tr>
<tr><td colspan="7">检查结论:经检查钢筋加工安装符合设计及××规范××节××条要求</td></tr>
<tr><td>质检负责</td><td>×××</td><td>检测</td><td>×××</td><td>复核</td><td colspan="2">×××</td></tr>
<tr><td colspan="7">监理意见:

签名:×××　　　　××年×月×日</td></tr>
</table>

××高速公路

钢筋网检查表

表 3-9-14

××高速公路××合同段　　　　第____页共____页　　　　监桥 13 表

<table>
<tr><td>工程名称</td><td colspan="2">K93+600 大桥</td><td>检查日期</td><td>2005. 2. 7</td></tr>
<tr><td>施工部位</td><td colspan="4">左幅第一跨桥面铺装</td></tr>
<tr><td>检查项目</td><td>规定值或允许偏差</td><td colspan="3">实测位</td></tr>
<tr><td>网眼长宽(mm)</td><td>±10</td><td colspan="3">+4　−3　+2　+3　−2　+4</td></tr>
<tr><td>网眼尺寸(mm)</td><td>±10</td><td colspan="3">−3　−2　+4　−2　−1</td></tr>
<tr><td>对角线差(mm)</td><td>10</td><td colspan="3">3　2　4</td></tr>
<tr><td>图示或备注</td><td colspan="4"></td></tr>
</table>

<table>
<tr><td colspan="6">检查结论：
符合设计及××规范××节××条要求</td></tr>
<tr><td>质检负责</td><td>×××</td><td>检查</td><td>×××</td><td>复核</td><td>×××</td></tr>
<tr><td colspan="6">监理意见：

签名：×××　　　　××年×月×日</td></tr>
</table>

××高速公路

混凝土施工记录表

表 3-9-15

××高速公路××合同段　　　　第____页共____页　　　　监桥 14 表

<table>
<tr><td>工 程 名 称</td><td>K93+600 大桥</td><td colspan="2">检 查 日 期</td><td colspan="2">2005.6.6</td></tr>
<tr><td>施工部位</td><td>10 号墩帽梁</td><td colspan="2">设计强度等级</td><td colspan="2">C40</td></tr>
<tr><td>施工时间</td><td colspan="5">开始:08∶10　结束:11∶45</td></tr>
<tr><td>施工温度(℃)</td><td colspan="5">最高:18 最低:10</td></tr>
<tr><td>拌和方式</td><td>机械</td><td>运输方式</td><td colspan="3">混凝土运输罐车</td></tr>
<tr><td>水泥品种及强度等级</td><td>P042.5R 秦岭</td><td>水泥用量(kg/m^3)</td><td colspan="3">427</td></tr>
<tr><td>理论配合比</td><td>427∶690∶1175∶158∶3.84</td><td>施工配合比</td><td colspan="3">427∶717∶1180∶126∶3.84</td></tr>
<tr><td>外加剂</td><td colspan="5">名称:UNF-3C　掺入:9%</td></tr>
<tr><td>实测坍落度(cm)</td><td colspan="3">10、11、11、10</td><td>平均</td><td></td></tr>
<tr><td>试样</td><td colspan="5">组数:3 编号:见试验报告单双号</td></tr>
<tr><td>施工间断情况记录</td><td colspan="5">无</td></tr>
<tr><td>备注</td><td colspan="5"></td></tr>
<tr><td colspan="6">检查结论:

混凝土浇筑工艺可行,施工过程控制良好</td></tr>
<tr><td>质检负责</td><td>×××</td><td>检查</td><td>×××</td><td>复核</td><td>×××</td></tr>
<tr><td colspan="6">监理意见:

签名:×××　　　　××年×月×日</td></tr>
</table>

××高速公路

混凝土成品检查表

表 3-9-16

××高速公路××合同段　　　　第____页共____页　　　　监桥 15 表

<table>
<tr><td>工 程 名 称</td><td colspan="4">K93+600 大桥</td><td colspan="3">浇 筑 日 期</td><td colspan="3">2005.6.6</td></tr>
<tr><td>施工部位</td><td colspan="4">10 号墩帽梁</td><td colspan="3">检查日期</td><td colspan="3">2005.6.12</td></tr>
<tr><td>混凝土设计强度等级</td><td colspan="3">C40</td><td colspan="2">拆模时混凝土强度</td><td colspan="5">33MPa</td></tr>
<tr><td rowspan="2">顶面高程(m)</td><td>测量位置</td><td colspan="2">中线</td><td></td><td></td><td></td><td></td><td></td><td></td><td></td></tr>
<tr><td>高程</td><td colspan="2">12××.×××</td><td></td><td></td><td></td><td></td><td></td><td></td><td></td></tr>
<tr><td>平整度(mm)</td><td>允许值</td><td>−5</td><td>检查点数</td><td>8</td><td colspan="2">最大值</td><td colspan="2">2</td><td>合格率</td><td>100</td></tr>
<tr><td rowspan="2">轴线 2 偏位(mm)</td><td>横轴</td><td colspan="2">左端</td><td colspan="3">3</td><td colspan="3">右端</td><td>3</td></tr>
<tr><td>纵轴</td><td colspan="2">左端</td><td colspan="3">2</td><td colspan="3">后端</td><td>2</td></tr>
<tr><td rowspan="3">断面尺寸(mm)</td><td>中</td><td>允许值</td><td>±20</td><td>实测值</td><td colspan="6">10、−17、−20、16</td></tr>
<tr><td>宽</td><td>允许值</td><td>±20</td><td>实测值</td><td colspan="6">−10、−10、13、10</td></tr>
<tr><td>高</td><td>允许值</td><td>±20</td><td>实测值</td><td colspan="6">17、10、9、13</td></tr>
<tr><td>竖直度或倾斜度(%)</td><td>允许值</td><td>0.3H%
B20</td><td>检查
点数</td><td>8</td><td>最大值</td><td colspan="2">6mm</td><td colspan="2">合格率
(%)</td><td>100</td></tr>
<tr><td rowspan="4">外观缺陷</td><td colspan="2">项目</td><td colspan="2">部位</td><td colspan="3">缺陷面积(mm)</td><td colspan="3">所占比例(%)</td></tr>
<tr><td colspan="2">蜂窝麻面</td><td colspan="2">无</td><td colspan="3"></td><td colspan="3"></td></tr>
<tr><td colspan="2">非受力裂缝</td><td colspan="2">无</td><td colspan="3"></td><td colspan="3"></td></tr>
<tr><td colspan="2">施工缝</td><td colspan="2">无</td><td colspan="3"></td><td colspan="3"></td></tr>
<tr><td>备注及
示意图</td><td colspan="10"></td></tr>
<tr><td colspan="11">检查结论:
混凝土外观质量符合设计及规范要求</td></tr>
<tr><td>质检负责</td><td colspan="2">×××</td><td colspan="2">检查</td><td colspan="2">×××</td><td colspan="2">复核</td><td colspan="2">×××</td></tr>
<tr><td colspan="11">监理意见:

签名:×××　　　　××年×月×日</td></tr>
</table>

××高速公路

混凝土养护检查表

表 3-9-17

××高速公路××合同段　　　　第____页共____页　　　　监桥 16 表

<table>
<tr><td>工 程 名 称</td><td>K93+790 大桥</td><td colspan="2">浇 筑 日 期</td><td>2005.6.11</td></tr>
<tr><td>施工部位</td><td>10 号墩帽梁</td><td colspan="2">混凝土设计强度等级</td><td>C40</td></tr>
<tr><td>外界气温(℃)</td><td>最高:27</td><td colspan="2">最低:10</td><td>平均:18</td></tr>
<tr><td>养护期</td><td colspan="4">开始:2005 年 6 月 7 日　结束:2005 年 6 月 14 日</td></tr>
<tr><td>养护方法及说明</td><td colspan="4"></td></tr>
<tr><td>正常气温养生
条件下洒水情况</td><td colspan="4">________________(次/h)</td></tr>
<tr><td>备注</td><td colspan="4"></td></tr>
<tr><td colspan="5">检查结论:
混凝土养护符合有关要求</td></tr>
<tr><td>质检负责</td><td>×××</td><td>检查</td><td colspan="2">×××</td></tr>
<tr><td colspan="5">监理意见:

签名:×××　　　　××年×月×日</td></tr>
</table>

××高速公路

就地浇筑梁(板)检查表

表 3-9-18

××高速公路××合同段　　　　第____页共____页　　　　监桥 17 表

<table>
<tr><td>工 程 名 称</td><td colspan="2">K93+600 大桥</td><td>浇 筑 日 期</td><td>2004.9.2</td></tr>
<tr><td>施工部位</td><td colspan="4">7—3 梁</td></tr>
<tr><td>检查项目</td><td>规定值或允许偏差</td><td colspan="2">实测值</td><td>备注或图示</td></tr>
<tr><td>混凝土强度(MPa)</td><td>40</td><td colspan="2">47　548　749.6</td><td rowspan="6"></td></tr>
<tr><td>断面尺寸(mm)</td><td>+8　—5</td><td colspan="2">+4　−5　+4　−3　+2　−3　+2　−1</td></tr>
<tr><td>长度(mm)</td><td>19 700+0,−10</td><td colspan="2">−3　−4　−3　−2　−4　−3　−2</td></tr>
<tr><td>轴线偏位(mm)</td><td>10</td><td colspan="2">3　4　2　4</td></tr>
<tr><td>平整度(mm)</td><td>8</td><td colspan="2">3　2　4　2　4</td></tr>
<tr><td>支座板平面高差(mm)</td><td>2</td><td colspan="2">1　0　1　2</td></tr>
<tr><td colspan="5">检查结论:
符合设计及××规范××节××条要求</td></tr>
<tr><td>质检负责</td><td>×××</td><td>检查</td><td>×××</td><td>审核　×××</td></tr>
<tr><td colspan="5">监理意见:

签名:×××　　　　××年×月×日</td></tr>
</table>

××高速公路

预应力孔道检查表

表 3-9-19

××高速公路××合同段　　　　第____页共____页　　　　监桥 18 表

<table>
<tr><td colspan="2">工 程 名 称</td><td colspan="2">K93+790 大桥</td><td>检 查 日 期</td><td>2004.9.2</td></tr>
<tr><td colspan="2">构件编号</td><td colspan="2">7—3 梁</td><td>孔道编号</td><td>N1　N2　N3</td></tr>
<tr><td>项次</td><td colspan="2">检查项目</td><td>规定值或
允许偏差</td><td colspan="2">检　查　值</td></tr>
<tr><td rowspan="4">1</td><td rowspan="4">管道
坐标</td><td rowspan="2">梁长方向(mm)</td><td rowspan="2">30</td><td colspan="2">4　3　5　7　6　7</td></tr>
<tr><td colspan="2">6　3　2　0</td></tr>
<tr><td rowspan="2">梁长方向(mm)</td><td rowspan="2">10</td><td colspan="2">3　2　7　5　6　4　3</td></tr>
<tr><td colspan="2">0　1　2</td></tr>
<tr><td rowspan="4">2</td><td rowspan="4">管道
间距</td><td rowspan="2">同排(mm)</td><td rowspan="2">10</td><td colspan="2">4　2　3　2　1　0　1</td></tr>
<tr><td colspan="2">1　2　4</td></tr>
<tr><td rowspan="2">上、下排(mm)</td><td rowspan="2">10</td><td colspan="2">1　1　2　4　5　4　0</td></tr>
<tr><td colspan="2">3　2　1</td></tr>
<tr><td>施工措施</td><td colspan="5">(1)管道固定是否牢固，接头是否密合？(2)管道线形是否圆顺？(3)有无歪斜或破裂？
(2)管道固定牢固，接头密合；
(3)管道线形圆顺；
(4)无斜歪、破裂</td></tr>
</table>

质检负责	×××	检查	×××	审核	×××

监理意见：

签名：×××　　　　××年×月×日

××高速公路

预制梁封端检查表

表 3-9-20

××高速公路××合同段　　　　第____页共____页　　　　监桥 20 表

<table>
<tr><td>工 程 名 称</td><td>K93+600 大桥</td><td>林梁编号</td><td>7—3 梁</td><td>检 查 日 期</td><td colspan="2">2004.9.2</td></tr>
<tr><td colspan="7">封端前凿毛情况：
封端前已凿毛，已将松散层清理干净</td></tr>
<tr><td colspan="7">封端前锚头钢束检查情况</td></tr>
<tr><td colspan="2">钢束是否滑移</td><td colspan="2">锚具固定情况</td><td colspan="3">总滑移量(mm)</td></tr>
<tr><td colspan="2">未滑移</td><td colspan="2">固定牢固</td><td colspan="3">0</td></tr>
<tr><td rowspan="5">封端钢筋检查</td><td colspan="3">保护层厚度</td><td colspan="3">符合设计及技术规范要求</td></tr>
<tr><td colspan="3">钢筋位置</td><td colspan="3">符合设计及技术规范要求</td></tr>
<tr><td colspan="3"></td><td colspan="3"></td></tr>
<tr><td colspan="3"></td><td colspan="3"></td></tr>
<tr><td colspan="3"></td><td colspan="3"></td></tr>
<tr><td rowspan="2">外观缺陷(mm)</td><td>麻面</td><td>蜂窝</td><td colspan="2">空洞</td><td colspan="2">掉角</td></tr>
<tr><td>无</td><td>无</td><td colspan="2">无</td><td colspan="2">无</td></tr>
<tr><td colspan="7">检查结论：
符合设计及××规范××节××条要求
签名：×××　　　　××年×月×日</td></tr>
<tr><td>质检负责</td><td>×××</td><td>检查</td><td>×××</td><td>审核</td><td colspan="2">×××</td></tr>
<tr><td colspan="7">监理意见：

签名：×××　　　　××年×月×日</td></tr>
</table>

××高速公路

预制梁(板)成品检查表

表 3-9-21

××高速公路××合同段　　　　第____页共____页　　　　监桥 20 表

<table>
<tr><td>工 程 名 称</td><td colspan="2">K92+790 大桥</td><td>底　座　号</td><td>4 号</td></tr>
<tr><td>梁编号</td><td colspan="2">7—3 梁</td><td>检查日期</td><td>2004.9.1</td></tr>
<tr><td>项目</td><td>规定值或允许偏差</td><td>检查位置</td><td>实测值</td><td rowspan="12">备注及图示</td></tr>
<tr><td>梁长(mm)</td><td>+5,−10</td><td></td><td>+3　+2　+4　−3</td></tr>
<tr><td rowspan="2">宽度(mm)</td><td>+10</td><td rowspan="2">1/4、1/2、3/4 跨截面</td><td>+3　+2　−4　+3</td></tr>
<tr><td>+20</td><td>−3　+2　−4　+3</td></tr>
<tr><td>腹板厚度(mm)</td><td>+30</td><td>1/4、1/2、3/4 跨截面</td><td>+3　+2　+1　+3</td></tr>
<tr><td>梁高(mm)</td><td>+10,−0</td><td>检查两端</td><td>+4　+3　+2　+1</td></tr>
<tr><td rowspan="2">支座表面平整度(mm)</td><td>+0,−5</td><td></td><td>−3　−2　−1　−3</td></tr>
<tr><td>2</td><td></td><td>1　0　1　2</td></tr>
<tr><td>平整度(mm)</td><td>5</td><td></td><td>3　2　4　2</td></tr>
<tr><td>预埋件位置</td><td>5</td><td></td><td>4　3　2　3</td></tr>
<tr><td>跨径</td><td></td><td></td><td></td></tr>
<tr><td>混凝土强度(MPa)</td><td>40</td><td>28 天强度(MPa)</td><td>47.5　48.9　49.3</td></tr>
<tr><td>压浆强度(MPa)</td><td>40</td><td>28 天强度(MPa)</td><td>48.7　49.3　48.5</td></tr>
<tr><td>混凝土外观</td><td colspan="3">平整密实、无露筋、空洞、漏浆、麻面</td><td></td></tr>
<tr><td>管道压浆</td><td colspan="2">10%凿孔检表</td><td colspan="2">管道内水泥浆密实</td></tr>
<tr><td>顶板厚度</td><td colspan="2">10%凿孔检查</td><td colspan="2">顶板厚度符合设计要求</td></tr>
<tr><td>胜板厚度</td><td colspan="2">10%凿孔检查</td><td colspan="2">符合设计要求</td></tr>
<tr><td colspan="5">检查结论：
符合设计及××规范××节××条要求</td></tr>
</table>

质检负责	×××	检查	×××	审核	×××

监理意见：

签名：×××　　　　××年×月×日

××高速公路

梁(板)安装检查表

表 3-9-22

××高速公路××合同段　　　　第____页共____页　　　　监桥 21 表

<table>
<tr><td colspan="2">工 程 名 称</td><td colspan="3">K92+790 大桥</td><td colspan="2">检 查 日 期</td><td colspan="2">2004.8.7</td></tr>
<tr><td colspan="2">大梁编号</td><td colspan="3">7—3 梁</td><td colspan="2">安装位置</td><td colspan="2"></td></tr>
<tr><td colspan="2">横梁</td><td colspan="3">湿接缝</td><td colspan="2">安装方法</td><td colspan="2">架桥机安装</td></tr>
<tr><td colspan="2">梁中线偏位(mm)</td><td colspan="7">3　2　3</td></tr>
<tr><td colspan="2">梁顶面高程偏差(mm)</td><td>前端</td><td>+4</td><td>跨中</td><td colspan="2">+3</td><td>后端</td><td>+3</td></tr>
<tr><td rowspan="2">支座编号</td><td rowspan="2">支座型号</td><td colspan="3">轴线偏位(mm)</td><td colspan="4">顶面高和偏差(mm)</td></tr>
<tr><td colspan="2">纵向</td><td>横向</td><td colspan="2">连续梁</td><td colspan="2">简支梁</td></tr>
<tr><td>前左</td><td>GJZ20×30×6.7</td><td colspan="2">3</td><td>2</td><td colspan="2"></td><td colspan="2">3</td></tr>
<tr><td>前右</td><td>GJZ20×30×6.7</td><td colspan="2">2</td><td>1</td><td colspan="2"></td><td colspan="2">3</td></tr>
<tr><td>后左</td><td>GJZ20×30×6.7</td><td colspan="2">1</td><td>0</td><td colspan="2"></td><td colspan="2">2</td></tr>
<tr><td>后右</td><td>GJZ20×30×6.7</td><td colspan="2">2</td><td>1</td><td colspan="2"></td><td colspan="2">3</td></tr>
<tr><td>支座
支垫
情况</td><td colspan="8">支座与梁密贴</td></tr>
<tr><td colspan="9">结论：

符合设计及××规范××节××条要求</td></tr>
<tr><td colspan="2">质检负责</td><td colspan="2">×××</td><td>检查</td><td>×××</td><td>审核</td><td colspan="2">×××</td></tr>
<tr><td colspan="9">监理意见：

签名：×××　　　　××年×月×日</td></tr>
</table>

××高速公路

桥面铺装检查表

表 3-9-23

××高速公路××合同段　　　　第____页共____页　　　　监桥 22 表

工 程 名 称	K92+600 大桥	检 查 日 期	2005.7.6
桥孔编号	左幅		
检查项目	规定值或允许偏差	检查结果	
混凝土强度(MPa)	40	47.6　48.9　47.7	
平整度(mm)	IRI(m/bm)3.0	1.0　2.0　205	
横坡(mm)	±0.15%	−0.0%　−02%　−0.03%	
桥面钢筋、型号及网眼尺寸	型号为 Φ12,网眼尺寸为 152m×152m		
泄水孔位置、个数及排水情况	符合设计及规范要求		
备注或说明			

质检负责	×××	检查	×××	审核	×××

监理意见：

签名：×××　　　　××年×月×日

××高速公路

桥梁护栏检查表

表 3-9-24

××高速公路××合同段　　　　第____页共____页　　　　监桥 23 表

工 程 名 称	K93+600 大桥	桩　　号	K93+600	检 查 日 期	2005.7.6

检 查 项 目	规定值或允许偏差	实　测　值	备　注
混凝土强度(MPa)	40	47.8　49.6　52.3	
平面偏位(mm)	4	23　3　2	
断面尺寸(mm)	±5	+3　−2　+3　−2	
竖直度(mm)	4	4　3　2　1	
护栏接缝两侧高差(mm)	5	1　0　1　2	
外观描述	护栏牢固、线形美观、无开裂		

检查结论或图示：

符合设计及××规范××节××条要求

质检负责	×××	检查	×××	审核	×××

监理意见：

签名：×××　　　　××年×月×日

××高速公路

挖孔桩混凝土灌注前检查表

表 3-9-25

××高速公路××合同段　　　　第____页共____页　　　　监桥 24 表

<table>
<tr><td>工 程 名 称</td><td colspan="3">K93+600 大桥桩基</td><td colspan="2">检 查 日 期</td><td>2004.10.20</td></tr>
<tr><td>桩位</td><td colspan="3">4 号—a 桩</td><td colspan="2">桩位偏差(mm)</td><td>3</td></tr>
<tr><td>设计桩径(m)</td><td>1.4</td><td colspan="2">成孔直径(m)</td><td colspan="3">1.43</td></tr>
<tr><td>护壁顶高程(m)</td><td>1 233.000</td><td colspan="2">灌注混凝土前
孔底高程(m)</td><td colspan="3">1 226.98</td></tr>
<tr><td>检孔器检孔情况</td><td colspan="6">下放顺畅,符合设计及规范要求</td></tr>
<tr><td>挖孔中出现的
问题和处理方法</td><td colspan="6"></td></tr>
<tr><td rowspan="3">主筋情况</td><td colspan="2">主筋根数</td><td>24</td><td colspan="2">焊接方式及长度</td><td></td></tr>
<tr><td colspan="2">主筋直径(m)</td><td>22</td><td colspan="2">骨架顶高程(m)</td><td>1 231.054</td></tr>
<tr><td colspan="2">吊放节数</td><td>1</td><td colspan="2">骨架底面高程(m)</td><td>1 227.01</td></tr>
<tr><td colspan="7">检查结论:

符合设计及××规范××节××条要求</td></tr>
<tr><td>质检负责</td><td>×××</td><td>检查</td><td>×××</td><td>审核</td><td colspan="2">×××</td></tr>
<tr><td colspan="7">监理意见:

签名:×××　　　　××年×月×日</td></tr>
</table>

第十节　隧道工程质量控制细则与相关资料表格填写实例

一、概述

隧道施工的要点，归纳起来就是四句话，即“爱护围岩”、“内实外美”、“重视环境”、“动态控制”，这也是隧道施工的四大理念。本节主要是按照隧道施工的四大理念及施工的基本原则和作者的经验，作为监理工程师在施工前，施工过程中就如何控制施工质量和相关资料表格的使用和填写予以讨论和论述。

二、施工前的监理工作要点

(一)审查方案时的注意事项

总体施工组织设计的审查与审批：参见第二章施工准备阶段监理工作。但审查隧道施工方案时要注意审查施工方案是否符合该隧道的地质构造及地质水文条件、结构类型、断面尺寸、长度、有关技术规范中的要求及工期要求；进洞方案选择是否合理；根据不同埋深及围岩类别采取的掘进方法是否安全、可靠；各种支护方法及监理测量是否符合要求；特殊地段施工措施及安全保障是否合理；人行横洞、停车带、横、竖井及贯通点是否选择在围岩情况比较好。

(二)单项开工报告监理审批要点

1.施工方案、质保体系、质量控制目标的审查

是否按照批复的总体施工组织设计中的方案组织施工，质保体系是否健全并是否能可靠正常运转，质量控制目标是否与项目控制目标相一致，各单项工程的抽检频率是否符合规范要求等。

2.机械、人员、设备到位情况

是否按照施工组织设计要求配足业务熟练、资质相符的管理人员，具有同等施工能力的机械、设备，各种机械、设备是否配套，平衡配置。

3.测量、试验工作是否到位

(1)测量控制点是否复核完成(包括与隧道出口结构及相邻标段的联测工作)，结果是否满足要求，附测量成果批复表。

(2)各种原材料试验，标准试验是否完成并已批复，附相关批复文件。

(3)各种进场原材料是否抽检合格，附抽查结果。

4.施工图审核是否完成

(1)单位、部分、分项工程的划分是否完成并经过审批。

(2)单项工程数量是否审核完成并审批。

(3)施工图中是否有错误、遗漏、数据不明确等问题已答疑完毕。

5.所附施工资料样表是否齐全

6.监理工程师的审批

提出具体性的意见、要求和今后施工所应注意的事项，监理抽检频率，并明确专业监理工程师、助理工程师人员。

三、施工过程中质量控制要点

隧道施工的基本理念是“保护围岩、内实外美、重视环境、动态施工”，同时隧道施工采用新奥法施工的基本原则是“少扰动、早喷锚、勤量测、紧衬砌”。在隧道施工中，监理工程师应严格按照以上原则对工程质量进行有效管理。

(一)进洞位置的选择及洞口施工

“早进洞，晚出洞”这既是安全生产又是环保的要求，在进洞位置的选择上应牢记宜早不宜晚的原则。

1.准确放样，按实际地形选择进洞位置

承包人应根据设计文件将进洞位置中桩放出，并测出埋置深度，用白灰洒出开口线，监理应根据地形、埋置深度等现场情况确定进洞的具体位置。不能因设计测设不精确引起大开挖，从而影响洞口整体稳定性。

2.临时明洞的施工

明洞是保证洞口边坡稳定及洞内施工人员安全的有力保障，但由于目前高速公路建设对混凝土外观质量的要求，同时考虑到洞口开挖阶段，场地一般较狭小，衬砌台车无法拼装到位，临时明洞是解决这些问题的最好办法。

清除洞口边仰坡危石及松土后按设计在明洞外侧施工一排超前支护，根据围岩情况可采用导管或锚杆，以钢支撑为骨架在山脚处安设至山体并与超前支护连接，采用模筑混凝土或模喷混凝土形成一个 3～5m 的临时明洞，按设计要求在临时明洞顶部回填反压边坡后开挖掘进。

3.洞口段排水系统的施工

为防止洞门开挖后雨水对洞口边仰坡冲刷引起不安全事故，隧道洞口开挖前应根据掘进位置提前完善排、截水沟的施工，同时针对地形对开挖边坡破坏的原沟道采用填、改等方法将水引至施工作业面以外，防止雨水影响施工。

(1)开挖按照路基路堑要求施工。

(2)坡面防护是指防止仰坡开挖后因浸水、风化和其他作用而恶化的措施，主要有锚喷防护、砌体防护和植被防护。

由于临时明洞及反压回填的施工，仰坡防护最好采用植被防护，既可起到避免水土流失，又可作为永久环保防护。

边坡防护应按设计文件采用砌体防护或喷锚防护，施工中应特别注意，边开挖边防护，锚杆应采用全锚，尽量垂直坡面并考虑岩石走向，喷射混凝土应与围岩紧贴，避免空洞产生，预留足够的泄水孔，防止因地下水系改变造成边坡失稳。砌体防护与路基要求相同。

(二)开挖过程中的控制

1.选择合理的开挖方法

随着高速公路建设的要求，二次衬砌全部采用整体式衬砌台车，开挖方法也随之有了较大变化。

(1)全断面开挖法：适用于围岩整体性较好，围岩自承力较强的Ⅳ类以上围岩，施工特点有如下几点。

①大断面法适合机械化施工；

②炮眼数量多、装药量大、炮眼深度大，爆破对围岩振动大；

③施工进度快，各工序间干扰少。

(2)台阶开挖法：分为台阶开挖和环行开挖留核心土施工。对于围岩较破碎，有一定自承力的围岩采用台阶法开挖；对于黄土隧道采用环行开挖留核心土施工法，初期支护紧跟。施工特点有如下几点。

①根据围岩稳定性，变化台阶长度及衬砌与开挖间距，保证开挖面稳定；

②根据机械施工能力，可灵活调整台阶高度及长度。

(3)台阶齐步开挖法：是台阶法施工中短台阶较为成功的一种形式，适用于II～III类围岩，施工特点如下。

①三台阶全部展开施工后近似全断面开挖，施工进度快；

②根据支护理论尽量早成环，利于围岩稳定；

③施工可充分利用各台阶作为操作平台，不用搭操作架，省时省力。

(4)侧壁导洞施工一般用于围岩破碎、围岩自承力差的I类围岩及特殊地质段落，施工特点如下。

①可采用人力和小型机具开挖断面；

②避免台阶法施工中初期支护先拱后墙掉拱现象；

③掌子面利用核心土的作用，围岩一般较稳定。

2. 选择合理的爆破参数

审查依据围岩情况选择的爆破方案和参数。

(1)所循环爆破的用药量 Q 按下式计算：

$$Q=q\cdot s\cdot L \tag{3-10-1}$$

式中：q——爆破每立方米用药量(kg/m^3)，其值通过现场试验资料确定；

s——开挖断面积(m^2)；

L——炮眼深度(m)。

爆破中掏槽眼用药量约占总用药量的30%～35%。辅助眼和周边眼约65%～70%，单位炸药消耗量是随断面增大而减小，随炮眼深度增加而减少，随装药密度提高而降低。

(2)炮眼数目的计算：

$$N=q\cdot s/r \tag{3-10-2}$$

式中：N——炮眼数目(个)；

q——单位药消耗量(kg/m^3)；

s——开挖面积；

r——每米炮眼长度装药量(kg)；硝铵炸药为0.5～0.7kg。

(3)光面爆破参数(表3-10-1)

表3-10-1

参数 岩石种类	饱和单轴抗压极限强度 R_b(MPa)	装药不耦合系数	周边眼间距(m)	周边眼最小抵抗线(m)	相对距 E/V(m)	周边眼装药集中度 q(kg/m)
硬岩	>60	1.25～1.50	55～70	70～85	0.8～1.0	0.3～0.35
中硬岩	30～60	1.50～2.00	45～60	60～75	0.8～1.0	0.2～0.30
软岩	≤30	2.00～2.50	30～50	40～60	1.05～0.8	0.07～0.15

其中，软岩隧道光面爆破的相对距宜取小值。

通过以上计算，审核方案中单位用药量是否符合地质条件，开挖方法和隧道断面积、掏槽眼、辅助眼、周边眼设计是否合理，是否满足开挖质量要求及出渣方便，炮眼深度是否符合设计深度以利于掌子面稳定和安全。

(4)检查爆破效果

①炮眼残痕保留率满足硬岩＞80％，中硬岩≥70％，软岩≥50％；

②两茬炮衔接台阶误差不大于 15cm；

③采用全断面仪检测开挖断面，其超挖应满足表 3-10-2。

开挖断面超挖要求 表 3-10-2

围岩条件、类别 / 开挖部位	硬　岩	中 硬 岩	破碎松散岩石及土质
拱部	平均 10cm	平均 15cm	平均 10cm
	最大 20cm	最大 25cm	最大 15cm
边墙、仰拱、隧底	平均 10cm	平均 10cm	平均 10cm

根据检查结果，调整爆破参数达到设计要求，并做到少扰动、少超挖、少欠挖。

3. 开挖控制要点

(1)对于黄土隧道与软岩隧道一定要采取台阶分部开挖法，黄土隧道上的台阶必须采用环形开挖留核心土施工，环形开挖一定要人工开挖或人工配小型机械开挖，人工修整；核心土的长度最小尺寸不得小于 2～3m；台阶分部开挖法的上部断面距下部断面最小距离不得小于 30m，软岩不得小于 25m。

(2)全断面严禁欠挖。

(3)施工严格控制超挖量。

(4)在 I—II 类围岩施工中，拱肩围岩厚度小于 20m 时，施工期间不仅要设置临时措施，而且要加强观察以免对施工造成不利影响。

(5)黄土隧道的施工中，若出现地下水，一定要先排后挖(降低水位)，采取集水坑，泵抽排水；软岩隧道施工排水沟位置不得靠近拱脚。

(三)初期支护的控制要点

在现代的隧道施工中，初期支护主要采用喷射混凝土、锚杆、拱架等既能够在施工期间维护坑道的稳定，控制围岩自支护能力的降低，又能作为永久支护结构部分的支护方法。

初期支护就是把围岩与支护视作不可分割的统一体，二者组成“围岩—支护”体系而共同抵抗地质压力。支护结构不仅能承受围岩荷载，同时维持或促进围岩的稳定，与围岩共同形成承载圈，是新奥法设计力学模型与矿山法的区别。

1. 喷射混凝土

喷射混凝土作为围岩开挖后的主要支护结构起着相当大的作用，具有实际作业经验的技术人员，都认识到这一点。但在实际工作中，人们常常忽视它的作用，时常发生喷射量不足，厚度不均匀、强度不够、喷射配合比不合适以及基底处理不当等现象。这是对喷射混凝土缺乏足够的认识。

(1)喷射混凝土作用有如下几点。

①支撑围岩，由于喷层能与围岩密贴和黏结，并给围岩以抗力和剪力，从而使围岩处于三向受力的有利状态，防止围岩强度减弱。此外，喷层本身的抗冲力能阻止不稳定块体滑塌。

②“卸载作用”，由于喷层属柔性，能有效地控制围岩在不出现有害变形的前提下，进入一定程度的塑性，从而使围岩“卸载”。

③填平补强围岩，喷射混凝土可射入围岩张开的裂缝，填充表面凹穴，使裂隙分割的岩块层面粘连在一起，保持岩块间的咬合，镶嵌作用，提高其间的黏结力，摩阻力，有利于防止围岩松动，并避免或缓和围岩应力集中。

④覆盖围岩表面，喷层直接粘贴岩面，形成风化和止水的防护层，并阻止节理裂隙中充填物流失。

⑤分配外力，通过喷层把外力传给锚杆、网片等，使支护受力均匀。

(2)通过了解喷射混凝土的作用，在施工控制中应重点控制强度、厚度、密实性及与围岩的黏结强度以及施工工艺。

①施工工艺中初喷混凝土尤为重要，当围岩爆破后应力重新分布如不能及时支护等，则容易造成坍塌掉石，初喷混凝土能及时发挥以上所列举的作用，同时可根据混凝土表面变化发现围岩变化情况。

②影响喷射混凝土强度的因素，主要是喷射混凝土配合比和原材料方面，如水泥、碎石、砂、速凝剂、水等用量及质量都会对喷射混凝土强度产生较大影响。要求各项原材料必须抽检合格，并满足规范要求。

其次，喷射混凝土前围岩是否冲洗干净，用水量控制及喷头与岩面间距离、喷射角度、洒水养护等，亦是影响喷射混凝土强度的因素之一。

喷射混凝土抗压强度试件与普通模筑混凝土不同，因考虑到回弹率及用水量，试件不能采用拌和入模振动的程序而要采取喷大板切割法或凿方切割法。检查不合格时，应查明原因并采取措施，可用加厚喷层或增设锚杆的方法予以补强。当发现喷射混凝土表面有裂缝、脱落、渗漏水情况时，应予修补，凿除重喷或进行整治。

③影响喷射混凝土厚度的因素，主要是爆破效果和施工管理两方面。对于超欠挖严重的轮廓线，喷射混凝土厚度很不均匀，厚度不宜得到有效控制。

施工管理不到位，施工随意，标识不明确，人员工作责任心差，可造成厚度不够。

喷射混凝土厚度检测可采用激光断面仪法和凿孔测量等方法检测，喷射混凝土背后有无空洞采用钻孔或地质雷达检测。

激光断面仪法即在开挖及喷射混凝土完成后分别测量同一断面，两断面净空差即喷层厚度。

凿孔测量可在喷射混凝土达到一定强度后，采用风钻，钢钎等工具凿孔，采用酒精酚酞试剂涂抹孔壁，碱性混凝土变红，分辨混凝土与围岩界面测量厚度，也可检查背后有无空洞。

④影响喷射混凝土与围岩黏结强度的因素主要有以下几点。

a)清洗岩面不到位；

b)危石清理不彻底；

c)人为的在喷射混凝土后对超挖部分充填异物等。由于喷射混凝土与围岩不密贴，黏结强度低，可能引起喷射混凝土不能充分发挥作用，同时围岩自身发生变化不能通过喷射混凝土外观鉴定来发现，故其危害性极大。

喷射混凝土与围岩密贴情况可以采用锤击或地质雷达检测，对声音有空洞声及检测混凝土不密实的应采取注浆或凿除重喷处理，黏结强度可采用制作试件法和直接拉拔法确定。喷射混凝土与岩石的黏结力，要求Ⅳ类及以上围岩不低于 0.8MPa，III 类围岩不低于 0.5MPa。

⑤施工过程中监理工程师对喷射混凝土控制要点有如下几点。

a)严把原材料关，保证合格材料能用于工程实体；

b)严格配合比审批及施工前配合比控制；

c)保证做好标桩厚度；

d)清理岩面，保持清洁；

e)钢筋网片是否与围岩密贴、牢固；

f)喷射工艺是否合理，是否按要求操作，严禁采取模喷；

g)及时检测、检查，发现问题，立即处理。

2. 锚杆施工

锚杆是隧道施工过程中维护围岩稳定，保证施工安全的重要支护手段之一。在施工中如何保证和检查锚杆的施工质量是极其重要的。从以前的施工状况来看，锚杆长度不足、不配置垫块、布置不合理、砂浆充填不密实、“长锚短打”等问题是最常见的通病，这些问题的产生主要是对锚杆在隧道中的作用认识不足。

锚杆作为初期支护的主要组成之一，已不同于以前的临时支护，锚杆是在围岩发生变形后才起作用，为保证锚杆的耐久性，目前多采用全锚的砂浆锚杆和中空注浆锚杆。

(1)锚杆的作用

①悬吊作用：通过锚杆把欲脱落的岩块悬吊在深层完整坚硬的围岩上；

②组合梁作用：用锚杆把层状岩体加固，用锚杆将隧道周围有节理、裂缝的岩体或软弱岩体紧压在一起，以增加岩体的强度，各锚杆所形成的压缩区彼此连接，形成一个坚固的岩石承载环，起加固作用；

③加固拱作用。

(2)锚杆施工的控制要点

①锚杆位置：钻孔前应根据设计要求定出孔位，作出标记。开挖面上锚杆按梅花形布点阵，根据围岩壁面的具体情况，允许孔位偏差±15mm。

②锚杆方向：通常按隧道断面成放射状且与岩体主结构面成较大角度布置，当主结构面不明显时，可沿隧道周边轮廓垂直布置，钻孔方向在边墙和拱角线稍上容易控制，在拱顶部位不易与岩面垂直，应特别注意拱顶钻孔垂直度，若过于偏斜就会减少锚杆的有效锚固深度，威胁施工安全，浪费材料。

③钻孔深度

锚杆钻孔深度允许偏差±5cm，深度不足造成脱板悬空，锚杆难以发挥作用，同时钻到设计深度时，若遇软弱岩石或破碎夹层应变更孔深。

④锚杆安装控制要点

a)使用合格的锚杆杆体和锚固剂或水泥浆的原材料；

b)按设计要求布设足够长度、数量的锚杆，尤其要重视拱脚、墙脚的锁脚锚杆的设施；

c)垫板应紧贴围岩；

d)锚入率满足规范要求。

⑤锚杆检测、抗拔力试验

a)每 300 根同种锚杆至少随机抽样一组(3 根)；

b)同组锚杆锚固力或拉拔力的平均值应大于或等于设计值；

c)同组单根锚杆锚固力不得低于设计值的90%。

3. 钢支撑

(1)钢支撑的作用

①加强喷射混凝土。在围岩条件较差(一般为III类以下围岩)情况下，用钢支撑能提高支护的韧性和强度，在大荷载作用下，虽产生大变形，但不会发生脆性破坏，有利于隧道稳定性和生产安全；

②早期稳定掌子面。在掌子面自稳时间短的围岩中，喷射混凝土和锚杆未达到所需强度之前，发挥钢拱支撑架设后就具有足够强度的支护效果；

③支撑超前支护构件，在采用超前锚杆、超前小导管等自然稳定性差的围岩中，钢支撑作为超前支护构件的支点是非常重要的，钢拱支撑要有足够的刚度，否则会出现较大挠度。

(2)钢拱架施工控制要点

①加工质量控制

a)加工尺寸应符合设计要求，与隧道开挖断面相一致；

b)加工钢支撑避免扭曲变形，影响钢支撑刚度和强度；

c)焊接质量，钢支撑为施工方便通常分段(节)加工，焊接质量是加工质量的重要组成部分，对于钢格栅焊接尤其主要；

d)半成品的储备，不得污染锈蚀。

②安装质量控制

a)安装尺寸：对于不同围岩按设计安装，间距误差±5cm，内轮廓线考虑到净空验收不得小于设计净空；

b)倾斜度：钢支撑在平面上应垂直于隧道中线，在纵断面上其倾斜度不大于2°，特别注意由于底部爆破效果差，钢支撑通常向掌子面倾斜；

c)连接与固定：钢支撑必须用纵向钢筋连接，架脚必须放在牢固的基础上，钢支撑应尽量靠近围岩，当间隙过大时应设垫块或先喷部分混凝土，再安装钢支撑。钢支撑应与锚杆连接在一起；

d)喷射混凝土时应先喷射钢支撑与岩面之间的空隙，再喷拱架周围，然后喷拱架之间的混凝土，填充密实；

e)严禁钢拱架在拱脚部位悬空。

(四)排水系统的控制要点

1. 弹簧排水半管的安设

(1)通过试验检测弹簧排水管是否满足设计要求；

(2)根据设计要求布设弹簧排水半管，在保证基本间距情况下对局部出水量大的地段加大密度，或布设成树枝状；

(3)排水半管应紧贴渗水岩壁安装，同时在拱脚、拱腰、墙中设置至少三个排水孔，深度50cm(净岩)，初期支护的漏水位置可以补加排水半管，开挖时发现有漏水的岩面，先用管子引水，后设弹簧排水半管；

(4)弹簧排水半管应固定牢固，同时采用高强度等级砂浆封闭周边，防止喷射混凝土阻塞孔道；

(5)弹簧排水半管应布设平顺，尤其是拱部不得起伏不平，保证水路畅通；

(6)弹簧排水半管与下部纵向排水半管连接畅通。

2. 纵、横向排水管的设置

(1)保证安装坡度符合要求，由于隧底开挖起伏不平，施工中应先施工管座，保证流水方向一致；

(2)纵向排水半管应用土工布半包裹，同时上部放少量碎石，既防止管孔阻塞，又起到渗水盲沟的作用；

(3)纵向排水半管应将透水孔向上安装；

(4)检查纵、横向排水半管连接，及纵向排水半管与弹簧排水半管的连接。

3. 中央排水半管的设置

(1)预制管段尺寸、孔位、强度等应符合要求；

(2)中央排水半管基础应是稳定平顺的，一般采用混凝土找平，既能保证基础稳定性，又可控制基础高程，保证流水面畅通，管段平顺不起伏；

(3)管段铺设应使透水孔向上，管段间采用高强度等级砂浆封闭，通水试验后，上面覆盖碎石，防止阻塞。

4. 防水卷材的设置

(1)安设防水卷材前，检查喷射混凝土表面平整度，应满足设计要求，一般不大于±5cm。喷射混凝土表面不得有钢筋、凸出的管件等尖锐突出物。

(2)防水卷材的安设目前一般采用无钉热和铺设法，对不好操作或检查发现局部破坏处采用冷黏法修补；

①防水卷材应符合规范要求，同时与热融垫片紧密相接(防水卷材熔点略高于热融垫片为宜)；

②热融垫片应用射钉枪相连土工布固定，土工布与初期支护混凝土紧贴，热融垫片应梅花形或矩形布置，边墙间距1m，拱部为0.5～0.8m；

③防水卷材应与土工布密贴，同时不宜过紧，防止二衬施工时撕裂破坏；

④对于搭接接缝处，根据坡度顺接大于10cm，采用焊缝机焊接牢固，对于三接头等不易操作的采用冷黏法；

⑤检查热融焊接处是否有融穿现象；

⑥安装钢筋、模板时应保护好防水卷材，避免对其造成损害。

5. 橡胶止水带检查

(1)横向位置与设计值偏差不大于5cm；

(2)纵向位置应保证以施工缝为中心，确保两侧有效防水宽度；

(3)橡胶止水带与端头模正交，保证有效止水长度；

(4)橡胶止水带接头设置部位，压茬方向及接头强度符合要求；

(5)混凝土振捣密实，与混凝土很好的贴合。

(五)隧道监控测量

当前隧道施工的最大特点就是把量测、观察技术和方法引进到施工中，并为施工中一个重要而不可缺少的环节。其目的就是根据观察、量测等得到的资料对已开挖区间和掌子面前方的围岩状况进行预测，并反映到施工中去，为施工服务。

隧道监控测量也是新奥法设计中信息反馈设计阶段的重要信息来源，其主要任务是掌握围岩及支护状态，进行动态管理，根据测量信息，科学施工，确保安全，根据测量数据处理结果，预测和确认隧道围岩最终稳定时间，指导施工顺序及二衬时间，检验和修正预设计。已有工程的测量结果可以作为资料积累，作为工程类比的参考资料(表3-10-3)。

隧道现场监控量测项目及量测方法　　　　表 3-10-3

<table>
<tr><th rowspan="2">序号</th><th rowspan="2">项目名称</th><th rowspan="2">方法及工具</th><th rowspan="2">布　置</th><th colspan="4">量测间隔时间</th></tr>
<tr><th>1~15d</th><th>16d~1 个月</th><th>1~3 个月</th><th>大于 3 个月</th></tr>
<tr><td>1</td><td>地质和支护状况观察</td><td>岩性、结构面产状及支护裂缝观察或描述、地质罗盘等</td><td>开挖后及初期支护后进行</td><td colspan="4">每次爆破后进行;对于黄土隧道及较破碎的围岩其顶开挖后第一次沉降观测控制在 2~4h 之内,若发生的变形量过大时,应及时进行支护,并加强量测</td></tr>
<tr><td>2</td><td>周边位移</td><td>各种类型收敛计</td><td>每 10~50m 一个断面,每断面 2~3 对测点</td><td>1~2 次/天</td><td>1 次/2 天</td><td>1~2 次/周</td><td>1~3 次/月</td></tr>
<tr><td>3</td><td>拱顶下沉</td><td>水平仪、水准仪、钢尺或测杆</td><td>每 10~50m 一个断面</td><td>1~2 次/天</td><td>1 次/2 天</td><td>1~2 次/周</td><td>1~3 次/月</td></tr>
<tr><td>4</td><td>锚杆或锚索内力及抗拔力</td><td>各类电测锚杆、锚杆测力计及拉拔器</td><td>每 10m 一个断面,每个断面至少做 3 根锚杆</td><td>—</td><td>—</td><td>—</td><td>—</td></tr>
<tr><td>5</td><td>地表下沉</td><td>水平仪、水准尺</td><td>每 5~10m 一个断面,每断面至少 7 个测点;每隧道至少两个断面;中线每5~20m一个测点</td><td colspan="4">开挖面距量测断面前后<2B 时,1~2 次/天
开挖面距量测断面前后<5B 时,1 次/2 天
开挖面距量测断面前后>5B 时,1 次/周</td></tr>
<tr><td>6</td><td>围岩体内位移(洞内设点)</td><td>洞内钻孔中安设单点、多点杆式或钢丝式位移计</td><td>每 5~100m 一个断面,每断面 2~11 个测点</td><td>1~2 次/天</td><td>1 次/2 天</td><td>1~2 次/周</td><td>1~3 次/月</td></tr>
<tr><td>7</td><td>围岩体内位移(地表设点)</td><td>地面钻孔中安设各类位移计</td><td>每代表性地段一个断面,每断面 3~5 个钻孔</td><td colspan="4">同地表下沉要求</td></tr>
<tr><td>8</td><td>围岩体内及两层支护间压力</td><td>各种类型的压力盒</td><td>每代表性地段一个断面,每断面宜为 15~20 个测点</td><td>1~2 次/天</td><td>1 次/2 天</td><td>1~2 次/周</td><td>1~3 次/月</td></tr>
<tr><td>9</td><td>钢支撑内力及外力</td><td>支柱压力计或测力计</td><td>每 10 榀钢拱支撑一对测力计</td><td>1~2 次/天</td><td>1 次/2 天</td><td>1~2 次/周</td><td>1~3 次/月</td></tr>
<tr><td>10</td><td>支护、衬砌内应力、表面应力及裂缝量测</td><td>各类混凝土内应变计、应力计、测缝计及表面应力解除法</td><td>每代表性地段一个断面,每断面宜为 11 个测点</td><td>1~2 次/天</td><td>1 次/2 天</td><td>1~2 次/周</td><td>1~3 次/月</td></tr>
<tr><td>11</td><td>围岩弹性波测试</td><td>各种声波仪及配套探头</td><td>在有代表性地段设置</td><td>—</td><td>—</td><td>—</td><td>—</td></tr>
</table>

注:B 为隧道开挖宽度。

1.地质和支护状况观察

主要通过有经验的技术人员在隧道开挖后对围岩的岩性、产状、结构面、裂隙发育情况、涌水情况等进行描述记录。对初期支护表观变化如裂缝、掉皮等现象记录。

2.周边位移的测量

(1)收敛测线布置

测量布线和数量与地质条件、开挖方法、位移速度等因素有关，一般布设2～6条测线，但拱脚处必须有一条测线。若收敛值较大或偏压严重时可同时进行绝对位移测量。

(2)测量点埋设时间

一般情况下，测点距开挖工作面应小于1～2m，测点埋设后第一次量测时间应在上次爆破24h内并在下次爆破前进行。

(3)量测数据的记录及计算(附表)

t 时刻的周边收敛值 U_t：

$$U_t = L_0 - L_t + X_{t1} + X_{t0} \tag{3-10-3}$$

式中：L_0——初读数时所用尺孔刻度值；

L_t——t 时刻时所用尺孔刻度值；

X_{t1}——t 时刻时经温度修正后的百分表读数值；

X_{t0}——初读数时经湿度修正后的百分表读数值。

$$X_1 = X_{t0} + \varepsilon_t \tag{3-10-4}$$

试中：ε_t——湿度修正值；

余同上。

$$\varepsilon_t = x(T_0 - T)L \tag{3-10-5}$$

式中：x——钢尺线膨胀系数；

T_0——鉴定钢尺的标准温度(见说明书)；

T——每次量测时的平均气温；

L——钢尺长度。

(4)量测资料整理及分析

①原始记录表及实际测点布置图；

②位移随时间以及开挖面距离图；

③位移速度、位移加速度随时间以及开挖面距离的变化图；

④当位移、时间曲线趋于平缓时，应进行回归分析，以推求最终位移和掌握位移变化规律。

(5)收敛量测结果应用

①根据周边总收敛值判断其在规定允许值内且不大于预留变形量，保证结构不侵入限界，符合现行《公路隧道施工技术规范》(JTJ 042—94)第9.3.4条规定。

②根据收敛测量结果判断隧道的初期支护稳定性，同时按现行《公路隧道施工技术规范》(JTJ 042—94)第9.3.5条规定确定施工二次衬砌的时间。

3.拱顶下沉量测

拱顶下沉量测对于埋深较浅，围岩情况差的隧道尤为重要，是判断支护效果，保证施工，确保质量安全的基本资料。

(1)测点布置

一般采用在拱顶钻孔埋设钢筋或采用锚杆尾部作为测点。

(2)测量方法

采用水准仪配高精度塔尺，采用倒立塔尺的方法量测，每次量测高程与第一次高程之差即为拱顶下沉值。

(3)测量精度为1mm。

(4)数据记录及分析

地表下沉量量测主要是对洞口及浅埋段隧道开挖可能引起的地表沉陷进行量测，主要了解下沉范围、量测值等。

地表下沉量测采用水准仪及塔尺测量，对数据记录分析与拱架下沉相同，但资料整理时应将纵向下沉时间与时间曲线图和横向下沉时间与时间曲线图分别绘出。

(六)二衬及仰拱混凝土施工控制要点

隧道内混凝土施工一般比露天的混凝土施工有一定难度，但也有其特点，如拱顶部位的混凝土灌注、捣固与边墙的混凝土灌注、捣固就有不同。因此在隧道内进行混凝土施工时，必须充分理解隧道内混凝土的施工特点，才能获得满意的施工质量，达到“内实外美”的效果。

1.施工前准备工作

(1)断面净空检查：由于初期支护施工及围岩收敛变形，应在二衬前采用激光全断面仪对轮廓线检查一次，确保初期支护不侵限，保证二衬厚度；

(2)基础检查符合设计尺寸(各项要求如前述)；

(3)防排水系统应在台车就位前再做细致检查(各项要求如前述)；

(4)模板台车检查；应采用全断面液压整体台车，台车应有足够的强度(面板不小于8mm)、刚度、耐久性，模板平整度符合要求，特别是板间接缝及入料窗口，台车的几何尺寸应符合要求；

(5)台车就位后复测中线、高程，对端头模进行检查，并检查厚度；

(6)原材料合格且配合比已审批；

(7)备用设备及发电机是否正常；

(8)预埋件和预留孔位置是否准确。

2.浇筑过程中的检查

(1)检查按施工配合比搅拌混凝土的坍落度，并控制搅拌时间；

(2)衬砌台车左右对称上料，分层振捣保证内实外美(表3-10-4、表3-10-5)；

混凝土的灌注方法及标准 表3-10-4

位置	项目	标准
仰拱、边墙及拱下部	从吐出口到灌注面的落下高度	1.5m以下
	灌注1层的高度	40～50cm左右
	流动距离	不流动
拱顶部	灌注方式	向下灌注
	流动距离	10m左右

混凝土的捣固方法及标准 表3-10-5

位 置	项 目	标 准
仰拱、边墙及拱下部	捣固方法	内部捣固器
	捣固器插入间隔	50cm 左右
	捣固器插入深度	下层混凝土中 10cm 左右
	1 处的振动时间	5～15s 左右
拱顶部	捣固方法	不捣固

(3)封顶混凝土利用输送泵压力和附着式振动器振捣,并在拱顶适当位置预留注浆孔;

(4)记录混凝土施工过程中突发事件。

3.拆模后成品检查

(1)二次衬砌混凝土强度达到 2.5MPa 时方可拆模;

(2)混凝土外观质量检查,有无蜂窝、麻面、掉角现象,两板间接缝是否平顺;

(3)采用激光全断面仪检查净空不得侵限,采用地质雷达检测厚度并确认二衬后有无空洞;

(4)有无渗漏水现象;

(5)强度检查,采用施工过程中留取混凝土试件和回弹仪等非破坏检查方法为标准。

4.二衬混凝土的质量控制目标

(1)几何尺寸、净空满足设计要求;

(2)外观内实外美,顺适大方;

(3)无裂缝、运营不漏水;

(4)强度满足质量标准;

(5)预埋件符合设计要求;

(6)不允许对混凝土进行修补。

5.厚度、空洞检查及控制方法

作为隧道的二次衬砌工程,是隧道公路使用安全及美观的关键。衬砌内部和背后状态一般是隐蔽的,从表面上看不出来,这就要求我们在施工过程中既要加强质量控制,同时又要对成品采用先进方法进行检测。

(1)厚度控制办法。除以上提出的采用激光全断仪对轮廓线检查外,还可在做二次衬砌前采用钢筋轮廓架(二次衬砌混凝土外缘)对初支护进行全面检查,确保点、面均满足不侵二次衬砌混凝土要求,确保混凝土厚度。

(2)空洞控制办法及预处理方案

二次衬砌混凝土一般在拱顶容易产生空洞,它对隧道的结构安全影响较大,因此对二次衬砌拱顶混凝土施工质量控制极为重要。除以上提到的在封顶混凝土时利用输送泵压力和附着式振动器振捣控制外,还应在每板混凝土拱顶部位预留注浆孔,待混凝土强度满足要求后,及时对拱顶部位进行注浆密实处理。

(3)厚度及空洞检测方法

最常用的方法有打击声法和地质雷达法。

①打击声法是采用打击衬砌表面,通过打击衬砌时,在有空洞与无空洞、有剥离与无剥离时声音的不同来判断有无空洞或剥离,它是凭感觉在大范围进行简便的检查,此方法无法有效

地检测混凝土厚度。

②地质雷达法是对衬砌厚度及空洞检测最有效的方法，它在检测中应用广泛，精确度较高，是一个比较成熟的检测方法。

(七)隧道路面施工的控制要点

1. 排水基层的控制要点

(1)隧道基底要求无浮渣、无积水，通常对隧道基底清理干净后用低强度混凝土混凝土找平，消除应力集中；

(2)选择合理的配合比，与普通路面基层不同的是要求有一定孔隙率；

(3)施工过程中严格控制高程、厚度、压实度、坡度、宽度、平整度，28 天取芯强度不小于 4MPa。

(4)碾压、养生、检测同路面基层施工。

2. 混凝土路面施工控制要点

同一般混凝土路面施工控制要点。

本章节主要就隧道施工各工序间施工质量控制要点来论述，但隧道施工中质量管理是一个"动态管理"模式，应根据获取的信息参数，及时调整施工工艺，确保施工质量和安全。

四、有关资料表格及填写实例

本节主要列举了隧道施工常用的表格(见附表)表名及部分表格填写实例。作为施工用表，不同的施工项目具有不同的施工特点和管理特色，此表可作为参考之用，不妥之处请各位读者修正。

从下列示隧道工程常用表格及格式，见表 3-10-6～表 3-10-20。

隧道工程常用表格 表 3-10-6

编　号	表格名称	备　注
表 3-10-7 监隧 01 表	喷射混凝土支护抽检表	
表 3-10-8 监隧 02 表	钢筋网支护抽检表	
表 3-10-9 监隧 03 表	锚杆支护抽检表	
表 3-10-10 监隧 04 表	隧道超前钢管(锚杆)抽检表	
表 3-10-11 监隧 05 表	钢拱支撑(格构梁)构件加工抽检表	
表 3-10-12 监隧 06 表	钢拱支撑(格构梁)构件安装抽检表	
表 3-10-13 监隧 07 表	隧道 YAS 排水半管抽检表	
表 3-10-14 监隧 08 表	防水层施工抽检表	
表 3-10-15 监隧 09 表	隧道止水带抽检表	
表 3-10-16 监隧 10 表	仰拱(隧底)抽检表	
表 3-10-17 监隧 11 表	模筑混凝土模板抽检表	
表 3-10-18 监隧 12 表	(明洞)混凝土衬砌抽检表	
表 3-10-19 监隧 13 表	洞身开挖围岩观测记录表	
表 3-10-20 监隧 14 表	现场监控量测记录表	

喷射混凝土支护抽检表 表 3-10-7

<u>××</u> 合同段(K××+×××～K××+×××) 监隧 01 表

<table>
<tr><td>工程名称</td><td></td><td>桩号</td><td colspan="2">K156+915～K156+918</td><td>部位</td><td>上半断面</td></tr>
<tr><td>围岩类别</td><td>III 类</td><td colspan="2">设计厚度</td><td>20cm</td><td>设计强度</td><td>25MPa</td></tr>
<tr><td colspan="7">喷混凝土设备型号、规格：
pz-5-1 行混凝土喷射机</td></tr>
<tr><td colspan="7">使用原材料质量及施工配合比：
合格原材料　　水泥：碎石：砂：水：外加剂＝1：1.97：2.0：0.35：0.04</td></tr>
<tr><td colspan="7">第一层起始时间、岩面情况、分层喷护情况：
2006-01-18　8：30　无松动岩石　喷 4～6cm 分，三层喷射完成</td></tr>
<tr><td colspan="7">最后一层喷护时间及外观情况：
2006-01-18　15：00　平顺　无滑移　流淌现象</td></tr>
<tr><td colspan="7">钢筋网片设置位置及固定情况：
钢筋网片紧贴初喷混凝土表面与锚杆焊接牢固</td></tr>
<tr><td>检查项目</td><td colspan="2">规定值或允许偏差</td><td colspan="4">检 查 结 果</td></tr>
<tr><td>厚度检查(mm)</td><td colspan="2">200</td><td colspan="4">275　255　290　260　240</td></tr>
<tr><td>空洞检查</td><td colspan="2">无空洞无杂物</td><td colspan="4">无空洞无杂物</td></tr>
<tr><td>平整度(mm)</td><td colspan="2">≤50</td><td colspan="4">35　20　45　30　9　25</td></tr>
<tr><td>外观鉴定</td><td colspan="6">无漏喷，裂缝，漏筋，空鼓现象</td></tr>
<tr><td colspan="7">检查结论：

签名：×××　　　　××年×月×日</td></tr>
<tr><td>检查</td><td>×××</td><td>复核</td><td>×××</td><td>主管</td><td colspan="2">×××</td></tr>
</table>

钢筋网支护抽检表

表 3-10-8

____××____合同段(K××+×××~K××+×××)

监隧 02 表

工程名称		桩号	K156+915~K156+918
检查部位	上半断面	钢筋网层数	单层
检查项目	规定值或允许偏差	检查结果	
网格尺寸(mm)	150×150 ±10	157×154　158×155　152×156　153×148	
钢筋网保护层(mm)	≥10	13　17　16　25　14	
与受喷岩面的间隙(mm)	≤30	26　25　18　26　15　6	
网的长度(mm)	±10	−1　+9　+8　−6　+8　+5	
网的宽度(mm)	±10	−4　+6　+8　−9　+5	
搭接长度(mm)	≥100	108　110　120　106　117	
钢筋规格	ϕ6	锈蚀情况	无锈
外观鉴定	钢筋网片与锚杆焊接牢固		

检查结论:

签名:×××　　　××年×月×日

检查	×××	复核	×××	主管	×××

锚杆支护抽检表

表 3-10-9

<u>××</u> 合同段(K×××+×××～K×××+×××)　　监隧 03 表

工程名称		桩号	K156+915～K156+918	检查部位	上半断面
围岩类别	III 类	锚杆材质规格	ϕ22 砂浆锚杆	锚固方式	锚固剂全锚
设置情况	垂直岩面	设计断面布置	梅花型布置	锚垫板设置	紧贴初喷面
检查项目	规定值或允许偏差	检查结果			
锚杆数量(根)	54	54			
孔位偏差(mm)	±50	−20　+15　−40　+45　+15			
钻孔深度(mm)	±50	+10　−15　+25　+20　−30			
孔径(mm)	44	44　42　48　43			
综合质量评价	锚杆(长度角度间距数量)安设牢固				
检查结论： 签名：×××　　××年×月×日					
检查	×××	复核	×××	主管	×××

隧道超前钢管(锚杆)抽检表

表 3-10-10

××合同段(K×××+×××～K×××+×××)　　监隧 04 表

<table>
<tr><td>工程名称</td><td></td><td>桩号</td><td>K156+915～K156+918</td><td>布设里程</td><td>K156+918</td></tr>
<tr><td>检查项目</td><td>规定值或
允许偏差</td><td colspan="4">检查结果</td></tr>
<tr><td>长度(m)</td><td>不小于设计 4.5</td><td colspan="4">4.53　4.56　4.52　4.50</td></tr>
<tr><td>孔位(mm)</td><td>±50</td><td colspan="4">+25　+20　−35　+45　−15</td></tr>
<tr><td>钻孔深度(mm)</td><td>±50</td><td colspan="4">−15　−25　+30　+40　−15</td></tr>
<tr><td>孔径(mm)</td><td>符合设计要求</td><td colspan="4">符合设计要求</td></tr>
<tr><td rowspan="5">超前钢管
(锚杆)</td><td>检查项目</td><td colspan="2">设计</td><td colspan="2">实作</td></tr>
<tr><td>数量</td><td colspan="2">40</td><td colspan="2">40</td></tr>
<tr><td>材料及规格</td><td colspan="2">ϕ45 无缝钢管</td><td colspan="2">ϕ45 无缝钢管</td></tr>
<tr><td>搭接长度(m)</td><td colspan="2">≥1m</td><td colspan="2">1.2　1.25　1.2</td></tr>
<tr><td>外倾角 α 掌握情况</td><td colspan="2">≤5°</td><td colspan="2">4.5°　3.5°　3°</td></tr>
<tr><td colspan="6">安设情况、注浆方法、材料及配合比：
超前导管安设符合设计要求，采用压力注浆，注浆压力 0.4MPa，采用秦岭水泥 42.5MPa，当地饮用水。水泥：水=1：1</td></tr>
<tr><td colspan="6">检查结论：

签名：×××　　××年×月×日</td></tr>
<tr><td>检查</td><td>×××</td><td>复核</td><td>×××</td><td>主管</td><td>×××</td></tr>
</table>

钢拱支撑(格构梁)构件加工抽检表

表 3-10-11

__××__合同段(K××+×××～K××+×××)　　　　监隧 05 表

<table>
<tr><td colspan="2">隧道名称</td><td colspan="2"></td><td colspan="2">检查范围</td><td colspan="2">K156+915～K156+918</td></tr>
<tr><td colspan="2">检查构件名称、规格</td><td colspan="6">钢拱架(工字钢 I18)</td></tr>
<tr><td colspan="2">适用围岩初期支护类别</td><td>III 类</td><td colspan="4">检查构件数量</td><td>3 榀</td></tr>
<tr><td colspan="2">所放大样几何尺寸检查(m)</td><td colspan="3">$R_1=6.18$</td><td colspan="3">$R_2=6.02$</td></tr>
<tr><td colspan="8">弯制设备及工艺:(格构梁焊接情况)
冷弯机连续加工</td></tr>
<tr><td colspan="2" rowspan="2">项目</td><td colspan="3">顶构件</td><td colspan="3">边构件</td></tr>
<tr><td>端部</td><td>中点</td><td>端部</td><td>端部</td><td>中点</td><td>端部</td></tr>
<tr><td rowspan="3">比样误差(mm)</td><td>圆弧度</td><td>−12</td><td>−10</td><td>+16</td><td></td><td></td><td></td></tr>
<tr><td>长度</td><td>+10</td><td></td><td>+12</td><td></td><td></td><td></td></tr>
<tr><td>连接钢板斜面</td><td colspan="3">+13</td><td colspan="3"></td></tr>
<tr><td colspan="8">连接钢板加工及端部焊接情况:
气焊切割,焊接牢固,无漏焊砂眼</td></tr>
<tr><td colspan="8">五段拼装成钢拱支撑拱顶对齐,两拱腰及拱脚误差后的总体比样误差:</td></tr>
</table>

点位示意图

点位	1	2	3	4
误差	+10	+8		

综合质量评价:

钢拱架无锈蚀,无漏焊,开焊

检查结论:

签名:×××　　　××年×月×日

检查	×××	复核	×××	主管	×××

钢拱支撑(格构梁)构件安装抽检表　　表 3-10-12

__××__合同段(K××+×××～K××+×××)　　监隧 06 表

<table>
<tr><td colspan="2">工程名称</td><td></td><td>桩号</td><td>K156+915～
K156+918</td><td>部位</td><td>上半断面</td><td>围岩类别</td><td>III 类</td></tr>
<tr><td colspan="2">检查项目</td><td colspan="2">规定值或允许偏差</td><td colspan="5">检查结果</td></tr>
<tr><td colspan="2">安装间距
(mm)</td><td colspan="2">1000
±50</td><td colspan="5">1020　1025　980　1010　990</td></tr>
<tr><td colspan="2">保护层厚度
(mm)</td><td colspan="2">≥20</td><td colspan="5">26　27　25　35　21</td></tr>
<tr><td colspan="2">倾斜度(°)</td><td colspan="2">±2°</td><td colspan="5">91°　90.5°</td></tr>
<tr><td rowspan="2">安装偏差
(mm)</td><td>横向</td><td colspan="2">±50</td><td colspan="5">+20　+25　−20　+10　−10</td></tr>
<tr><td>竖向</td><td colspan="2">不低于设计高程</td><td colspan="5">+10　+5</td></tr>
<tr><td colspan="2">拼装偏差(mm)</td><td colspan="2">±3</td><td colspan="5">+2　−2</td></tr>
<tr><td colspan="2">纵向连接筋间距</td><td colspan="2">100cm
±5cm</td><td colspan="5">104　103　106　100　99</td></tr>
<tr><td colspan="2">与锚杆焊点数</td><td colspan="2">49</td><td colspan="2">锈蚀情况</td><td colspan="3">无锈蚀</td></tr>
<tr><td colspan="2">拱脚基础情况</td><td colspan="2">牢固</td><td colspan="2">接头情况</td><td colspan="3">密实,焊缝饱满</td></tr>
<tr><td colspan="2" rowspan="3">钢支撑高程</td><td colspan="2">位置
项目</td><td colspan="2">拱顶(cm)</td><td colspan="3">拱脚(cm)</td></tr>
<tr><td colspan="2">设计</td><td colspan="2">783.969</td><td colspan="3">777.949</td></tr>
<tr><td colspan="2">实测</td><td colspan="2">783.979</td><td colspan="3">777.957</td></tr>
<tr><td colspan="9">检查结论:

签名:×××　　××年×月×日</td></tr>
</table>

检查	×××	复核	×××	主管	×××

表 3-10-13

隧道 YAS 排水半管抽检表

____××____合同段(K××+×××～K××+×××)

监隧 07 表

隧道名称		检查桩号及部位	K156+100～K156+150

检查内容：

(1)排水半管材料质量；

(2)排水半管施作情况及安设里程；

(3)管腔通畅情况；

(4)有无渗、漏水情况

质量综合评价：

安设排水半管里程 K1156+100、K1156+120、ϕ100 环向排水半管一道，本段排水半管材质合格，安设工艺符合设计要求，管体完好与初喷面密贴，管腔通畅，能有效将渗、漏水引入纵面排水半管内。

检查结论：

签名：×××　　　××年×月×日

检查	×××	复核	×××	主管	×××

防水层施工抽检表

表 3-10-14

<u>××</u>合同段(K×××+×××～K×××+×××)

监隧 08 表

隧道名称			桩号	K156+173～K156+200
检查项目		规定值或允许偏差	检查结果	
搭接宽度(mm)		≥100	105　110　120　110	
缝宽(mm)	焊接	≥25	25　25　25　25	
	黏结			
固定点间距(m)		符合设计要求	符合设计要求	
防水材料材质、规格		1.2cmPVC 防水卷材		
防水板外观检查情况		无破损,老化现象		

检查结论:

签名:×××　　　　××年×月×日

检查	×××	复核	×××	主管	×××

隧道止水带抽检表

表 3-10-15

××合同段(K×××+×××~K×××+×××)

监隧 09 表

<table>
<tr><td>工程名称</td><td></td><td>桩号</td><td colspan="3">K156+173</td></tr>
<tr><td>检查项目</td><td>规定值和允许偏差</td><td colspan="4">检 查 结 果</td></tr>
<tr><td>纵向偏离(mm)</td><td>±50</td><td colspan="4">20　25　15</td></tr>
<tr><td>偏离衬砌中心线(mm)</td><td>≤30</td><td colspan="4">15　10　10</td></tr>
<tr><td>外观鉴定</td><td colspan="5">无破损现象,固定牢固</td></tr>
<tr><td colspan="6">检查结论:

签名:×××　　　××年×月×日</td></tr>
<tr><td>检查</td><td>×××</td><td>复核</td><td>×××</td><td>主管</td><td>×××</td></tr>
</table>

仰拱(隧底)抽检表

表 3-10-16

______合同段(K××+×××～K××+×××)　　监隧 10 表

<table>
<tr><td>工程名称</td><td></td><td>桩　号</td><td></td><td>部　位</td><td></td><td>围岩类别</td><td></td></tr>
<tr><td>检查项目</td><td>规定值或允许偏差</td><td colspan="6">检查结果</td></tr>
<tr><td>仰拱厚度
(mm)</td><td></td><td colspan="6"></td></tr>
<tr><td>钢筋保护层厚度
(mm)</td><td></td><td colspan="6"></td></tr>
<tr><td rowspan="8">取点示意图

0:仰拱(隧底)中心
1、2:仰拱拱腰或隧底半宽中点</td><td rowspan="2">点位
里程</td><td colspan="2">1</td><td colspan="2">0</td><td colspan="2">2</td></tr>
<tr><td>设计高程/实测</td><td>超+/欠−</td><td>设计高程/实测</td><td>超+/欠−</td><td>设计高程/实测</td><td>超+/欠−</td></tr>
<tr><td></td><td></td><td></td><td></td><td></td><td></td><td></td></tr>
<tr><td></td><td></td><td></td><td></td><td></td><td></td><td></td></tr>
<tr><td></td><td></td><td></td><td></td><td></td><td></td><td></td></tr>
<tr><td></td><td></td><td></td><td></td><td></td><td></td><td></td></tr>
<tr><td></td><td></td><td></td><td></td><td></td><td></td><td></td></tr>
<tr><td></td><td></td><td></td><td></td><td></td><td></td><td></td></tr>
<tr><td colspan="8">混凝土外观鉴定:</td></tr>
<tr><td colspan="8">检查结论:

签名:×××　　××年×月×日</td></tr>
<tr><td>检查</td><td>×××</td><td>复核</td><td colspan="2">×××</td><td>主管</td><td colspan="2">×××</td></tr>
</table>

模筑混凝土模板抽检表

表 3-10-17

<u>××</u>合同段(K×××+×××～K×××+×××)

监隧 11 表

<table>
<tr><td>工程名称</td><td></td><td>桩号</td><td colspan="2">K156+173～K156+182</td><td>部位</td><td>全断面</td><td>围岩类别</td><td>III 类</td></tr>
<tr><td rowspan="2">内拱顶高程(0点设计高程 A/B)(cm)</td><td colspan="2">769.897</td><td rowspan="2">实测高程 A/B (cm)</td><td colspan="2">769.919</td><td rowspan="2">高差 A/B (cm)</td><td colspan="2">+2.2</td></tr>
<tr><td colspan="2">707.041</td><td colspan="2">707.091</td><td colspan="2">+5</td></tr>
<tr><td>内拱脚宽度</td><td>设计</td><td colspan="3"></td><td>实测</td><td colspan="3"></td></tr>
<tr><td rowspan="10">衬砌厚度检查</td><td rowspan="10" colspan="2">(取点示意图)</td><td rowspan="2">点位</td><td rowspan="2">设计厚度(cm)</td><td colspan="2">实测厚度(cm)</td><td colspan="2">超(+)、欠(-)</td></tr>
<tr><td>端头处</td><td>窗口处</td><td>端头处</td><td>窗口处</td></tr>
<tr><td>1</td><td>40</td><td>49</td><td>48</td><td>+9</td><td>+8</td></tr>
<tr><td>2</td><td>40</td><td>48</td><td>48</td><td>+8</td><td>+8</td></tr>
<tr><td>3</td><td>40</td><td>51</td><td>49</td><td>+11</td><td>+9</td></tr>
<tr><td>4</td><td>40</td><td>46</td><td>45</td><td>+6</td><td>+5</td></tr>
<tr><td>5</td><td>40</td><td>60</td><td>55</td><td>+20</td><td>+15</td></tr>
<tr><td>6</td><td>40</td><td>49</td><td>69</td><td>+9</td><td>+29</td></tr>
<tr><td>7</td><td>40</td><td>45</td><td>50</td><td>+5</td><td>+10</td></tr>
<tr><td>8</td><td>40</td><td>68</td><td>71</td><td>+28</td><td>+30</td></tr>
<tr><td colspan="3">超挖回填要求</td><td colspan="6">同强度等级混凝土回填</td></tr>
<tr><td colspan="3">模板(板缝、平整、脱模剂、固定情况)</td><td colspan="6">模板严密,平顺,脱模剂均匀,安设牢固</td></tr>
<tr><td colspan="3">堵头板安设与固定</td><td colspan="6">安设稳定牢固</td></tr>
<tr><td colspan="3">伸缩缝、沉降缝、工作缝处置橡胶止水带安设</td><td colspan="6">橡胶止水带布设在衬砌 1/2 处,安设牢固</td></tr>
<tr><td colspan="3">其他:预留孔洞、预埋件设置</td><td colspan="6">无</td></tr>
<tr><td colspan="9">检查结论:

签名:×××　　　××年×月×日</td></tr>
<tr><td>检查</td><td>×××</td><td>复核</td><td colspan="2">×××</td><td>主管</td><td colspan="3">×××</td></tr>
</table>

(明洞)混凝土衬砌抽检表　　表 3-10-18

×××合同段(K×××+×××～K×××+×××)　　监隧 12 表

<table>
<tr><td colspan="2">工程名称</td><td></td><td>检查桩号</td><td colspan="2"></td></tr>
<tr><td colspan="2">检查项目</td><td colspan="2">规定值或允许偏差</td><td colspan="2">检查结果</td></tr>
<tr><td colspan="2">衬砌厚度(mm)</td><td colspan="2">不小于设计值</td><td colspan="2"></td></tr>
<tr><td colspan="2">墙面平整度(mm)</td><td colspan="2">20</td><td colspan="2"></td></tr>
<tr><td rowspan="6">外观缺陷</td><td>项目</td><td>部位</td><td colspan="2">缺陷面积或长度</td><td>所占比例(%)</td></tr>
<tr><td>蜂窝(m^2)</td><td></td><td colspan="2"></td><td></td></tr>
<tr><td>麻面(m^2)</td><td></td><td colspan="2"></td><td></td></tr>
<tr><td>露筋掉角(m^2)</td><td></td><td colspan="2"></td><td></td></tr>
<tr><td>错台(mm)</td><td></td><td colspan="2"></td><td></td></tr>
<tr><td>图示</td><td colspan="4"></td></tr>
<tr><td colspan="6">检查结论：

签名：×××　　××年×月×日</td></tr>
</table>

检查	×××	复核	×××	主管	×××

洞身开挖围岩观测记录表

表 3-10-19

__××__合同段(K×××+×××～K×××+×××)

监隧 13 表

工程名称		桩号	K156+915～K156+918	设计围岩类别	III 类

围岩类型、节理发育及地下水情况：

(1)节理发育，围岩破碎；

(2)无地下水

炮眼残痕保存情况	本茬炮进尺(m)	3.2
	周边眼合计数量(个)	51
	保留眼迹的周边眼个数(个)	10
	保存率(%)	19

检查结论：

签名：×××　　　××年×月×日

检查	×××	复核	×××	主管	×××

表 3-10-20

现场监控量测记录表

×××合同段(K××+×××～K××+×××)

监隧 14 表

隧道名称							桩号								量测断面编号				
测线编号	测量时间				观测值							温度修正值	修正后观测值		相对第一次收敛值	相对上次收敛值	间隔时间	收敛速率	备注
	年	月	日	时	温度	I		II		平均值									
					℃	m	mm	m	mm	m	mm	℃	m	mm	mm	mm	d	mm/d	
测量		×××					记录			×××		主管				×××			

检查结论：

签名：××× ××年×月×日

第十一节　交通安全设施工程质量控制细则与相关表格填写实例

一、概述

交通安全设施是最基本的安全保障系统，主要包括道路交通标志、道路交通标线、护栏、防眩设施、隔离栅及防落网等设施。预埋管线工程包括通信及电力管道，预埋(预留)基础、收费设施和地下通道等。

标志用于提供道路交通信息、组织疏导交通流并贯彻执行交通法规。

标线主要用于交通渠化、实行分道行驶。标线也是交通执法与守法的依据。

护栏设置于道路中央分隔带及道路两侧，用以降低交通事故的严重程度，保护人车安全。

防眩设施的设置可防止对向车前照灯对驾驶员的眩目，改善夜间行车条件，消除驾驶员夜间行车的紧张感，可减少交通事故。

隔离栅是用于阻止人和动物随意进入或横穿高等级公路，防止非法占用公路用地和公路基础设施。它可有效的排除横向干扰，避免由此产生的交通延误或交通事故。

预埋管线指通信管道及电力管道，预埋(预留)基础，收费设施和地下通道等的施工及有关作业。

安全设施及预埋管线对主体工程发挥其功能、提高其安全性、舒适性、可靠性、实用性起了很大作用。因此，其施工质量监理非常重要。

(一)施工准备阶段

对承包人提合交的开工申请报告中的施工组织计划、质量保证体系、施工方案、原材料、测试报告、混合料配合比设计和试验结果、材料数量、机械设备、型号和人员配备等进行审查，符合合同，技术规范要求，施工工艺切实可行时，监理工程师即可签发“单项工程开工申请批复单”。

这个阶段最重要的工作是料源确定及进场材料检查验收，即承包人对护栏、标志、标线涂料、突起路标、轮廓标、防眩板(网)、隔离栅等产品以及用于混凝土工程的各类原材料按相应的标准规范进行检验，合格后连同样品报送监理工程师抽检，各项试验由监理工程师进行或委托经国家计量认证单位认证持有CMA标志的试验检测单位进行。抽检合格后监理工程师对料源进行批复，同意进场。对于运抵工地的材料及产品的质量，承包人自检合格后监理工程师还应按不低于25%的频率抽检，构件及产品符合有关产品标准的规定，并提供产品质量合格证书及生产厂商的使用说明和规定，还应该检查各部件的外观及尺寸。为了更好地控制到达工地的材料、产品质量，监理工程师可通过审批承包人的采购申请，事先控制某些重要材料的质量。

(二)施工阶段

承包人在得到监理工程师的正式开工令后，即可按设计图纸进行施工。监理工程师检查承包人的施工工艺是否符合技术规范的规定或经监理工程师批准的施工工艺，是否按开工前监理工程师批准的施工方案进行。如果有混凝土施工，还应检查混合料是否符合经批准的配合比设计。

这个阶段最重要的是工序检查，即每道工序开工前，应得到监理工程师的批准，每道工序在进行过程中和结束后，监理工程师应在承包人自检的基础上进行抽检合格后，才可以进入下道工序。监理工程师在工序管理的过程中做好过程控制，及时发现工程缺陷和质量、事故隐患，采取相应的措施及时纠正。在一些关键工序以及一些隐蔽工程的施工过程中，监理工程师必须坚持全过程旁站发现并解决问题，把工序中可能发生的质量隐患，消灭在萌芽状态。

(三)中间交验阶段

每个工程完成后，承包人根据合同规范进行自检。自检合格后，填报“中间交验申请书”，报送监理工程师。监理工程师收到后，首先汇总、检查该工程每道工序的“质量检查报表”，并会同有关人员对整个工程进行现场检查、验收。合格后签发“中间交验证书”。

二、护栏

(一)材料要求

(1)混凝土护栏的配合比应得到监理工程师的批准，进场材料监理工程师应抽检合格；

(2)波形钢护栏的梁板、立柱及附属构件应符合相关产品标准的规定，并经检验合格；

(3)监理工程师应对波形护栏各部件的外观、尺寸、防腐处理进行抽样检查；

(4)监理工程师应将热浸镀锌处理做为检查的重点，确保镀锌厚度满足要求，并达到均匀、不剥离、不凸起的要求。

(二)质量控制细则

1.混凝土护栏

(1)逐栏检查承包人的施工放样，包括中线及高程；

(2)混凝土拌制时检查配合比是否按批准的配合比施工，防止各种材料用量超过规范要求的误差范围，并严格控制水灰比及坍落度；

(3)检查预埋或预留构件位置的准确性，确保位置准确，为后续安装提供方便；

(4)模板安装时应与护栏几何线形相一致，确保成型后直线顺直、曲线圆滑顺畅；

(5)重点检查护栏与基础之间的连接处理。

2.波形梁钢护栏

(1)根据护栏立柱下土质情况采用打入或开挖浇筑混凝土的办法埋设立柱，其方案需经监理工程师批准，结构物处应对基础进行预先处理，采用预埋螺栓的方法处理；

(2)检查承包人的施工放样结果，要求位置准确，确保不侵界，为波形梁安装提供方便；

(3)立柱施工一般应在路面铺筑完成之后进行，打入的钢立柱顶部应无明显塌边、变形、开裂，波形梁安装时不应过早拧紧，可利用长圆孔对线形、高程及由于立柱间距误差引起的不顺问题进行调整，使之与公路线形相协调；

(4)波形梁的搭接应顺交通流方向拼装，即后一块梁压前一块梁；

(5)护栏端头应设置渐变段；

(6)重点检查立柱埋入深度、间距、竖直度。

三、隔离栅和防落网

(一)材料要求

(1)所用材料应符合有关规范要求，并经监理工程师抽检合格批准使用；

(2)所有金属构件应采用热浸镀锌进行防腐处理，并确保镀锌厚度达到要求，镀锌均匀、无剥离、不凸起；

(3)金属网应网孔均匀，焊接牢固；

(4)重点检查防腐处理情况。

(二)质量控制细则

(1)按照设计及实际地形地物情况，监理工程师现场同承包人一起进行施工放样，确定立柱中心线，并注意线形顺舒；

(2)根据地形起伏情况，监理工程师与承包人现场确定控制高程，必要时指令承包人对现场进行清理平整，地形起伏较大时应设置过渡段确保美观；

(3)立柱埋设应确保深度并稳固，先从两端开始，并设置地锚拉线；

(4)网片与框架及框架与立柱应全部固定牢固并拉紧，无明显翘曲；

(5)起点终点应设置封闭连接。

四、交通标志

(一)材料要求

(1)所用材料应符合有关规范要求，并经监理工程师抽检合格批准使用；

(2)单块标志板原则上不允许拼接，确有困难时，监理工程师可根据板面设计的具体情况与承包人一起确定分割位置，并确定拼装方案；

(3)反光膜尽可能减少拼接，并按反光膜的最大宽度进行拼接，宜采用搭接上膜压下膜；

(4)标志面的逆反射材料应满足规范要求的光度性能、色度性能、耐气候性能、耐盐雾腐蚀性能、耐溶剂性能、抗冲击性能、耐弯曲性能、耐高低温性能、附着性能的指标；

(5)混凝土工程的配合比应得到监理工程师的验证批复，进场材料应抽检合格；

(6)所用钢件采用热浸镀锌进行防腐处理，确保镀锌厚度满足要求，镀锌均匀，不剥离，不凸起。

(二)质量控制细则

(1)检查施工放样，确保放样准确，不侵界；

(2)基础混凝土施工应注意锚固螺栓的预埋，位置准确且水平埋置；

(3)钻孔、冲孔和焊接应在钢材镀锌处理之前完成；

(4)支撑结构应采用吊车安装，承包人应将安装方法上报监理工程师审批，安装时设置预拱，门式为50mm，悬臂为40mm；

(5)标志板应在车间剪裁或切割，固定所用槽钢应在粘反光膜前焊接好，反光膜应伸出上、下边缘并紧密粘贴；

(6)标志安装应与交通流方向几乎成直角，为消除眩光，路侧标志应向后旋转 5°，门式标志应沿垂直轴线向后旋转 1°；

(7)安装完成后，监理工程师应督促承包人按照标志制造商建议的方法对所有标志牌进行清扫；

(8)每块标志牌安装前监理工程师应对标志板面的材料、内容及外观进行认真检查，确保满足要求并无任何缺陷，安装完成后应认真检查紧固程度、安装角度及位置，确保在白天和夜间条件下标志的外观视认性，颜色、镜面眩光等满足使用要求。

五、路面标线

(一)材料要求

(1)各种材料均应满足有关规范要求的技术标准，且经监理工程师抽检合格批准使用；

(2)材料应满足耐久性使用的要求，且有合适的施工机械与之配套；

(3)生产厂商应提供检验报告、产品合格证及使用说明和注意事项；

(4)为保证施工过程中的质量，应用湿膜厚度梳子校核道路路面的湿膜厚度；

(5)突起路标底面粗糙，其反射体反射性能均匀、完整、颜色一致，抗压荷载大于 160kN；

(6)附着式轮廓标的后底板及支架等附件应采用铝合金材料制作或采用镀锌钢板；

(7)逆反射材料采用反射器或反光膜，其性能满足有关要求。

(二)质量控制细则

1. 路面标线

(1)检查路面清洁程序及干燥程度，不得污染并应处于干燥状态；

(2)在旧沥青路面和水泥混凝土路面上施作标线时，先喷涂经监理工程师批准的热熔底油加涂料，以提高黏结力；

(3)检查施工放样，确保图案、形状、位置准确，线形流畅，并与路道线形相协调；

(4)监理工程师应会同承包人对标线设计进行认真复核，确保设计满足规范要求，并与现场情况吻合；

(5)检查喷涂机具性能、热熔涂料加热温度、玻璃珠的加入量及均匀牢固程度；

(6)施工过程中加强对标线的顺直、平顺、光洁、均匀、厚度等指标的检查。

2. 突起路标和轮廓标

(1)检查施工放样，确保位置准确；

(2)清洁突起路标固定处的路面，混凝土路面用硬刷和 10％盐酸溶液洗刷后，用清水冲洗干净，沥青路面用硬刷和气泵清洁干净；

(3)用环氧树脂作黏结剂，涂覆厚度不小于 8mm，压在正确位置上轻微转动，直至四周出现挤浆；

(4)柱式轮廓标埋设牢固并垂直，方向与设计一致；

(5)附着式轮廓标安装牢固，其反射器角度满足设计要求；

(6)反光膜粘贴前将所贴位置清洗干净后保持干燥状态，并用不剥落的热活性胶黏剂粘贴。

六、防眩设施

(一)材料要求

(1)防眩所用材料应符合有关规范要求,并经监理工程师抽检合格批准使用;

(2)塑料制品应选用在自然条件下不易老化、不易褪色和不易变形的高分子合成材料;

(3)金属材料应进行热浸镀锌防腐处理,镀锌达到要求厚度,且均匀、不凸起。

(二)质量控制细则

(1)检查防眩设施的外观质量,色泽应均匀,不能有气泡、裂纹、疤痕且表面棱角光滑;

(2)设置的防眩高度、板或网的间距、竖直度应满足要求;

(3)安装应牢固,整体应与道路线形相一致,美观大方;

(4)防眩设施的遮光角和几何尺寸符合设计要求。

七、相关资料表格填写实例

本部分主要归纳了交通安全设施工程监理抽检常用表格见表 3-11-1,列举了填写实例作为质量控制的检查用表(表 3-11-2～表 3-11-9),监理工程师可根据项目的实际情况选择使用。

交通安全设施工程监理抽检常用表格 表 3-11-1

表　号	表　名	备　注
表 3-11-2 交安监 01 表	交通标志安装质量检查表	
表 3-11-3 交安监 02 表	路面标线质量检查表	
表 3-11-4 交安监 03 表	波形梁钢护栏质量检查表	
表 3-11-5 交安监 04 表	混凝土护栏质量检查表	
表 3-11-6 交安监 05 表	突起路标质量检查表	
表 3-11-7 交安监 06 表	轮廓标质量检查表	
表 3-11-8 交安监 07 表	防眩设施质量检查表	
表 3-11-9 交安监 08 表	隔离栅和防落网质量检查表	

交通标志安装质量检查表 表 3-11-2

第　页共　页 交安监 01 表

合同段：×××　建设项目：××高速公路　施工单位：×××

工程名称：标志　检测段落：K101+000～K103+000　检测位置：K101+200 处

施工日期：××～××　检查日期：××

检查项目	规定值或允许偏差	检查结果		
标志板外形尺寸(mm)	±5 当边长尺寸大于 1.2m 时允许偏差为边长的±0.5%，三角形内角应为 60°±5°	+3	−2	
标志板底板厚度(mm)	不小于设计(2mm)	2.1	2.3	
标志汉字、数字、拉丁字的字体及尺寸(mm)	应符合规定字体，基本字高不小于设计(400mm)	405	403	
标志面反光膜等级及逆反射系数($cd \cdot lx^{-1} \cdot m^{-2}$)	反光膜等级符合设计 逆反射系数值不低于现行《公路交通标志板技术条件》(JT/T 279—2004)规定 (一级)	一级 400		
标志板下缘至路面净空高度及标志板内缘距路边缘距离(mm)	+100,0	+90	+95	+89
立柱竖直度(mm/m)	±3	−2	+3	−3
标志金属构件镀层厚度(μm)	标志柱、横梁≥78，紧固件≥50	80 (柱)	55 (紧固件)	83 (横梁)
标志基础尺寸(mm)	−50,+100	+70	+90	+60
基础混凝土强度(MPa)	在合格标准内 (设计 25MPa)	30	33	29

结论：

监理工程师签名：×××　××年××月××日

路面标线质量检查表

表 3-11-3

第　页共　页　　　　交安监 02 表

合同段：×××　　建设项目：××高速公路　　施工单位：×××

工程名称：标线　　检测段落：K102＋000～K102＋600

施工日期：××～××　　检查日期：××

检查项目		规定值或允许偏差	检查结果		
标线线段长度(mm)	6 000	±50	+30	−10	+40
	4 000	±40	+20	−30	+30
	3 000	±30	+30	−10	+30
	1 000～2 000	±20	−10	+20	+10
标线宽度(mm)	400～450	+15,0	+7	+4	+8
	150～200	+8,0	+2	+5	+6
	100	+5,0	+3	+5	+2
标线宽度(mm)	常温型(0.12～0.2)	−0.03,+0.10			
	加热型(0.20～0.4)	−0.05,+0.15			
	热熔型(1.0～4.50)	−0.10,+0.50	0.3	0.2	0
标线横向偏位(mm)		±30	+20	−30	−10
标线纵向间距(mm)	9 000	±45	−40	+45	+30
	6 000	±30	−20	+30	−10
	4 000	±20	−10	+15	−20
	3 000	±15	+10	−12	−11
标线剥落面积		检查总面积的 0～3%	0.3%		
反光标线逆反射系数(cd·lx^{-1}·m^{-2})		白色标线≥150	160		
		黄色标线≥100	110		

结论：

监理工程师签名：×××　　　　××年××月××日

波形梁钢护栏质量检查表

表 3-11-4

第　页共　页

交安监 03 表

合同段：×××　　建设项目：××高速公路　　施工单位：×××

工程名称：波形梁刚护栏　　检测段落：K101＋000～K101＋500

施工日期：××～××　　检查日期：××

检查项目	规定值或允许偏差	检查结果		
波形梁板基底金属厚度(mm)	±0.16	＋0.09	－0.5	
立柱壁厚(mm)	4.5±0.25	4.3	4.6	4.4
镀(涂)层厚度(μm)	符合设计 (设计 75μm)	80	82	
拼接螺栓(45 号钢)抗拉强度(MPa)	≥600	700	750	730
立柱埋入深度(cm)	符合设计规定 (100cm)	105	102	
立柱外边缘距路肩边线距离(mm)	±20	－10	＋20	－15
立柱中距(mm)	±50	＋30	－40	＋15
立柱竖直度(mm/m)	±10	3	－2	＋8
横梁中心高度(mm)	±20	－15	＋18	－16
护栏顺直度(mm/m)	±5	＋3	－2	＋3

结论：

监理工程师签名：×××　　××年××月××日

混凝土护栏质量检查表 表 3-11-5

第 页共 页 交安监 04 表

合同段：×××　　建设项目：××高速公路　　施工单位：×××

工程名称：混凝土护栏　　检测段落：K103+105～K103+254

施工日期：××～××　　检查日期：××

检 查 项 目		规定值或允许偏差	检 查 结 果		
护栏混凝土强度(MPa)		在合格标准内 (设计 30MPa)	38	42	40
地基压实度(%)		符合设计要求 (设计 96%)	97	98	
护栏断面尺寸 (mm)	高度	±10	+10	−8	−6
	顶宽	±5	+5	−2	+4
	底宽	±5	−3	+2	+5
基础平整度(mm)		10	6	8	2
轴向横向偏位(mm)		±20 或符合设计要求	+10	−12	−18
基础厚度(mm)		±10%H(设计 1 000mm)	20	−30	+10

结论：

监理工程师签名：×××　　××年××月××日

突起路标质量检查表

表 3-11-6

第　页共　页　　交安监 05 表

合同段：×××　　建设项目：××高速公路　　施工单位：×××

工程名称：突起路标　　检测段落：K105+000～K105+600

施工日期：××～××　　检查日期：××

检 查 项 目	规定值或允许偏差	检 查 结 果		
安装角度(°)	±5	−3	+4	−2
纵向间距(mm)	±50	+30	+50	−10
损坏及脱落个数	<0.5%(总数为 50)	0		
横向偏位(mm)	±50	+40	−20	+10
承受压力(kN)	>160	180		
光度性能	在规定范围内 (满足图纸设计要求)	合格		

结论：

监理工程师签名：×××　　××年××月××日

轮廓标质量检查表

表 3-11-7

第　页共　页

交安监 06 表

合同段：×××　　建设项目：××高速公路　　施工单位：×××

工程名称：轮廓标　　检测段落：K115＋125～K115＋300

施工日期：××～××　　检查日期：××

检查项目	规定值或允许偏差	检查结果					
柱式轮廓标尺寸(mm)	三角形断面：底边允许偏差为±5，三角形高允许偏差为±5；柱式轮廓标总长允许偏差为±10	＋3	－2	＋4	－1	＋4	－2
安装角度(°)	0～5	2	5	4			
反射器中心高度(mm)	±20	－10	＋15	＋18			
反射器外形尺寸(mm)	±5	－3	＋5	＋2			
光度性能	在合格标准内 (满足设计要求)	合格					

结论：

监理工程师签名：×××　　××年××月××日

防眩设施质量检查表 表 3-11-8

第 页共 页 交安监 07 表

合同段：××× 建设项目：××高速公路 施工单位：×××

工程名称：防眩设施 检测段落：K107＋768～K108＋015

施工日期：××～×× 检查日期：××

检 查 项 目	规定值或允许偏差	检 查 结 果		
安装高度(mm)	±10	－3	＋5	－8
镀(涂)层厚度(μm)	符合设计 (设计 75μm)	80	79	
防眩板宽度(mm)	±5	－3	＋2	－4
防眩板设置间距(mm)	±10	－8	＋10	－9
竖直度(mm/m)	±5	－2	＋4	－5
顺直度(mm/m)	±8	－5	－3	＋5

结论：

监理工程师签名：××× ××年××月××日

隔离栅和防落网质量检查表

表 3-11-9

第　页共　页

交安监 08 表

合同段：×××　　建设项目：××高速公路　　施工单位：×××

工程名称：隔离栅　　检测段落：K101＋000～K103＋000

施工日期：××～××　　检查日期：××

检 查 项 目	规定值或允许偏差	检 查 结 果		
高度(mm)	±15	+8	−5	+9
镀(涂)层厚度(μm)	符合设计(设计 75μm)	77	78	
网面平整度(mm/m)	±2	0	+1	−2
立柱埋深	符合设计(设计 50cm)	55	53	
立柱中距(mm)	±30	+25	−22	
混凝土强度(MPa)	在合格标准内(设计 25MPa)	30	32	33
立柱竖直度(mm/m)	±8	+6	−3	+5

结论：

监理工程师签名：×××　　××年××月××日

第十二节　绿化及环境保护工程质量控制细则及相关资料表格填写实例

一、概述

公路绿化，在防止污染、保护和改善环境方面，起着特殊的作用，它具有较好的调温、调湿、过滤尘埃、净化空气、减弱噪声等功能。环境保护是协调人类和环境的关系、保障经济社会持续发展，保护人类生存健康所采取各种措施的总称。公路建设势必对生态环境、人文景观、地形地貌等造成影响。因此在施工中保护自然生态、改善人文景观、减少水土流失、降低环境污染、注重公路美学的运用，公路建设和环境保护同时进行，达到绿化和美化的统一，以构建生态环保的绿色通道，是公路建设重要的任务之一。

绿化工程对于美化和改善道路环境，保护路基边坡不受冲刷，使其稳定性增强，保证了公路的使用寿命。并给驾驶员和乘客提供视线诱导，减少视觉疲劳方面起到重要的作用。

声屏障工程是隔声设施，用于减少行车对道路周边环境的噪声影响。

环境保护工程用于保护道路周边环境，即防止和减轻污染，保护公路沿线植被和动植物、土地资源，保护河流、湖泊、水源地和农田、草原等不受或少受污染。

绿化及环境保护工程对提高道路主体工程功能的发挥起着重要的作用。对施工过程和通车运营后的效益发挥，尤其是对道路运营后的社会效益，有着深远的影响。因此，其施工质量监理工作也非常重要。

(一)施工准备阶段

认真审查承包人开工报告中的施工组织计划、质量保证体系、施工工艺方案、材料检测报告、机械设备、材料、人员配备、环保方案及措施、安全措施等。同时监理工程师应现场检查开工准备工作，并对有关材料的试验检测结果进行抽检，满足要求后方可签发单项工程开工通知书。

这个阶段最重要的是审查绿化与环保工程工艺方案及对进场材料的检查验收，即用于工程的材料承包人应将其出厂合格证、检测报告，连同样品报送监理工程师。监理工程师应同承包人一起委托经国家计量认证单位认证，持有 CMA 标志的试验检测单位按相关的标准、规范进行检验；对于采用新工艺新技术，如客土直播、客土喷播、挂网等边坡植物防护工程，应严格审查工艺方案的可行性及设备是否配套，以确认其适用于本工程项目，并能保证施工质量。

(二)施工阶段

监理工程师在批准工程开工后，承包人应按设计图纸和技术规范的要求进行施工，同时应对设计中不尽合理、完善的内容，双方都有义务提出修改补充意见，报批后付诸实施。监理工程师应督促核查承包人是否按已批准的方案组织施工，施工工艺和操作是否与有关规范和规程相一致，是否按批准的工艺执行。同时应检查高边坡上的施工是否具备可靠的安全防护措施，养护工作是否到位，是否按有关公路工程文明施工标准及有关环境保护法规执行。

这个阶段最重要的是工序检查，即监理工程师应做好每个工序的检查验收，每道工序开始前应得到批准。工序实施过程和结束后，监理工程师应在承包人自检的基础上结合过程检查和完工验收，做出明确结论。在工序管理中应做好过程控制，及时发现问题，采取措施纠正，将质量隐患消灭在萌芽状态，避免不必要的损失和浪费。对关键工序，如基材和种子的拌和、隐蔽工程的施工应全过程旁站。

(三)中间交验阶段

每个工程完工后,承包人应对照设计现场进行自检,自检合格后,上报中间交验申请。监理工程师应根据抽检资料,组织承包人一起现场严格按照检验评定标准的要求检查验收。合格后签发中间交验证书。

二、播种草种

(一)材料要求

(1)表土应为疏松的、并含有有机质的土壤,如清表土或适合植物生长,肥力较高的熟土、耕作土或森林腐殖质土,并提供土质检验报告。

(2)草种应具有适合当地气候和土壤条件,发芽力强、根系发达、能迅速覆盖地面;植株生长低矮,富有弹性;植株呈现匍匐型或丛生型;有较强的适应性和抗逆性;再生及恢复能力强,生长年限长且绿色期长;对人畜无害,无刺激性气味的特点。外地调入种子应提供植物检疫报告及由国家法定种子检验机构出具的种子检验报告。

(3)底肥或拌种用肥料,应优先使用沤制的农家肥,还可选用复合化肥及混合肥料作基肥或追肥。

(二)质量控制细则

(1)检查种子的浸种处理,目的是减少病虫害及促进种子提早发芽。用5‰的高锰酸钾水溶液浸种2h消毒;用0.1‰的促根剂及催芽剂浸种2h;用清水浸种12h;

(2)根据边坡情况确定播种方法,分为干播、直播、喷播。并检查与之配套的机械设备;

(3)根据种子特性及预期效果用试验方法确定各草种的播种量及各种植生基材(纸浆、胶粉、肥料、保水剂、土壤改良剂等)的掺配比例;

(4)施工前对绿化区域进行场地平整、边坡修整并检查验收;

(5)播种前检查垂直于天然水流沿边坡等高线方向的种植沟槽开挖的均匀性及尺寸;

(6)挂网客土喷播应对锚杆及挂网质量进行检查,确保锚杆均匀牢固,网与坡面距离均匀,网与锚杆连接牢固;

(7)检查直播、喷播厚度及范围满足设计要求;

(8)检查后期管理工作,包括盖无纺土工布浇水,喷施液体肥料,喷洒高效低毒农药防病虫害,修剪等;

(9)在一个年生长周期满后严格按有关标准对种草覆盖率进行检查验收。

三、铺植草皮

(一)材料要求

(1)表土应为疏松的,具有透水作用并含有有机质的土壤如清表土或适合植物生长,肥力较高的熟土、耕作土或森林腐殖质土,并提供土质检验报告;

(2)草皮选择应具有耐旱、耐涝、容易生长、蔓延面积大、根部发达、茎低矮强壮和多年生长的特性,并提供植物病害及昆虫传染检疫报告;

(3)底肥或拌种用肥料应优先采用沤制的农家肥,还可选用复合化肥及混合肥料作基肥或追肥。

(二)质量控制细则

(1)检查铺植草皮区域的场地、边坡整修情况；

(2)草皮切取尺寸其厚度在4cm左右，宽度应在30cm左右，长度可视施工难易程度确定；

(3)表面浇足水后错缝密铺，并用竹签固定，铺植后应及时洒水灌溉，促其生根；

(4)检查后期管理工作，包括浇水、追肥、防病虫害、修剪等；

(5)在一个年生长周期满后，严格按有关标准对草皮覆盖率进行检查验收。

四、种植苗木

(一)材料要求

(1)表土、肥料要求同播种草种；

(2)苗木应树干通直，生长健壮，树冠丰满，无病虫害，根系发达，苗茎未受虫害损伤。所用的植物原则上应尽量选用本苗圃的苗木。外地调入的苗木，应提供植物检疫报告，且出圃时间不应过长，运输途中，根部土球保护完整，树冠不受或少受损害。外地调入的苗木，一般应经过当地2～3年以上驯化期再用于公路绿化，以提高其成活率。

(二)质量控制细则

(1)施工前应按照设计要求分批对拟进场苗木的质量和规格进行检验，包括苗圃挖移前的检查和运至现场的检验；

(2)检查运输和储存期间的保护措施是否合理、完善；

(3)检查验收绿化区域的场地平整及边坡修整是否满足设计要求；

(4)加强对受到污染的绿化区域的土质的换填检查，检查内容包括换土范围及其土质、深度，以确保绿化所用土质优良，苗木成活率高；

(5)对种植路段的种植位置进行放样检查，保证种植位置、间距、图案、布局等符合设计要求，轮廓美观；

(6)坑穴位置准确，规格满足要求；

(7)坑穴底先填表土和底肥的混合土，再放苗木，最后分层填土并适当踩实；

(8)检查后期管理工作。包括浇水、追肥、防病虫害及修剪等；

(9)在一个年生长周期满后，严格按照设计和有关标准对植物的成活率及生长状况进行检查验收。

五、声屏障

(一)材料要求

(1)砌块、消声板的规格、尺寸及质量要求符合图纸规定和技术规范的要求，并经检验合格；

(2)钢材、混凝土及砂浆符合桥涵工程有关规定，其配合比应得到监理工程师的批准，进场材料应抽检合格；

(3)所用钢材均应进行热镀锌处理，其重点检查镀层厚度。

(二)质量控制细则

(1)检查施工放样的准确性，施工过程中控制好质量和线形，确保外观和线形美观；

(2)混凝土和砂浆拌制时检查其配合比是否按批准的配合比施工，防止各种材料用量超过

规范要求的误差范围,并严格控制水灰比、坍落度或稠度;

(3)检查预埋件位置的准确性,为后续安装提供方便,以保证安装质量;

(4)砌缝砂浆饱满,上下错缝,内外搭接,表面平整、美观;

(5)检查构件之间连接的牢固性。

六、环境保护

(1)保护文物是每个公民的义务。监理工程师在施工中发现文物古迹,应按合同条款第 27.1 款,要求承包人及时采取措施保护好现场,并要求承包人暂时停止作业,同时向有关文物保护部门报告。

(2)在施工过程中,监理工程师应要求承包人做好防排水工程,避免引起冲刷与淤积造成水土流失,必要时可要求承包人暂停施工。

(3)对施工中产生的废料、废方、垃圾等,监理工程师应要求承包人采用相应的保护性措施(地点选择、平整、掩埋、施做绿化及防护工程)予以处理,以免造成环境污染和水土流失。

(4)施工中监理工程师应要求承包人采取必要措施保护水源水质,控制扬尘,减少噪声、废气污染,营造文明和谐舒适的施工环境。

(5)在保护好现有绿色植被的同时,监理工程师应要求承包人采用适当措施,保护好现有的公用设施,在其附近施工时,应报经有关部门批准。

(6)土地资源是不可再生的资源。施工中监理工程师应要求承包人不得随意乱占乱挖,并按规定程序上报临时用地计划及方案,方案中应包括复垦措施、植被恢复措施等,在报经有关部门批准后方可实施。

七、相关资料表格填写实例

本部分主要归纳了绿化及环境保护工程监理抽检常用表格,见表 3-12-1,共七种,列举了填写实例作为质量控制的检查用表(表 3-12-2~表 3-12-8),监理工程师可根据项目的实际情况选择使用。

绿化及环境保护工程监理抽检常用表格 表 3-12-1

表　号	表　名	备　注
表 3-12-2 环监 01 表	砌块体声屏障质量检查表	
表 3-12-3 环监 02 表	金属结构声屏障质量检查表	
表 3-12-4 环监 03 表	中央分隔带绿化质量检查表	
表 3-12-5 环监 04 表	路侧绿化质量检查表	
表 3-12-6 环监 05 表	互通立交区绿化质量检查表	
表 3-12-7 环监 06 表	养护管理区、服务区绿化质量检查表	
表 3-12-8 环监 07 表	取、弃土场绿化质量检查表	

砌块体声屏障质量检查表 表 3-12-2

第　页共　页 环监 01 表

合同段：××× 建设项目：××高速公路 施工单位：×××

工程名称：砌块体声屏障 检测段落：K101＋000～K101＋120 右侧

施工日期：××～×× 检查日期：××

检查项目	规定值或允许偏差	检查结果					
降噪效果	符合设计要求	合格					
与路肩边线位置偏移(mm)	±20	－15	9	－1	6		
墙体高程(mm)	±20	6	－9	11	15		
墙体竖直度(mm/m)	3	1	1	3			
墙体厚度(mm)	不小于设计(500)	511	508	504			
顺直度(mm/10m)	10	3	6	5			
水平灰缝平直度(mm)	7	3	6	5			
表面平整度(mm)	8	4	3	7			

结论：

监理工程师签名：××× ××年××月××日

金属结构声屏障质量检查表 表 3-12-3

第　页共　页 环监 02 表

合同段：×××　建设项目：××高速公路　施工单位：×××

工程名称：金属结构声屏障　检测段落：K105＋150～K105＋290 左侧

施工日期：××～××　检查日期：××

检 查 项 目	规定值或允许偏差	检 查 结 果					
降噪效果	符合设计要求	合格					
与路肩边线位置偏移(mm)	±20	−5	17	15	−5		
顶面高程(mm)	±20	17	14	−7	−3		
金属立柱中距(mm)	10	4	9	2			
金属立柱竖直度(mm/m)	3	1	0	2			
镀(涂)层厚度(μm)	不小于规定值(75)	77	79	75			
屏体厚度(mm)	±2	0	−1	2			
屏体宽度、高度(mm)	±10	4	9	−3			

结论：

监理工程师签名：×××　××年××月××日

中央分隔带绿化质量检查表 表 3-12-4

第　页共　页　　环监 03 表

合同段：×××　建设项目：××高速公路　施工单位：×××

工程名称：中央分隔带绿化　检测段落：K101＋000～K101＋500

施工日期：××～××　检查日期：××

检查项目	规定值或允许偏差	检查结果					
苗木规格与数量	符合设计	合格					
种植穴规格	符合现行《城市绿化工程施工及验收规范》(CJJ/T 82—99)的规定	合格					
土层厚度	符合现行《城市绿化工程施工及验收规范》(CJJ/T 82—99)的规定	合格					
苗木间距(%)	±5	−4	3	5	−2		
苗木成活率(%)	≥95	97					
草坪覆盖率(%)	符合设计	合格					

结论：

监理工程师签名：×××　　××年×月×日

路侧绿化质量检查表

表 3-12-5

第　页共　页

环监 04 表

合同段：×××　　建设项目：××高速公路　　施工单位：×××

工程名称：路侧绿化　　检测段落：K101+000～K101+500

施工日期：××～××　　检查日期：××

检 查 项 目	规定值或允许偏差	检 查 结 果					
苗木规格与数量	符合设计	合格					
种植穴规格	符合现行《城市绿化工程施工及验收规范》(CJJ/T 82—99)的规定	合格					
土层厚度	符合现行《城市绿化工程施工及验收规范》(CJJ/T 82—99)的规定	合格					
苗木成活率(%)	≥85	90					
草坪覆盖率(%)	≥95	97					
其他地被植物发芽率(%)	≥85	93					

结论：

监理工程师签名：×××　　××年×月×日

互通立交区绿化质量检查表

表 3-12-6

第　页共　页

环监 05 表

合同段：×××　　建设项目：××高速公路　施工单位：×××

工程名称：互通立交区绿化　　检测段落：K105＋125 立交

施工日期：××～××　　检查日期：××

检查项目	规定值或允许偏差	检查结果					
苗木规格与数量	符合设计	合格					
种植穴规格	符合现行《城市绿化工程施工及验收规范》(CJJ/T 82—99)的规定	合格					
土层厚度	符合现行《城市绿化工程施工及验收规范》(CJJ/T 82—99)中表5.0.2的规定	合格					
地面高程(mm)	±30	28	23	−10	23		
苗木成活率(%)	≥95	97					
草坪覆盖率(%)	≥95	98					

结论：

监理工程师签名：×××　　××年×月×日

养护管理区、服务区绿化质量检查表

表 3-12-7

第　页共　页

环监 06 表

合同段：×××　　建设项目：××高速公路　　施工单位：×××

工程名称：养护管理区、服务区绿化　　检测段落：K115+300 服务区

施工日期：××～××　　检查日期：××

检查项目	规定值或允许偏差	检查结果					
放样定位	±5%的设计间距	合格					
苗木规格与数量	符合设计	合格					
种植穴规格	符合现行《城市绿化工程施工及验收规范》(CJJ/T 82—99)的规定	合格					
土层厚度	符合现行《城市绿化工程施工及验收规范》(CJJ/T 82—99)的规定	合格					
地面高程(mm)	±30	25	22	2	13		
苗木成活率(%)	≥95	97					
草坪覆盖率(%)	≥95	96					
绿化附属设施	符合设计	合格					

结论：

监理工程师签名：×××　　××年×月×日

表 3-12-8

环监 07 表

取、弃土场绿化质量检查表

第 页共 页

合同段：×××　　建设项目：××高速公路　　施工单位：×××

工程名称：取、弃土场绿化　　检测段落：K107＋768 取土场

施工日期：××～××　　检查日期：××

检 查 项 目	规定值或允许偏差	检 查 结 果					
苗木规格与数量	符合设计	合格					
苗木成活率(%)	≥85	88					
草坪覆盖率(%)	≥80	85					

结论：

监理工程师签名：×××　　××年×月×日

第四章 工程进度控制细则及相关资料

第一节 概 述

进度控制是公路工程项目管理三大控制目标之一。工程进度和质量、费用是矛盾的统一体,三者构成了相互联系、相互制约的密切关系。工程进度涉及到业主和承包人的重大利益,是合同能否顺利执行的关键。因此,在工程进度控制中,应制定切实可行的进度计划,并认真监督检查,把计划进度与实际进度之间的差距作为进度控制的关键环节。除满足工期要求外,还应符合合同规定的工程质量要求和计划费用,从而达到高效、经济的工程施工目的。工程进度控制的一般程序如图 4-1-1 所示。

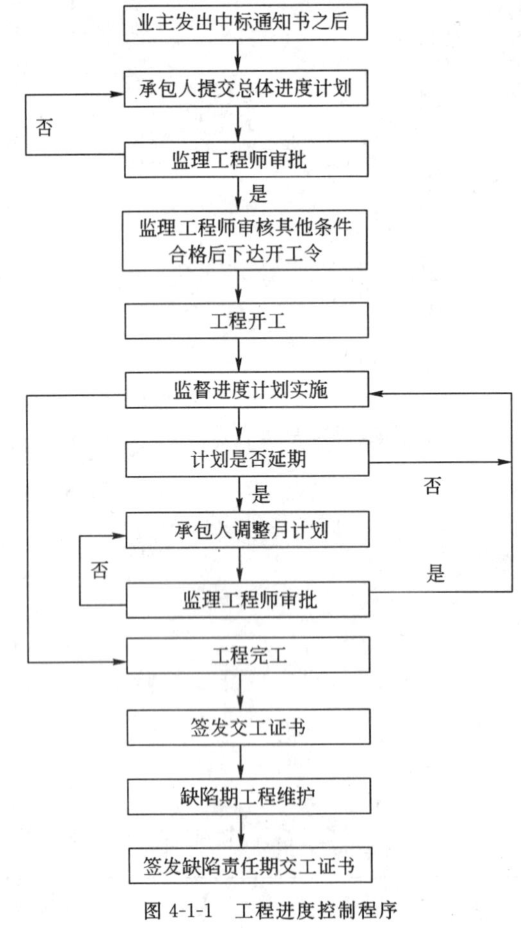

图 4-1-1 工程进度控制程序

第二节　进度计划的编制

公路工程项目进度计划是对工程实施全过程监理的重要依据，无论是国际 FIDIC 合同条件还是作为范本的国内合同条件，都有相当多的条款涉及进度计划的编制、修订、执行与检查。在工程开始施工之前，承包人应按合同规定的时间向监理工程师提供一份科学、合理的工程项目进度计划。

一、编制要求及阶段划分

公路建设项目的特征是技术要求高、投资大、建设周期长、涉及面广、干扰因素多。为使项目的执行能够按照预期的计划目标实现，并争取早日投入使用而获取经济效益，针对施工全过程编制进度计划是一项十分重要的、专业性极强的工作。

一份完整的符合实际的进度计划，从承包人角度来讲是履行合同的保证、指导施工的依据，从监理工程师的职责来看是控制进度、管理工期的凭证。所以，双方一开始就要对编制计划保持不断的信息交流。监理工程师要对进度计划的编制提出要求和必要的规定，明确内容和方法，以便承包人能编制出切实可行，能符合合同又能指导施工的进度计划。承包人在接到中标通知书后，应认真阅读技术规范、设计图纸，并对现场的地形、地物、征地拆迁等情况进行认真地调查研究，结合自身的人力、设备资源，作好相关的施工组织设计，编制好施工进度计划。

监理工程师应要求承包人在编制工程进度计划时把握以下原则：必须贯彻合同条件及技术规范；真实、可靠并符合实际；清楚、明了，便于管理；表明施工中的全部活动及其他的相关联系；反映施工组织及施工方法；充分使用人力和设备；预料可能的施工障碍及变化。

工程项目进度计划，根据工程项目实施的不同阶段，分别编制总体进度计划及年、月进度计划；对于某些起控制作用的关键工程项目（如桥梁、隧道、立体交叉等），还应单独编制分项工程进度计划。现分别介绍如下。

二、进度计划的主要内容

（一）总体进度计划

工程项目的施工总进度计划是用来指导工程全局的，它是工程从开工一直到竣工为止，各主要环节的总的进度安排，起着控制工程总体工期以及各个施工阶段工期的作用。

在承包人提交的工程总体进度计划中，应当反映出以下主要内容。

(1)工程项目的合同工期；

(2)完成各单位工程及各施工阶段所需要的工期、最早开始和最迟结束的时间；

(3)各单位工程及各施工阶段所需要完成的工程量及现金流动估算；

(4)各单位工程及各施工阶段所需配备的人力和机械数量；

(5)各单位工程或分部工程的施工方案和施工方法等。

总体进度计划的编制可以采用横道图（图 4-2-1）、斜条图（图 4-2-2）、进度曲线（图 4-2-3）或网络计划图，但无论采用什么方法，都应反映出上述内容。现金流动估算表即与总体进度计划相应的进度曲线，通过现金流动估算表可以得到每月完成的工程费用额及已完成的工程费用的累计。施工方案及方法则可通过施工组织设计来反映。

工程项目：×××××

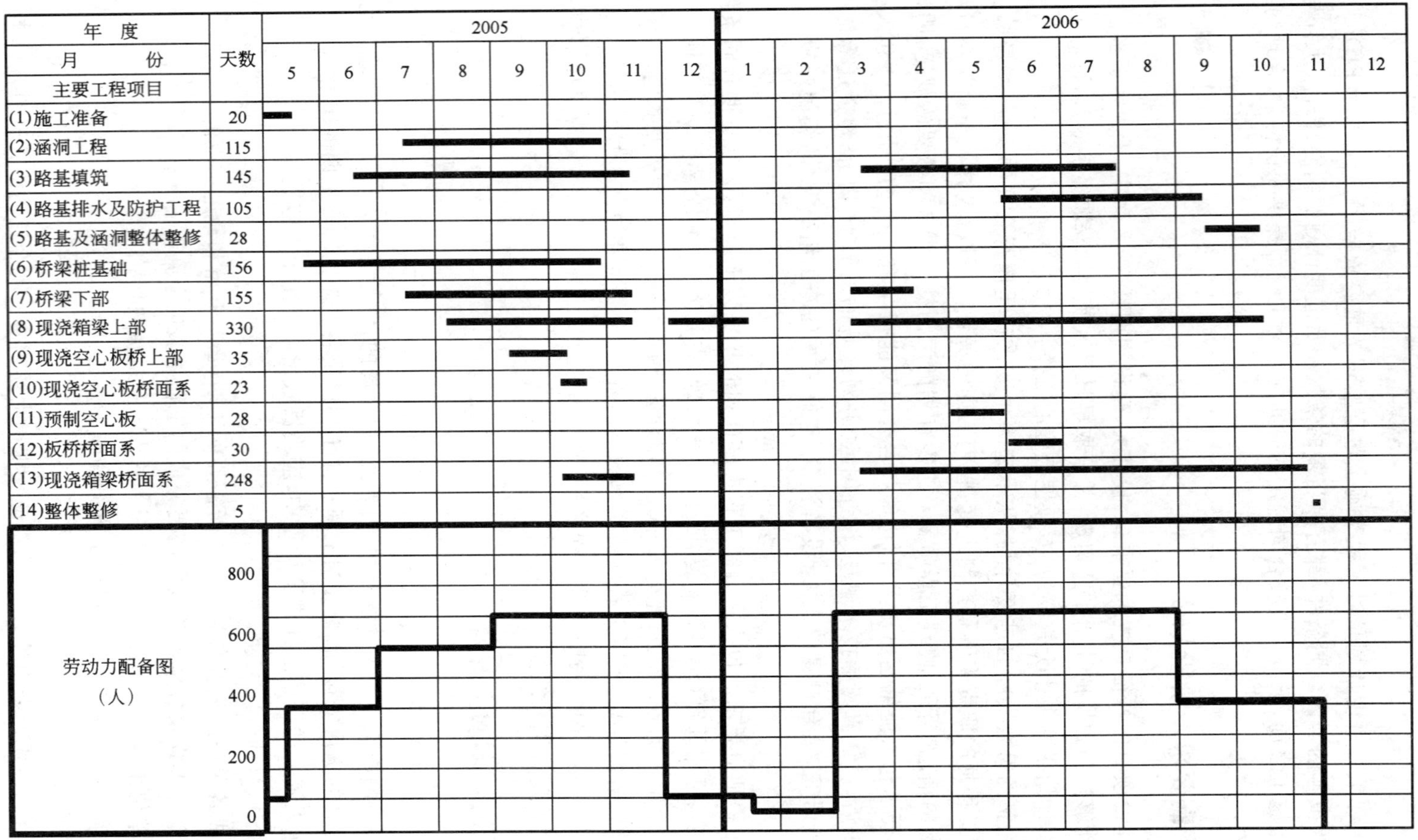

年　度		2005								2006											
月　份	天数	5	6	7	8	9	10	11	12	1	2	3	4	5	6	7	8	9	10	11	12
主要工程项目																					
(1)施工准备	20																				
(2)涵洞工程	115																				
(3)路基填筑	145																				
(4)路基排水及防护工程	105																				
(5)路基及涵洞整体整修	28																				
(6)桥梁桩基础	156																				
(7)桥梁下部	155																				
(8)现浇箱梁上部	330																				
(9)现浇空心板桥上部	35																				
(10)现浇空心板桥面系	23																				
(11)预制空心板	28																				
(12)板桥桥面系	30																				
(13)现浇箱梁桥面系	248																				
(14)整体整修	5																				

劳动力配备图（人）

800
600
400
200
0

图 4-2-1　××××施工总体进度计划示意图

工程项目：×××××

年度		2005								2006											
季度		二		三			四			一			二			三			四		
月份		5	6	7	8	9	10	11	12	1	2	3	4	5	6	7	8	9	10	11	12
图例	100																				
施二准备	96																				
涵洞工程	88																				
路基土方工程	80																				
路基排水及防护工程	72																				
路基及涵洞整修工程	64																				
桥梁桩基础	56																				
桥梁下部	48																				
现浇箱梁桥上部	40																				
现浇空心板桥上部	32																				
现浇空心板桥面系	24																				
板桥桥面系	16																				
现浇箱梁桥面系	8																				
整体整修	0																				

图 4-2-2　××工程进度率计划（斜率图）

工程项目：×××××

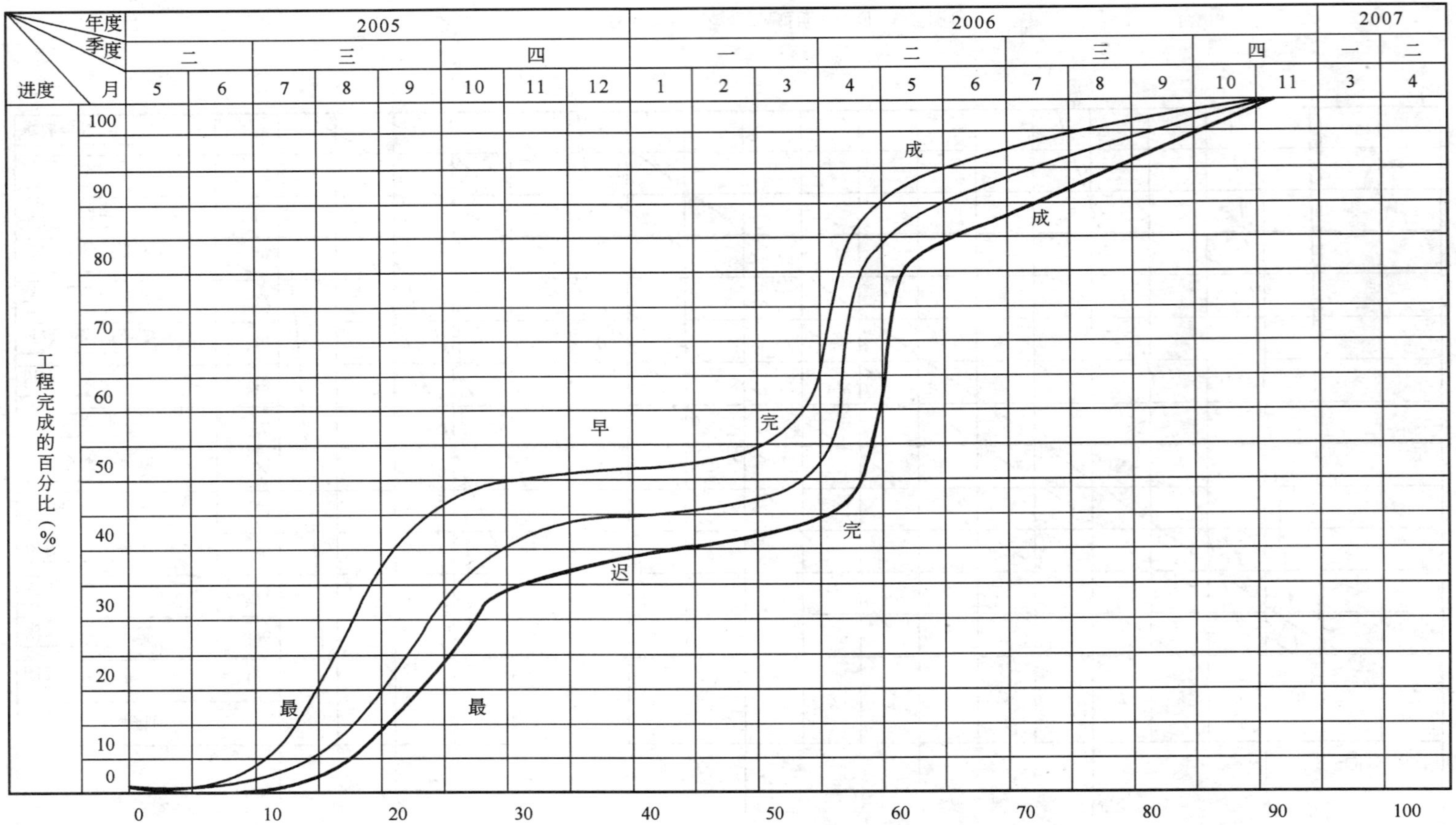

年度	2005								2006											2007	
季度	二		三			四			一			二			三			四		一	二
进度　月	5	6	7	8	9	10	11	12	1	2	3	4	5	6	7	8	9	10	11	3	4

工程完成的百分比（%）

100
90
80
70
60
50
40
30
20
10
0

最早完成
最迟完成

0 10 20 30 40 50 60 70 80 90 100

图 4-2-3　××××高速公路工程进度曲线

(二)年、月(季)进度计划

对于一个公路工程项目来说,仅有工程项目的总体进度计划是不够的,尤其当工程项目比较大时,还需要编制年度和月(季)进度计划。年度进度计划要受工程总体进度计划的控制,而月(季)进度计划又受年度进度计划的控制。月(季)进度计划是年度进度计划实现的保证,而年度进度计划的实现,又保证了总体进度计划的实现。

1.年度进度计划的主要作用

(1)统一安排全年内各项工程的具体内容,确定年度施工任务;

(2)确定各项目年度生产指标,即在年度内要完成哪些单位工程、分部分项工程或部分完成哪些工程项目;

(3)根据年度季节、气候的不同,合理安排施工进度。

2.年度进度计划的主要内容

(1)本年计划完成的单位工程及施工阶段的工程项目内容、工程数量及投资指标(表 4-2-1);

(2)施工队伍和主要施工设备的数量及调配顺序;

(3)不同季节及气温条件下各项工程的时间安排;

(4)在总体进度计划下对各分项工程进行局部调整或修改的详细说明等。

在年度计划的安排过程中,应重点突出组织顺序上的联系,如大型机械的转移顺序、主要施工队伍的转移顺序等。应首先安排重点、大型、复杂、周期长、占劳动力和施工机械多的工程,优先安排主要工种或经常处于短线状态的工种的施工任务,并使其连续作业。

安排年度进度计划时,应注意摆好下列关系:一般工程受重点工程的制约,配套项目受主体项目的制约;下级计划受上级计划的制约,计划内短期安排受整个计划工期的制约。同时,在调整计划时尽量不改变年度计划的指标,便于考核计划的执行情况。

3.月(季)度进度计划的作用

(1)确定月(季)施工任务。例如,本月(季)施工的工程项目,每项工程包括哪些内容,预计要完成到什么部位,工作量和工程量是多少,由谁来完成,相互间如何配合等等。

(2)指导施工作业。即施工顺序如何,相关的施工专业队组如何实现流水作业等。

(3)进行月(季)施工各项指标的平衡、汇总,以便综合衡量完成的工程数量和工程投资,作为考核月(季)施工进度情况的依据。

4.月(季)工程进度计划的主要内容

(1)本月(季)计划完成的分项工程内容及顺序安排;

(2)完成本月(季)及各分项工程的工程数量及投资额(表 4-2-2);

(3)完成各分项工程的施工队伍及人力和主要设备的配额;

(4)年度计划下对各单位工程或分项工程进行局部调整或修改的详细说明等。

(三)关键工程进度计划

关键工程进度计划,是指一个公路工程项目中起控制作用的关键工程,如某一桥梁工程、隧道工程或立体交叉工程的进度计划。由于关键工程的施工工期常常关系到整个工程项目施工总工期的长短,因此在施工进度计划的编制过程中将单独编制关键工程进度计划。

关键工程进度计划中应反映的内容有如下几方面。

(1)总体施工方案和施工方法;

(2)总体进度计划及各道工序的控制日期;

××高速公路××段 N-×合同段××年度工程计划表

表 4-2-1

××合同段：××××公司

工程名称		单位	工程数量		综合单价	合同或估算	截至2005年剩余数量	2006年每月计划完成数量												2006年计划完成数量合计	2006年计划完成投资（万元）	计划完成占合同数量百分比%
			合同	实际	（元）	投资（万元）		1	2	3	4	5	6	7	8	9	10	11	12			
总则（100章）		万元	603.264 2			603.264 2	353.264 2													353.264 2	353.264 2	59%
桥涵工程	路基清理掘除	m^2	164 845		1.42	23.408 0	0													0	0	0%
桥涵工程	路基挖方	m^3	26 426		5.9	15.591 3	26 426				10 000	10 000	6 426							26 426	15.591 3	100%
桥涵工程	路基填方	m^3	1 154 654		26.29	3 035.585 4	1 069 645				12 000	150 000	150 000	150 000	150 000	150 000	150 000	157 654		1 069 654	2 812.120 4	93%
桥涵工程	软基处理	m^3	210 442		97	2 041.287 4	182 542	15 000		85 000	82 542									182 542	1 770.657 4	87%
桥涵工程	浆砌工程	m^3	16 396.21		161.7	265.126 7	16 396													16 396	265.126 7	100%
桥涵工程	其他	万元	224.295 4			224.295 4	224.295 4													224.295 4	224.295 4	100%
桥涵工程	小计	万元				5 605.294 2																5 087.791 2
桥涵工程	桩基（1.0m）	m/根	0	288/16			0/0													0		
桥涵工程	桩基（1.2m）	m/根	4 014/166		1 075.37	431.653 5	528/24	528/24												528/24	56.7795	13%
桥涵工程	桩基（1.3m）	m/根	2 590/98		1 190	308.21	913/36	913/36												913/36	108.647 0	35%
桥涵工程	桩基（1.5m）	m/根	0				0															

续上表

工程名称		单位	工程数量		综合单价	合同或估算	截至2005年剩余数量	2006年每月计划完成数量												2006年计划完成数量合计	2006年计划完成投资（万元）	计划完成占合同数量百分比%
			合同	实际	（元）	投资（万元）		1	2	3	4	5	6	7	8	9	10	11	12			
桥涵工程	承台、系梁	个	67		20 612.38	138.1 029	67			12	25	30								67	138.102 9	100%
	墩柱	个	79		5 527.06	43.663 8	79			9	20	30	20							79	43.663 8	100%
	盖梁	片	62		18 906.77	117.222	62				12	30	20							62	117.222 0	100%
	预制梁、板	片	436		11 220	489.192 0	436				116	180	140							436	489.192 0	100%
	现浇梁、板	孔	38		118 513.4	450.350 8	38						20	10	8					38	450.350 8	100%
	安装梁、板	片	436		1 000	43.600 0	436					110	100	86	80	60				436	43.600 0	100%
	桥面铺装	m^2	11 333.6		29	32.867 4	11 334								4 000	4 000	3 334			11 334	32.867 4	100%
	涵洞	m	766.59		3 365.73	258.0135	767					200	300	266.59						767	258.013 5	100%
	通道	m	59.94		17 881.45	107.181 4	60						30	29.94						60	107.181 4	100%
	其他	万元	525.692 1			525.692 1	526													526	525.692 1	100%
	小计	万元				2 945.749 5															2 371.312 5	100%
计划投资合计		万元				9 154.307 9															7 812.367 9	100%

制表：×××　　　　审核：×××

表 4-2-2

××高速公路××段××年5月份工程进度计划表

××合同段：××××公司　　　　××年××月××日

工程名称		单位	工程数量		综合单价	合同或估算投资	截至4月底剩余数量	5月计划完成数量	5月计划完成投资（万元）	计划完成占合同数量百分比(%)	备注
			合同	实际							
总则(100章)		万元	924.899 3			924.9	514.899 3	60	60.00	6.49	
路基及防护工程	路基清理与掘除		169 353		2.51	42.51	24 353	24 353	6.11	14.38	
	路基挖方	m^3	25 316.6		3.3	8.35	25 316.6	25 316.6	8.35	100.05	
	改渠、改路土方	m^3	10 683.4		24.85	26.55	10 683.4	0	0.00	0.00	
	路基填方	m^3	710 598.1		36.90	2 621.75	635 598	100 000	369.00	14.07	
	软基处理	m^3	3 087		163.49	50.47	2 541	2 541	41.54	82.31	
	M7.5浆砌片石边沟	m^3	11 216.7		113.81	127.66	11 216.7				
	路基盲沟	m^3	23		119.74	0.28	23				
	M7.5浆砌片石防护	m	9 008.1		184.63	166.32	9 008.1				
	M7.5浆砌片石防护	m^3	2 647.4		218.89	57.95	2 647.4				
	预制混凝土块防护	m^3	148.2		527.46	7.82	148.2				
	现浇混凝土拦水带	m^3	882.2		13.77	1.21	882.2				
	小计	万元	3 124.904 9			3 124.9					

续上表

工程名称		单位	工程数量		综合单价	合同或估算投资	截至4月底剩余数量	5月计划完成数量	5月计划完成投资（万元）	计划完成占合同数量百分比(%)	备注
			合同	实际							
桥涵工程	桩基(1.0m)	m/根	22	550/22	14 771.75	32.5	0				
	桩基(1.2m)	m/根	539	17 858/521	32 096.35	1 730	0				
	桩基(1.5m)	m/根	68	3 186/78	37 250.00	253.3	0				
	承台、系梁	个	161	159	18 843.70	303.38	4	4	7.54	2.48	
	墩柱	个	333	327	11 595.29	386.12	114	94	109.00	28.23	
	盖梁	个	51		20 805.01	106.11	28	12	24.97	23.53	
	预制梁	片	8		6 361.28	5.09	8	8	5.09	99.98	
	现浇梁、板	孔	150	149	377 139.77	5 657.1	148	40	1 508.56	26.67	
	安装梁、板	片	8		1 000.00	0.8	8				
	桥面铺装	m^3	99 560.5		43.52	433.24	99 560.5				
	涵洞	m	570.8		3 462.96	152.2	470.84	185	64.06	42.09	
	通道	m	57.5		23 726.73	136.43	41.5	27	64.06	46.96	
	浆砌片石	m^3	2 763.4		156.23	43.17	2 763.4				
	伸缩装置	m	714.12		1 961.93	140.11	714.12				
	小计	万元	10 467.276 1			9 379.55					
	其他	万元				1 380.92					
计划投资合计		万元				15 898.0			2 268.28		

表 4-2-3

公路工程施工进度及投资月计划完成情况报表

标段：××××　　　　月份：××

序号	工程名称			计量单位	工程量				年计划			本月计划		本月完成		本年累计完成		自开工累计完成	
					合同量	审定量	变更量（+，-）	总工程量	计划	调整（+，-）	调整计划	工程量	投资（万元）	工程量	投资（万元）	工程量	投资（万元）	工程量	投资（万元）
1	总则			万元															
2	路基工程	挖方	土方	m^3															
			石方	m^3															
		填方	土方	m^3															
			石方	m^3															
		其他		万元															
3	路面工程	垫层		km^3/km															
		底基层		km^3/km															
		基层		km^3/km															
		沥青路面	下面层	km^3/km															
			中面层	km^3/km															
			上面层	km^3/km															
		水泥混凝土路面		km^3/km															
		其他		万元															

续上表

序号	工程名称			计量单位	工程量				年计划			本月计划		本月完成		本年累计完成		自开工累计完成	
					合同量	审定量	变更量（+,−）	总工程量	计划	调整（+,−）	调整计划	工程量	投资（万元）	工程量	投资（万元）	工程量	投资（万元）	工程量	投资（万元）
4	桥涵工程	桩基		根															
		承台		个															
		墩柱		个															
		盖梁		个															
		系梁		个															
		桥台		个															
		预制梁		片															
		现浇梁		联															
		小桥		座															
		通道		座															
		涵洞		道															
		其他		万元															
5	隧道工程	明洞混凝土衬砌																	
		掘进	上断面	m															
			下断面	m															
		衬砌		m															
		仰拱		m^3															
		其他		万元															
6	防护工程	防护		m^3															
		排水		m^3															
		其他		万元															
7	投资			万元															

说明：(1)表中“km^3/km”表示要求填写完成的面积和公里数两个数字；(2)如表中未列项目，可增加项目或填入对应单位工程其他栏中，且应在文字部分予以详细说明

(3)现金流动估算；

(4)各施工阶段的人力和设备的配额及运转安排；

(5)施工准备及结束清场的时间安排；

(6)对总体进度计划及其他相关工程的控制、依赖关系和说明等。

三、月份施工进度完成统计表(表4-2-3)

第三节　进度计划的审批

根据交通部招标文件范本合同通用条款第十四条规定，承包人在接到中标通知书之日后，在合同要求的时间内应向监理工程师提交一份其格式和细节符合合同要求的工程总进度计划，以取得监理工程师的批准。如果监理工程师提出要求，承包人还应以书面形式提交一份有关承包人为完成工程而建议采用的施工方案和施工方法的总说明，供监理工程师核阅。下面介绍承包人提交的进度计划所包含的内容及监理工程师接到承包人提交的进度计划之后，应当做些什么工作。

一、提交进度计划

中标通知书发出后在合同规定的时间内，监理工程师应要求承包人书面提交以下文件。

(1)详细的、格式符合要求的工程总体进度计划及必要的各项关键工程的进度计划；

(2)一份有关全部支付的现金流动估算；

(3)一份有关施工方案和施工方法的总说明(即通过施工组织设计提出)；

在将要开工以前或在开工以后合理的时间内，监理工程师应要求承包人提交以下文件(即阶段性进度计划文件)：

(1)年(月)度进度计划及现金流动估算；

(2)月(季)度进度计划及现金流动估算；

(3)分项(或分部)工程的进度计划。

二、审批进度计划

进度计划是一门综合性业务技术，它涉及合同条款、合同图纸、技术规范等内容，编制或审查进度计划，还需要有丰富的施工管理经验。

监理工程师在接到承包人提交的工程进度计划之后，尤其是总体计划，应组织好各类专业监理工程师，对进度计划进行认真的审核与会审，其目的是为了检查承包人所制定的工程进度计划是否合理，有无可能实现，是否适合工程的实际条件和现场情况。因为进度计划是否切实，还与业主提供场地的时间表有关，因此还应征求业主的意见。

(一)进度计划的审查步骤

监理工程师应组织有关人员对承包人提交的各项进度计划进行审查，并在合同规定或满足施工需要的合理时间内审查完毕。审查工作应按以下程序进行：

(1)阅读文件、列出问题、进行调查了解；

(2)提出问题，与承包人进行讨论或澄清；

(3)对有问题的部分进行分析，向承包人提出修改意见；

(4)审查批准承包人修改后的进度计划。

(二)监理工程师审查计划的工作细则

监理工程师在审查承包人的工程进度计划时应注意下列事项。

1.工期和时间安排的合理性

(1)承包人提交的工程总进度计划的总工期必须符合工程项目的合同工期，即计划总工期应少于或等于合同工期；

(2)各施工阶段或单位工程(包括分部、分项工程)的施工顺序和时间安排与材料和设备的进场计划相协调。施工的开始时间和结束时间应合理，尽可能使施工对资源的要求趋于均衡；

(3)易受冰冻、低温、炎热、雨季等气候影响的工程应安排在适宜的时间，并应采取有效的预防和保护措施。

(4)对动员、清场、假日及天气影响的时间，应有充分的考虑并留有余地。

2.施工准备的可靠性

(1)所需的主要材料和设备的运送日期是否已有保证；

(2)主要骨干人员及施工队伍的进场日期是否已经落实；

(3)施工测量、材料检查及标准试验的工作是否已经安排；

(4)驻地建设、进场道路及供电、供水等是否已经解决或已有可靠的解决方案。

3.计划目标与施工能力的适应性

(1)各阶段或单位工程计划完成的工程量及投资额应与承包人的设备和人力实际状况相适应；

(2)各项施工方案和施工方法应与承包人的施工经验和技术水平相适应；

(3)关键线路上的施工力量安排应与非关键线路上的施工力量安排相适应。

当监理工程师通过调查了解，落实了上述对工程进度计划有关的条件和因素并经过评价后，如确认承包人为完成工程而提供的工程进度计划是合理的，而且计划切实可行，则应在合理的时间内同意承包人的进度计划并通知承包人可以按照计划安排施工。

(三)监理工程师审批计划的权限

1.进度计划的修订

根据FIDIC通用条件第十四条规定，无论何时，如果监理工程师认为工程的实际进度不符合上述已同意的工程进度计划，则承包人应根据监理工程师的要求拟定一份修订后的总进度计划，表明其对总进度计划所作的必要的修改，以保证在合同工期内完成本工程。

因此，如果监理工程师经过充分的分析和调查了解，认为承包人所提交的工程进度计划与其他自身的实际技术、装备能力不相适应，尤其是发现计划中关键线路上的工作安排不合理，则可以要求承包人修订工程进度计划，并重新拟定一份工程进度计划，以取得监理工程师的批准。

2.加快进度的措施

监理工程师在批准了承包人所提交的工程进度计划之后，应在第一次工地会议上提供有关监督控制工程进度计划方面的一整套报表和有关规定。同时为了保证工程进度计划的正常进行，监理工程师应经常根据有关影响工程进度方面的记录资料，分析工程进度方面存在的问题，随时掌握承包人的工程进展情况。如果监理工程师根据其评价的结果，认为工程或工程的任何部分进度过慢，与进度计划不相符合时，应立即通知承包人并要求承包人采取监理工程师同意的必要措施加快进度，以确保工程按计划完成。

3. 工程进度方面的合同管理

FIDIC和交通部招标文件范本通用条款第四十六条讲述了工程进度问题，其主要规定可归纳为以下几点。

(1)在承包人无任何理由取得了延长工期的情况下，如果监理工程师认为工程进度过慢，因而不能按照进度计划预定的竣工期限完工时，监理工程师应将此情况通知承包人，承包人应采取措施加快工程进度，使工程在预定工期内完成；

(2)承包人采用的加快工程进度的措施，必须经监理工程师同意；

(3)在上述情况下，承包人采用一定措施加快工程进度时，无权要求支付任何附加费用；

(4)如果承包人为加快进度，认为有必要在夜间或当地公认的休息日施工，承包人必须取得监理工程师的准许；

(5)承包人无论采用何种加快进度的措施，涉及业主的附加监理费用应由承包人负担。

根据上述有关进度的条款规定，监理工程师可以要求承包人按照合同条件所规定的内容，在进度缓慢或者严重缓慢时采取相应的措施，以加快工程进度。倘若承包人未能按照合同条件的规定执行监理工程师的指示，监理工程师有权公正地采取措施，以使承包人按进度计划中预定的竣工日期完成工程。

如果承包人无正当理由而拖延工期或工程已经严重延误，而承包人又不为此采取必要的加快工程进度的措施时，监理工程师应慎重对待这一事实，分析是否已构成范本第63.1(4)款的违约行为，并向业主报告，以便由业主来决定是否继续执行合同。

4. 进度管理的方式

通常工程项目进度计划的审核工作由监理工程师负责进行。但工程较大且复杂时，工程进度计划审核工作的工作量将很大。一般的做法是监理工程师审核工程项目总进度计划，单项工程进度计划(或关键工程进度计划)的审核由单项工程驻地监理工程师进行，并向监理工程师汇报。

在工程开工后，驻地监理工程师应建立单项工程的月、旬进度报表及进度控制图表，以便对分项施工的工程月、旬进度进行控制。其图表宜采用能直观反映工程实际进度的形式，如形象进度图等，以便随时掌握各专业分项施工的实际进度与计划进度间的差距。当这种差距出现时，驻地监理工程师应及时向承包人发出工程进度缓慢的信号，要求承包人采取措施加快进度，同时应向监理工程师汇报并提供资料，供监理工程师对工程实际进展情况进行综合评价。如果承包人实际施工进度确实影响到整个工程的完工日期，则应要求承包人尽快调整工程进度计划，同时应报告业主。

经常有这样的情况，即引起工程进度延误的原因来自几个方面，这种情况下监理工程师应召开工地碰头会议，召集各方面负责人进行协调，以便解决工程进度受阻的问题。一般情况下，应规定这种工地会议的定期召开时间，使其形成一种制度。

第四节　进度计划的检查

一、进度检查中涉及的有关概念

(一)延误

延误是指施工中实际进度与计划进度相比较的拖延或耽误，即进度偏差的不利一面。在工程施工过程中涉及延误时，往往是指某些正在施工的工作（或分项工程）的延误。所以在无限定词时的延误一般是泛指工作拖延或耽误，也可以是局部某一分项、分部、单位工程的拖延，（不在关系线路上）而不是指整个工程项目或合同段。

（二）工期

工期原来是泛指完成一件事情所需的时间。事情可大可小，小到一个工作（或工序），大到一个工程项目或合同段。因此以前人们常将工作所需的时间称为工期，工程项目所需的时间也有人称为工期，只是一般情况下为了区别而称为总工期。但是目前工程界习惯将工作所需的时间称为工作持续时间，而将工程项目或合同段施工所需时间称为工期。可参见现行《网络计划技术常用术语》（GB/T 13400.1—92）。因此，本章节内容为避免工期一词带来的混乱，在谈及工期时都表示工程项目或合同段所需的时间，即过去习惯的总工期。

（三）工期拖延即延误工期

延误工期（或工期拖延）是指工程项目所需的时间超过计划或合同规定的竣工时间，简称为误期。误期是业主、监理、承包人都不愿意发生的事件，进度控制的目标就是尽量避免误期的发生。因此误期这个词并不涉及造成误期的原因与责任，在 FIDIC 合同条件中就有因承包人原因造成误期的处理条款，如按 47 条规定交纳误期违约赔偿金，也有非承包人原因造成误期的处理条款。

二、进度检查的方法

进度检查就是将实际进度与计划进度作对比，找出偏差。偏差有三种可能，实际与计划相比的提前、按时（正常）或拖延（延误）。在进度检查时所谈及的偏离往往是针对正在检查的内容即工作（或分项工程）。因此还应分析这些偏差对工程项目或合同段工期有何影响，分析工程总体进度状况发展的趋势。

（一）横道图法与“S”曲线法

工程进度表是反映每个月工程实际进度与计划进度的图表，它是横道图与“S”曲线的结合。图表中，用横道图反映每月相应各分项工程的计划量与实际量以及开、完工时间，用“S”曲线表示本月整个工程量实际值（实线表示）与计划量（虚线表示）的累加值对比。工程进度表实现了横道图法与“S”曲线法的优势互补，取长补短，克服了横道图不便了解工程整体进度的弱点和“S”曲线无法了解各分项工程进度的弱点，所以工程进度表是监理工作进度控制的重要形式。从工程进度表中了解到工程进度的总体状况和各分项工程的情况。但对于工程进度中的具体问题，发生在哪些段落还得借助于细节横道图和网络计划图，特别是在处理是否给予延期问题时，用网络图最方便。

（二）网络计划进度检查的计算方法

1. 网络图中工作的延误

前面已阐述了延误的概念，在检查时一般是指工作的实际时间与计划时间相比的拖延或耽误。在网络计划中，计划时间有最早和最迟两种，所以严格地说延误都是工作实际时间与计划最早时间相比的拖延或耽误。这点对正确理解网络计划的进度检查尤为重要。

2. 延误工期（工期拖延）

工程项目工期的拖延或耽误，简称为误期。在网络计划中就是工作的实际时间与计划最迟时间相比的拖延或耽误，也等于工作延误减去其总时差。这是网络计划图的最显著优点，使计划管理人员能从局部的工作预计未来的工程全局。

在网络计划图中进行进度检查能做到一举两得。检查时，工作实际进度情况与计划最早时间相比可了解到本身工作的进度状况，也了解了后续工作可能受到的影响，同时与计划最迟时间相比可了解对工程项目工期的影响。用网络计划图进行进度检查，既全面又简单、快捷，真正做到了局部和全局都一目了然。

(三)时标网络图进度检查的前锋线法

双代号时标网络图一般采用最早时间形式绘制。时标图很直观地表示工程各工作的最早开、完工时间和各工作的自由时差(局部时差)，但各工作的总时差必须通过自由时差返向逐个计算或从该工作往后看线路上各工作的自由时差之和的最小值来求得。

实际进度前锋线是网络计划技术中用时标图的形式动态反映工程实际进度的方法，是工程施工动态管理的科学方法。实际进度前锋线形象地表示出某个时刻工程实际进度所到达的"前锋"，反映出工程实际执行状态以及与其计划的目标差(即偏差)。通过对前锋线形态变化的分析，发现计划执行中的问题，预测未来的进度状况和发展趋势，为计划的管理者以及监理工程师提供许多有用信息，揭示了解决问题的最佳途径，以指导管理者和监理工程师从实际出发有预见地采取有效措施，争取最佳经济效益。在工程施工中监理人员用前锋线进行进度检查，就必须要求承包人在提交的报告中有反映进度的上述数据，而监理人员也应注意这些进度数据的收集和记录，以及影响进度的其他数据。具有了上述数据才能绘出前锋线，才能对未来的施工进度做出预测。

(四)无时间坐标网络图的进度检查

用网络图来进行进度检查是进度控制中计划检查的最有效方法，也最简单。用无时间坐标的网络图进行进度检查，可用割线将正施工的各工作切割，通过列表计算，对这些工作的实际进度和计划进度进行比较和分析，找出进度偏差和工期影响程度以及对后续工作的影响。

三、每月工程进度报告

高级驻地监理工程师应要求承包人根据现场提供的每月施工进度记录，及时进行统计和标记，并通过分析和整理，每月向总监理工程师及其代表和业主提交一份每月工程进度报告。高级驻地监理工程师除了要求承包人提供每月进度报告外，还应在审查承包人每月进度报告的基础上写出监理月报。其内容除了对承包人的每月报告中主要内容予以评述外，还应反映自身在进度监理方面的工作情况。

(一)承包人提交的月进度报告的内容

1.概况或总说明

应以纪实方式对计划进度执行情况提出分析。

2.工程进度

应以工程数量清单所列细目为单位，编制出工程进度及投资月报表(表4-4-1和4-4-2)，并编制出工程进度累计曲线和完成投资额的进度累计曲线(见图4-2-3)。

表 4-4-1

××高速公路工程进度及投资月报表

RCH—合同段:(单位名称)××××公司　　　　200×年××月××日

工程名称		单位	工程数量		本月计划	本月完成	200 年累计完成	200 年累计完成	自开工累计完成	累计完成占实际(%)	剩余数量	备位
			合同	实际								
总则		万元										
路基工程	路基挖方	m^3										
	路基填方	m^3										
	软基处理	m^3										
	……											
	其他	万元										
路面工程	垫层	km^2										
	基层	km^2										
	面层	km^2										
	……											
	其他											
	其他	万元										
桥涵工程	桩基	根										
	承台、系梁	个										
	墩柱	个										
	盖梁	个										
	预制梁、板	片										
	现浇梁、板	孔										
	安装梁、板	片										
	桥面铺装	m^3										单幅
	涵洞	m										
	通道	m										
其他		万元										

制表:×××　　　　项目经理:×××　　　　监理组长:×××

公路工程施工进度及投资月计划完成情况报表

表 4-4-2

标段：××××　　　　　　　　　　　　　　　　月份：

序号	工程名称			计量单位	本年计划			截至上月	本月计划	
					计划	调整（+，-）	调整计划	本年计划完成	工程量	投资（万元）
1	总则			万元						
2	路基工程	挖方	土方	m^3						
			石方	m^3						
		填方	土方	m^3						
			石方	m^3						
		其他		万元						
3	路面工程	垫层		km^2/km						
		底基层		km^2/km						
		基层		km^2/km						
		沥青路面	下面层	km^2/km						
			中面层	km^2/km						
			上面层	km^2/km						
		水泥混凝土路面		km^2/km						
		其他		万元						
4	桥涵工程	桩基		根						
		承台		个						
		墩柱		个						
		盖梁		个						
		系梁		个						
		桥台		个						
		预制梁		片						
		现浇梁		联						
		小桥		座						
		通道		座						
		涵洞		道						
		其他		万元						
5	隧道工程	明洞混凝土衬砌								
		掘进	上断面	m						
			下断面	m						
		衬砌		m						
		仰拱		m^3						
		其他		万元						
6	防护工程	防护		m^3						
		排水		m^3						
		其他		万元						
7	投资			万元						

说明：（1）表中"km^3/km"表示要求填写完成的面积和公里数两个数字；（2）如表中未列项目，可增加项目或填入对应单位工程其他栏中，且应在文字部分予以详细说明

单位负责人：×××　　复核：×××　　填表：×××　　时间：　　××年××月××日

3. 工程图片

应显示关键线路上(或主要工程项目上)的一些施工活动及进展情况。

4. 财务状况

应主要反映承包人的现金流动、工程变更、价格调整、索赔工程支付及其他财务支出情况。

5. 其他特殊事项

应主要记述影响工程的进度或造成延误的因素及解决措施等。

(二)监理月报的主要内容

本部分内容参见第八章记录与报告,在此不详述。

四、监理工程师在进度控制方面的主要职责

(一)高级驻地监理工程师和驻地办的主要职责

(1)审查承包人递交的总体进度计划并呈报总监办批准;

(2)审查和批准承包人递交的总体进度计划的修改、调整计划,报总监办备案;

(3)对单项或单位工程进行计划指导和控制;

(4)批准分项工程的开工;

(5)工程延期阶段的进度管理和控制;

(6)对因承包人原因延误工期的处理和提前竣工的奖励;

(7)对工程或部分工程暂停施工的处置;

(8)对各阶段工期证书的发放管理;

(9)审查承包人月进度报告和编制监理月报。

(二)总监理工程师和总监办或总监代表处的主要职责

总监办或代表处是计划管理和工期控制的最高权力部门,除非他授权给驻地办。总监办的进度控制和计划管理可集中围绕三个方面开展工作。

(1)指导高级驻地监理办公室工作;

(2)批准总体进度计划、延期、开工令、处罚、奖励、各阶段证书最后确认的签字权;

(3)现场巡视和涉及工期、进度的法律条款的解释。

总监理工程师和总监办在进度管理中应非常注意发挥业主的作用。通过快报、简报、信息等宣传手段,在现场树立遵守和履行合同的典型,反映履行合同不顺利的问题,积极争取地方政府的支持。同时采用约见承包人的方式,加大合同的约束力,增加各级履约方的责任感,促使舆论向有利合同管理的方面发展,较好地起到总监和总监办在合同中的特殊地位作用。

第五节 进度计划的调整

公路工程施工过程由于工期长、涉及面广、受外界干扰大,所以不可避免地会出现偏差。如果偏差不大,实际与计划基本相符(特别是关键线路上)时,监理工程师不应干预承包人对进度计划的执行,但应及时掌握影响和妨碍工程进展的不利因素,促进工程按计划进行。监理工程师发现工程现场的组织安排、施工顺序或人力和设备与计划进度上的方案有较大不一致时,应要求承包人对原进度计划及现金流动计划予以调整,调整后的进度计划应符合工程现场实际,并应保证满足合同工期的要求。

调整工程进度计划，主要是调整关键线路上的施工安排。对于非关键工作，如果实际进度与计划进度的差距并不对工程的工期造成不利影响时，监理工程师可不必要求承包人对整个工程进度计划进行调整。

(一)调整进度计划的原因

承包人对进度计划进行调整主要是由于下面两种情况引起的。

1.进度计划的延期

由于非承包人的责任使工程进度延误并获得监理工程师批准延期后，监理工程师应要求承包人对原来的工程进度计划予以调整以适合新的合同工期，并按调整后的进度计划实施工程。前面工程变更批准延期后应调整进度计划。

2.进度计划的拖延

由于承包人自身原因造成工程进度延误，而且承包人拒绝接受监理工程师加快工程进度的指令，或虽采取了加快工程进度的措施，但仍然不能赶上预期的工程进度并将使工程在合同工期内难以完成时，监理工程师应对承包人的施工能力重新进行审查和评价，并应该发出书面通知要求承包人调整计划或发出书面警告，同时向业主提出书面报告。

(二)进度计划调整的方法

进度计划的调整，根据调整的原因分为两种，一是延期后应按新合同工期调整计划；二是延误了工期却又无权获得延期时，需要调整计划使后续计划的工作内容改变或缩短时间以符合合同工期。前一种相当于在给定的工期内以原来计划为参考重新编制符合新合同工期的计划；后一种是在原计划的基础上压缩工期，使计划的计算工期符合合同工期。压缩工期就是网络计划优化中的工期优化，就是压缩关键线路，所以调整计划就是调整关键线路。

1.压缩工期的两种主要途径与方法

(1)改变原计划中关键工作之间的逻辑关系

工作之间的逻辑关系有工艺关系和组织关系，一般情况下工作之间的工艺关系不能随意改变，而组织关系可根据组织者的意图和资源情况调整和改变。

①将顺序施工关系改为平行施工关系；

②将顺序施工关系改为搭接施工关系。

(2)压缩关键工作的持续时间

压缩关键工作的持续时间就能使关键线路缩短，但要注意压缩过程中关键线路会随着压缩关键工作而改变或增加条数。通过网络图直接进行压缩工期很方便，在压缩时首先要考虑的是，要选择哪个关键工作进行压缩并且应压缩多少才合适，可以从以下几个方面考虑。

①选择有利于尽快缩短工期的关键工作；

②选择因加快进度使工程费用增加较少的关键工作；

③选择技术上容易加快的关键工作；

④选择原持续时间相对较长的容易压缩的关键工作；

⑤选择可允许压缩时间较多的关键工作。

2.压缩关键工作持续时间的措施

(1)组织措施

①增加工作面，组织更多的施工队伍；

②增加每天的施工时间(多班制或加班)；

③增加关键工作的资源投入(劳力、设备等)。

(2)技术措施

①改进施工工艺和技术,缩短工艺技术的间歇时间(如混凝土的早强剂等);

②采用更先进的施工方法以缩短施工时间(如现浇方案改为预制装配);

③采用先进的施工机械。

(3)经济措施或行政措施

①用物质刺激和精神刺激的方法提高效率;

②对所采取的技术措施给予相应的经济补偿。

(4)其他配套措施

①改善外部配套条件;

②改善劳动条件;

③实施强有力的调度等。

一般来说采用加快措施都会增加工程费用,因此在调整施工进度计划时可利用工期—费用优化的原理来选择压缩的关键工作,尽可能使工程费用增加最少。

3.调整计划压缩工期的步骤

(1)用进度检查的方法计算出工期拖延量,以确定压缩天数。

(2)简化网络图。去掉已执行的部分,以进度检查日期作为新起始节点,计算时间,并将尚需日的实际数据代入正施工的持续工作时间,保留原计划后续部分。

(3)以简化的网络图以及代入的尚需日为基础的网络图计算各工作最早开始时间。

(4)以计算工期值来反向计算各工作最迟结束时间。

(5)计算各工作的总时差和自由时差,便于计算线路的长短。线路与关键线路长度之差称为该线路时差,其数值在双代号网络图中等于该线路上各工作的所有自由时差之和。

(6)借助自由时差来比较线路长短的方法。多次压缩关键工作的持续时间,保证做到关键工作每压缩一定值,工期也随之缩短一定值,一直压缩到合同工期为止。

压缩工期的方法,如不限制所选择的关键工作进行压缩,则工期目标相同,但压缩结果是不唯一的。压缩工期的方法是给我们调整计划的一种启示。要调整好一个实际工程的计划远比这复杂和困难的多,应根据实际情况来选择压缩的关键工作,尽可能做到经济、合理、可行。

第五章　工程费用控制及相关资料

第一节　概　　述

对整个工程中的费用进行控制，是监理工程师的重要职责之一。施工阶段费用控制工作的核心是计量与支付，它是监理工程师约束承包人、确保工程质量和进度的重要手段，也是项目管理的重要环节。对于目前公路行业普遍采用的以单价为基础的计量型合同的费用控制，监理工程师除应做好标价的工程量清单各章节每一细目的严格计量外，还应做好索赔和意外风险的及时处理，变更设计与附加工程的费用控制，以及尽可能减少合同以外的附加支付。

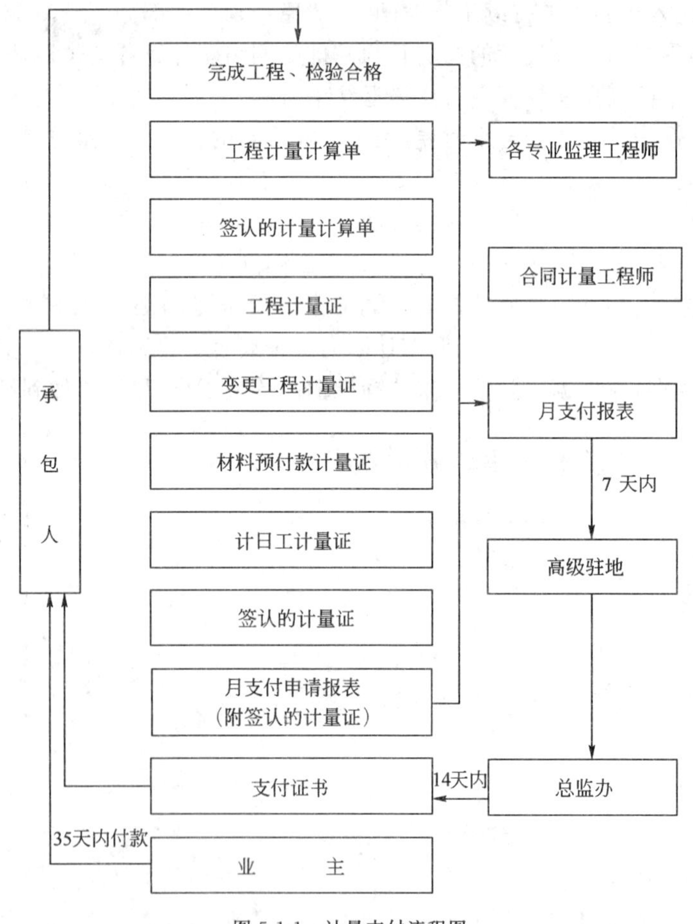

图 5-1-1　计量支付流程图

表 5-1-1

单项工程计量台账

单项工程名称：××分离式立交桥桩基				××合同段：××桥梁建设公司									编号：
细目号	细目名称	单位	合同数量	审定数量	变更数量		最终审定数量	本期计量数量/累计计量数量(按报表期数编制)					
					一次变更	二次变更		3	4	5	6	…	n
403-1	基础钢筋(包括灌注桩、承台、沉桩、沉井等)												
-a	光圆钢筋(I级)	kg	6 453					4 517.13		978.13			
-b	带肋钢筋(HRB335、HRB400)	kg	46 832					32 782.74		7 135.02			
405-1	钻孔灌注桩，桩径××mm												
-a	钻孔灌注桩，桩径 1 200mm	m	520					364		70.5			
-b	钻孔灌注桩，桩径 1 300mm	m	240					168		45			
-c	钻孔灌注桩，桩径 1 400mm												
405-2	钻取混凝土芯样，直径 70mm(暂定工程量)												
-a	直径 70mm 取芯钻探试验	m											
-b	直径 110mm 取芯钻探试验	m		55									
405-4	无破损检验(暂定工程量)												
-a	超声波	根		7									
-b	小应变	根		21									

合同工程师：　　　　　　　　　　项目经理：

工程量清单台账

表 5-1-2

××合同段:××桥梁建设公司

第　页 共　页

细目号	细目名称	单位	合同数量	审定数量	变更数量(+,-)			修订后数量	计量数量			剩余数量	备注
					截至本期末	截至上期末	本期		截至本期末	截至上期末	本期计量		
				A	B=C+D	C	D	E=A+B	F=G+H	G	H	I=E-F	
202-1-b	砍伐树木	棵	690	1 714	0	0	0	1 714	0	0	0	1 714	
202-1-c	挖除树根	棵	690	1 714	0	0	0	1 714	0	0	0	1 714	
203-1-a	挖土方	m^3	5 841	5 841	0	0	0	5 841	0	0	0	5 841	
203-1-c	挖除非适用材料(包括淤泥)	m^3	176 687	176 687	0	0	0	176 687	109 627.96	60 535.7	49 092.3	67 059.04	
203-2-a	开挖土方	m^3	20 585	20 585	0	0	0	20 585	0	0	0	20 585	
204-1-e	借土填方	m^3	1 062 405	1 000 000	0	0	0	1 062 405	39 481.94	7 325.94	32 156	1 022 923	
204-1-I	结构物台背回填砂砾垫层	m^3	20 136	20 136	0	0	0	20 136	0	0	0	20 136	
204-1-l	结构物台背回填二灰砂砾	m^3	1 433	1 433	0	0	0	1 433	0	0	0	1 433	
204-1-n	结构物台背回填二灰碎石	m^3	21	21	0	0	0	21	0	0	0	21	
204-2-a	利用土方	m^3	6 454	6 454	0	0	0	6 454	0	0	0	6 454	
204-2-c	借土填筑	m^3	64 205	64 205	0	0	0	64 205	0	0	0	64 205	

续上表

细目号	细目名称	单位	合同数量	审定数量	变更数量(+,-)			修订后数量	计量数量			剩余数量	备注
					截至本期末	截至上期末	本期		截至本期末	截至上期末	本期计量		
				A	B=C+D	C	D	E=A+B	F=G+H	G	H	I=E-F	
205-1-b	砂砾垫层	m^3	277 408	277 408	0	0	0	277 408	56 006.6	56 006.6	0	221 401.4	
205-1-e	袋装砂井	m	220 300	220 300	0	0	0	220 300	0	0	0	220 300	
205-1-l	干砌片石	m^3	2 742.96	2 743	0	0	0	2 742.96	0	0	0	2 742.96	
205-1-n	土工格栅	m^2	222 957	222 957	0	0	0	222 957	0	0	0	222 957	
205-1-o	冲击压实	m^2	126 723	126 723	0	0	0	126 723	0	0	0	126 723	
205-1-p	透水土工布	m^2	7 222	7 222	0	0	0	7 222	0	0	0	7 222	
205-1-q	砾石桩	m	105 484	105 484	0	0	0	105 484	0	0	0	105 484	
207-1-a	M7.5 浆砌片石 I 型边沟	m	3 132.8	3 132.8	0	0	0	3 132.8	0	0	0	3 132.8	
207-1-b	M7.5 浆砌片石 II 型边沟	m	6 840	6 840	0	0	0	6 840	0	0	0	6 840	
207-1-c	M7.5 浆砌片石 III 型边沟	m	3 671.3	3 671.3	0	0	0	3 671.3	0	0	0	3 671.3	

项目经理：　　　　合同工程师：

施工合同文件是监理工程师执行合同的依据和工具。施工合同一经签订，即对施工进度、质量和费用支付均具有约束力。承包人作为合同的一方，应按照合同规定的质量、工期和费用，承担工程项目的实施及其缺陷修复，业主一方应按合同规定的程序按期付款。在合同文件中，投标书附录中的数据、工程量清单和工程量清单“说明”的内容，均为实施工程费用计算与支付的重要依据，在工程实施期间，对工程费用起着控制作用。

在施工阶段，工程项目在费用方面可能超出签订的合同文件，其因素有以下四个方面。

(1)实际执行的工程数量超出工程量清单所列数量；

(2)设计变更较大，重新确定单价的细目较多；

(3)按照指令所进行的计日工超出合同中的名义数量；

(4)承包人根据合同成功地提出其他费用索赔要求并得到补偿。

在程序上，计量与支付应先由承包人提出申请，再经工程师审核与签认。这两个环节是工程费用管理过程的关键，而最为关键是从事这部分工作的技术管理人员的业务素质和敬业精神。工程计量不等同于一般的工程数量计算，不但应了解工程量清单或施工图中工程数量的来源，还应熟悉工程量清单说明中的单价或总额价的涵盖内容，明确合同文件中写明的每个支付细目所包含的作业范围，按合同条款合理地处理不可预见工程费、工程变更引起的新的支付项和新的单价(总额价)的确定。这些工作不仅与工程技术有关，还涉及国家财经政策、招标工程采用的合同形式等。这就对项目的合同管理人员提出了更广、更新的知识要求。因此很有必要对从事该项工作的技术人员进行培训，使他们准确掌握合同条款、技术规范和工程量清单及三者之间的相互说明，以能在工程实施过程中对各种计量支付问题客观公正处理，为费用管理工作的顺利进展和投资控制目标的实现建立良好的工作平台，一般情况下，计量支付流程如图 5-1-1 所示。

总结陕西省重点公路建设项目的计量支付工作经验，我们体会到，搞好项目的计量支付工作，必须注意以下五点。

(1)现场量测是计量的基础，以图纸为依据，把好现场计量关是关键；

(2)计量单位，原则上必须符合合同条款和技术规范；

(3)严格按合同规定的程序支付；

(4)重视对计量人员的管理与培训；

(5)及时建立台账，加强对工程计量的统计和汇总，防止重计、漏计，见表 5-1-1 和表 5-1-2。

第二节　费用管理的主要内容

一、开工预付款

过去一般称为动员预付款，是业主提供给承包人一笔无息的启动资金，用以帮助承包人进行施工前的准备工作，如施工队伍人员、设备的调遣、驻地建设和备料等方面的资金周转。

(一)预付款的数额

开工预付款在国际上的选择范围为合同价的 0～20％，一般为 10％，可以分批次支付，也可以一次给予支付，均按合同的专用条款和投标书附录的规定办理。

(二)预付款的支付

根据合同条款第 60.5 款规定，工程师将在承包人完成以下工作后的 14 天内向业主开具动员预付款支付证书。

(1)合同协议书已经签订(履约担保已经提供);

(2)同样数额和币种的开工预付款银行保函(此保函在开工预付款全部收回之前一直有效,但随款额的逐次回收而不断减少)。

(三)预付款的回收

开工预付款以逐月从工程支付款中扣除的方式收回,具体操作办法为以下几个方面。

(1)当月支付报表中承包人累计完成工程金额达到合同价的30%时开始扣除;

(2)当承包人累计完成工程金额达到合同价的80%时或按合同工期提前三个月扣完;

(3)在此期间,按月平均以每月相等的数额在支付报表中扣除;

(4)如果当月支付报表中的支付额小于扣还量,则移至下月一并扣除;

(5)在国际招标合同中,扣还货币与支付的货币种类和比例相一致。

二、材料、设备预付款

材料、设备预付款是业主在工程实施过程中垫付给承包人的一笔无息贷款,作为承包人购进用于永久工程的主要材料和安装于永久工程中大宗设备的周转金。业主支付预付款的材料种类一般包括钢材、水泥、沥青、砂石料等。其比例在投标书附录中有明确规定。

(一)对于材料预付款的支付

(1)支付条件:材料已运进现场并按规定条件正确存放,经工程师检验质量合格;

(2)支付凭证:购货发票或收据复印件,材料质量检验单;

(3)支付数额:材料票面价值的75%;

(4)产权:已经支付材料预付款的材料,其所有权属业主。

(二)材料预付款的回收

当材料部分或全部用于工程后,监理工程师应要求承包人将材料预付款从工程支付中逐月扣回。每次的回收金额,视材料的使用情况(当月实际进度),由监理工程师根据概、预算定额大致算出一个系数,采用系数法扣除,并于完工前扣完。

三、工程进度款(工程量清单)

工程进度款是费用控制的主要部分,合同文件第三卷标价的工程量清单中已经列明本工程所有的支付细目。除工程实施过程中因变更设计增加新的支付细目外,应认为该清单中开列的支付项已包括本工程的所有费用。

(一)数量

工程量清单中所开列的工程量,是该工程的估算数量,仅作为招标报价的共同基础,不作为承包人履行合同规定义务过程中应予完成的工程的实际和准确数量,即不能作为计量的依据。工程的最终计量(结算)数量需经过工程师通过现场量测来核实和确认。

(二)单价或总额价

已标价的工程量清单中的单价为合同单价,在工程实施期间,除合同规定的调价或变更外保持不变。单价是一个综合价,正如工程量清单说明所述,包括人工费、材料费、机械使用费、设备安装费、维护费、保险费、管理费、税金、利息、利润以及合同中明示或暗示的所有一般风险、责任和义务等实施本支付细目所必需的一切费用。

总额价(Lump Sum,或 L. S.)与单价不同,没有具体的计量单位,属一次性支付或分期支付。如桥梁荷载试验,只列出总额价,工作完成后一次支付。

(三)合价或金额(Amount)

工程量清单中的每一细目的数量乘以单价即为该细目的合价,将每一章的合价合计起来,即为除暂定金额和计日工外的工程量清单合计(一般称为有效合同价)。用本期计量数量乘以相应的合同单价(计日工还应加上一定百分比的管理费和利润),即为该支付项本期完成金额。本期完成数量和金额均为评价当月工程实际进度的指标。用本期完成金额加到上期末累计完成金额,即为到本期末累计完成金额。然后按章汇总并分别转入支付总表。详细内容见“支付报表的编制方法”部分。

四、计日工

计日工亦即零散工。对一些在工程量清单中找不到适用支付细目的小规模的、零散的补充作业或变更工程或对缺陷工程的修补方面,监理工程师认为必要时可以签发指令,要求承包人采用计日工来完成。

计日工以一天消耗的劳动力、材料、机械台班加一定百分比的管理费、利润等,按照工程量清单计日工明细表中列明的基本价格和费率支付。

由于计日工会使工程费用增加,且其费用是实报实销,不利于承包人以高效率和尽可能节约的方式完成工作,所以除应急和抢险等特殊情况外,一般情况下尽可能不要使用。

五、暂定金额

暂定金额,又称为备用金,相当于概预算中的预备费。一般都在合同中列有一笔暂定金额,用于施工中可能发生、但在招标前还不能确定的各项因素或风险。对承包人而言,暂定金额就是在合同条件中加进了一项不定成分。它的使用仅限于:在编写招标文件时某项工作的是否实施或其规模还得不出结论,无法使投标人据以报价。暂定金额的数量一般为清单工程金额合计的 8%～10%。从目前的工程实践来看,暂定金额留得多一些较好。

暂定金额只有监理工程师在报业主批准后才有权决定使用其一部分或全部或者根本不予动用。

六、价格调整

合同价格的调整有以下三种情况,分别论述。

(一)物价上涨

参见合同条款第 70.1 款。

(二)后继法规的变更

参见合同条款第 70.2 款。

如果在投标截止期前的 28 天以后,国家或工程所在省的法律、法规、法令和规定发生了变更,致使承包人的施工费用发生增减。这部分费用由工程师、业主和承包人协商后予以确定。

(三)工程完工后计量的实际数量变化

按合同条款第 52.3 条,在工程完工后颁发整个工程的交接证书时,如果发现因清单中各项工程在实施计量后的数量增减和工程变更所引起的数量变化，致使合同价格的变化超过有效合同价(指扣除计日工和暂定金额后的合同价)的15%，考虑承包人的工地管理费，由工程师、业主和承包人共同协商后对超出部分进行一次性调整。

对于上述(一)由于劳务、材料价格的涨落使得施工成本增加引起的价格调整，按季度或年度采用公式法进行。具体要求为以下几点。

(1)凡工期在12个月以上的合同。

(2)在国际招标合同中，对于国内承包人，均采用人民币调价公式计算，调整后再将外币部分按外汇需求比例折算。

(3)价格调整均从合同规定的开工日起第13个月开始进行，第一年内不予调价。

(4)可调整金额是指扣除工程变更、暂定金额中以现行价格支付金额后的清单金额合计。

(5)价格指数采用官方(如省级统计部门)公布的"建筑行业产值价格指数"表中的现行价格指数，合同文件中一般均有具体规定。

(6)调价适用期为合同规定工期和经工程师批准的延长工期。

七、误期赔偿费(拖期损失赔偿金)

如果承包人未能按照合同条款第48条规定的竣工期限内完成全部工程或未按43条规定的时间内完成任何部分工程，则承包人应按合同条款第47条向业主支付投标书附录中列明的拖期损失赔偿金(并不是一种罚款，而是延误通车时间给业主造成的通行费收入损失的偿金)。拖期损失赔偿金的最高限额为最终合同价的10%，一般在投标书附录中写明。

八、迟付款利息

业主在收到监理工程师签认的中期支付证书后的规定天数内(在投标书附录中写明)，应向承包人支付工程款。若业主未能在以上期限内按时付款(即拖期付款)，则应按合同第60.15款和投标书附录中规定的同期贷款利率向承包人按天数支付迟付款利息，时间从付款到期的次日算起。

九、索赔补偿

从陕西公路项目的执行情况看，索赔主要出现在两种情况下：一是征迁环境干扰，施工受阻；二是设计变更，图纸延误。

监理工程师在合同管理方面的一个重要职责，一是防止和减少不必要的索赔。二是索赔一旦发生，应及时公正地处理索赔。监理工程师应及时将由于业主方面的原因可能引起索赔的信息报告给业主，使业主有充分的思想准备和较多的时间去履行自己的义务，尽可能地减少承包人提出的索赔。同时监理工程师又有义务及时提醒承包人，对于由于其自身原因可能引起停工或经济损失的情况应及时采取防范措施。

索赔的处理见第八章相关内容。

十、保留金

在施工合同中，除规定承包人提出履约担保，保证承包人违约时保护业主外，还应使承包人确保工程质量，完成全部工程，包括扫尾以及工程缺陷的修复。

保留金的数额按投标书附录规定的比例扣除，一般为每月支付工程款的10%，其最高限额为合同价的5%，或者按每期支付款的5%扣付，这样就将变更设计增加费用也纳入其中了。

保留金的一半在签发整个工程的交接证书(即交工验收)后付还，另一半在缺陷责任期满时退还给承包人。

十一、工程变更

在高速公路建设中，屡屡出现工程变更，对工程进度和质量控制影响较大，引起合同执行过程中的费用的增加，变更主要包括以下方面。

(1)由于设计变更或其他原因，使得某一支付细目的实际施工数量超过(或少于)原来已报价的工程量清单中开列数量的25%，且当该支付细目的金额占有效合同价的比例超过2%时，要按合同条款第52条规定，对该支付细目单价进行调整。

(2)由于变更设计，使得某项工程的结构形式或施工工艺发生根本性变化，标价工程量清单中的支付细目已不再适用或无法参照时，需经承包人、工程师和业主三方协商另行确定支付单价的工程。

(3)由于地方规划等原因引起的附加工程。

(4)设计调查或勘察深度不够导致的追加工程。

为便于对变更工程的管理和控制，变更设计部分的支付在进度报表中单列，然后转入支付汇总表。

第三节　工程数量的审定

工程量清单中的数量是依据设计图纸估算与汇总的，是供施工招标报价的估算数量，不能作为工程计量与支付的依据。根据《公路工程国内招标文件范本》(2003版上、下册)合同条款第55.1.56.1款和《合同文件》每一章节中有关计量支付的规定，施工实际完成的工程数量，必须在每个单项工程开工之前以及在施工过程中，经过承包人进行认真细致的调查、测量、计算和复核，并经监理工程师按程序审批后方可作为计量和建立台账的依据。复核图纸和实际工程量是承包人和工程师不可忽略的义务。

一、路基土石方数量的复测与审定

(1)监理工程师应要求并监督承包人在施工控制网复测完成经工程师检查验收后，在原始地面未被扰动之前，对全段或拟开工路段进行恢复定线，实测地面高程和横断面。复测使用仪器的精度和测量方法应符合有关测量规程的规定并经工程师同意。中桩位置的选定应与合同文件第四卷“路线平、纵面图”中的桩号相一致，对于地形地貌变化较大的路段还应适当加密。水平测量应测出所有中桩的地面高程，横断面(地面线)逐桩测至公路用地宽度以外。外业复测完成后应编制出中桩地面的原设计资料高程与复测高程对照表、路基设计表、路基横断面图及路基土石方数量计算表，提交监理工程师审核批准。

(2)监理工程师应组织监理人员对承包人中桩、水平和横断面复测的全过程进行旁站监督，及时纠正影响测量准确度和土石方数量的不正确做法。在此基础上，还应对中桩的水平和横断面测量独立抽检25%，以此来判定承包人测量成果的准确程度，作为审核认定承包人所报土石方数量的依据。当中桩实测高程的差值超过5cm且横断面(地面线)差异较大时，以监理工程师的测量成果为准。对承包人提交的各项复测成果资料以及编制的路基设计表、路基横断面图及路基土石方计算表，如经审查发现错误较多时，可退回承包人重做；检查无误后应按公里予以批复。

(3)当监理工程师审核后的土石方数量与设计数量仍相差较大时，可由业主委托另外的独立第三方重新进行测量。

(4)在计算、审核土石方数量时，对于挖方路段及结构物挖基的土石分界线，可暂以原设计纵横断面图中的土石方分界线或土石方计算资料中的土石比例为准；开挖后如有变化，由承包人及时申报并实测，监理工程师及时记录并审批调整。

(5)路基土石方数量应扣减跨径 5m 以上所有桥梁范围内的数量，并应分别对挖方路段和填方路段的路面所占数量予以增减。

二、地面清除物的调查与审定

承包人在恢复定线后，应对全段或拟开工路段按相关技术规范规定对需要清除的树木、树根、草皮、表土、非适用材料、旧路面、原有结构物以及需要进行特殊处理的软基、水塘、洞穴、改河等工程的范围、数量做出调查和测算，及时提交工程师审查批准。

三、桥隧工程量的复核与审定

(1)对于桥梁、隧道等工程，其数量除特殊情况外，一般无多少变化，而且在设计图纸(或相关资料)中已详细列明。但图纸所列数量不一定与清单支付细目相吻合，因此在每个单项工程开工之前，应先由承包人依据设计图纸复核计算，按工程量清单中的支付细目列明数量，报监理工程师审批。

(2)对于涵洞、挡墙、护坡、排水沟等小型结构工程项目，承包人应先进行现场调查与必要的复测，然后依据标准设计图纸绘制施工图，在施工图得到监理工程师的复核同意后再按程序报批工程数量。

第四节　计量支付台账

为了有效地管理工程计量，防止重计、漏计、错计等问题发生，并为计量支付的审批工作提供可靠基础，承包人与监理工程师应分别对已审批的确定数量的工程建立计量支付台账。

以下介绍台账类型。

(1)单项工程计量台账(表 5-4-1)：以每个单项工程为单位，在单项工程开工前按经工程师批准的“单项工程数量批复表”中的数量建账。在施工过程中每计量一次，对台账数量削减一次；每变更一次，对台账数量修订一次。

(2)工程量清单台账(表 5-4-2)：对各个“单项工程数量批复表”中的数量进行统计汇总，按工程量清单编号顺序分细目建账。每计量一次，对台账数量削减一次；每变更一次，对台账数量修订一次；每新开工一个单项工程，对台账追加一次。

(3)计量台账应采用计算机管理，及时统计，及时修订，及时与相关部门核对。

表 5-4-1

工程量清单台账

××合同段:××桥梁建设公司　　　　截止日期:2006.4.20

细目号	细目名称	单位	合同数量	审定数量	变更数量(+,−)			修订后数量	计量数量			剩余数量	备注
					截止本期末	截止上期末	本期		截止本期末	截止上期末	本期计量		
				A	B=C+D	C	D	E=A+B	F=G+H	G	H	I=E−F	
202-1-b	砍伐树木	棵	690	1 714	0	0	0	1 714	0	0	0	1 714	
202-1-c	挖除树根	棵	690	1 714	0	0	0	1 714	0	0	0	1 714	
203-1-a	挖土方	m^3	5 841	5 841	0	0	0	5 841	0	0	0	5 841	
203-1-c	挖除非适用材料（包括淤泥）	m^3	176 687	176 687	0	0	0	176 687	109 627.96	60 535.7	49 092.3	67 059.04	
203-2-a	开挖土方	m^3	20 585	20 585	0	0	0	20 585	0	0	0	20 585	
204-1-e	借土填方	m^3	1 062 405	1 000 000	0	0	0	1 062 405	39 481.94	7 325.94	32 156	1 022 923	
204-1-I	结构物台背回填砂砾垫层	m^3	20 136	20 136	0	0	0	20 136	0	0	0	20 136	
204-1-l	结构物台背回填二灰砂砾	m^3	1 433	1 433	0	0	0	1 433	0	0	0	1 433	
204-1-n	结构物台背回填二灰碎石	m^3	21	21	0	0	0	21	0	0	0	21	
204-2-a	利用土方	m^3	6 454	6 454	0	0	0	6 454	0	0	0	6 454	
204-2-c	借土填筑	m^3	64 205	64 205	0	0	0	64 205	0	0	0	64 205	

续上表

细目号	细目名称	单位	合同数量	审定数量	变更数量(+,-)			修订后数量	计量数量			剩余数量	备注
					截止本期末	截止上期末	本期		截止本期末	截止上期末	本期计量		
				A	B=C+D	C	D	E=A+B	F=G+H	G	H	I=E-F	
205-1-b	砂砾垫层	m^3	277 403	277 408	0	0	0	277 408	56 006.6	56 006.6	0	221 401.4	
205-1-e	袋装砂井	m	220 300	220 300	0	0	0	220 300	0	0	0	220 300	
205-1-l	干砌片石	m^3	2 742.96	2 743	0	0	0	2 742.96	0	0	0	2 742.96	
205-1-n	土工格栅	m^2	222 957	222 957	0	0	0	222 957	0	0	0	222 957	
205-1-o	冲击压实	m^2	126 723	126 723	0	0	0	126 723	0	0	0	126 723	
205-1-p	透水土工布	m^2	7 222	7 222	0	0	0	7 222	0	0	0	7 222	
205-1-q	砾石桩	m	105 484	105 484	0	0	0	105 484	0	0	0	105 484	
207-1-a	7.5 号浆砌片石 I 型边沟	m	3 132.8	3 132.8	0	0	0	3 132.8	0	0	0	3 132.8	
207-1-b	7.5 号浆砌片石 II 型边沟	m	6 840	6 840	0	0	0	6 840	0	0	0	6 840	
207-1-c	7.5 号浆砌片石 III 型边沟	m	3 671.3	3 671.3	0	0	0	3 671.3	0	0	0	3 671.3	

项目经理:××× 合同工程师:×××

表 5-4-2

××高速公路××段暂定金额支付报表(编号:××××)

合同段:××× 清单号:××× 截止日期:2005 年 2 月 25 日 第 1 页 共 1 页

编号	项目内容	批准金额（元）	到本期末完成金额(元)	到上期末完成金额(元)	本期完成（元）	备注（批准文号）
1	奖金	50 000	50 000	50 000		西汉高速政发[2004]号
合计:暂定金额转入汇总表		50 000	50 000	5 000		

制表:××× 高级驻地:××× 总监代表处审核:×××

第五节　计量支付管理程序

一、计量的基本原则

(1)工程计量项目,其质量必须符合相关技术规范要求,经检查验收合格,签认手续齐全;

(2)工程计量的范围和方法必须符合合同条款、技术规范、工程量清单说明和其他有关计量支付规定;

(3)单项工程最终计量不得超过单项工程计量台账中的数量;

(4)变更工程无变更通知单或审批文件不得计量;

(5)计日工计量必须附有监理工程师批准使用的批文和经专业监理工程师签认的"计日工日报表"等证明材料;

(6)暂定金额使用必须得到总监或业主批准,计量时必须附有批准使用的文件复印件;

(7)索赔金额、迟付款利息等其他款项支付必须附有相应的批文复印件;

(8)材料和设备预付款计量必须符合合同条款第 60.11 条规定。

二、计量方法

计量是监理工程师对承包人已完成合格工程价值的认证,是支付的前提和依据,它直接关系到承包人和业主的具体利益,合同双方都至为关心。实施工程计量的依据是单项工程开工报告中经监理工程师审定和批复的数量或现场共同量测的数量。

有关计量的具体界限、方法和要求,在技术规范各章节中均有明确规定。熟悉和掌握相关技术规范是做好计量工作的前提。工程计量包括以下三种方式。

(1)承包人计算并申报,监理工程师审核确认;

(2)在工程师助理在场的情况下,由承包人量测,监理工程师和承包人共同计量;

(3)监理工程师计量,即尽管监理工程师事先通知承包人他欲对某项工程进行计量,但承包人因疏忽或其他原因没有参加和协助,则监理工程师所做的计量应认为是正确的计量。

三、计量支付程序

(1)承包人于每月 26 日前会同专业监理工程师对上月 26 日至本月 25 日完成并经检验合格的工程进行测量计算,填写"工程计量计算单"(表 5-5-1)一式三份,报专业工程师。

(2)专业监理工程师于每月 26 日前审核并签认"工程计量计算单"一式三份,留存一份,退回承包人两份,其中一份由承包人留存,一份作为计量证书凭证。

(3)承包人每月 27 日前汇总经签认的"工程量计算单"并分类填写"工程计量证"(表 5-5-2)、"变更工程计量证"(表 5-5-3)、"计日工计量证"(表 5-5-4)、"材料预付款计量证"(表 5-5-5)一式三份,报高级驻地。

(4)高级驻地监理工程师每月 28 日前审查并签认各类计量证一式三份,留存一份,退回承包人两份,其中一份由承包人留存,一份作为"月支付申请报表"的凭证。

(5)承包人每月 30 日前汇总签认的计量证和上月 26 日至本月 25 日所批复的各类费用增减文件,编制并以文件报送"月支付申请报表"一式二份,一份留驻地办,一份附计量证、费用增减批文复印件及其他证明材料和本月计量数据库软件各一份。

(6)驻地办在7天内审查"月支付申请报表"并编制"月支付报表",经高级驻地签字后,一式九份,用文件报送总监办或代表处。

(7)总监办或代表处14天内复核月支付申请报表,经总监代表或总监签字后,一式两份报送业主(表5-5-6)。

(8)业主收到月支付报表后,在35天内编制财务报表予以支付;收到最终支付报表后应在42天内予以支付。

(9)业主或承包人分别在收到月支付报表后14天内,将发现的问题和不同意见以书面形式通知代表处或驻地办,以便监理工程师查实后在下期支付中予以改正而不影响本期支付的正常进行。如果有明显的较大错误,各级监理或业主可要求在本期支付中予以及时更正。

(10)以上计量支付程序可根据不同项目管理文件或合同文件要求调整执行。

工程计量计算单

表5-5-1

工程名称:　　　　　　　　　　　　合同号:

承包单位:　　　　　　　　　　　　编号:

监理单位:

第　页共　页

<table>
<tr><td>支付项目编号</td><td>项目名称</td><td colspan="2"></td></tr>
<tr><td>起始桩号</td><td>部位</td><td colspan="2"></td></tr>
<tr><td>图号</td><td>中间交工证书号</td><td colspan="2"></td></tr>
<tr><td colspan="4">计算简图及几何尺寸:</td></tr>
<tr><td colspan="4">计算式:</td></tr>
<tr><td>计算单位</td><td></td><td>工程数量</td><td></td></tr>
</table>

计　　　算:　　　　　　　　　　　　复　　　核:

专业监理工程师:　　　　　　　　　　合同监理工程师:

工 程 计 量 证

表 5-5-2

合同段：____________ 编号：____________

工 程 名 称		桩　　号		
支付编号	项目名称	单位	数量	备注
附件：工程计量计算单共______页				
计算：________ 项目经理：________ ______年______月______日				
合同工程师：________ ______年______月______日				
签发意见： 驻地监理办签发人：________ ______年______月______日				

变更工程计量证

表 5-5-3

合同段：____________ 编号：____________

<table>
<tr><td>工程名称</td><td colspan="2"></td><td>桩号</td><td colspan="3"></td></tr>
<tr><td>变更批准
部门</td><td colspan="2"></td><td>变更
通知号</td><td colspan="3"></td></tr>
<tr><td>支付编号</td><td>项目名称</td><td>单位</td><td>单价</td><td>数量</td><td>金额(元)</td><td>备注</td></tr>
<tr><td></td><td></td><td></td><td></td><td></td><td></td><td></td></tr>
<tr><td></td><td></td><td></td><td></td><td></td><td></td><td></td></tr>
<tr><td></td><td></td><td></td><td></td><td></td><td></td><td></td></tr>
<tr><td></td><td></td><td></td><td></td><td></td><td></td><td></td></tr>
<tr><td></td><td></td><td></td><td></td><td></td><td></td><td></td></tr>
<tr><td colspan="5">合　计</td><td></td><td></td></tr>
<tr><td colspan="7">附件:计量计算单共______页</td></tr>
<tr><td colspan="7">计算:__________ 项目经理:__________ ______年______月______日</td></tr>
<tr><td colspan="7">合同监理工程师:__________ ______年______月______日</td></tr>
<tr><td colspan="7">签发意见:

驻地监理办签发人:__________
_____年_____月_____日</td></tr>
</table>

计 日 工 计 量 证

表 5-5-4

合同段：____________ 编号：____________

工程名称			桩号			
批准使用部门			批准文号			
编号	项目名称	单位	单价	数量	金额(元)	备注
小计						
在小计上另加______%(管理费、利润等)费用,合计：						
附件:计日工日报表共______页						
计算：______ 项目经理：________ ______年______月______日						
合同监理工程师：________ ______年______月______日						
签发意见： 驻地监理办签发人：________ ______年______月______日						
注:劳务、材料、施工机械设备管理、利润等费率不同时,应分别填表						

材料预付款计量证

表 5-5-5

合同段：＿＿＿＿＿＿＿＿ 编号：＿＿＿＿＿＿＿＿

<table>
<tr><td>工程名称</td><td colspan="2"></td><td colspan="2">桩号</td><td colspan="2"></td></tr>
<tr><td>序号</td><td>材料名称</td><td>单位</td><td>单价</td><td>数量</td><td>金额(元)</td><td>备注</td></tr>
<tr><td></td><td></td><td></td><td></td><td></td><td></td><td></td></tr>
<tr><td></td><td></td><td></td><td></td><td></td><td></td><td></td></tr>
<tr><td></td><td></td><td></td><td></td><td></td><td></td><td></td></tr>
<tr><td></td><td></td><td></td><td></td><td></td><td></td><td></td></tr>
<tr><td></td><td></td><td></td><td></td><td></td><td></td><td></td></tr>
<tr><td></td><td></td><td></td><td></td><td></td><td></td><td></td></tr>
<tr><td></td><td></td><td></td><td></td><td></td><td></td><td></td></tr>
<tr><td colspan="5">合计</td><td></td><td></td></tr>
<tr><td colspan="7">附件：1. 进场材料申报表　　2. 材料检验单
3. 材料购货发票　　4. 材料用途及估算表</td></tr>
<tr><td colspan="7">计算：＿＿＿＿ 项目经理：＿＿＿＿　　＿＿＿年＿＿＿月＿＿＿日</td></tr>
<tr><td colspan="7">合同监理工程师：＿＿＿＿　　＿＿＿年＿＿＿月＿＿＿日</td></tr>
<tr><td colspan="7">签发意见：

驻地监理办签发人：＿＿＿＿
＿＿＿年＿＿＿月＿＿＿日</td></tr>
</table>

月支付报表传递单

表 5-5-6

合同段：____________ 编号：____________

<table>
<tr><td>月支付申请报表
致：××公路第______驻地监理办：
根据合同条款，现报上______合同段第______期(______年______月)月支付报表(一式两份)，请予审核</td></tr>
<tr><td>项目经理(签字)：________ ______年______月______日</td></tr>
</table>

<table>
<tr><td>月支付报表
致：××公路第______总监办：
根据合同条款，现报上______合同段第______期(______年______月)月支付报表(一式两份)，请予审核。</td></tr>
<tr><td>高级驻地(签字)：________ ______年______月______日</td></tr>
</table>

<table>
<tr><td>月支付报表(证书)
致：××公路第______业主：
××高速公路第______期(______年______月)月支付报表已经审定，请审定后予以支付。</td></tr>
<tr><td>总监(签字)：________ ______年______月______日</td></tr>
</table>

第六章 工程合同管理及相关资料

第一节 概 述

广义上说，合同管理是按照合同条件，以第三方监理的方式，实行质量、进度、费用及合同商务法律方面的全方位全过程的管理，达到提高质量、保证工期、控制投资的目的。就监理工程师职责而言，一般将合同执行中商务法律事项的管理，单独称之为合同管理，也就是合同实务管理。合同管理主要包括合同的变更、延期、违约处理、分包审批管理、担保与保险、争议与仲裁等。施工监理的依据是合同文件，监理工程师所进行的监理工作，无论是质量监理，还是进度控制或计量支付，实际上就是合同管理工作，监理工程师都应按合同办事，做好合同管理工作，公平、妥善地处理好日常的商务、法律方面的合同事务。

第二节 合同条件及其基本内容

合同文件是监理工程师进行合同管理的基本依据，熟悉合同文件包含的内容及各文件之间的关系，是各级监理工程师首先应掌握的基本概念。

2003 年 3 月，交通部印发了 2003 版的《公路工程国内招标文件范本》，并规定自施行之日起，公开招标和邀请招标的二级以上公路和大型桥梁、隧道建设项目，必须使用新范本（范本如有修订，以修订后的为准），其中的合同条件主要内容分类如下。

一、合同文件的组成与优先次序

下列组成合同的各个文件，应该认为是一个整体，彼此相互解释，相互补充，各文件之间如出现相互矛盾的情况，以下述文件次序在先者为准。

按合同条款第 5.2 款规定，组成合同的多个文件的优先支配地位的次序如下。

(1)合同协议书及附件（含评标期间和合同谈判过程中的澄清文件和补充资料）；

(2)中标通知书；

(3)投标书和投标书附录；

(4)合同专用条款及数据表（含招标文件补遗书中与此有关的部分）；

(5)合同通用条款；

(6)技术规范（含招标文件补遗书中与此有关的部分）；

(7)图纸（含招标文件补遗书中与此有关的部分）；

(8)标价的工程量清单；

(9)投标书附表；

(10)在本合同专用款中可能规定的构成本合同组成部分的其他文件。

二、图纸和文件的提供

合同条款第6条规定:监理工程师应在发出中标通知书之后42天内,向承包人免费提供由业主或其委托的设计单位设计的施工图纸、技术规范和其他技术资料2份并向承包人进行技术交底。承包人需要更多份数时,应自费复制。上述图纸、技术规范和其他技术资料,未经监理工程师同意,承包人不得提供给与本工程施工无关的第三方。

第三节 工程变更管理

在公路工程项目实施过程中,工程变更是合同管理的主要内容之一。引起变更的因素及允许变更的事项及变更作价等,在合同条款中均有明确的规定,对于常见的变更,本书第七章中亦有提及。监理工程师在发布变更指令和处理工程变更问题时,应及时与业主和承包人协商,按照规定程序,公正合理地处理工程变更的各项具体工作,特别是工程变更的数量和作价的确定。

本节下文将以一个三级监理管理体制的项目为例,阐述工程变更的程序(图6-3-1)与管理。

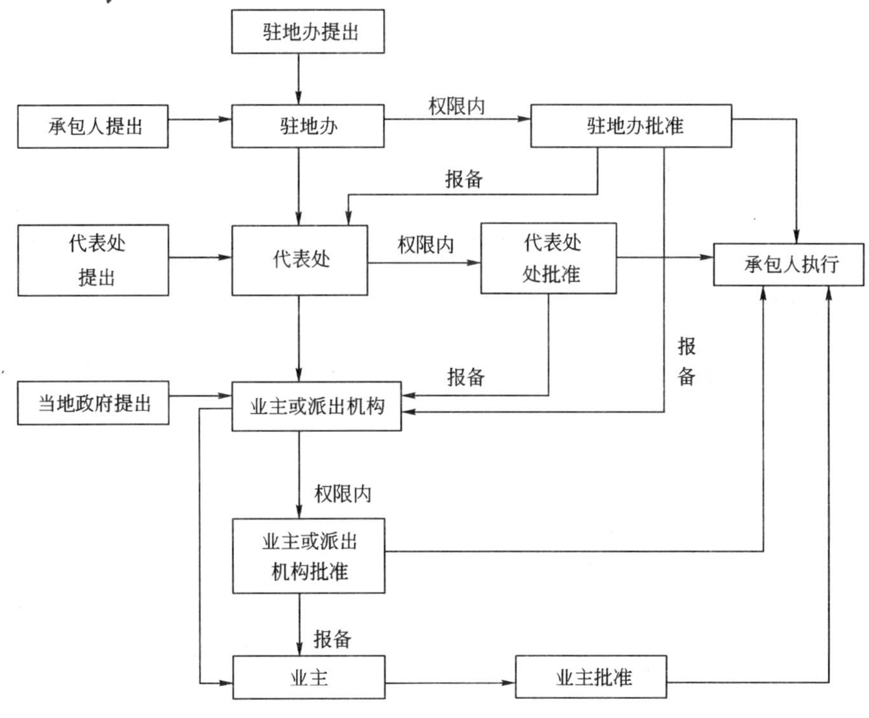

图6-3-1 设计变更的处理程序

一、工程变更的范围

《公路工程国内招标文件范本》(2003版)合同条款第51.1款规定,如业主或监理工程师认为有必要时,可根据第2.1款的规定对本合同工程或其任何部分的结构形式、质量、等级或数量做出变更,监理工程师有权指令承包人进行下述变更、增加或取消。

(1)增加或减少本合同中的任何工程数量;

(2)取消合同中的任何单项工程；

(3)改变合同中的任何工作性质、质量或种类；

(4)改变本工程任何部分的高程、线形、位置和尺寸；

(5)完成本工程所必需的任何种类的附加工作；

(6)改变本工程任何分项工程规定的施工顺序或时间安排。

上述任何一种变更，均不应使本合同作废或无效。所有这些变更(如果有)的结果应该根据第 52 条规定予以作价。但是，如果发出这种变更令是因承包人过错、承包人违反合同或承包人责任造成的，则这种违约引起的任何额外费用应由承包人承担。

对于变更令，有两点应注意：一是没有监理工程师的指令，承包人不能进行任何工程变更；二是如果工程量的增减是由于其实际计量的工程量超过或少于工程量清单中估算的数量，则这种增减不需发变更令。

二、变更后的作价

变更工程价格的增加或减少额，应以工程量清单中的单价或总额价为依据。如果工程量清单中未包含适用于变更工程的单价，则采用工程量清单中监理工程师认为适合的细目单价用于作价的依据。如果不适合，则由监理工程师和承包人协议一个合适的单价或总额价并报业主批准。如果不能达成协议，则监理工程师应在报业主批准后，定出他认为合理的单价或总额价，并通知承包人、抄送业主。如果此单价或总额价一时不能议定，监理工程师可以确定暂时的单价，作为暂付账款列入根据第 60 条规定签发的“期中支付证书”中，待议定后再在以后的期中支付证书中予以调整。

另一种情况是如果变更工程的性质或数量，占整个工程的比例比较大，变更涉及的工程细目原有的单价或总额价因此而不合理或不适用时，可以由监理工程师和承包人议定一个合适的单价或总额价，并报业主批准。如不能就此达成协议，监理工程师应根据情况作出分析，在报业主批准后，定出他认为合理的单价或总额，并通知承包人，抄送业主。

为了掌握单价调整的条件，合同还规定：如果合同工程量清单中某一个支付细目所列的金额或合价超过签约时合同价的 2%，同时该支付细目变更后的工程实际数量超过或少于工程清单中所列数量的 25%，只有满足这两个前提条件，该支付细目的单价或总额价才能予以调整。

三、变更的必要手续

根据合同条款第 51 条规定变更的工程，应在监理工程师指令发出后 7 天内并在变更的工程(取消了的工程除外)开始实施之前，承包人将其要求增加付款或变更单价或总额价的意向通知监理工程师；并由监理工程师将其变更单价或总额价的意向通知承包人，才能考虑按第 52.1 款或 52.2 款的规定对单价或总额价予以作价或重新定价，否则不予考虑。

四、设计变更的实施细则

(一)总则

第一条 设计文件是政府部门批准的具有法律效力的文件，是控制整个工程建设规模和投资的基本依据，也是双方签订的合同文件重要组成部分。在工程施工过程中，必须维护批准设计的严肃性，严格按照批准的设计图纸施工，不得随意改变原设计，扩大或缩小建设规模，提高或降低建设标准。

第二条 施工过程中，由于地形、地质、水文、建设环境等客观条件变化，确需进行设计变更时，应按照本实施细则规定的职责权限范围和程序办理变更手续。未经批准或手续不完备的设计变更文件，不得交付施工。

第三条 设计变更必须符合国家现行技术标准、规范及规程要求，符合现场地质、水文、材料的实际情况。

第四条 符合下列原则时，方可进行设计变更。

(1)发现设计文件存在不合理、不完善及设计漏项、差项，不能满足使用功能时；

(2)由于地形、地质、水文条件发生变化，按原设计无法施工时；

(3)变更设计后确能有效地保证(或提高)工程质量，加快工程进度、缩短建设工期且不过多增加工程费用或降低工程费用时；

(4)国家颁布新标准、规范、规程后，按规定必须进行变更设计时；

(5)由于建设环境内外原因，确需进行变更设计时。

第五条 变更设计的基础文件为批准的施工图纸设计文件。设计变更除按规定须采用新颁标准、规范、规程和定额外，原则上使用施工图设计时采用的标准、规范、规程和定额。

第六条 变更设计应以分项工程为单元进行，并应归属到各个分部工程，如某项变更设计跨越不同的分部工程，应以分部工程为单位分别下达变更令。

第七条 一个分项工程的设计变更，一般只能变更一次，无特殊理由不得进行多次变更，也不得将较大的变更分解为小的变更。设计变更应尽量在分项工程开工前完成，避免在施工过程中变更造成不必要的浪费和返工。

第八条 交给承包人的变更设计文件，必须包括变更设计说明、设计图纸、变更工程量清单、主要材料及人工变化，工程费用增减等内容。

第九条 变更设计的申请、审批、交付施工程序，必须以正式公文形式传递。

(二)职责权限

第十条 业主、设计单位、承包人、监理单位及沿线有关单位均可提出设计变更的建议和要求。承包人、监理单位有义务对施工中发现的勘察设计问题及时报告业主，并应做好变更工程的实施工作。

第十一条 在设计变更过程中，业主、总监办、总监代表处、驻地监理办应严格按照以下条款规定的职责和权限执行，不得越权变更，但对超出变更范围和费用权限的，应提出审查意见。

第十二条 设计变更职责和权限

(1)驻地监理办有权变更费用在1万元以内的工程变更发出变更令(附变更工程量清单)，并及时报代表处、业主核备，核备期为7天。

(2)总监代表处有权对变更费用在5万元以内的工程变更发出变更令(附变更工程量清单)，并及时报业主核备，核备期为7天。

(3)业主变更设计职责和权限有以下几点。

①审查总监代表处、驻地监理办、地方政府、施工设计组提出或上报的各类变更设计文件和图纸。

②及时确定变更方案，下达变更设计文件，确保工程顺利实施。当设计变更图由于其他原因未能在合同规定的时限内送达承包人时，应采取必要的措施调整施工力量，避免或减少窝工损失。

③对于一次变更估计增减费用在50万元以内的设计变更，由业主会同总监代表处、设计组、驻地监理办审查变更方案，并由设计组负责绘图，出具变更通知单和变更工程量清单，由总监理工程师下达变更令，由总监代表处转发驻地监理办，同时抄送承包人实施。对于超出业主批准权限的设计变更，由业主提出审查意见或建议，并填写设计变更申报审批表上报上级部门按程序审批。

④统计、汇总设计变更资料，并实行计算机管理，每季度向上级部门报告设计变更报表一次。

第十三条 对于影响工程的重大及特殊设计方案的变更，以及上述变更或由其他单位申报的变更，一次变更估计增减费用在50万元以上时，由上级部门会同总监办及有关部门审批。

第十四条 根据以上各级部门的变更费用权限，为便于理解和工作，具体规定如下。

1.路基

(1)路基土石方数量由各业主批复，各标准路基土石方数量由驻地监理办组织承包人进行断面测量，驻地办必须全过程监理，并独立抽检，审核数量及相关测量资料报监理代表处；监理代表处将审查结果报业主审定；原则上路基土石方数量不能超过工程量清单中所列数量，业主对未超出清单数量的标段可直接审查批复，对超出清单数量的标段报上级部门审查，由上级部门组织有关人员成立联合复测小组进行复测。

(2)特殊路基处理方案或工程量发生变化时，其费用在1万元以内的，由驻地办签发变更令，报备业主及代表处；其费用在1～5万元时，报代表处审核并签发变更令，报备业主；超过5万元时，由设计单位出具治理施工文件，经业主审核并签发变更单，总监理工程师签发变更令。

2.大中桥

(1)大中桥的工程数量应在开工前由驻地办按设计图纸复核审定，并通过“单项工程数量批复表”(表6-3-3)予以认定，报备业主、代表处作为台账。其中结构部分应按图纸尺寸计算，并按技术规范中规定的计量规则及工程量清单中的支付归类；结构挖方部分须测定地面线后按技术规范规定的方法计算，如有变更按费用权限处理。

(2)大中桥(含小桥)的桩长调整及系梁高程调整，由驻地办按有关规定进行现场处理并按费用权限签发变更令；超出费用权限或技术难度较大时，提出意见报代表处、业主按费用权限处理。

(3)大中桥扩大基础埋置深度的调整，一般情况下均由驻地办以文字方式逐级申报，由业主批准，基础开挖到底后及时绘制修改设计图(包括工程数量)，再报代表处、业主。业主审核后签发变更单，总监理工程师签发变更令；遇有特殊或复杂技术问题时，征求代表处、业主或设计组意见确定。

(4)大中桥的防护工程如有修改，均由驻地办先申报代表处、业主审批，再报修改设计图(包括工程数量)后由业主核发变更单。

(5)大中桥的墩、台、桩、梁及上部其他结构如有变更，均报代表处、业主、由业主决定。

3.通道小桥

(1)工程数量由承包人按设计图纸复核并报经驻地办审核，由驻地办填写“单项工程数量批复表”(表6-3-3)并报备业主及代表处。其中结构部分应按图纸尺寸计算，并按技术规范中规定的计量范围及工程量清单中的支付项归类；结构挖方须测定地面线后按技术规范规定计算。基础开挖如土石成分有变化，由驻地办在结构挖方计算图上予以标记或定出土石百分比，再按费用权限办理变更手续。

(2)如通过开工前的现场复查和测量，需要移动位置、修改交角(同前)、调整基础埋深，对原设计修改，可由驻地办提出具体意见，必要时作修改设计图纸(包括工程数量)报代表处，再报经业主审查并由业主签发变更单，监理工程师签发变更令。

(3)基础开挖后如需要对地基进行特殊处理或防护工程时，其费用按变更权限分级批复。

(4)通道与小桥的墩台及上部结构形式如需要变更，均报代表处及业主按费用权限处理。

(5)与小桥或通道相关的被交线为四级道路(即乡村道路)时，可由驻地办在15m范围内调整平、纵、横，并按费用分别由驻地办、代表处或业主签发变更令。四级以上被交线如需要调整，报代表处、业主按费用权限处理。

4.隧道

(1)工程数量由承包人按设计图纸复核并报驻地办审核后，由驻地办填写“单项工程数量批复表”(表6-3-3)并报备业主、代表处。其中结构部分应按图纸尺寸计算，并按技术规范中规定的计量范围及工程量清单中的支付项归类；明洞挖方须测定地面线后按技术规范规定计算。

(2)明洞开挖后，根据现场地质情况，需要调整明洞长度、洞门、洞口位置。对原设计修改时，可由驻地办提出具体意见，报经代表处、业主审查，由业主征得设计单位意见后确定。

(3)明洞开挖后，由于地质原因，如需对围岩局部进行加固处理时，其费用根据变更权限分级批复。

(4)当施工到设计围岩类别分界处时，由于地质情况有变化或其他原因需对围岩类别进行变更时，均报代表处、业主，并征得设计单位同意后按变更程序实施。

(5)隧道施工过程中遇到特殊地质地段(如断层、流沙、涌水、溶洞、岩爆等)时，由驻地办提出意见，逐级上报代表处、业主和设计组确定最终处理方案。

5.涵洞

(1)经过开工前的现场复查和测量，驻地办可以移动孔径3m以内的涵位、改变孔径、修改交角、调整涵底高程、改变洞口形式；依此重新计算涵长。以上如对原设计有修改(包括不修改)，由驻地办指示承包人做出施工图，在审核签认后，按月或分批报业主及代表处。孔径在3m以上涵洞的修改及所有涵洞结构类型的变更，应由驻地办报经代表处批准后由驻地办实施修改。

(2)涵洞开挖后如需要对地基进行特殊处理或洞口以外需要增设引水工程时，其费用根据变更规定分级批复。

(3)驻地办、承包人或当地政府提出增加(或减少)涵洞时，可由提出单位申报原因及方案，上报代表处，由代表处报请业主批准，并发变更通知，再由驻地办按以上规定落实施工。

6.防护及排水

(1)开工前驻地办应会同承包人，分段对防护或排水沟的图纸进行现场复查、核对、测量，必要时进行挖深并增补横断面，对原设计图纸中的长度(不超过15m)、基础埋置深度、错台设置等如需要修改(包括不修改)，可指示承包人做出施工图，审核签认后计算工程数量，按月或分批报备业主及代表处，以作为计量台账。

(2)防护、排水工程修改长度超过15m及结构(或断面)形式的变更，应报代表处及业主，经业主批准，再由驻地办实施修改并按前条规定办理。

(3)防护(工程)开挖后如地基发生变化，需要调整埋置深度、调整错台或进行地基处理，其费用按照变更权限分级批复。

(4)整段防护与排水工程的增减，可由驻地办申报代表处，并经业主批准按变更处理。

7.其他

(1)以上变更范围中未包括的项目或内容如需要变更时，可由驻地办申报代表处、业主予以批复，再按费用权限分别由驻地办、代表处签发变更令。

(2)为完成主体工程而需要的合同以外的附加临时工程或附加工作，可以使用计日工。但事前应由驻地办书面申报代表处、业主批准并明确使用范围与计量方法后，由驻地办监督执行，完工后再由驻地办审核并申报数量及费用，经代表处、业主审定后通知支付，其中如需改移管道、清理遗留垃圾等计日工，驻地办须与代表处、业主事前商定或申报代表处、业主批准。

(三)变更程序

第十五条 任何单位提出的设计变更，均应填写设计变更申报审批表(表6-3-4)，说明变更原因、内容、增减工程量和费用等情况。变更设计应遵循以下程序。

(1)承包人提出的变更申请，首先报驻地监理办审查，属于驻地办权限内的设计变更，由驻地办批准后下达实施，如超出其变更权限，则提出审查意见上报代表处。代表处收到变更申请后，应认真进行审查，属于其审批权限内的设计变更，由代表处批准后下达实施，如超出其批复权限，则提出审查意见报业主，业主收到变更申请后应认真进行审查。属于其审批权限内的设计变更，由业主批准下达变更单(表6-3-5)，监理工程师下达变更令实施(表6-3-6)。业主(项目组)批准时，较大变更必须征得设计单位意见，如超出其变更权限则提出审查意见报业主审批。

(2)当地群众提出增减涵洞、通道时，应由县级地方政府向业主报文，经双方会同施工设计组现场核实后，施工设计组出具施工图，业主签发设计变更申报审批表，并下达变更单。

(3)驻地办提出的设计变更，如在其变更权限内，直接下达变更令由承包人施工，同时报备代表处、业主。如超出其变更权限，则提出变更申请报代表处审批。

(4)总监代表处提出的设计变更，如在其变更权限内，直接下达变更令，同时报备业主。如超出其变更权限，则提出变更申请报业主审批。

(5)业主提出的设计变更，应交施工设计组进行变更设计工作。属于业主权限内的变更设计，可直接下达变更令交付承包人施工。如超出其变更权限，则提出变更申请报上级部门审批。

(6)业主权限内所有变更设计文件的审查均应邀请监理工程师或其他代表参加。

第十六条 业主下达施工的设计变更文件必须包括变更指令、设计变更说明、变更图纸、工程量清单(表6-3-7)、费用增减计算和适用技术规范等内容。

第十七条 凡是议价项目，在增减支付、确定新的项目时，均由业主提出审查意见后报上级部门审批。

第十八条 对于影响整个工程的重大或特殊设计变更，由上级部门组织有关专家进行咨询和审查，并写出书面意见上报有关部门审批。

第十九条 变更设计是对设计文件的补充和完善。凡是属于完善设计的，不需再进行委托设计，凡是需要进行委托设计，视变更大小由上级部门或业主(抄报上级部门)出具委托设计函，协调设计单位完成设计变更文件(包括概预算)。

(四)附则

第二十条 各业主应针对建设项目的具体情况，根据本办法制定变更设计实施细则，以加快变更设计工作步伐，确保建设项目顺利实施。

第二十一条 各业主在变更设计执行过程中，若有更好的意见，应及时反馈公司。

第二十二条 本实施办法由上级部门负责解释。

以下是××高速公路申报审批表、变更令编号办法，供读者参考。

表 6-3-3～表 6-3-4 为××高速公路申报审批表、变更令及相关内容。

××高速公路申报审批表、变更令编号办法

1. 总编号由各方统一编号，总编号包括项目简称、道路等级简称、年号及总序号、如 XXGS-XY-2002-0001 表示××高速公路业主 2002 年总序号为 0001 号的申报审批表，总序号从开工到竣工连续编号。

2. 分项目编号由申报单位在申报时编号，包括申报单位简称、年号、分项工程简称、申报序号，如 XY-2002-LM001 表示业主 2002 年序号为 001 号路面工程设计变更的申报审批表，申报单位序号从开工到竣工、各分项工程混合连续编号，不得间断。

(1)各单位简称见表 6-3-1。

各 单 位 简 称 表 6-3-1

单 位 名 称	简 称	备 注
业主	XY	
第________业主	—XM	
房建业主	FXM	
总监理工程师	E	
土建设计单位	GSHJ	
机电设计单位	JDSHJ	
房建设计单位(1)	FSHJ(1)	
房建设计单位(2)	FSHJ(1)	
Z(D)J-监理单位	Z(D)J-(-:监理单位编号)	Z 为驻地办;D 为代表处
C-承包人	C-(-:承包人编号)	

(2)分项工程简称按照交通部现行《公路工程质量检验评定标准》(JTG F80/1—2004)附录 A 划分的单位工程进行个别调整，见表 6-3-2。

分 项 工 程 列 表 表 6-3-2

单位工程名称	简称	包括的分项工程	备注
路基工程	LJ	路基土石方、防护、排水、涵洞工程	含互通立交路基工程
路面工程	LM	路面垫层、底基层、基层、封层、透层、黏层、路缘石、路肩	含互通立交路面工程
桥梁工程	QL	大、中、小桥(含通道)	含互通立交桥梁工程
交通安全设施	AS	标志标线、防撞护栏、封闭工程、防眩设施	含互通立交桥梁工程
环保设施	AB	绿化、隔间墙等	
机电	JD	通讯、收费、监控、照明、供电等	
房建工程	FJ	总体工程、土方及地基、土建、电气、采暖及卫生、绿化工程 80	

3. 变更令编号方法同申报审批表编号，变更令总编号在申报审批表编号前增加“V—”，变更令分项目编号亦在申报审批表分项目编号前增加“V—”，变更令编号单独编号，其后边编号不和申报审批编号完全相同。如 V-ZJ2—2002—LM001 等。

单项工程数量批复表　　　　表 6-3-3

合同段：　　　　　　　　　　　　编号：

工程名称			里程桩号			
支付细目编号	细目名称	单位	原设计数量	申报数量	审核数量	批复数量

项目经理(签字)： 年　月　日	复核(专业工程师)： 年　月　日	合同工程师： 年　月　日
审核(高级驻地)： 年　月　日	审　核　意　见	
	代表处工程部、合同部： 年　月　日	总监代表： 年　月　日

设计变更申报审批表

表 6-3-4

总编号:××GS-C9-2002-001　　　　分项编号:C9-2002-LJ001

<table>
<tr><td>项目名称及合同号</td><td colspan="3">××高速公路第九合同段</td></tr>
<tr><td>承包人</td><td colspan="3">××工程公司</td></tr>
<tr><td>监理单位</td><td colspan="3">××咨询公司</td></tr>
<tr><td>设计变更申报单位</td><td colspan="3">××工程公司</td></tr>
<tr><td>设计变更类别</td><td>路基</td><td>设计变更项目名称</td><td>路基防护</td></tr>
<tr><td>设计变更桩号及位置</td><td colspan="3">K34+970～K35+070</td></tr>
<tr><td colspan="4">主要变更内容:取消 K34+970～K35+070 右侧边坡混凝土框架施工,边坡采用挂网植草防护
主要变更原因:经勘察,K34+970～K35+070 右侧边坡开工前地貌已经被破坏,开挖后为石质边坡,K35+025～K35+070 段右侧边坡实际高度均在 5m 以下,已无必要设置框架锚杆进行边坡加固处理
主要工程量增减:30 号混凝土框架减少 63.7m³,钢筋减少 9 486kg
主要费用增减:-82 806 元

申报人(签字盖公章)×××
申报日期:×××</td></tr>
<tr><td colspan="2">驻地监理办审查(批)意见:
同意变更

签字:×××
日期:×××</td><td colspan="2">设计单位意见:
同意变更

签字盖公章
日期:×××</td></tr>
<tr><td colspan="2">监理代表处审查(批)意见:
同意变更

签字:×××
日期:×××</td><td colspan="2">业主审查(批)意见:
同意变更

签字:×××
日期:×××</td></tr>
<tr><td colspan="2">项目法人单位审查(批)意见:
同意变更

(签字盖公章)
审查(批)日期:××</td><td colspan="2">审批单位意见:
同意变更

(签字盖公章)
审批日期:××</td></tr>
</table>

注:(1)总编号应含项目名称、道路等级、年号及总序号、申请方。

(2)分项编号应包括项目名称、合同号、分项工程名称及分项序号。

××高速公路设计变更单(业主)

表 6-3-5

总编号:××GS-XY-2002-001　　　　分项目编号:XY-2002-LJ001

<table>
<tr><td>合同段</td><td>××高速公路第九合同段</td></tr>
<tr><td>申报审批表总编号</td><td>××GS-C9-2002-001</td></tr>
<tr><td>申报审批表申报单位分项编号</td><td>C9-2002-LJ001</td></tr>
<tr><td>设计变更单位工程名称</td><td>路基防护工程</td></tr>
<tr><td>设计变更桩号及位置</td><td>K34+970～K35+070</td></tr>
<tr><td colspan="2">变更理由及说明:经勘察,K34+970～K35+070 右侧边坡开工前地貌已经被破坏,开挖后为石质边坡,K35+025～K35+070 段右侧边坡实际高度均在 5m 以下,已无必要设置框架锚杆进行边坡加固处理</td></tr>
<tr><td colspan="2">附件:
(1)工程量清单对比表预算表
(2)技术规范(如需要)
(3)其他资料(会议纪要等)</td></tr>
<tr><td>签发人签字:×××</td><td>(盖章)
日期:×××</td></tr>
</table>

××高速公路设计变更令(监理)　　　表 6-3-6

致××：

根据合同条件第 51.1 及第 51.2 条款规定，我以监理工程师的名义签署如下变更令，请你们按照合同规定完成变更令所描述的工程。

总编号：V-YYGS-ZJ2-2002-001　　　分项目编号：V-ZJ2-2002-LJ-001

合同段	××高速公路第九合同段
申报审批表总编号	××GS-C9-2002-001
申报审批表申报单位编号	C9-2002-LJ001
业主变更单总编号	××GS-XY-2002-001
业主变更单分项目编号	XY-2002-LJ001
设计变更单位工程名称	路基防护工程
设计变更桩号及位置	K34＋970～K35＋070
变更理由及说明：经勘察，K34＋970～K35＋070 右侧边坡开工前地貌已经被破坏，开挖后为石质边坡，K35＋025～K35＋070 段右侧边坡实际高度均在 5m 以下，已无必要设置框架锚杆进行边坡加固处理	
附件： (1)工程量清单、暂定单价、变更前后增减金额估计对比表 (2)技术规范(如需要) (3)其他资料	
高级驻地监理工程师 签发人：×××	(盖章) 日期：×××

变更工程量清单 表 6-3-7

公路名称:××高速公路　合同段:第九合同段　工程名称:路基　桩号:K34+970～K35+070

变更令总编号:V-YYGS-ZJ2-2002-001　第1页　共1页

支付号	项目名称	单位	工程量			金额(元)			备注
			批复数量	变更后数量	变更增减数量(+、-)	合同单价	变更单价	增减金额(+、-)	
210-1-a	30号混凝土框架	m^3	975	911.30	-63.70	632.89		-40 315.09	
210-1-c	钢筋	1 000kg	57.149	47.66	-9.486	5 717.59		54 237.06	
合计								0.00	

计算:×××　复核:×××　××年××月××日

第四节 工 程 分 包

一、一般的分包

合同条款第 4.1 条对分包有如下规定。

(1)事先未报经监理工程师审查并取得业主批准,承包人不得将本合同段工程的任何部分分包出去。分包人应具有相应专业承包资质或劳务分包资质,不允许分包人将其承接的工程再次分包。分包工程不准压低单价,分包管理费视工程情况限制在分包合同价的 1%以内。分包协议书,包括工程量清单应报监理工程师核备。

(2)承包人取得批准分包并不解除合同规定的承包人的任何责任或义务,他应对分包人加强监督和管理,并对分包人的工程质量及其职工的行为、违约和疏忽完全负责。分包人就分包项目向业主承担连带责任。

(3)业主对承包人与分包人之间的法律与经济纠纷不承担任何责任和义务。对于承包人提出的劳务分包,分包人应具有相应的劳务分包资质,报经监理工程师审查并报业主核备。劳务人员应加入到承包人施工班组,并持项目经理签发的劳务人员证上岗。

(4)若承包人将工程分包给不具备相应资质条件的单位;或合同中未有约定,又未经业主批准,承包人将其承包的部分建设工程交由其他单位完成;或承包人将建设工程主体结构或关键性工作的施工分包给其他单位;或分包人将其承包的建设工程再进行分包的,均应按第 63.1款承包人违约处理。

二、特殊分包人

为了履行合同中某专业化的或需特殊专业资质要求的工程施工或提供关键的、专项的材料、设备的供货,以及由于承包人违约业主需雇用其他承包人完成部分工程的,业主应通过公开招标或邀请招标方式选定承包人或供货单位作为业主的特殊分包人或供货人。并要求承包人与进行专项施工或供货分包的特殊分包人或供货人签订分包合同。

合同条款第 59.2 款还规定,有关特殊分包的合同中,特殊分包人(或供货人)应独立地承担其合同责任和义务,不使承包人对业主承担的合同责任和义务受到损害,也不使承包人承担因特殊的分包人(或供货人)未能履行责任、义务而引起的索赔、赔偿、诉讼费用及其他开支。承包人对于特殊分包人(或供货人)及其职工的过失而造成的损失不承担任何责任。此外,特殊分包人(或供货人)对承包人的临时工程不能随意使用。

如果特殊分包合同中含有与上述规定有悖的条款,承包人有权拒绝与此特殊分包人(或供货人)签订合同。

三、监理工程师对分包的管理

(一)监理工程师对承包人分包的审查注意事项

(1)分包人的资质及证明。包括企业概况,财务资本状况,有条件时应与业主、承包人一起对分包人的厂家、已完成的工程进行实地考察,尤其是特殊分包人,这项工作至关重要,其目的主要是对分包人的实际能力进行验证。

(2)分包工程的项目及内容是否明确,是否符合有关分包的要求。

(3)分包所使用的规范、标准是否准确。

(4)分包的工程的工期是否满足总体计划的要求。

(5)承包人与分包人的合同责任是否清楚。

(6)承包人与分包人的支付是否明确。

(7)是否签订分包协议等。

(二)实例

以下是某高速公路钢管拱加工制作的分包合同,其厂家的选定是由业主、监理、承包人共同考察选定,由承包人与分包人签订的分包合同,仅供参考。

钢管拱制作安装合同

(合同编号:××标经××号)

甲方:××工程公司××高速公路

第×合同段项目经理部

乙方:

第一条:总则

为了按期保质完成××高速公路×标工程,甲方将其承担的××大桥钢管拱部分分包给乙方施工,经双方协商,依照《中华人民共和国合同法》和建设工程法规中的有关规定,在遵守甲方与业主于××年××月××日签订的工程承包合同的前提下,本着平等互利的原则签署本合同,以共同遵守。

第二条:合同组成

(1)《钢管拱制作安装合同》;

(2)甲方与业主签订总合同规定的合同文件(工程量清单除外);

(3)施工过程中业主、总监办、监理下发的有关文件、指令、指示;

(4)甲方下发的有关文件和规定;

(5)本合同使用的所有技术规范;

(6)以上文件将互相补充,若有不明确或不一致之处,以上列次序在先者为准。

第三条:合同概况

(1)工程项目名称:银川绕城高速公路 N-5 标。

(2)分包形式:包工包料(甲方只负责临时支架地基处理和临时支架搭设,其他各项工作均由乙方施工)。

(3)工程范围:××高速公路××标××特大桥钢管拱制作安装。

(4)工程内容:临建、钢管拱制作、钢管拱运输、钢管拱现场组拼、吊装钢管拱、预埋构件、安装钢管拱、钢管拱临时爬梯、喷涂,以及与上述有关的所有辅助工作等。完成此部分所有工作的费用均包括在相应的分包单价中。

(5)开、竣工日期:××年××月××日～××年××月××日。

(6)缺陷责任期:竣工验收后 24 个月。

(7)分包单价见表 6-4-1。

钢管拱制作安装工程量清单　　表 6-4-1

项目名称	单位	数量	单价	合价	说明
钢管拱、角钢、钢板制作安装	t	1 372.694	9 164.016	12 579 390	只对钢管拱、角钢、钢板计量,其他各种材料以及制作、安装均属于钢管拱制作的辅助工作
内喷涂	m^2	9 037	30	271 110	数量按实际喷涂面积计
外喷涂	m^2	9 295	100	929 500	数量按实际喷涂面积计
合计			13 780 000		

(8)工程数量:最终结算以乙方实际完成的并经甲方和业主验收合格的设计数量为准。

(9)工程造价:工程总造价以乙方实际完成的并经甲方和业主验收合格的设计数量和本合同规定的分包单价实际计算为准(此价为本工程施工、检测、维护和修补缺陷等的全部费用)。

第四条:材料和设备供应方式

(1)所有材料均由乙方自费采购,乙方所采购材料必须满足有关规范要求。

(2)施工所有设备均由乙方自费解决;

(3)施工用水、电费用由乙方承担,施工中如果乙方使用甲方安设的变压器,则电费按1.1元/度在乙方工程款中直接扣除。

(4)乙方在施工中必须按规定堆放材料,做到工完料清,保持现场整洁。

第五条:承包方式

本合同为单价承包合同,合同期间不变更、不调价。本单价为完成上述工程内容所需的所有人工费、材料费、材料损耗费、机械费、水电费、排污费、环保费、检测费、维护和养护费、进出场费、临建费、安全设施费、文明施工费,及其他支出的综合费用。与本分包工程有关的所有工作的报酬均已包含在上述单价内,不另行支付。

第六条:工程质量

(1)乙方遵守总合同中工程质量的合同条款,按施工设计图纸和技术规范要求精心施工。由甲方质检人员验收合格后报驻地监理验收、签认。工程质量合格率为100%,并且优良品率达到100%。

(2)材料质量控制:施工材料无论采用何种供应方式,各种材料质量必须符合施工技术规范要求,并经监理工程师、甲方质检人员验收认可后方可使用。

第七条:施工机械人工的使用

甲方、乙方以及其他施工队伍之间使用施工机械、临时用工必须签认施工机械使用单,结算中按使用时间在结算中支付或扣除,台班价格按市场价格计算,临时用工按30元/工日计算。

第八条:职业健康、安全、环保

(1)乙方在施工前要对其工人进行岗前培训,特殊工种一定要持证上岗。

(2)乙方要保证对其工人发放安全劳保用品及防暑防寒等用品,并统一着装上岗。

(3)乙方要定期对其住所进行消毒,并定期对工人进行体检。

(4)乙方生活区环境要保持干净，不得随意乱扔垃圾，垃圾要送到指定地点并进行处理。

(5)乙方用电要遵守法规，严禁私自接电。

第九条：甲方的权利及义务

(1)负责与业主、设计单位、及监理的业务接洽和联系。

(2)负责对乙方分包工程质量和施工进度的监督、检查，对于质量和进度不能满足甲方要求的，甲方有权对其分包单价下调3%和对其工程量强行分割甚至终止合同。

(3)按本合同的规定支付工程款。

(4)负责施工资料和竣工文件的整理、归档、报送。

(5)对乙方的施工生产进行安全监督和检查，根据具体情况实施奖罚；对轻微的违章或事故进行处罚，对严重违章和存在的重大事故隐患有权停止作业、甚至终止合同。

第十条：乙方的权利及义务

(1)本合同必须由乙方法人或法人委托人签订，并向甲方提供被承认的法人代表或法人委托人的授权委托书及其身份证件、企业资质证书、企业法人营业执照、施工经历、施工人员和机械设备清单等有关资料；乙方特殊工种施工人员的上岗证原件必须交由甲方人事部门暂存，待本分包工程竣工验收合格后返还乙方。

(2)乙方派驻现场的委托代理人未经甲方批准不得擅自离开施工现场，否则每次罚款人民币5 000元。

(3)承担甲方按总合同对业主承担的义务和责任(指本分包工程涉及的部分)。

(4)负责本分包工程的施工、检测、环保、维护和养护等工作。

(5)乙方在开工前必须向甲方提供施工组织设计，并严格按甲方认可的《施工组织设计》组织施工，保证工程质量符合施工技术规范和验收标准。每道工序完工后通知甲方验收，经甲方验收并由甲方通知监理，接受甲方质检人员和驻地监理的全过程监理；在施工中发生质量事故，立即报告甲方并拿出处理方案经甲方同意后妥善处理，由此所增加的一切费用由乙方自负。

(6)对分包工程工期负责，合理编制施工组织设计，按业主及甲方的施工计划组织施工，并在人力、资金、机械等方面予以充分保证，确保分包工程施工进度达到第三条第5款的要求。

(7)对本分包工程安全负责，乙方在施工中必须加强对现场施工人员的安全生产教育采取安全防护措施，保证现场安全生产、文明施工。乙方合同签约人为第一安全责任人，对分包工程的安全生产负全面责任，必须严格执行和落实国家安全生产法规和制度，购置必需的劳保用品，并接受甲方的安全监督、检查、处罚。乙方人员发生的一切事故或造成人员伤、残、亡以及财产等任何损失，均由乙方自行处理，上报所属劳动部门，并承担经济和法律方面的责任。一旦因乙方自身的安全事故给甲方造成的任何经济损失均从乙方工程款中直接扣除。

(8)合同履行期间，乙方接受、执行甲方、业主及监理单位发出的书面通知、意见、指示和决定等。

(9)在合同执行期间，乙方不得以甲方的名义同第三方发生任何经济往来，甲方也不承认乙方与第三方发生的任何经济等方面的往来；乙方退场前，必须处理好与第三方的有关账务，甲方不承担任何连带责任。

第十一条：工程结算和支付

(1)工程款的计量由甲方与监理、业主进行。

(2)钢管拱运输至现场视为完成60%，吊装完成后视为完成90%，面漆喷涂完成后视为

100%，每月20日按运输至现场或吊装完成的数量进行结算，工程交工验收结束后办理最终结算。

(3)工程款支付有如下几种。

①预付款：合同签订后甲方支付乙方合同总价款的20%作为备料款；

②工程进入月度结算时，甲方以乙方实际完成并经检验合格后的工程量计量单作为支付依据，逐月进行结算，乙方向甲方开具收据；

③保留金：按分包合同总价的10%扣除，保留金待整个工程竣工及质量缺陷责任期满，甲方在收到业主的保留金后，视验收、养护情况确定部分或全部退还乙方。

(4)其他扣款(施工质量罚款、延期、违约罚款等)按总合同和本合同的有关规定执行；

(5)本合同范围内的分包工程施工质量或施工进度，如未达到业主和甲方的要求，则分包工程结算单价按本合同规定的分包单价的97%结算，扣下的3%作为罚金，以后不再支付。

第十二条：工期的提前或顺延

如业主要求提前竣工，乙方接到甲方书面通知后遵照执行，同时甲方不承担因此而发生的一切费用，如要延长工期必须得到甲方、业主的书面批准。

第十三条：税金、保险金

(1)乙方的各项税金原则上由其自行向上级或有关部门缴纳，但若甲方税金由业主代扣代交，则乙方税金由甲方代扣代交；

(2)乙方的各种保险由其自行办理。

第十四条：违约责任

(1)工程质量不符合本合同、规范、监理或业主的要求而修复或返工的单项或分部工程，乙方负责无偿修复或返工。乙方如果无力或不愿修复或返工，甲方可以安排其他施工队伍修复或返工，但其费用由乙方承担。

(2)本合同范围内的工程未能按本合同第三条第(5)款规定的工期完工，每延期一天乙方付给甲方该分包工程总造价的0.3%的违约金。

(3)乙方由于工程质量、进度达不到合同要求，或因资金、设备、人员投入不足，造成施工进度严重滞后，甲方有权收回或分割乙方所分包的工程，直到终止本合同，由甲方另行安排施工队伍。乙方除承担违约责任及经济损失外，同时要负担新进场施工队伍的调迁费用。

第十五条：其他事项

(1)乙方不得再次分包或转包本合同工程，一经甲方发现，甲方有权单方终止合同；

(2)在合同执行期间，不再进行任何费用的索赔；

(3)本合同未尽事宜，由甲、乙双方共同协商解决，并签订补充协议，补充协议与本合同具有同等法律效力；

(4)本合同自双方签字盖章后生效，在本合同分包工程全部竣工、办理交工验收最终结算后失效；

(5)本合同一式两份，甲乙双方各执一份。

甲方单位：××公路工程公司	乙方单位：××公路桥梁工程 有限责任公司
法定代表人：	法定代表人：
(或)委托代理人：	(或)委托代理人：
合同签订日期：	年　月　日

第五节　违约责任

一、承包人违约

(一)承包人有下述情况之一,即视为违约

(1)无视监理工程师事先的书面警告,一贯或公然忽视履行其合同规定的义务;

(2)违反合同条款第 15.1 款关于按投标文件及时配备称职的关键管理与技术人员的规定,或违反第 15.2 款关于承包人承诺配备关键施工设备的规定;

(3)在接到关于修复或运走、替换不合格材料、设备(第 37.3 或第 39.1 款)的通知或指令后的 28 天内,未能履行该通知或指令;

(4)无正当理由而未能根据第 41.1 款规定开工;或在接到第 46.1 款规定的通知后的 28 天内无正当理由未能采取措施加快进行本工程或其关键部分的施工;

(5)发生了合同条款第 4.1 款规定的违规分包的情况;

(6)在保修期内,承包人不履行合同义务;

(7)违反合同专用条款可能规定的其他重要规定。

经监理工程师向业主证明(抄送承包人),并在业主向承包人发出书面通知的 14 天内未见纠正时,可以向承包人收取专用条款中规定的违约金。这是一种经济手段,并未终止合同,而下述情况则属于法律手段。

(二)法律手段处置承包人违约

如果根据我国法律,认为承包人已强制性破产、企业清理或解散(为合并或重组而进行的自动清理除外),或承包人已经违反第 3.1 款关于禁止转包的规定,则业主可以进驻现场和接管本工程,终止承包人在本合同项下的承包,但不因此解除合同规定的承包人的任何义务和责任,或影响合同段赋予业主或监理工程师的各种权利和权限,业主可自行或雇用其他承包人完成本工程。业主或上述其他承包人为了完成本工程,可以使用他们认为合适数量的原承包人的施工机械设备、临时工程和材料。

在业主进驻现场和终止本合同之后,监理工程师的责任是通过协商和调查询问,尽快确定并认证以下两项。

(1)在业主进驻和终止合同时,按承包人实际完成的合同工程确定应得到的或理应得到的款额;

(2)未使用或部分使用过的材料、承包人装备和临时工程的价值。

在承包人违约而终止其在本合同的承包情况下,业主将暂停向承包人支付任何款额;在本工程缺陷责任期满之后,再由监理工程师查清承包人实施和完成本工程与缺陷修复应结算的费用(如有完工拖期则应扣除完工拖期损失偿金,)以及业主已实际支付给承包人的各项费用,并予以证实。

监理工程师查清证实后,承包人只能得到原应支付给他的已完成的合格工程的款额,并扣除上述应扣款额之后的余额。如果后者超过前者,此超出部分款额应被视为承包人欠业主的应还债务,由承包人支付给业主。

二、业主违约

如果业主发生下列情况之一，按合同条款第 69.1 款，即认为是业主违约。

(1)在根据第 60.15 款规定的支付期到期后的 42 天之内，未能向承包人支付监理工程师签发的任何支付证书项下的应付款额(扣除根据合同规定有权扣除的款额后)，也未向承包人说明理由。

(2)未根据本合同任何条款而无理阻挠或拒绝批准任何上述证书的颁发。

对上述违约，则承包人有权终止对本合同下的承包。承包人要通知业主，抄送监理工程师，该终止在发出通知 14 天后生效。

对于上述业主违约情况的发生，合同条款第 69 条还有如下进一步的规定。

①通知发出 14 天之后，承包人可以从现场撤离其带至现场的施工机械设备，而不受第 54.1 款的约束。

②业主对承包人应承担的支付义务，与根据合同条款第 65 条的规定终止合同时支付义务相同。但除第 65.7 款规定的各项支付外，业主还应支付给承包人由于该合同终止而引起的或涉及的对承包人的损失或损害的款额。此款额应由监理工程师与承包人和业主协商后确定，并通知承包人，抄送业主。

③当上述的业主违约情况(1)发生后，承包人可提前 28 天向业主发出通知(抄送监理)，表明他将要暂停施工，或放慢进度，此行动并不影响其根据第 60.15 款规定获得利息和根据第 69.1 款规定终止承包本合同的权利。如果承包人据此向业主发出通知 28 天后暂停了施工，或降了进度，因此而延误或发生额外费用，监理工程师在与承包人和业主协商后应确定。

a)根据合同条款第 44 条的规定承包人应得的延长工期；

b)应该加到合同价格上的额外费用款额。

④复工：当承包人发出通知后，已经暂停施工或降低了进度，而业主后来又支付了应付款额(包括第 60.15 款规定的利息)。在这种情况下，如果终止合同的通知未曾发出，则上述业主违约情况(1)规定的承包人终止承包的权利应停止，并应尽快恢复正常施工。

第六节　合同纠纷的解决

合同纠纷或争议，包括业土和承包人之间就本合同文件的条款、规定、规范、图纸、质量与进度要求、支付与扣除，延期与索赔、调价发生任何法律上、经济上或技术上的纠纷或争议，也包括对监理工程师做出的任何指示、指令、决定、评定、认证和估价发生纠纷。

一、先由监理工程师裁定

纠纷或争议中的问题，首先应根据本条规定书面提交监理工程师解决，并抄给另一方。监理工程师收到后 42 天之内应将自己的裁定通知业主和承包人。

但是，承包人无论在什么情况下都应尽一切努力继续完成本工程，除非本合同已被终止。承包人和业主应使监理工程师的裁定付诸实施，除非并直到监理工程师的裁定已做出了更改。

二、裁定的约束力

如果监理工程师已将其对纠纷的裁定通知了业主和承包人，而收到该通知之日起的 42 天之内，任何一方均未向其提出进行友好协商或通过双方上级主管部门进行调解的要求；或者任何一方也未在合同规定时间内通知另一方提出仲裁意向，则监理工程师的裁定应是最后的裁定，并对业主和承包人均有约束力。

三、友好协商或上级调解

如果争议双方有一方对监理工程师的裁定有异议，或监理工程师在收到上述提交件后42天内，没有作出自己的裁定，则双方可就纠纷事项进行友好协商或通过双方上级主管部门进行调解。通过协调或调解，如能达成书面协议，双方都应执行，对业主和承包人均有约束力。如果协商或调解不能达成协议，则任何一方都可以在协商或调解达不成协议后的42天内通知另一方，说明自己对纠纷中的问题将提交仲裁的意向，并抄送监理工程师。该通知即确立了提出仲裁的一方按以下规定开始仲裁的权利。

四、仲裁

如果在合同规定的期限内，双方的友好协商或上级调解均未能奏效，而且双方中的一方已就此纠纷事项通知另一方提出要求仲裁的意向，则可根据合同条款第67.3款作为合同约定的仲裁协议，依照《中华人民共和国仲裁法》由该项目所在省、自治区或市(有区建制的)仲裁委员会(见合同专用条款数据表)进行仲裁，仲裁具有最终法律效力。除非在合同专用条款中对本款另有删改。按照《中华人民共和国仲裁法》第五条和第十六条，双方已据本款形成有效的仲裁协议，一方不能再就同一纠纷向法院起诉。但一方按上述仲裁法第五十八条可以提出证据，向仲裁委员会所在地的中级人民法院申请撤销裁决。

仲裁可在竣工之前或之后进行，但业主、监理工程师和承包人各自的义务不得因在工程实施期间进行仲裁而有所改变。如果仲裁是在终止合同的情况下进行，则对合同工程应采取保护措施，措施费由败诉方承担。

五、未能遵守裁定或协议

在合同规定的期限内，业主和承包人都未发出对纠纷要求仲裁的通知，且上述有关的裁定或协议已经成为最后的和有约束力的情况下，如果任何一方未能遵守这样的裁定或协议，则另一方可在不损害他可能具有的任何其他权利的情况下，将未能遵守监理工程师裁定或不执行友好协商或上级主管部门调解达成书面协议的事项根据第67.3款的规定提交仲裁。在此情况下，第67.1和67.2款的各项程序不再适用。

六、仲裁费用

按合同条款第67.5款规定，任何纠纷事项如经仲裁机关裁决，则其仲裁费用应由败诉方承担，或按仲裁机关裁决的比例分担。

第七节　延期、索赔管理

本节重点以一个三级监理管理体制的项目为例，阐述延期、索赔的审批程序。

一、事件的调查与记录

施工期间工地若发生的涉及延期与费用索赔事件，承包人都应立即报告驻地办监理工程师，并与监理工程师作好如下工作。

（一）进行调查并记录

（1）承包人应与驻地办合同工程师、工段共同调查并分别记录事件发生的时间、地点、原因、经过和结果。采用现场拍照、录音或录像等手段取得尽可能详细的第一手资料。

（2）承包人应与驻地办专业监理工程师分别填写“每日施工活动记录”和“每日施工监理记录”。详细记录受事件影响的工地人员、机械设备的情况以及施工材料、各项工程的受损情况。

（二）采取补救措施

（1）在事件发生后，承包人应采取一切可能的措施，使其损失减少到最小程度。

（2）驻地办应根据事件影响的范围和预计持续时间，尽可能采取一切强有力的措施减少损失，如通知承包人将待工人员和停滞的机械设备调遣到邻近的工地工作等。

（3）驻地办在初步查明事件的起因后，应及时报告代表处、业主。代表处、业主接到报告后，应尽快赶赴现场，进一步查明原因，核实受损情况，并组织有关部门研究对策，尽快解决。

二、延期、索赔意向报告的提交

根据合同条款第 44.2 款、第 53.1 款规定，承包人应在事件首次发生后 28 天内向工程师递交书面的延期、索赔意向报告。如未按时提交报告，则认为是放弃延期或索赔要求。延期、索赔报告反映的事实应真实、准确，并符合引用相关的合同条款。

如果承包人提出的索赔要求未能遵守本条中的各项规定，则承包人无权得到索赔或只限于索赔由监理工程师按当时记录予以核实的那部分款项。

延期、索赔意向报告一式三份，主送驻地办，抄送代表处、业主。“延期、索赔意向表”见表 6-7-1。

在第 53.1 款所指事件发生时，承包人应保存当时的记录，作为申请索赔的凭证。监理工程师在接到第 53.1 款所述的索赔意向书时，无需认可是否系业主责任，应先审查当时记录，并可提示承包人进一步做好当时记录。承包人应允许监理工程师审查其保存的全部记录，当监理工程师要求时，应向监理工程师提交记录的复制件。

三、延期、索赔申请报告的提交

根据合同条款第 44.2 款、第 44.3 款、第 53.3 款规定，承包人在提交延期、索赔意向报告后 28 天内，或驻地办同意的期限内，承包人应提交延期、索赔申请报告。延期、索赔申请报告应附“延期、索赔申报表”（见表 6-7-2）、账单、计算依据和说明、有关证明材料等资料。如果事件仍在继续，上述申请报告应视为中期报告。承包人应每间隔 28 天或在驻地办要求的时间间隔内提交后续申请报告。事件结束后 28 天内，提交最终申请报告。

延期、索赔申请报告一式三份，主送驻地办，抄送代表处、业主。

四、延期、索赔报告的审批

驻地办在收到承包人的延期、索赔申请报告后，经调查分析认为不属于延期、索赔范畴的应以书面形式给承包人以明确答复。属于延期、索赔范畴的按如下程序审批。

（一）索赔的审批

驻地办应先根据监理工程师提供的现场记录对承包人申请报告中的事件描述、合同依据、账单、计算依据和说明、证明材料等内容进行审查，估算补偿金额，上报代表处，代表处再与业主和承包人进行协商。经协商补偿金额小于 10 万元时，由代表处予以批复，批复文件一式四份，主送承包人，抄送业主、总监办、驻地办。

如果补偿金额大于 10 万元，代表处则应提出审查意见和初步协商意见报总监办，由总监办进一步审查后，与业主和承包人进行协商，确定赔偿金额，由总监办予以批复。批复文件一式四份，主送代表处，抄送业主、承包人，报备业主。“延期、索赔批复表”参见表 6-7-3。

在根据第 53.1 款规定发出索赔意向书后的 28 天内，或监理工程师同意的另一期限内，承包人送监理工程师的一份拟索赔款额的详细账目应认为是一笔暂时账目。承包人应在监理工程师要求的间隔时间内，送交继发的暂时账目和索赔理由。并在此索赔事件终止后 28 天内送出最后账目。承包人还应把本款规定送交监理工程师的全部账目的复制件送交业主。确定承包人有权得到的全部或部分索赔款额，并按第 60 条规定列入核签的期中支付证书或最后支付证书内予以支付。监理工程师应将此决定通知承包人，并抄送业主具体的审批流程见图 6-7-1。

(二)延期的审批

驻地办应先根据监理工程师提供的现场记录对承包人的申请报告及其中所附资料进行审查，再提出审查意见报代表处，代表处和业主协商再提出意见报总监办。总监办对审查意见进一步审查，经与业主和承包人协商，做出延长工期的决定，予以批复。

批复文件一式四份，主送承包人，抄送代表处驻地办、业主。审批流程见图 6-7-2。

五、分歧的解决

在延期、索赔事件处理过程中，虽经过反复协商，但各方意见分歧难以达成一致意见时，总监办将按照合同文件和事实为依据，公正作出合理的裁决和批复，如果业主和承包人任何一方对该裁决仍持有异议，可向当地仲裁机构提出仲裁或法律诉讼。但在上述过程中尚未做出最终裁决之前，丝毫不改变总监办的裁决和批复的执行。

下面是延期、索赔事例。

××高速公路的工程施工，在承包人履行合同时，在 K1＋200 某单项工程的基础工程施工中碰到了地下文物(设计阶段地质勘探未探到)，迫使停工。事件于 5 月 10 日发生后，及时向监理工程师进行了报告，并抄报了业主，同时承包人采取了一定措施对现场进行了保护并按监理工程师的指示对该单项工程的人员、机械设备进行了调配，减少了损失，承包人又按业主的要求配合文物部门对文物进行了保护和挖掘。此事件至 5 月 29 日结束，持续时间 20 天。事件结束后，承包人按合同条款第 27.1 款和 44 款的规定向监理工程师提交了索赔意向及索赔申请，申请工期和费用，后经监理工程师及业主的调查并与承包人协商，对其索赔给予了批复，同意该单项工程延期 20 天，并给予费用补偿 2 万元。相关表见表 6-7-1～6-7-4。

监理工程师在处理此事件时应注意以下几点。

(1)关于事件发生期间，承包人及监理工程师的记录是否齐全；

(2)作为监理工程师，是否要求承包人采取措施尽量减少损失；

(3)在此事件发生过程当中，调查承包人是否真的受到损失或损害；

(4)损失是否是承包人的过错和责任；

(5)损害是否是由承包人的风险和过失造成的；

(6)承包人是否在规定的时间内提出索赔要求；

(7)审核、批复时，引用的条款是否合适。

延期、索赔意向表

表 6-7-1

公路名称：××高速公路　　　　合同段：××

承 包 人：××　　　　　　　编　号：01

<table>
<tr><td>工程名称</td><td>××</td><td>桩号</td><td>K1+200</td></tr>
<tr><td>事件开始
日期</td><td>××年 5 月 10 日</td><td>事件是否
结束</td><td>是■　否□</td></tr>
<tr><td>事件名称</td><td colspan="3">因出现地下文物而导致部分工程停工</td></tr>
<tr><td>申报类型</td><td colspan="3">延期□　　索赔□　　延期与索赔■</td></tr>
<tr><td>依据
合同条款</td><td colspan="3">第 27.1 款、第 44 款及第 53.1 款</td></tr>
<tr><td colspan="4">事件发生的原因、经过简述：
在 K1+200 某单项工程的基础工程施工中碰到地下文物，迫使停工。事件于 5 月 10 日发生后，及时向监理工程师进行了报告，并抄报了业主，同时采取了一定措施对现场进行了保护并按监理工程师的指示对该单项工程的人员、机械设备进行了调配，减少了损失，又按业主的要求配合文物部门对文物进行了保护和挖掘。此事件至 5 月 29 日结束，持续时间 20 天</td></tr>
<tr><td colspan="4">制表：××　　项目经理：××　　××年 ×× 月 ×× 日</td></tr>
<tr><td colspan="4">注：此表作为延期、索赔意向报告的附件</td></tr>
</table>

延期、索赔申报表

表 6-7-2

公路名称：××　　　　合同段：××

承 包 人：××　　　　编　号：01

工程名称	××	桩号	K1＋200
意向日期	××年 6 月 10 日	意向文号	××
事件开始日期	××年 5 月 10 日	报告截止日期	××年 5 月 29 日
事件是否结束	是■　否□	事件结束日期	
事件名称	因出现地下文物而导致部分工程停工		
申报类型	延期□　索赔□　延期与索赔■		
依据合同条款	第 27.1 款、第 44.2 款、第 44. 3 款、第 53.3 款		
申报延期天数	20	申报索赔金额(元)	50 000
事件发生的原因、过程简述： 在 K1＋200 某单项工程的基础工程施工中碰到地下文物，迫使停工。事件于 5 月 10 日发生后，及时向监理工程师进行了报告，并抄报了业主，同时采取了一定措施对现场进行了保护并按监理工程师的指示对该单项工程的人员、机械设备进行了调配，减少了损失，又按业主的要求配合文物部门对文物进行了保护和挖掘。此事件至 5 月 29 日结束，持续时间 20 天			
附件	(1)事件详述 (2)延期、索赔分析和计算书 (3)证明材料(每日施工活动记录等) (4)有关图纸、照片 (5)其他		
制表：××　　项目经理：××　　×× 年 ×× 月 ×× 日			
注：此表作为延期、索赔报告的附件			

延期、索赔批复表

表 6-7-3

公路名称：××　　　　合同段：××

承 包 人：××　　　　编　号：×—01

工程名称	××	桩号	K1+200
意向日期	××年 6 月 10 日	意向文号	××
索赔申报日期	××年 6 月 20 日	申报文号	××
事件始终日期	××年××月××日～××年 ××月××日		
批复类型	延期□　索赔□　延期与索赔■		
依据合同条款	第 27.1 款、第 44 款及第 53 款		
申报延期天数	20	申报索赔金额(元)	50000
批准延期天数	20	批准索赔金额(元)	20000
附件			
批复说明			
制表：××　　审核：××　　××年 ××月××日			
注：此表作为延期、索赔批文的附件			

延期、索赔审查表 表 6-7-4

合同段：××　　承 包 人：××　　编　号：××

<table>
<tr><td>工程名称</td><td>××</td><td>桩号</td><td>K1+200</td></tr>
<tr><td>意向日期</td><td>××年××月××日</td><td>意向文号</td><td>××</td></tr>
<tr><td>索赔申报日期</td><td>××年××月××日</td><td>申报文号</td><td>××</td></tr>
<tr><td>申报类型</td><td colspan="3">延期□　索赔□　延期与索赔■</td></tr>
<tr><td>依　据
合同条款</td><td colspan="3">第 27.1 款、第 44 款及第 53 款</td></tr>
<tr><td>申报延期
天　数</td><td>20</td><td>申报索赔金额(元)</td><td>50000</td></tr>
<tr><td>申报事件
始终日期</td><td>××年××月××日</td><td>调查认定
事件始终
日　期</td><td>××年××月××日</td></tr>
<tr><td>调查认定
事　件</td><td colspan="3"></td></tr>
<tr><td>初审处理
意　见</td><td colspan="3"></td></tr>
<tr><td>附件</td><td colspan="3">(1)调查报告　(3)证明材料(每日施工监理记录等)
(2)与承包人账单出入说明　(4)其他</td></tr>
<tr><td colspan="4">制表：××　　审核：××　　××年××月×× 日</td></tr>
<tr><td colspan="4">注：此表作为延期、索赔审查报告的附件</td></tr>
</table>

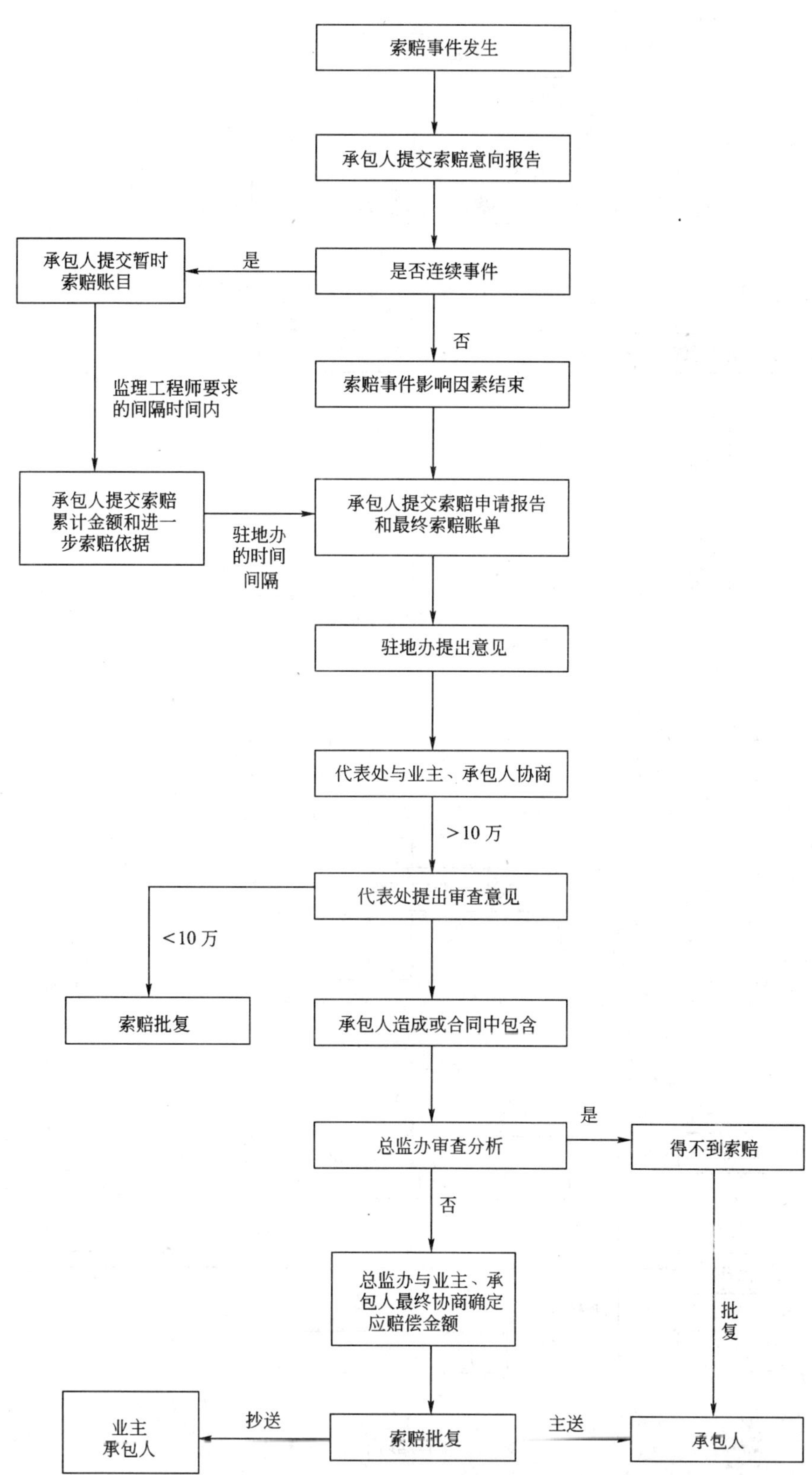

图 6-7-1　工程索赔审批流程图

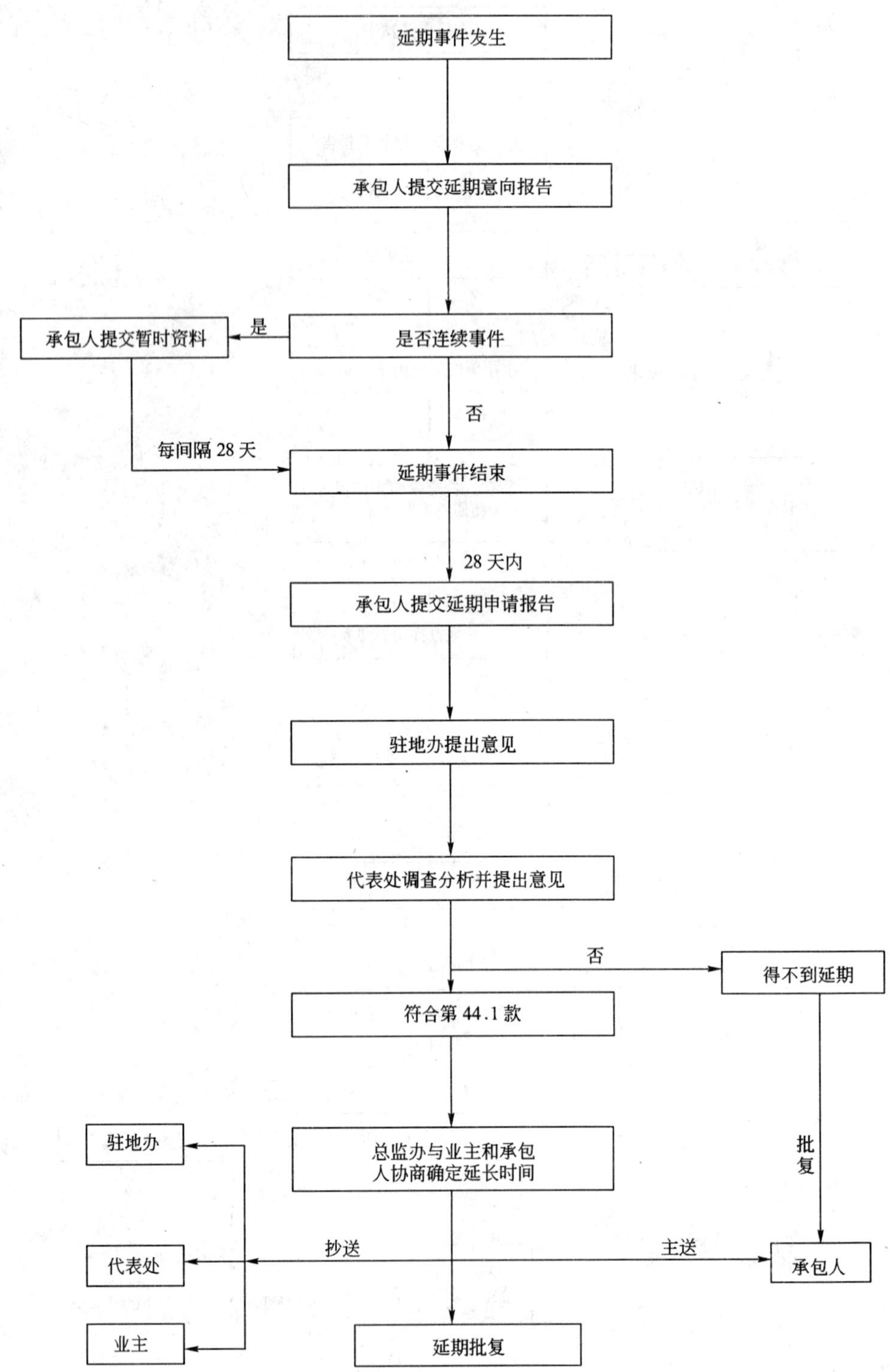

图 6-7-2 工程延期审批流程图

第八节 保 险

大型土木工程的实施过程中，因工期长、地域广、自然与社会环境各异，存在着来自自然力、地下状况、经济与政治因素等诸多风险。在项目的风险管理中，有一部分风险主要由业主承担，如合同条款第 20 条中业主的风险，另一部分风险须由承包人承担。为了降低报价，双方的风险分担，一是要合理，二是要双方公开地、充分地认识这些风险，考虑如何减少或避免这些风险。保险就是转移和抵御风险的措施之一。

一、保险的种类和内容

公路工程实施阶段的保险，是指通过专门机构—保险公司收取保险费的方式建立保险基金，一旦发生自然灾害或意外事故，造成参加保险者的财产损失或人身伤亡时，用保险基金给予补偿的一种制度。它的优点是投保者付出一定的小量保险费，换得遇大量损失时得到补偿的保障，从而增强抵御风险的能力。在我国的世行贷款公路项目中，业已发生若干起理赔案例，对工程损失给予相当可观的补偿。

(一)工程一切险

所谓“工程一切险”是一种综合性的保险。根据 FIDIC 和交通部招投标文件范本、合同条款第 21 条规定，该项投保工程是从工程开始到竣工移交整个期间的已完工程、在建工程、到达现场的材料、施工机具设备和物品、临时工程、现场的其他财产等任何损失进行保险，有时还包括缺陷责任期由于施工原因造成的已完工程损失保险。值得注意的是，所谓“一切险”并未全面概括所有的风险损失，是有许多限制的。特别是在导致损失的原因方面有很多限制，这要在投保时同保险公司具体商定。在中国人民保险公司投保时，保险金额费率一般为：建筑工程一切险为保险总金额的 1.5‰～5‰，安装工程一切险的保险费率为保险总额的 2‰～6‰。

近年国内各保险公司开展竞争，业主可通过竞争性的“货比三家”等方式来选择保险公司，从而可以降低保险费率。

通常，保险公司承担赔偿责任的有以下一些原因造成的损失和费用，对这些损失和费用，保险公司将根据保单明细表的规定负责赔偿。

(1)自然灾害(包括洪水、冰灾、海啸、风暴、雪暴、雪崩、山崩、冻灾、地震、雷击等，具体事项在保险合同中确定)；

(2)意外事故，如火灾等；

(3)盗窃；

(4)职工缺乏经验、疏忽、过失或其他恶意行为；

(5)原材料和工艺缺陷引起事故及其他等；

(6)爆炸及其他不可预料的突然事故等。

但是，一般不包括以下风险损失原因(供参考，与合同条款第 20.4 条业主的风险略有出入)。

(1)战争、入侵、武装冲突、暴动政治风险；

(2)没收、征用、罢工等风险损失；

(3)核反应、辐射或放射性污染；

(4)设计错误引起的损失、费用或责任；

(5)货物运输及工地外的交通事故等；

(6)被保险人及其代表的故意行为和重大过失所引起的损失、费用和责任；

(7)全部停工或部分停工引起的损失；

(8)保单中规定由被保险人自行负责的免赔额。

工程一切险应以业主和承包人联名投保，保险额是按合同总价，即重置成本，加上15%的附加费用。实际上，投保总额为工程量清单第100章(不含保险费)和第700章的合计金额。费率是按保险费率计取其1千分数(例如保险额的1.5‰～5‰，下例中为2.93‰)，而赔偿金额只考虑实际损失数字。

保险费率同项目的性质和项目所在地的地理条件、自然条件以及工期的长短、免赔额的高低等因素有关，业主或承包人可以就本项目的具体情况与保险公司协商、或通过竞争得到一个合同的费率。

保险的期限要根据合同条件要求确定，它至少应包括全部施工期。如果业主要求缺陷责任期内由于施工缺陷造成的损害也属于保险范围，则可以在投保申请书中写明。一般来说，实际保险期限可以比合同工期略长一些，这是考虑可能工期拖长，以免今后再办保险延期手续。

(二)第三方责任险

在合同条款第21.1款和第21.2款中，明确规定承包人应当以承包人和业主的联合名义进行“第三方责任保险”，而且还规定了这种保险金额的最低限额。即保险金额至少应为投标书附件中所规定的数额。承包人可以按FIDIC合同条件的规定，与“工程一切险”合并在一起向保险公司投保。第三方责任险的赔偿限额由双方商定，费率大约为2.5‰～3.5‰，本例中为2.55‰。在我国，第三方责任险也可作为工程一切险的附加保险，随同工程一切险一并投保。

业主要求承包人进行这种保险的目的是十分明显的。因为工程是在业主的工程土地范围内进行，如果任何事故造成工地和附近地段第三者人身伤亡和财产损失时，第三者可能要求业主赔偿或提出诉讼，业主为免除自己的责任而要求承包人投保这种责任险。

在发生这种涉及第三方损失的责任时，保险公司将承包人由此遇到的赔款和发生诉讼等费用进行赔偿。持有公共交通和运输用执照的车辆事故造成的第三方的损失，不属于第三方责任险赔偿范围，它们属于汽车保险范围。

上述的工程一切险和第三方险一般要在报价中明列，而下述险种的保险费可摊入单价，不必明列。

(三)承包人施工设备的保险

承包人应给他已经运到工地的施工机具装备和其他物品进行保险，其保险金额应足以供其在现场的重置费用，其保险费应由承包人承担。

(四)人身意外险

承包人应对其施工人员(包括所雇职员和工人)进行人身意外事故保险，这是合同条款第22.1款的规定。业主一般都要要求承包人保证，不因这类事故而使业主遇到索赔、诉讼和其他损失。即业主对承包人的雇员所受伤亡不负责任，除非该损伤是由业主的行动或失误所造成的。

二、保险的检查和处理

(一)检查保险的依据

业主和监理工程师应在开工之前，检查承包人是否已办妥保险，及保险单是否有效。

监理工程师检查保险的依据有两条。

(1)检查承包人是否按合同条款第21、23、24条承办了保险,所投保的保险公司资信状况如何,赔付实力是否雄厚。

(2)检查承包人所办保险生效的最低金额是否等于或大于投标书中表明的款项,若小于投标书所列金额,则该保险为无效或不足。

(二)检查保险的程序及处理措施

(1)承包人应在工地开始工作之前向业主提供证明,说明合同规定的保险已经生效,并在开工日后的84天之内向业主提供保险单。承包人向业主提供证明和保险单时应将此事通知监理工程师。

(2)这种保险单必须与发出中标通知书之前同意的总保险条目保持一致。承包人应与保险公司一起使根据业主认可的保险项目上承担的一切保险生效。

如果承包人未办投保或投保金额不足合同中的规定,监理工程师应协助业主按合同条款第24条规定,由业主或监理工程师直接去投保任何上述保险并保持生效,直接支付为此目的可能需要的任何保险,并随时从任何应付或可能到期应付给承包人的付款项目中扣除所付的上述费用,或视同到期债款向承包人收回上述保险所花费用。

三、由业主办理保险

工程一切险和第三方责任险是以业主和承包人联合名义投保的。对于世行贷款的大型土木工程,当分为若干合同段时,也可以由业主出面统一和有关的保险公司协议,再由承包人办理;或者由业主直接办理全部工程的一切工程险(包括第三方责任险,下同),这种做法的好处是:业主可能事先和若干家保险公司询价、谈判,通过竞争,选择一家信誉高、保险费较低的保险公司投保。

四、严肃认真对待保险手续

(一)认真审定保险条款

一般保险公司出具的保险单都附有保险条款,其中规定了保险范围、除外的责任、保险期、保险金额、免赔额、赔偿限额、保险费、被保险人义务、索赔、赔偿、争议和仲裁等。这些条款相当于保险公司与承包人之间的契约,双方都要签字认可才正式生效。

(二)对于除外的责任应当逐条讨论

如果承包人要求增大保险公司的责任而取消某些“除外的责任”,这是可以协商的,但如果要缩小“除外的责任”的范围,保险费就可能要相应增大,承包人可以根据自己的意愿与保险公司商量。

(三)保险期应当略大于施工期

如果业主要求缺陷责任期也应当保险,则应在保险条款中列明缺陷责任期内的保险范围和责任。

(四)免赔额和赔偿限额要慎重确定

如果免赔额定得高一些,保险费率可能会降低,但实际发生事故赔偿时,承包人获得的赔偿额将会相应地减少。还要注意到免赔额过高时,保险单可能会遇到业主的拒绝。因为有很多合同条件规定保险是以承包人和业主共同受益名义投保的。

(五)保险金的支付方式

应当澄清保险金的支付方式,并应争取分期支付,以节省工程初期的开支,降低周转资金的需要量。

(六)重视保险内容的变化和改办手续

任何保险内容的变化应当及时通知保险公司。如果认为必要,应办保险变更手续签署补充文件,或由保险公司对变更内容予以书面确认。

以下是一份保险合同实例,可供参考。

路基及构造物工程第××合同段

建筑工程一切险保险合同

保险单号:××

鉴于本保险单明细表中列明的被保险人向××财产保险股份有限公司(以下简称"本公司")提交书面投保申请和有关资料(该投保申请及资料被视作本保险单的有效组成部分),并向本公司缴付了本保险单明细表中列明的保险费,本公司同意按本保险单的规定负责赔偿在本保险单明细表中列明的保险期限内被保险人的保险财产遭受的损坏或灭失,特立本保险单为凭。

××财产保险股份有限公司××分公司

授权签字:

签发日期:×××年×××月×××日

签发地点:××市

本保险单内容主要包括明细表、责任范围、除外责任、赔偿处理、被保险人义务、总则、特别条款等。本保险单还包括投保申请书及其附件,以及本公司今后以批单方式增加的内容。

明　细　表

被保险人名称和地址:××高速公路工程建设指挥部/××市 ××路桥有限责任公司/××市			
工程所有人名称	××高速公路工程建设指挥部	地址	××市
工程承包人	××路桥有限责任公司	地址	××市
工程分包人	无	地址	
其他关系人	××高速公路工程咨询有限公司	地址	
保险工程名称	××高速公路西北段××合同段路基及构造物工程	保险工程地点	第××合同段(K13+200～K20+900)
保险项目及保险金额/赔偿限额 物质损失			

续上表

<table>
<tr><td colspan="2">保险项目</td><td colspan="2">保险金额</td><td>免赔额</td></tr>
<tr><td colspan="2">(1)建筑工程(包括永久和临时工程及所用材料)
①工程承包价
②工程所有人提供的材料或设备
(2)安装项目
(3)施工用机具及设备(详见所附清单)
(4)清除残骸费用
(5)专业费用</td><td colspan="2">CNY89 307 311.00
CNY89 307 311.00
0
0
0
CNY8 930 731.00
CNY10 000.00</td><td>见特别约定栏</td></tr>
<tr><td colspan="5">物质损失总保险金额:人民币玖仟捌佰贰拾肆万捌仟零肆拾贰元整(CNY98 248 042.00)</td></tr>
<tr><td colspan="5">特种危险赔偿限额</td></tr>
<tr><td colspan="2">危 险 种 类</td><td colspan="3">赔 偿 限 额</td></tr>
<tr><td colspan="2">(1)地震,海啸
(2)洪水,风暴,暴雨</td><td colspan="3">0
CNY68 773 629.00</td></tr>
<tr><td colspan="5">第三者责任</td></tr>
<tr><td>保险项目</td><td colspan="2">赔偿限额</td><td colspan="2">免 赔 额</td></tr>
<tr><td>每次事故
(1)人身伤亡
每人
总额
(2)财产损失</td><td colspan="2">CNY50 000.00</td><td colspan="2">见特别约定栏</td></tr>
<tr><td>每次事故赔偿限额</td><td colspan="4">人民币贰拾万元整(CNY200 000.00)</td></tr>
<tr><td>累计赔偿限额</td><td colspan="4">人民币壹仟万元整(CNY10 000 000.00)</td></tr>
<tr><td colspan="5">保 险 期 限</td></tr>
<tr><td>建筑期</td><td colspan="4">共 24 个月
自 2005 年 12 月 3 日 0 时起,至 2007 年 12 月 2 日 24 时止
其中包括 0 天试车期</td></tr>
<tr><td>保证期</td><td colspan="4">共 0 个月
自 年 月 日起,至 年 月 日止</td></tr>
<tr><td>保险费率</td><td>2.55‰</td><td colspan="2">付费日期</td><td>2005 年 12 月 15 日前</td></tr>
<tr><td>总保险费</td><td colspan="4">人民币贰拾柒万陆仟零叁拾贰元伍角壹分(CNY276 032.51)</td></tr>
<tr><td>司法管辖</td><td colspan="4">本保单受中华人民共和国管辖</td></tr>
</table>

续上表

特别条款　地震除外条款　清除残骸费用扩展条款　专业费用特别条款 特别约定： (1)本保单特殊风险指洪水、暴雨、风暴，特殊风险的赔偿限额为68 773 629元；地震和海啸是本保单的除外责任。 (2)每次事故免赔率：物质损失部分一般风险为10%，特殊风险为20%，第三者部分财产损失为10%。 (3)第三者责任保险每次事故赔偿限额为200 000元，其中人身伤亡每人赔偿限额为50 000元。 (4)本保单被保险工程名称全称：××高速公路×合同段路基及构造物工程； 工程承包人名称：××路桥有限责任公司； 工程所有人名称：××高速公路工程建设指挥部； 工程监理人名称：××高速公路工程咨询有限公司。 (5)该工程《施工合同协议书》为本保单的组成部分。 (6)本保单建筑工程保险金额由该工程《施工合同协议书》中的工程量清单第100章(减保险费和税金)、第200章、第300章、第400章和第600章的合计构成。 (7)保险费于2005年12月15日前一次性缴付。

保险人联系地址：××市××号

邮政编码：××　　　　电话：××　　　　传真：××

经(副)理：××　　　　复核：××　　　　制单：××

建筑工程一切险条款

一、物质损失

(一)责任范围

(1)在本保险期限内，若本保险单明细表中分项列明的被保险财产在列明的工地范围内，因本保险单除外责任以外的任何自然灾害或意外事故造成的物质损坏或灭失(以下简称“损失”)，本公司按本保险单的规定负责赔偿。

(2)对经本保险单列明的因发生上述损失所产生的有关费用，本公司亦可负责赔偿。

(3)本公司对每一保险项目责任均不得超过本保险单明细表中对应列明的分项保险金额以及本保险单特别条款或批单中规定的其他适用的赔偿限额。但在任何情况下，本公司在本保险单项下承担的对物质损失的最高赔偿责任不得超过本保险单明细表中列明的总保险金额。

(4)定义

自然灾害：指地震、海啸、雷电、飓风、台风、龙卷风、风暴、暴雨、洪水、水灾、冻灾、冰雹、地崩、山崩、雪崩、火山爆发、地面下陷下沉及其他人力不可抗拒的破坏力强大的自然现象。

意外事故：指不可预料的以及被保险人无法控制并造成物质损失或人身伤亡的突发性事件，包括火灾和爆炸。

(二)除外责任

本公司对下列各项不负责赔偿。

(1)设计错误引起的损失和费用；

(2)自然磨损、内在或潜在缺陷、物质本身变化、自燃、自热、氧化、锈蚀、渗漏、鼠咬、虫蛀、

大气(气候或气温)变化、正常水位变化或其他渐变原因造成的保险财产自身的损失和费用;

(3)因原材料缺陷或工艺不善引起的保险财产本身的损失以及换置、修理或矫正这些缺点、错误所支付的费用;

(4)非外力引起的机械或电气装置的本身损失,或施工用机具、设备、机械装置失灵造成的本身损失;

(5)维修保养或正常检修的费用;

(6)档案、文件、账簿、票据、现金、各种有价证券、图表资料及包装物料的损失;

(7)盘点时发现的短缺;

(8)领有公共运输行驶执照的,或已由其他保险予以保障的车辆、船舶和飞机的损失 ;

(9)除非另有约定,在保险工程开始以前已经存在或形成的位于工地范围内或其周围的属于被保险人的财产的损失;

(10)除非另有约定,在本保险单保险期限终止以前,被保险财产中已由工程所有人签发完工验收证书或验收合格或实际占有或使用或接收的部分。

二、第三者责任险

(一)责任范围

(1)在本保险期限内,因发生与本保险单所承保工程直接相关的意外事故引起工地内及邻近区域的第三者人身伤亡、疾病或财产损失,依法应由被保险人承担经济赔偿责任,本公司按下列条款的规定负责赔偿。

(2)对被保险人因上述原因而支付的诉讼费用以及事先经本公司书面同意而支付的其他费用,本公司亦负责赔偿。

(3)本公司对每次事故引起的赔偿金额以法院或政府有关部门根据现行法律裁定的应由被保险人偿付的金额为准。但在任何情况下,均不得超过本保险单明细表中对应列明的每次事故赔偿限额。在本保险期限内,本公司在本保险单项下对上述经济赔偿的最高赔偿责任不得超过本保险单明细表中列明的累计赔偿限额。

(二)除外责任

本公司对下列各项不负责赔偿。

(1)本保险单物质损失项下或本应大于该项下予以负责的损失及各种费用;

(2)由于振动及移动或减弱支撑而造成的任何财产、土地、建筑物的损失以及由此造成的任何人身伤害和物质损失;

(3)下列原因引起的赔偿责任:

①工程所有人、承包人或其他关系方或他们所雇用的在工地现场从事与工程有关工作的职员、工作以及他们的家庭成员的人身伤亡或疾病;

②工程所有人、承包人或其他关系方或他们所雇用的职员、工人所有的或由其照管、控制的财产发生的损失;

③领有公共运输行驶执照的车辆、船舶、飞机造成的事故;

④被保险人根据与他人的协议应支付的赔偿或其他款项,但确实没有这种协议,被保险人仍应承担的责任不在此限。

三、总除外责任

在本保险单项下,本公司对下列各项不负责赔偿。

(一)(1)战争、类似战争行为、敌对行为、武装冲突、恐怖活动、谋反、政变引起的任何损失、费用和责任；

(2)政府命令或任何公共当局的没收、征用、销毁或毁坏；

(3)罢工、暴动、民众骚乱引起的任何损失、费用和责任；

(二)被保险人及其代表的故意行为或重大过失引起的任何损失、费用和责任；

(三)核裂变、核聚变、核武器、核材料、核辐射及放射性污染引起的任何损失费用和责任；

(四)大气、土地、水污染及其他各种污染引起的任何损失、费用和责任；

(五)工程部分停工或全部停工引起的任何损失、费用和责任；

(六)罚金、延误、丧失合同及其他后果损失；

(七)保险单明细表或有关条款中规定的应由被保险人自行承担的免赔额。

四、保险金额

(一)本保险单明细表中列明的保险金额应不低于以下几种。

(1)建筑工程——保险工程建筑完成时的总价值，包括原材料费用、设备费用、建造费、安装费、运输和保险费、关税、其他税项和费用，以及由工程所有人提供的原材料和设备的费用；

(2)施工用机器、装置和机械设备——重置同型号、同负载的新机器、装置和机械设备所需的费用；

(3)其他保险项目——由被保险人与本公司商定的金额。

(二)若被保险人是以保险工程合同规定的工程概算总造价投保，被保险人应履行以下责任：

(1)在本保险项下工程造价中包括各项费用因涨价或升值原因而超出原保险工程造价时，必须尽快以书面通知本公司，本公司据此调整保险金额；

(2)在保险期限内对相应的工程细节做出精确记录，并允许本公司在合理的时候对该项记录进行查验；

(3)若保险工程的建造期超过三年，必须从保险单生效日起每隔十二个月向本公司申报当时的工程实际投入金额及调整后的工程总造价，本公司将据此调整保险费；

(4)在本保险单列明的保险期限届满后三个月内向本公司申报最终工程总价值，本公司据此以多退少补的方式对预收保险费进行调整。

否则，针对以上各条，本公司将视为保险金额不足，一旦发生本保险责任范围内的损失时，本公司将根据本保险单总则中第(六)款的规定对各种损失按比例赔偿。

五、保险期限

(一)建筑期限物质损失及第三者责任保险

(1)本公司的保险责任自保险工程在工地动工或用于保险工程的材料、设备运到工地之时起始，至工程所有人对部分或全部工程签发完工验收证书或验收合格，或工程所有人实际占有或使用或接收该部分或全部工程之时终止，以先发生者为准。但在任何情况下，建筑期保险期限的起始或终止不得超出本保险单明细表中列明的建筑期保险生效日或终止日。

(2)不论安装的被保险设备的有关合同中对试车和考核期如何规定，本公司仅在本保险单明细表中列明的试车和考核期限内对试车和考核所引发的损失、费用和责任负责赔偿；若保险设备本身是在本次安装前已被使用过的设备或转手设备，则自其试车之时起，本公司对该项设备的保险责任即行终止。

(3)上述保险期限的展延，须事先获得本公司的书面同意，否则，从本保险单明细表中列明的建筑期保险期限终止日起至保证期终止日期间发生的任何损失、费用和责任，本公司不负责赔偿。

(二)保证期物质损失保险

保证期的保险期限与工程合同中规定的保证期一致,从工程所有人对部分或全部工程签发完工验收证书或验收合格,或工程所有人实际占有或使用或接收该部分或全部工程时起算,以先发生者为准。但在任何情况下,保证期的保险期限不得超出本保险单明细表中列明的保证期。

六、赔偿处理

(一)对保险财产遭受的损失,本公司可选择以支付赔款或以修复、重置受损项目的方式予以赔偿,但对被保险财产在修复或重置过程中发生的任何变更、性能增加或改进所产生的额外费用,本公司不负责赔偿。

(二)在发生本保险单物质损失项下的损失后,本公司按下列方式确定赔偿金额。

(1)可以修复的部分损失——以将保险财产修复至其基本恢复受损前状态的费用扣除残值后的金额为准。但若修复费用等于或超过被保险财产损失前的价值时,则按下列第2项的规定处理;

(2)全部损失或推定全损——以保险财产损失前的实际价值扣除残值后的金额为准,但本公司有权不接受保险人对受损财产的委付;

(3)发生损失后,被保险人为减少损失而采取必要措施所产生的合理费用,本公司可予以赔偿,但本项费用以保险财产的保险金额为限。

(三)本公司赔偿损失后,由本公司出具批单将保险金额从损失发生之日起相应减少,并且不退还保险金额减少部分的保险费。如被保险人要求恢复至原保险金额,应按约定的保险费率加缴恢复部分从损失发生之日起至保险期限终止之日止按日比例计算的保险费。

(四)在发生本保险单第三者责任项下的索赔时本公司的权利:

(1)未经本公司书面同意,被保险人或其代表对索赔方不得作出任何责任承诺或拒绝、出价、约定、付款或赔偿。在必要时,本公司有权以被保险人的名义接办对任何诉讼的抗辩或索赔的处理;

(2)本公司有权以被保险人的名义,为本公司的利益自付费用向任何责任方提出索赔的要求。未经本公司书面同意,被保险人不得接受责任方就有关损失作出的付款或赔偿安排或放弃对责任方的索赔权利。否则,由此引起的后果将由被保险人承担;

(3)在诉讼或处理索赔过程中,本公司有权自行处理任何诉讼或解决任何索赔案件,被保险人有义务向本公司提供一切所需的资料和协助。

(五)被保险人的索赔期限,从损失发生之日起,不得超过两年。

七、被保险人的义务

被保险人及其代表应严格履行下列义务。

(一)在投保时,被保险人及其代表应对投保申请书中列明的事项以及本公司提出的其他事项作出真实、详尽的说明或描述;

(二)被保险人或其代表应根据本保险单明细表和批单中的规定按期缴付保险费;

(三)在本保险期限内,被保险人应采取一切合理的预防措施,包括认真考虑并付诸实施本公司代表提出的合理的防损建议,谨慎选用施工人员,遵守一切与施工有关的法规和安全操作规程,由此产生的一切费用,均由被保险人承担;

(四)在发生引起或可能引起本保险单项下索赔的事故时,被保险人或其代表的责任:

(1)立即通知本公司，并在七天或经本公司书面同意延长的期限内以书面报告提供事故发生的经过、原因和损失程度；

(2)采取一切必要措施防止损失的进一步扩大并将损失减少到最低程度；

(3)在本公司的代表或检验师进行勘查之前，保留事故现场及有关实物证据；

(4)在保险财产遭受盗窃或恶意破坏时，立即向公安部门报案；

(5)在预知可能引起诉讼时，立即以书面形式通知本公司，并在接到法院传票或其他法律文件后，立即将其送交本公司；

(6)根据本公司的要求提供作为索赔依据的所有证明文件、资料和单据。

(五)若在某一被保险财产中发现的缺陷表明或预示类似缺陷亦存在于其他保险财产中时，被保险人应立即自付费用进行调查并纠正该缺陷。否则，由类似缺陷造成的一切损失应由被保险人自行承担。

八、总则

(一)保单效力

被保险人严格地遵守和履行本保险单的各项规定，是本公司在本保险单项下承担赔偿责任的先决条件。

(二)保单无效

如果被保险人或其代表漏报、错报、虚报或隐瞒有关本保险的实质性内容，则本保险单无效。

(三)保单终止

除非经本公司书面同意，本保险单将在下列情况下启动终止。

(1)被保险人丧失保险利益；

(2)承保风险扩大。

本保险单终止后，本公司将按日比例退还被保险人本保险单下未到期部分的保险费。

(四)权益丧失

如果任何索赔含有虚假成分，或被保险人或其代表在索赔时采取欺诈手段企图在本保险单项下获取利益，或任何损失是由被保险人或其代表的故意行为或纵容所致，被保险人将丧失其在本保险单项下的所有权益。对由此产生的包括本公司已支付的赔款在内的一切损失，应由被保险人负责赔偿。

(五)合理查验

本公司的代表有权在任何的时候对保险财产的风险情况进行现场查验。被保险人应提供一切便利及公司要求的用以评估有关风险的详情和资料。但上述查验并不构成本公司对被保险人的任何承诺。

(六)比例赔偿

在发生本保险物质损失项下的损失时，若受损保险财产的分项或总保险金额低于对应的保险金额(见四、保险金额)，其差额部分视为被保险人所自保，本公司则按本保险单明细表中列明的保险金额与应保险金额的比例负责赔偿。

(七)重复保险

本保险单负责赔偿损失、费用或责任时，若另有其他保障相同的保险存在，不论是否由被保险人或他人以其名义投保，也不论该保险赔偿与否，本公司仅负责按比例分摊赔偿的责任。

（八）权益转让

若本保险单项下负责的损失涉及其他责任方时，不论本公司是否已赔偿被保险人，被保险人应立即采取一切必要的措施行使或保留向该责任方索赔的权利。在本公司支付赔款后，被保险人应将向该责任方追偿的权利转让给本公司，移交一切必要的单证，并协助本公司向责任方追偿。

（九）争议处理

被保险人与本公司之间的一切有关本保险的争议应通过友好协商解决。如果协商不成，可申请仲裁或向法院提出诉讼。除事先另有协议外，仲裁或诉讼应在被告方所在地进行。

九、特别条款

下列特别条款适用于本保险单的各个部分，若其与本保险单的其他规定相冲突，则以下列特别条款为准。

（一）地震除外条款

兹经双方同意，本公司对被保险人直接或间接因地震引起的损失和责任不负责赔偿。本保险单所载其他条件不变。

（二）清除残骸费用扩展条款

兹经双方同意，本公司负责赔偿被保险人因本保险单承保的风险造成保险财产损失而发生的清除、拆除及支撑受损财产的费用，但不得超过本保险单明细表中列明的赔偿限额。本保险单所载其他条件不变。

（三）专业费用特别条款

兹经双方同意，本公司负责赔偿被保险人因本保险单项下承保风险造成保险工程损失后，在重置过程中发生的必要的设计师、检验师及工程咨询人费用，但被保险人为了准备索赔，或估损所发生的任何费用除外。上述赔偿费用应以损失当时适用的有关行业管理部门制订的收费标准为准，但不得超过本保险单明细表中列明的赔偿限额。本保险单所载其他条件不变。

第七章 交工及缺陷责任期的监理及相关资料

第一节 概 述

本章主要从工程交工的原则、程序及缺陷责任期的监理管理等方面入手，用交工及交工证书签发实例，详细介绍了交工必须具备的条件、交工验收的组织、工作内容及证书签发的程序、原则以及缺陷责任期监理工程师的工作任务、组织和监理程序。

第二节 交工及缺陷责任期监理工作原则和内容

一、工程验收分类和工程交工原则及内容

(一)工程的交工与验收

公路工程是一项基础性公益工程。在工程建设阶段结束后，一方面业主根据相关合同对工程进行全面考核，确保承包人全面完成合同约定的义务；另一方面，政府要对拟投入使用的工程进行检查鉴定，确保其性能满足公众的使用要求。因此，交通部《公路工程竣(交)工验收办法》(后简称《验收办法》)把工程验收划分为两个阶段。

(1)项目法人组织，即合同业主按施工合同规定的对合同履行情况进行考核的交工验收；

(2)政府交通主管部门组织的、针对工程使用性能进行检查鉴定的竣工验收。

显然，交工验收主要是一种经济合同行为，而竣工验收主要是一种行政行为。

交通部 2004 年的《验收办法》与 1995 年的《验收办法》相比，主要体现了以下主要思想。

(1)进一步明确了交工验收、竣工验收的功能和地位；

(2)进一步落实了交工验收、竣工验收工作的责任；

(3)使交工验收的工程质量评定更加全面、系统，竣工验收的工程质量鉴定更加实用、有效；

(4)强化了工程质量评价的客观性、真实性，更加注重验收工作的实际效果；

(5)提高了验收工作的效率。

(二)合同工程的交工证书

合同范围内的全部工程已基本完成。监理工程师收到承包人的交工申请报告，并经过对工程的全面检查，这在第九章第五节还有进一步的阐述。监理工程师认为符合合同文件要求时，应及时向承包人签发全部工程的交工证书。若不符合合同文件要求，监理工程师应书面指

出承包人尚应完成哪些工作。

(三)部分工程交工证书

监理工程师按照上述(一)所述的原则,就下列情况可以向承包人签发部分工程的交工证书。

(1)工程的任何主要部分已完成,能够独立交付使用;

(2)合同中规定有不同交工工期的任何工程;

(3)已由业主占用或使用的任何工程。

(四)交工验收监理工作主要内容

(1)按合同及有关规定要求,审查施工单位提交的合同工程交工验收申请。重点检查:合同约定的各项内容完成情况;施工自检结果;各项资料的完整性;工程数量核对情况;工程现场清理情况等。

(2)评定工程质量与编制监理工作报告。监理工程师应及时汇总、整理监理资料,对工程质量等级进行评定,按有关规定编制监理工作报告,并提交建设单位。

(3)参加交工验收。参加建设单位组织的合同工程交工验收,接受对监理独立抽检资料、监理工作报告及质量评定资料的检查,协助建设单位检查施工单位的合同执行情况,核对工程质量,评定各合同段的工程质量。

(4)签认交工结账证书。合同工程交工验收证书签发后,监理工程师应认真审核施工单位提交的合同工程交工结账单,并在规定期限内签认合同工程交工结账证书,报建设单位审批。

二、缺陷责任期监理工作原则及内容

(1)监理工程师应根据合同,规定交工工程的缺陷责任期(一般为两年)。起算日期必须以签发的工程交接证书日期为准。

(2)对于有一个以上交工日期的工程,缺陷责任期应分别从各自不同的交工日期起算。

(3)缺陷责任期,监理工程师应检查施工单位剩余工程的实施情况,巡视检查已完工程;记录发生的工程缺陷,指示施工单位进行修复,并对工程缺陷发生的原因、责任及修复费用进行调查、确认;督促施工单位按合同规定完成竣工资料。

(4)签发缺陷责任终止证书。缺陷责任期结束,监理工程师收到施工单位向建设单位提交的终止缺陷责任的申请后,应进行检查。符合条件并经建设单位同意,在合同规定的时间内签发合同工程缺陷责任终止证书,并按规定向建设单位提交缺陷责任期监理工作总结。

(5)签认最后支付证书。监理工程师收到施工单位提交的最后结账单及所付资料后应进行审核。审核后的最后结账单经施工单位认可后,由总监理工程师签认并报建设单位审批。

(6)参加工程竣工验收。监理单位应参加工程竣工验收工作,负责提交监理工作报告,提供工程监理资料,配合竣工验收检查工作。

第三节　交工与交工证书签发实例

一、签发交工证书的条件

根据合同和交通部《验收办法》规定,交工验收必须具备以下条件。

(1)合同工程实质上已经完工,合同约定的各项内容已完成。

"合同约定的各项内容"应理解为，除合同文件中明确约定的各项内容外，还包括按照合同约定的方式补充、完善或双方达成一致的内容，如设计变更的工程、经双方协商形成的合同补充协议规定的内容等。"实质上完成"或"已完成"应理解为本工程已按合同要求建成，具有独立使用价值，留在缺陷责任期的尾留工程不影响工程的正常使用功能和安全通行或下一阶段施工，且剩余工程额相对较小，对主体工程的验收评价不产生实质性影响。

(2)承包人按交通部制定的《检评标准》及相关规定的要求对工程质量自检合格，且自评结果合格，其自检资料经监理工程师签认。

(3)监理工程师对工程质量的评定合格，即合格地通过了合同规定的各项检测、检验。

按照《验收办法》，交工验收阶段对工程质量的评价，以监理工程师依据其独立抽检资料的评定结果为主。监理工程师对工程质量检验的结果，证明该工程确实符合规范要求，且各项资料齐全。监理工程师在各种场合以不同形式向承包人指出的各类质量问题，均已得到妥善的解决。关于质量监督机构进行的检测，详见第九章第四、五节。

(4)已按交通部规定的内容编制完成竣工文件。

交工验收阶段应完成的竣工文件内容，不同项目可能有不同规定。业主应在工程施工前期下发竣工文件编制管理办法，提前组织承包人、监理单位人员进行准备。业主指派专人负责竣工资料的收集、编制、管理工作。同时，监理工程师确认承包人已根据合同规定基本上完成有关的交工资料。

(5)质量监督机构按交通部规定的公路工程质量鉴定办法对工程质量进行检测，并出具检测意见。详见第九章交工验收的有关说明。

(6)现场清理完毕。监理工程师确认承包人对其申请交工的工程已进行了全面的现场清理，包括临时用地和材料场、取土场地貌恢复。

(7)承包人已提出书面申请，监理工程师收到承包人的交工申请报告。

(8)承包人、监理单位已完成本合同段的工作总结。承包人、监理单位的工作总结格式见《验收办法》附件5。

二、交工证书的签发程序

(一)成立交工检查小组

监理工程师收到承包人递交的交工申请，确认工程满足要求后应指派专人全面负责交工检查工作，并成立由监理工程师、业主、设计部门参加的交工检查小组。需要时，业主邀请质量监督部门参加。

监理工程师还应提示承包人列席参加并负责提供小组检查工程时所需要的情况、资料、人力和设备，为交工检查活动提供服务。

交工检查小组的任务有以下几点。

(1)进一步审查交工申请报告；

(2)现场检查申请交工的工程；

(3)检查承包人缺陷责任期的剩余工程计划；

(4)根据以上情况写出交工检查报告；

(5)决定是否签发交工证书。

(二)对交工申请进行审查

(1)检查小组应确认承包人交工申请报告，对申请交工的工程范围、交工工程的外观质量、质量缺陷的处理、交工资料的完成情况等描述全面、准确。剩余工程及计划安排合理可行并写出书面审查意见。

(2)对基本符合合同有关条款规定的交工申请报告,检查小组应予接受。但必须在审查意见中明确指出存在的问题及修改的建议。

(3)对与合同有关规定存在较大差距的申请报告,检查小组不予接受,并写明审查意见予以退回。

(三)现场检查与评价

(1)检查小组接受承包人的交工申请报告后,应对交工工程进行现场检查,提出质量评定意见。主要检查申请交工工程外观质量、外形尺寸,各类构造物及工程范围内所有现场的清理情况。并应对检查中发现的所有工程缺陷做详细描述及记录。

(2)检查小组对检查情况进行合同评价。重点对检查中及以前发现的工程缺陷进行分析,确定这些缺陷是否被立即修复或已报修复或作为剩余工程留待缺陷责任期内完成,并与承包人所报的缺陷责任期的剩余工程计划相对应。

(四)检查报告

无论检查小组是否同意签发交工交接证书,均应提交一份交工检查报告,报告内容包括如下几点。

(1)概述。承包人申请交工验收的工程范围,工程完成情况及提出申请的过程。

(2)交工检查小组的邀请信及任务。

(3)检查小组人员名单。

(4)检查活动过程。

(5)现场检查的内容。

(6)检查小组的评议。应包括是否接受交工;对存在缺陷的讨论与意见;工程是否已经完成;是否接受剩余工程计划;同意于何时(×年×月×日)签发交工证书(或不予签发交工证书)。

(7)附件。主要内容为承包人的交工申请报告;组成交工检查小组的文件;检查活动计划;现场检查的工程缺陷一览表及被批准的承包人剩余工程计划。

评价报告应发给承包人、业主及签发交工证书的其他有关各方。

对上述工作在第九章还有详细叙述。

(五)签发交工证书

工程交工的日期以检查小组决定的签发交工证书的日期为准。工程交工证书必须包括如下内容。

(1)获得交工证书的工程范围;

(2)工程获得交工证书的日期;

(3)审查交工工程的单位;

(4)交工证书的签字人(业主、监理工程师、承包人各方代表)。

三、交工验收程序

(一)申请交工的条件

合同段工程在满足以下条件后,承包人应尽早向监理工程师表示申请交工的意向。

(1)承包人拟申请交工的工程已经基本完成;

(2)驻地办已分别按照现行《公路工程质量检验评定标准》(JTG F80/1—2004)的要求基本完成分项工程质量检查和评定,并签发分项工程交工证书。

(二)初验检查内容

合同段工程初验由驻地办负责组织。高级驻地监理工程师在认为上述条件基本具备后,应在收到承包人合同段交工验收申请意向书7天内组织承包人、监理人员按以下方面内容对合同段工程完成初步检查,并通知项目组和相关承包人派人参加(其中路面承包人主要参与路基、桥梁宽度、高程、横坡等联合测量)。检查内容包括如下几点。

(1)逐项检查拟申请交工的工程是否按合同要求已全部完成;

(2)分项工程质量检验评定的结果是否符合规范要求;

(3)监理工程师在各种场合以不同形式向承包人指出的各类质量问题是否得到妥善解决;

(4)各项技术、质量管理和合同管理程序及手续是否齐全、完备;

(5)是否有未处理的重大技术、质量遗留问题;

(6)承包人申请交工的工程现场是否进行了全面清理(包括临时用地和材料堆放场、弃、取土场等),是否得到当地及环保等政府部门认可;

(7)承包人是否按合同规定完成或基本完成有关的工程交工资料,文件的编制是否满足归档要求;

(8)现场剩余工作完成计划(如果有)。

(三)初验报告

初验检查工作结束后,由驻地办完成初验报告,初验报告主要包括以下内容。

(1)合同段工程总体情况及初验概述;

(2)现场存在的有关问题;

(3)工程质量(总体)评定表及评定结果;

(4)与评定表相对应的工程初验检查检测记录表;

(5)初验检查结论。

如果驻地办认为上述交工验收条件尚不具备,则由监理工程师书面通知承包人抓紧完成上述工作,直至合同段交工验收条件基本成熟后,承包人提出正式交工申请报告。

四、交工验收

(一)交工验收的申请

初验工作完成后,承包人就可以按合同通用条款第48条规定向监理工程师提交正式的合同段交工申请报告,驻地办收到交工申请报告后,一并将初验报告上报业主。合同段交工验收由业主负责组织。对此,第九章有进一步阐明。

(二)交工验收的主要内容

项目法人,或项目管理单位根据验收的内容组织成立验收小组,验收小组组长由项目法人或指派专人担任。

1.交工验收小组人员组成

由监理工程师、设计单位、业主单位、专业检测机构人员,同时应邀请运营、养护管理单位参加。详见第九章第五节。

2.交工验收的主要工作及具体要求

(1)检查合同执行情况；

(2)检查承包人自检报告、施工总结报告及施工资料；

(3)检查监理单位独立抽检资料、监理工作报告及质量评定资料；

(4)审议、审查、审定初验、初评结论；

(5)检查工程实体，审查有关资料，包括主要产品质量的抽(检)测报告；外观质量抽查(现场查看)，完成缺陷及剩余工程情况统计及描述；

(6)检查工程完工数量是否与批准的设计文件相符，是否与工程计量数量一致；

(7)交工文件、资料检查，提交资料审查意见；

(8)进行交工质量等级评定、确定验收结果、完成验收会议纪要；

(9)完成合同段交工验收评估报告(表 7-3-1)。

最后，对合同是否全面执行、工程质量是否合格作出结论，按交通主管部门规定的格式签署合同段交工验收证书。

(三)检查验收

验收活动由验收小组组长负责组织进行，监理、承包人必须全面配合验收小组的工作。承包人和监理工程师必须将有关拟验收工程的全部技术资料和开工以来所有有关工程管理的资料(例如各分项工程开工申请、质量验收、计量支付、工程变更、现场记录)整理成册备查，并将已完成的竣工资料交验收小组检查。验收小组完成交工验收的有关检查工作后，最后由交工验收小组完成验收会议纪要和评估报告，再由项目业主签发。

评估报告的内容构成有如下几点。

(1)工程范围；

(2)施工单位名称；

(3)开工、交工日期；

(4)工程初验情况；

(5)评估小组成员组成情况；

(6)现场检查情况；

(7)结论，须明确是否签发交工证书以及最后所确定的质量等级。

(四)交工证书的签发

合同段工程交工证书(表 7-3-4)是承包人办理交工计量和交工支付的必要条件，如果经验收小组检查认为工程质量合格，业主一般应在此项验收工作完毕后 14 天内向承包人签发合同段工程交工证书，证书中应写明按合同规定本合同工程的交工日期(即承包人最后一次提交交工申请报告的日期)。

合同段工程交工证书的汇编、整理工作由承包人完成，交工证书经项目业主审查，再签发。

合同段工程交工证书必须包括以下内容。

(1)封面；

(2)目录；

(3)合同段工程交工证书；

(4)评估报告；

(5)交工验收会议纪要；

(6)承包人交工申请报告；
(7)承包人及监理工作总结；
(8)分项工程质量检验评定表；
(9)归还用地、用房及场地清理认可的证明文件；
(10)缺陷责任期剩余工作实施计划及承包人联系方式。

公路工程交工验收评估报告 表 7-3-1

一	工程名称	××××至××国道主干线××省×县经×县至×县公路(×市东至×县段)
二	工程地点及主要控制点	该项目位于××省××市；路线起于××市××县××村，止于××县××乡××村；主要控制点：××市立交、××隧道、××县立交
三	建设依据	该项目200×年由××省交通厅以××交函[200×]××号“关于××国道主干线××县～××县～××县公路部分控制性工程先期开工的通知”批准试验段开工建设；200×年国家发展计划委员会以计基础[200×]××号“印发国家计委关于审批××至××国道主干线××省×县经×县至×县公路可行性研究报告的请示的通知”批复了工程可行性研究报告；200×年交通部以交公路发[200×]××号“关于××××至××国道主干线××省××县经×县至×县公路初步设计的批复”批复了初步设计；200×年××省交通厅以×交发[200×] ××号“关于××××至××国道主干线××省×县经×县至×县公路施工图设计的批复”批复了施工图设计文件
四	技术标准与主要指标	公路等级：双向四车道高速公路； 设计行车荷载：汽车—超20级、挂车—120级； 设计行车速度：平原、微丘区100 km/h，山岭、重丘区80km/h； 路基宽度：24.5、26、2×12.5m； 平曲线最小半径：平原、微丘区1 450m，山岭、重丘区400m； 最大纵坡：平原、微丘区3.2%，山岭、重丘区4.9%
五	建设规模及性质	国道主干线双向四车道高速公路，路线主线全长60.821km，连接线全长22.293km； 性质：国有投资

续上表

六	开工日期	200×年 ×× 月 ×× 日
	交工日期	200×年 ×× 月 ×× 日
七	批准概算	××,×××,×××,×××元
八	工程建设主要内容	该段共完成路基挖土方:241.31 万 m^3;挖石方 179.41 万 m^3;填土方:55.27 万 m^3;填石方 318.23 万 m^3;防护工程 45.06 万 m^3,排水工程 12.45 万 m^3;大中桥 33 座,长 4 867.08m;跨线桥 15 座,长 1 027.68m;互通立交 3 座,桥梁总长 7 025m。隧道单洞单幅 2 857.9m/1。座通道 79 座,涵洞 290 座,路面底基层 1 179.22km^2,基层 1 105.34km^2,沥青混凝土面层 1 128.68km^2,水泥混凝土面层 64.77km^2;防撞钢板 147.90km,封闭工程 100.67 千米,标志工程 329 处,标线 46.34km^2,服务区 1 处
九	实际征用土地数(亩)	××,×××亩
十	建设项目工程质量交工验收结论	××高速公路××市东至×县段建设项目工程质量总体良好,路线平纵曲线配合得当,线形顺适圆滑,视距良好,行车舒适;路基压实度,弯沉值满足设计要求,路基稳定,几何尺寸控制良好,边线直顺;立交区路基边坡坡面生态绿化效果较好;通道、小桥涵、排水及砌筑工程的混凝土、砂浆强度符合要求,断面尺寸控制良好;砌体大面平整,断面尺寸控制良好;沥青混凝土路面压实度、厚度、平整度、弯沉、强度满足设计要求,无明显碾压轮迹;桥梁结构安全可靠;混凝土强度满足设计要求,外形尺寸、高程等控制严格,混凝土表面平整、光洁密实,伸缩缝平整,性能良好,经桩基检测和荷载试验,桥梁承载力均满足设计要求;标志标线、防眩板、防护栏等交通安全设施设置完善;内业归档资料较为齐全。××高速公路××市东至×县段工程质量综合评分 94.5 分,质量等级为合格
十一	存在问题处理措施	(1)个别尾留的防护工程、绿化工程,应抓紧完善; (2)内业资料的立卷归档有待完善,并抓好竣工验收前的档案专项验收工作
十二	附件	(1)各合同段工程质量评分一览表(表 7-3-2); (2)各合同段交工验收证书(表 7-3-3)

交工验收各合同段工程质量评分一览表 表 7-3-2

合 同 段	实 得 分	备 注
合同段 1	91.9	
合同段 2	95.8	
合同段 n		

公路工程(合同段)交工验收证书 表 7-3-3

交工验收时间:××××年 ××月××日　　　　合同段交工验收证书第 01 号

<table>
<tr><td colspan="3">工程名称:××高速公路</td><td colspan="2">合同段名称及编号:××公司××高速公路 N1 合同段</td></tr>
<tr><td colspan="3">项目法人:××建设开发集团公司</td><td colspan="2">设计单位:××公路勘察设计院</td></tr>
<tr><td colspan="3">施工单位:××建设集团公司</td><td colspan="2">监理单位:××公路工程咨询有限公司</td></tr>
<tr><td colspan="5">本合同段主要工程量:K1X+700～K2X+000 段路基、桥隧,全长××km。路基土石方 58.788 万方,其中利用土方 4.623 万方,石方 12.369 万方,砂砾路基填方 36.321 万方,挖土方 3.45 万方,石方 2.025 万方。
桥梁 13 座,大桥 1 座,中桥 4 座,分离式立交 1 座,小桥 6 座,共计 1 000.45m。
路面工程:20cm 天然砂砾碎石基层 6 297m²,18cm 水泥稳定碎石基层 21 009m²,20cm 厚混凝土面板27 320m²</td></tr>
<tr><td>本合同段价款</td><td>原合同</td><td>67 210 998 元</td><td>实际</td><td>68 350 765 元</td></tr>
<tr><td>本合同段工期</td><td>原合同</td><td>18 个月</td><td>实际</td><td>18 个月</td></tr>
<tr><td colspan="5">对工程质量、合同执行情况的评价、遗留问题、缺陷的处理意见及有关决定(内容较多时,可用附件),所有施工项目经试验检测均符合设计及规范要求。能严格按合同要求组织施工,尾留工程、质量缺陷已处理满足使用、设计及规范要求</td></tr>
<tr><td colspan="5">(施工单位的意见)我部已在合同工期内完成合同要求的所有施工任务,工程质量经自检和监理工程师检验评定合格,且已通过质监部门检测,竣工资料及各类资料已编制完成,并已通过初验

施工单位法人代表或授权人(签字)张××　　　　单位盖章
200×年 ×× 月 ×× 日</td></tr>
<tr><td colspan="5">(合同段监理单位对有关问题的意见)
所有施工项目经现场监理工程师检测均符合设计及规范要求,内业资料真实、齐全。评定数据真实,评定等级为合格。

合同段监理单位法人代表或授权人(签字)王××　　　　单位盖章
200×年 ×× 月 ×× 日</td></tr>
<tr><td colspan="5">(设计单位的意见)
所有施工项目符合设计要求。

设计单位法人代表或授权人(签字)李××　　　　单位盖章
200×年 ×× 月 ×× 日</td></tr>
<tr><td colspan="5">(项目法人的意见)
所有施工项目经监理工程师及质监部门检测均符合设计及施工规范要求。施工中能严格按合同组织实施。所有竣工资料较齐全,符合交工条件要求。

项目法人代表或授权人(签字) 刘××　　　　单位盖章
200×年 ×× 月 ×× 日</td></tr>
</table>

注:表中内容较多时,可用附件。

合同段工程交工证书

表 7-3-4

第 N1 合同段	合同编号：××L-S-01

承包单位：××建设集团公司

编号：N1

本证书包括的工程范围：K1×＋900～K2×＋000 内路基、桥涵、防护排水施工
本证书未包括的工程范围：尾留防护及质量缺陷(详见后附清单)
交工单位名称：××建设集团公司
实际完工日期：200××年××月××日
我们保证在养护期内按批准的计划完成本证书附件所列的全部工作。 承包人签名：张××　　　　日期：200×年××月××日
附件：无
监理工程师签名：王×× 日期：200×年××月××日
业主签字：刘×× 日期：200×年××月××日

(五)例外事项的处理

(1)如经交工检验认为工程质量虽合格,同意验收,但某些工程影响使用尚需整修和完善,且不同于缺陷责任期内的缺陷修复,则应缓发合同段交工证书,要求承包人限期整修,待整修和完善工作完成后,经监理工程师复查认可达到质量要求并报请验收小组审批后,再发给合同段工程交工证书。

(2)如经交工验收认为个别项目工程质量达不到合格标准,则监理工程师应根据评估小组的意见,在验收工作完毕后7天内向承包人发出指令,要求承包人对不合格工程认真返工重做或补救处理。承包人在完成上述不合格工程的返工与补救工作后,应重新提出交工验收申请,经验收小组复验认为达到合格标准后才发给合同段交工证书。

合同段工程交工证书签发后承包人不再负责对工程的照管,本工程即进入缺陷责任期。

对于机电、交通安全设施等小型工程项目验收也可参照上述程序执行,检查表格可根据设备供应商的设计文件的有关规定、规范填写;需专项验收的项目(如消防、供配电)在项目管理处验收前,事先由监理办、承包人组织完成行业主管部门的验收。

项目业主完成合同段的交工验收后,应书面通知公路质量监督站组织进行验收。项目业主、监理办、承包人应配合并提供验收要求的任何文件资料及检查工程质量所必须的人员、设备、仪器等。

合同段交工验收程序见图7-3-1。

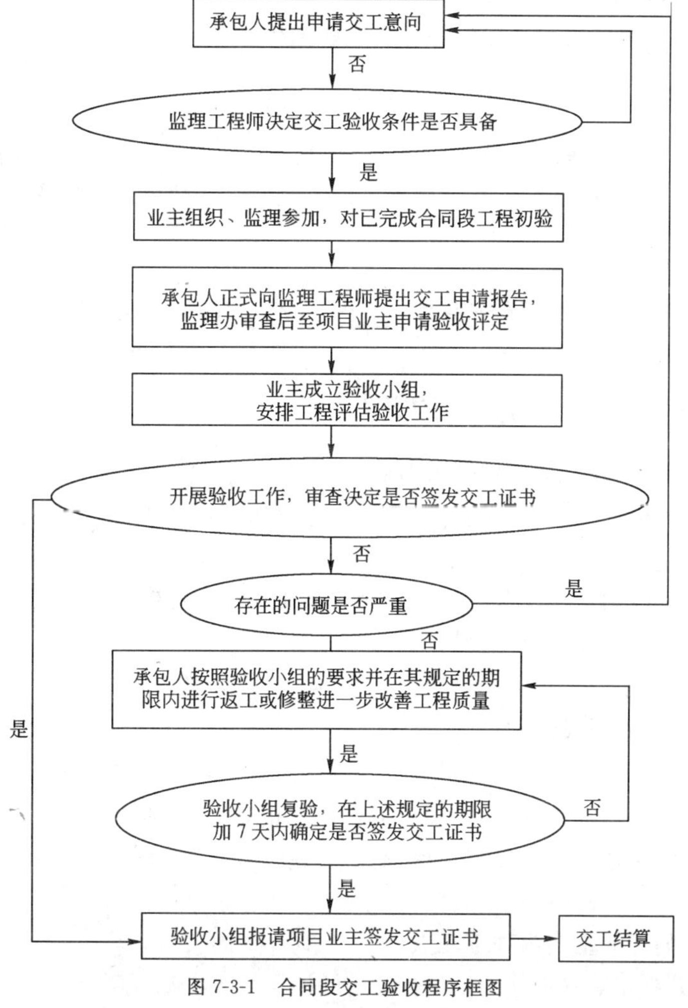

图7-3-1 合同段交工验收程序框图

第四节　缺陷责任期监理工作内容及相关资料

一、缺陷责任期监理的工作内容

(一)检查承包人剩余工程计划

监理工程师应定期检查承包人剩余工程计划的实施，并视工程具体情况，建议承包人对剩余工程计划进行调整。

(二)检查已完工程

监理工程师应经常检查已完工程，对工程交接时存在的缺陷及签发交接证书之后发生的工程缺陷情况进行记录，调查分析出现的原因，确定补救方案，并指示承包人进行修复。

(三)确定缺陷责任及修复费用

监理工程师应对工程缺陷发生的原因及责任者进行调查。对非承包人原因造成由承包人进行修复的工程质量缺陷，监理工程师应对修复工作做出费用估价，向业主签发为承包人追加费用的证明，为最终支付做好准备。

(四)督促承包人按合同规定完成竣工图纸和资料

(五)为签发缺陷责任终止证书做好各项准备工作

二、缺陷责任期的监理组织

监理工程师应根据剩余工作量，配备缺陷责任期的监理工作人员，包括现场巡视、检查的监理人员，负责质量检验的试验人员及处理合同事宜(索赔、变更)、办理支付、督促交工资料的合同管理人员。

第五节　缺陷责任终止证书签发条件、程序及示例

一、《工程缺陷责任终止证书》的签发程序

(一)《工程缺陷责任终止证书》签发的必要条件

(1)监理工程师确认承包人已按合同规定及监理工程师的指示完成全部剩余工程。并对全部剩余工程的质量检查认可；

(2)监理工程师收到承包人含有如下内容的终止缺陷责任申请。

①剩余工作计划的工作执行情况；

②缺陷责任期内监理工程师发现并指示承包人进行修复的工程完成情况；

③交工资料的完成情况。

(二)成立缺陷责任期工作检查小组

(1)监理工程师确认具备签发《工程缺陷责任终止证书》的必要条件后，应成立由监理工程师、业主参加的缺陷责任期工程检查小组，需要时建议业主邀请监督部门参加，承包人列席并为检查小组的工作及日程安排提供服务。

(2)检查小组的任务主要为如下几点。

①审查承包人终止缺陷责任的申请报告；

②对工程进行最终的整体检验，并侧重缺陷责任期工作内容的检查；

③审查交工资料；

④对缺陷责任期的工作情况进行评价，确定是否签发缺陷责任终止证书。

(三)检查小组审查终止缺陷责任的申请报告

对申请报告内容的完整性、真实性进行审定，并确认是否满足合同规定及监理工程师的要求。

(四)最终检查和评价

1. 最终检查的两个方面

(1)剩余工作及缺陷工程的完成情况；

(2)整个工程的使用情况。包括交通标志、标线、护栏、护网、电信管块、人井及绿化带。

2. 评价主要围绕现场检查结果进行

除合理磨损外，工程均应达到合同规定的检验标准。

(五)检查报告

(1)检查小组必须就检查工作写出检查报告，报送业主，同时抄送给承包人；

(2)检查报告的主要内容应包括如下几点。

①概述：检查小组的邀请信及其名单、工作简况、收受承包人申请的日期；

②现场检查的内容及情况；

③检查小组对承包人缺陷责任期全部工作的评议；

④小组的讨论；

⑤附件：承包人的终止缺陷责任申请，检查活动计划，工程缺陷一览表及承包人剩余工程计划等。

(六)签发《工程缺陷责任终止证书》

监理工程师收到检查小组的报告，并确认缺陷责任期工作已达到合同规定标准，应向承包人签发缺陷责任终止证书，签发日期应以工程通过最终检验的日期为准。证书中应包括以下主要内容。

(1)获得证书的工程范围；

(2)审查缺陷责任期工作的单位；

(3)工程交工日期及合同缺陷责任期终止日期；

(4)《工程缺陷责任终止证书》的签字人(业主、监理工程师、承包人各方的代表)。

二、工程缺陷检查和修复程序

合同段工程自交工之日(此日期一般应为承包人提出交工申请报告的日期)起，工程即进入缺陷责任期。

(一)缺陷的检查

在缺陷责任期内，除按第三章第四节所述进行调查外，业主施工管理部一方面应不定期的会同监理办对所辖合同段的工程进行缺陷、病害或其他不合格之处的检查，另一方面对于收费公司正常养护过程中提出的有关问题也应认真调查。

检查和调查工作结束后由监理办提交缺陷调查情况报告，必要时由施工管理部负责完成处理方案的拟订。调查报告主要由以下几部分内容组成。

(1)同段的缺陷项目及位置；

(2)缺陷情况的描述；

(3)缺陷原因的分析；

(4)缺陷责任的划分；

(5)缺陷修复方案。

(二)缺陷修复的方式

缺陷调查报告经项目管理处施工管理部经理审查批准后，由施工管理部根据需要下发缺陷整治通知单。如果调查结果认为是属于原承包人施工不当所造成，则由监理办或项目管理处书面通知要求承包人按项目管理处批准的处理方案在合适的时限内进行修复，费用由原承包人承担，同时应书面通知承包人若其不执行通知要求，产生的一切后果由其承担。如果承包人未在规定的时间内进场安排修复，则项目管理处有权另行安排其他的施工单位进场，发生的费用将从承包人工程保留金中扣回。如果调查结果不属于原承包人的责任，则项目管理处在公司工程部审批后可以另行安排施工单位(或原承包人)施工，并支付相应的工程费用。

(三)缺陷的修复

承包人在收到缺陷整治通知单后应在缺陷整治通知单规定的时间内上报修复工程进度计划安排，组织足够的人力、机械安排进场施工，并按规定的时间完成。

缺陷修复完成后应由相关承包人填写工程缺陷验收单，监理办、施工管理部进行确认。

工程缺陷检查及修复程序见图 7-5-1。

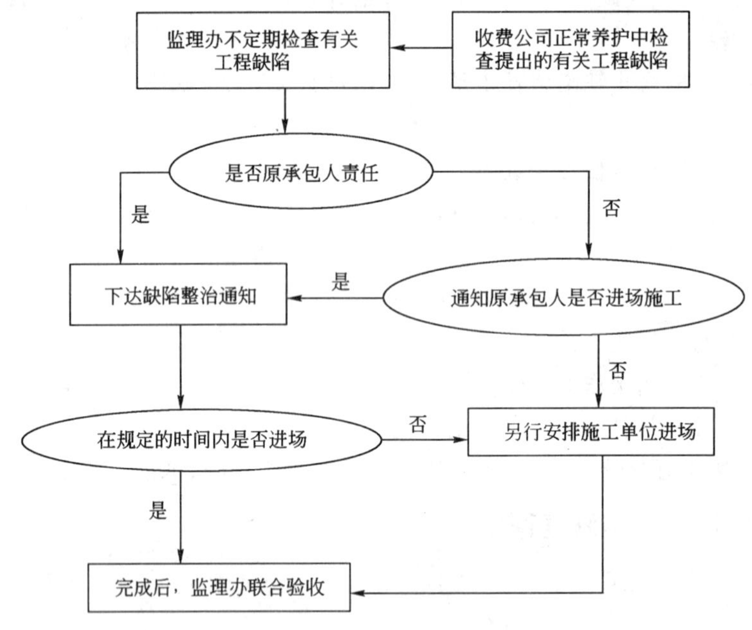

图 7-5-1　工程缺陷检查及修复程序

三、合同段工程缺陷责任终止证书签发程序

(一)缺陷责任终止申请

缺陷责任期即将结束之前，承包人应事先进行合同范围内工程缺陷的调查，如发现有承包人施工质量问题的缺陷，承包人应自费进行修复。承包人在确认没有质量缺陷以及完成剩余工作后，及时以书面形式向项目管理处提出缺陷责任期终止申请报告(表 7-5-1)，报告附件中包括缺陷修复一览表、剩余工程完成情况一览表以及合同段工程交工证书、合同段工程交工验

收评估报告。

(二)缺陷责任检查的工作内容

项目业主在收到承包人缺陷责任期终止申请报告后,在开展检查工作之前,成立缺陷责任期终止验收工作小组,工作小组的主要工作如下。

(1)审查承包人缺陷责任终止证书申请报告;

(2)工程进行最终的整体检查,并侧重缺陷责任期工作内容的检查和大、中桥、涵洞等重要构造物裂纹做出详细调查;

(3)审查竣工资料;

(4)对缺陷责任期进行评估,确定是否签发缺陷责任终止证书。

(三)检查结果评估

在收到承包人缺陷责任期终止申请报告后,工作小组按上述要求正式开展检查,并完成上述的有关工作。

工作小组完成工作后,要提交缺陷责任期终止报告及缺陷修复扣款一览表。

缺陷责任期终止评估报告的主要内容如下。

(1)现场工程情况概述;

(2)现场检查项目的内容及情况;

(3)工作小组对承包人缺陷责任期全部工作的评议;

(4)工作小组的结论。

(四)缺陷责任终止证书签发

缺陷责任终止证书由相关承包人填写,由监理工程师审查后上报项目业主,项目业主批准后向上级主管部门报备(5天),最后由业主签发。

如经检查,施工现场仍存在施工缺陷影响缺陷责任期终止,则工作小组应下发缺陷责任延期通知单。待缺陷工程全部修复完成后,由承包人再次提出验收申请。缺陷责任期终止验收主要程序框图见图7-5-2。

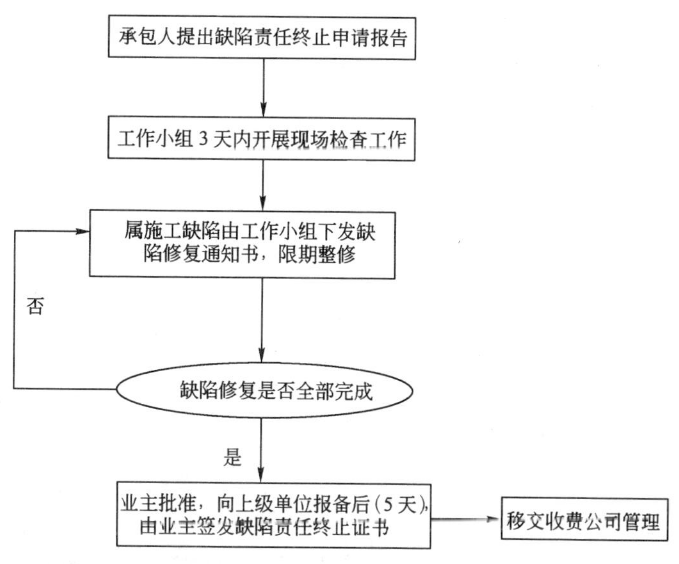

图7-5-2 缺陷责任期终止验收主要程序框图

缺陷责任期终止申请报告

表 7-5-1

第 N1 合同段 合同编号：××L-S-01

承包单位：××建设集团公司 编号：N1

<table>
<tr><td>
致(高级监理工程师)________李××________：
我合同段已按合同规定完成了________××高速公路—K1×+900～K2×+000 内路基、桥涵、防护排水________工程在缺陷责任期内的养护、维修工作，特申请缺陷责任期终止。
附件：(1)剩余缺陷工程完成情况一览表
(2)合同段交工证书
(3)合同段交工验收评估报告
(4)自检资料
承包人：张×× 日期：××××年××月××日
</td></tr>
<tr><td>
养护和修补缺陷情况简要说明：
所有尾留防护工程已施工完毕，且质量经监理工程师和质监部门检测合格。缺陷已修复，符合设计及相关规范要求。
</td></tr>
<tr><td>
监理工程师审查意见：
尾留工程已完成，缺陷已修复，且经检测符合设计及规范要求。
签名：王×× 日期：200×年××月××日
</td></tr>
<tr><td>
监理办意见：
满足竣工要求。
高级监理工程师：李×× 日期：200×年××月××日
</td></tr>
</table>

第八章　记录与报告

监理记录和报告是监理工作的重要组成部分，是强化监理工作管理和实现三大控制目标（质量目标、费用目标、进度目标）和两项管理（合同管理和信息管理）的重要内容和手段。监理工作记录包括监理日志、监理指令、各种原始记录表及检验表，会议记录、纪要；监理工作报告主要包括监理月（季、年）报，监理工作总结报告及专题工作报告等。监理记录力求真实、准确、客观、详细；监理报告要简明扼要，及时准确，有针对性和侧重点。

第一节　监理日志及示例

监理日志是监理工作档案资料的重要组成部分，是施工全过程的真实反映，是监理工程师现场工作的轨迹。及时、认真、详细记录监理日志，不但可以真实反应隐蔽工程的实际施工状况，为业主提供依据，还可以锻炼监理人员扎实的工作作风，促使其提高自身业务水平。

监理日志本可以由工程项目业主或监理公司统一印制，可采用牛皮纸或其他耐磨损材料如塑料、皮革等做封皮，扉页印制“严格监理、优质服务、公正科学、廉洁自律”的监理方针，日志填写内容及填写要求，日志页眉上印日期、星期、天气、温度等内容。监理日志也要同时填写《监理规范》附录 B 和《监理日报》，为方便携带，填报内容可由监理日志中摘录，页状《监理日报》的优点是便于装订归档。

一、监理日志的填写内容

监理人员要认真填写所辖标段、工程项目与分部、分项工程名称；当天工作内容；人员、机械、设备的运行状况；原材料的进场、抽检情况；工程质量检查情况（检查项目、内容、合格情况）；当天工地出现的问题，采取的措施办法及结果；工程进度情况，工程的安全及环境保护方面的情况；外界对工程的干扰，外界主要人员姓名、职务及主要问题等。

二、监理日志的填写要求

（1）封面必须写清所担任的职务、起讫时间及管辖段落名称；

（2）要认真填写日期、时间、天气情况，一天一页，不能几天合用一页，不得漏记、补记，保持监理日志的连续性和真实性；

（3）监理人员必须认真逐日记录自己的监理工作情况，用语要准确，填写要规范，字迹要工整、清晰，要保持监理日志的整洁；

（4）监理日志所涉及的人员必须详细填写姓名、职务；

（5）要用碳素墨水或蓝黑墨水认真进行填写，不能用铅笔、圆珠笔填写；

（6）不能填写与工程无关的事情；

(7)监理日志用完后由监理单位统一归档。

以下对监理日志的填写举一实例。

某工程师的一天监理日志示例

日期：×××年×月×日　星期×　上午：晴　　温度：上午　10℃～15℃

下午：晴转阴　　　下午　18℃～12℃

K×××+×××中桥1号桩基混凝土施工准备情况检查，首先检查承包人自检记录，齐全；现场量测，1-1号桩径1.51m，1-2号桩径1.53m，桩孔垂直度为0.02，孔深12m，检孔器尺寸符合规范要求，能顺利通过，无孔底沉渣(干孔)；备料情况检查：砂、碎石50m^3，水泥40t；抽检报告齐全、合格；主要设备：搅拌机、振动棒、磅秤齐全。可以开盘，开盘时间________，终盘时间________，坍落度检查三次为7.5cm、8.0cm、7.5cm，留取试件两组，编号为1号-1，1号-2，1号-3，1号-4，1号-5，1号-6；施工正常，无间断。

第二节　监理指令及格式

监理指令是指监理工程师根据业主授权或《施工监理合同》和技术规范，就工地中存在的问题而发出的书面要求。监理指令可以是口头的也可以是书面的，但口头的监理指令必须在24小时内以书面的形式予以确认。

监理指令包括“工作指令”、“工程暂时停工指令”、“复工指令”及适用于高级驻地及总监办、总监代表处的“工地指令”等，见表8-2-1～表8-2-4。

工作指令是监理工程师根据现场检验工程质量等问题，向承包人下达符合合同规定的指令，要求承包人在指令规定的时间按要求纠正质量缺陷或予以返工，工作指令需报备上级监理部门，重大的或影响较大的工作指令应同时报备业主。

工作暂时停工指令和复工指令要配合使用，一般用于承包人严重违反合同规定野蛮施工且屡禁不止时，或工程因某种原因需减缓或停止施工时。

“工地巡查指令”是监理工程师就工地中存在的问题提醒或要求承包人引起注意或处理的一种指令，一般由总监代表处签发。

监理指令使用注意事项如下。

(1)监理指令必须由专业工程师以上人员填写并且由高级驻地签发，现场旁站监理员只有发出工作指令的建议权；

(2)为保证监理指令的严肃性，指令签发必须及时，条理清楚，事实确凿，处理得当，且符合合同规定，具有可追溯性；

(3)对于一般性问题只需发送承包人，对于重大问题，要同时报送上级监理单位及项目业主；

(4)监理指令发出后要有存在问题处理情况的书面回执，回执样表详见表8-2-4，且须由承包人总工和项目经理的签字确认；

(5)对于“工程暂时停工指令”的使用要慎重，必须符合相关合同的规定并事先与业主进行沟通；

(6)在承包人处理完“工程暂时停工指令”指出的问题后，应及时上报回执，申请复工，指令发出的监理单位在接到申请后的24小时内应派员复查处理状况，并根据处理结果决定是否发出“复工指令”，复工指令必须由高级驻地及以上的监理人员签发。

工 作 指 令　　表 8-2-1

承包单位：　　　　合同号：

监理单位：　　　　编　号：

工程项目	
结构名称	
现场位置	
上述工程被接受/不被接受	
上述工程应立即停止/应继续进行	
承包人应按规范执行/纠正上述工程并遵照上述意见变更	

承包人签字：　　　　监理工程师签字：

日期：　　　　日期：

时间：　　　　时间：

工程暂时停工指令　　　　表 8-2-2

承包单位：　　　　　　　　合同号：

监理单位：　　　　　　　　编　号：

<table>
<tr><td>停工依据：

</td></tr>
<tr><td>停工范围：

</td></tr>
<tr><td>停工原因：

</td></tr>
<tr><td>停工日期：

年　　月　　日　　时</td></tr>
<tr><td>停工后应做如下处理：

</td></tr>
<tr><td>驻地监理工程师：

日期：</td></tr>
<tr><td>承包人：

日期：</td></tr>
</table>

________高速公路

质量巡查通知 表 8-2-3

________监巡发________年第________号

<table>
<tr><td>签发：
会签：</td><td>签收：第________驻地监理办________（收）________（日期）
第________项目经理部________（收）________（日期）</td></tr>
<tr><td colspan="2">________年________月________日在 K________＋________工地发现以下问题：

根据技术规范及合同文件，要求________日内做以下整改处理：

</td></tr>
</table>

注：签收人必须为技术或行政负责人。

________高速公路

质量巡查回执

表 8-2-4

签发： 会签：	签收：第________驻地监理办________(收)________(日期) 第________总监代表处________(收)________(日期)
________号质量巡查通知指出我部施工(监理)的工程中存在________个问题，现整改情况如下： 现场监理意见及签名： 驻地办意见及公章：	

注：回执中的处理结果必须有现场专业工程师和驻地办的确认。

第三节　会 议 纪 要

工地会议是工程管理中的一种重要管理形式，按照会议召开的时间、内容及参加人员的不同，可分为第一次工地会议、工地例会、现场协调会、监理例会等几种形式。

第一次工地会议详见第二章第二节相关内容。

工地例会在开工后的整个施工活动期内定期举行，应每月召开一次，如有必要也可以临时增加。工地例会是业主、施工单位、监理机构三方对工程的检查与协调的例行会议，业主代表、施工单位项目经理及总工必须出席。会议的主要内容为检查上次会议决议的执行情况，承包人逐项陈述本月计划执行情况（质量、进度控制）及下月计划，为完成计划采取的措施等，并提出问题和建议，监理工程师组织与会人员讨论并作出决定或决议的意向。会后由驻地办整理编写会议纪要，并发出，对双方都有约束力。

现场协调会是在整个施工期内，根据工程特点或现场具体情况定期或不定期在施工现场召开的不同层次的协调会，会议一般只指出问题及时纠正，对重大问题留待工地例会或专门会议上解决。

监理例会是驻地办定期召开的管理工作会，一般每周或每旬召开一次，会议的主要内容是讨论近期监理工作中存在的主要问题，讨论解决办法，交流管理经验，同时高级驻地讲评监理人员工作状况，促进监理工作水平的提高。

所有的工地会议应由监理人员做会议记录，会议记录应有固定的格式，由记录人签名，会议记录应注明与会人员、会议时间、地点、会议内容及达成的决定等，会议记录要记录清晰，条理清楚，存档备查。

第一次工地会议及工地例会要及时整理会议记录并发出会议纪要，会议纪要要求简明扼要，层次分明，一般格式如下。

(1)会议时间、地点、参加人员、主持人、议题；

(2)会议程序；

(3)会议讨论内容及达成的决议；

(4)与会人员签名表。

会议纪要要及时发送各与会单位。会议纪要可作为正式工程变更实施的基础依据资料，会后承包人应按正式程序完善相关手续。

工地会议的注意事项如下。

(1)工地会议的与会单位按程序应准备一份简短的汇报材料，汇报人对于汇报材料中已列明事项不再逐一口述，仅对重要事项或存在问题予以指出；

(2)工地会议上不能确定的问题监理工程师应给出解决问题的时限或召开专门会议解决的期限；

(3)工地会议的频率不宜过高，会期不宜过长，要注重实效，力争提出的问题全部解决，避免流水会。

第四节　工程监理月报

监理工程师应根据工程进展情况、存在的问题每月以报告书的格式向业主和上级监理部门报告。月报所陈述的问题仅指已存在的或将对工程费用、质量及工期产生实质性影响的事件，报告应能使业主及上级监理部门能对工程现状有一个比较清晰的了解。报告书中对进度比原定计划落后的分项工程和细目，应说明延迟的原因以及为挽回这种局面已采取或将要采取的措施。月报还应报告承包人主要职员和监理工程师职员的变动情况，已完成的主要工程分项和细目等。工程监理月报格式示例见本章附录。

工程监理月报主要包括如下内容。

一、工程描述

工程监理月报的正文前应附有一张工程位置图，图中应清晰地标明工程的具体位置。

工程描述通常是简短叙述合同的内容，第一份监理月报的工程描述应详细提供以下资料，后期的月报可视情况适当增减。

(1)项目名称，贷款号及合同号；

(2)地理位置；

(3)合同段长度，起讫桩号；

(4)线形及主要设计指标；

(5)路线及结构物所在位置的地质情况；

(6)主要结构物的类型及数量；

(7)较小结构物及道路设施；

(8)合同签订日期；

(9)承包人或联营体的名称及项目负责人；

(10)合同总价；

(11)合同规定的工期；

(12)开工通知书发出日期及开工日期；

(13)修订的完工期(以后如有变动可以修订)；

(14)从开工到现在已过去的施工时间；

(15)本月内的气象报告。

(16)认可的分包人及供应人。内容一般应包括分包工程的哪一部分、劳务、运输、材料、为工程提供的服务等。对于工程材料、设备等的供应人情况在月报中应作简单说明。

二、工程质量

根据合同要求，不符合技术规范规定的工程质量均不得计量和交验，月报表中可就现场各个合同段或各个工程分项的材料、机械、人员配备的实际情况结合工程质量的检验、量测结果作综合评价。

三、工程进度

应提供工程总体进度及每个主要工程分项的实际进度和计划进度。主要分项工程包括路基土石方工程、路面工程、桥梁、隧道、排水、防护工程、交通工程及道路设施等。应按上述顺序详细说明本月份的施工情况，文字力求简要。

1.总体进度

监理工程师应统计确定总体进度。月报的实际进度与计划进度进行比较，确定完成计划的百分率，并根据总体进度的实际情况说明影响总体进度的因素以及已采取或将要采取的措施。

2. 主要工程项目的进度

监理工程师根据计量结果，确定主要工程项目的实际进度，然后再与计划进度比较，确定迄今完成的百分率，找出影响工程进度的因素，应说明主要工程项目延误的原因，已采取的措施、效果或将要采取的措施。

3. 其他工作

其他工作应包括规范中一般条目所列的工作、临时工程、计日工等的完成情况及与计划的对比情况，以及料场的建设情况、生产能力、质量及生产的各类成品数量。

四、支付状况

本期支付的情况、累计支付的情况、计日工暂定金额、价格调整、费用索赔等。

五、监理工作执行情况

本部分内容主要描述监理工作的情况，还应包括各类监理人员的人数、工作安排及监理工程师的办公室、住房、设施和车辆等的现状和存在问题以及对工程的影响。

六、小结

概略评述有关承包人履行合同义务的表现、存在的问题、采取的改进措施和今后工作安排的设想等。

七、重点工程照片

要有能反应本月施工的有代表性的工程照片，其数量可自定。

八、附录

在月报的最后，应附有当月合同执行情况的有关表格(如主要进场机械表、主要工程概况表、材料试验统计表等)。

第五节　工程监理报告

监理工作总结报告是本工程施工监理工作的全面总结，说明监理工程师对监理合同的履行情况，实施监控的工程和达到的效果，以及对工程运营和养护提出建议，内容包括如下几点。

(1)工程基本概况；

(2)监理组织机构及工作起止时间；

(3)关于工程质量、进度、费用监理和合同管理的执行情况；

(4)分项、分部、单位工程质量评估(包括缺陷责任期中发现的质量及处理措施)；

(5)工程费用分析；

(6)对工程建设中存在的问题的处理意见和建议；

(7)照片或录像。

工程监理月报

第　期

××公路第×驻地监理办

年　　月

一、工程描述

二、工程进度

1. 本月完成情况

合同段							合计
本月计划							
本月完成							
完成占计划%							

2. 累计完成情况

合同段				…	…	…	合计
合同金额							
累计完成							
完成占合同额%							

3. 关键工程进度状况汇总表(详见附表2)

4. 本月进度分析

(1)计划进度与实际进度;

(2)进度分析。

影响进度的主要原因有:

5. 下月计划及拟采取措施

(1)下月生产计划安排情况;

(2)针对计划所采取的保证措施。

6. 资金到位状况

三、工程质量

1. 质量概述

2. 存在的质量问题及采取的措施

四、合同管理

1. 延期与索赔

2. 变更

本月共发生变更________项,变更金额共计________元。

截至本月月底,累计变更________项,变更金额共计________元。

3. 价格调整情况

4. 费用支付

本月 100～900 章支付________元，实际支付________元。

累计 100～900 章支付________元，实际支付________元(详见附表 11)。

五、环保措施

六、监理工作执行情况

1. 监理人员车辆等投入情况

2. 监理工作执行情况

七、存在问题及建议

附表 1：________月气象记录表

附表 2：隧道工程进度月报表

附表 3：桥梁工程进度月报表

附表 4：路基工程进度月报表

附表 5：路面工程进度月报表

附表 6：施工单位人员、机械设备投入月报表

附表 7：监理独立试验月统计报表

附表 8：监理独立测量月统计报表

附表 9：材料预付款、延期、索赔汇总表

附表 10：工程变更汇总表

附表 11：计量支付汇总表

附表 12：代表工程照片

________月气象与施工记录　　附表 1

日期						
天气情况						
日期						
天气情况						
日期						
天气情况						
日期						
天气情况						
日期						
天气情况						
日期						
天气情况						

注：晴☼　　阴●　　雨//　　雪 *

附表 2

隧道工程进度月报表

<table>
<tr><th rowspan="3">合同段</th><th rowspan="3">起讫桩号</th><th rowspan="3">总长(m)</th><th colspan="4">掘进(m)</th><th colspan="2">衬砌(m)</th><th colspan="4">路面(m^2)</th><th rowspan="3">备注</th></tr>
<tr><th colspan="2">本月完成</th><th colspan="2">累计完成</th><th rowspan="2">本月完成</th><th rowspan="2">累计完成</th><th rowspan="2">合同量</th><th rowspan="2">本月完成</th><th rowspan="2">累计完成</th><th rowspan="2">累计完成占合同(%)</th></tr>
<tr><th>上导坑</th><th>下导坑</th><th>上导坑</th><th>下导坑</th></tr>
<tr><td></td><td></td><td></td><td></td><td></td><td></td><td></td><td></td><td></td><td></td><td></td><td></td><td></td><td></td></tr>
<tr><td></td><td></td><td></td><td></td><td></td><td></td><td></td><td></td><td></td><td></td><td></td><td></td><td></td><td></td></tr>
<tr><td></td><td></td><td></td><td></td><td></td><td></td><td></td><td></td><td></td><td></td><td></td><td></td><td></td><td></td></tr>
<tr><td></td><td></td><td></td><td></td><td></td><td></td><td></td><td></td><td></td><td></td><td></td><td></td><td></td><td></td></tr>
<tr><td rowspan="3"></td><td></td><td></td><td></td><td></td><td></td><td></td><td></td><td></td><td></td><td></td><td></td><td></td><td></td></tr>
<tr><td></td><td></td><td></td><td></td><td></td><td></td><td></td><td></td><td></td><td></td><td></td><td></td><td></td></tr>
<tr><td></td><td></td><td></td><td></td><td></td><td></td><td></td><td></td><td></td><td></td><td></td><td></td><td></td></tr>
<tr><td>合计</td><td></td><td></td><td></td><td></td><td></td><td></td><td></td><td></td><td></td><td></td><td></td><td></td><td></td></tr>
</table>

复核：　　　　　　　　统计：

附表 3

桥梁工程进度月报表

合同段	桩基(根)				柱(根)				盖梁(个)				梁板预制(片)				现浇梁板(孔)				桥面铺装(m)			
	合同数量	本月完成	累计完成	累计完成占合同(%)	合同数量	本月完成	累计完成	累计完成占合同(%)	合同数量	本月完成	累计完成	累计完成占合同(%)	合同数量	本月完成	累计完成	累计完成占合同(%)	合同数量	本月完成	累计完成	累计完成占合同(%)	合同数量	本月完成	累计完成	累计完成占合同(%)
…																								
合计																								

复核：　　　　统计：

附表 4

路基工程进度月报表

合同段	路基挖方(m^3)				路基填方(m^3)				特殊路基处理(m^2/m^3)			
	合同数量	本月完成	累计完成		合同数量	本月完成	累计完成		合同数量	本月完成	累计完成	
			完成量	占合同(%)			完成量	占合同(%)			完成量	占合同(%)
合计												

复核：　　　　　　　　　　统计：

附表 5

路面工程进度月报表

合同段	垫层(km^2)				底基层(km^2)				基层(km^2)				热拌沥青混合料面层(km^2)				水泥混凝土面板(km^2)			
	合同数量	本月完成	累计完成	占合同(%)	合同数量	本月完成	累计完成	占合同(%)	合同数量	本月完成	累计完成	占合同(%)	合同数量	本月完成	累计完成	占合同(%)	合同数量	本月完成	累计完成	占合同(%)
合计																				

审核：　　　　　　　　　　统计：

附表 6

施工单位人员、机械设备投入月报表

合同段	承包人进场人数(人)		进场施工机具(台/套/辆)								
	管理人员	工程技术人员	工人	土石方	压实用具	沥青路面	混凝土路面	桥梁结构物	隧道	养护	其他
合计											

复核：　　　　　　　　　　　　统计：

附表 7

监理独立试验月统计报表

部门		测试类别									
		原材料料源		原材料验收		标准验收		抽检验收		验收试验	
		检测点数	合格点数	检测点数	合格点数	试验次数	通过次数	检测点数	合格点数	检测点数	合格点数
驻地办	一										
	二										
	三										
	……										
代表处	一										
	二										
	三										
	……										
合计											

复核：　　　　　　　　　　统计：

附表 8

监理独立测量月统计报表

部门		测试类别									
								……		小计	
		检测点数	合格点数	检测点数	合格点数	检测点数	合格点数	检测点数	合格点数	检测点数	合格点数
	平面位置										
	高程										
	平面位置										
	高程										
	平面位置										
	高程										
合计											

复核：　　　　　　　　统计：

材料预付款、延期、索赔汇总表 附表 9

合同段	材料预付款（元）				索赔				延期			
	本月支付	本月扣回	累计支付	累计扣回	本月发生份数	本月索赔金额（元）	累计发生份数	本月索赔金额（元）	本月发生份数	本月延期天数（天）	累计发生份数	累计延期天数（天）

审核： 统计：

工程变更汇总表 附表10

合同段	变更令号	变更内容	提出单位	批准单位	增加费用（元）	变更文号
…						
合计						

审核： 统计：

计量支付汇总表

附表 11

合同段	合同金额	本月 100～900 章合计金额（元）	累计 100～900 章合计金额（元）	本月实际支付（元）	累计实际支付（元）	累计实际支付占合同金额（%）
…						
合计						

审核： 统计：

代 表 工 程 照 片 附表 12

×××（照片说明）
（照片单位）

×××（照片说明）
（照片单位）

第九章　公路工程质量评价

第一节　概　　述

一、建设项目工程质量管理体系

现行公路工程建设质量管理体系，由“施工自检、社会监理、法人管理(项目法人质量终身制)、政府监督”四部分组成。

二、建设项目工程质量评价体系

现行公路工程质量评价的规范性文件，主要包括如下几点。

(1)交通部:《公路工程竣(交)工验收办法》(交通部令 2004 年第 3 号)(以下简称《验收办法》);

(2)交通部:《关于贯彻执行公路工程竣工验收办法有关事宜的通知》[交通部交公路发(2004)446 号文](以下简称《通知》);

(3)交通部:《公路工程质量检验评定标准》(土建工程)(JTG F80/1—2004)及(机电工程)(JTG F80/2—2004)[以下简称《检评标准》(F80)]。

(一)《验收办法》简介

《验收办法》是公路工程质量评价的纲领性文件，对公路工程质量验收工作进行了全面、系统、详尽的规范，对我国的公路建设工程质量具有重要的导向作用。

《验收办法》分为 5 章 33 条，该 5 章的主要内容分别如下。

第一章:总则(第一～第七条)。规定了验收工作在工程建设管理中的地位，制定办法的目的、依据，办法的适用范围，验收阶段的划分，各阶段验收工作的主要任务，工程验收的依据及验收工作的职责划分，并对验收工作提出原则性要求。

第二章:交工验收(第八～第十五条)。

第三章:竣工验收(第十六～第二十四条)。第二章及第三章分别对交工验收、竣工验收的条件、程序、工作内容、各相关单位职责、工程质量评价等内容进行了详细规定。

第四章:罚则(第二十五～第二十八条)。本章规定了验收办法在执行过程中的相关法律责任。

第五章:附则(第二十九～第三十三条)。对验收工作涉及的费用承担，档案资料及相关资产的移交工作，小型工程验收程序的简化，允许合并进行竣、交工验收的工程等内容，进行了详细规定。

(二)《通知》简介

为了顺利地贯彻执行《验收办法》,做好公路工程验收工作,《通知》就鉴定检测、竣工文件编制、交工验收、参建单位总结报告、竣工验收等 5 个方面的工作,作了进一步规定和要求。同时,为配合《验收办法》的实施,《通知》公布了 8 个附件,分别如下:

附件一:公路工程质量鉴定办法(简称《鉴定办法》);

附件二:公路工程竣工档案目录;

附件三:公路工程(合同段)交工验收证书;

附件四:公路工程交工验收报告;

附件五:公路工程项目执行报告;

附件六:公路工程建设管理综合评价表;

附件七:公路工程竣工验收鉴定书;

附件八:________项目参建单位工作综合评价等级证书。

由于这 8 个附件是为《验收办法》服务的,是《验收办法》的组成部分,因此我们把这 8 个附件称为《验收办法》的附件。

应该指出的是,附件一给出的《鉴定办法》,是质量监督机构进行工程质量鉴定的依据和方法。为使监理人员对此能有充分的了解,后面将对此进行详细讨论。

(三)《检评标准》(F80)简介

《检评标准》(F80)与《检评标准》(JTJ 071—1998)相比,分成了土建工程和机电工程两部分,增加了很多新的评定内容,评定方法也有很大的改进。《检评标准》将详细讨论,在此不赘述。

三、质量评价的主要内容

《验收办法》对工程建设质量的评价工作,作了如下规定。

(1)施工自检:按照《检评标准》进行工程质量自评;

(2)监理单位:按照《检评标准》进行工程质量评定[检测频率等见现行《公路工程施工监理规范》(JTG G10—2006)的相关规定];

(3)监督机构:按照《鉴定办法》进行工程质量检测鉴定;

(4)项目法人:按照《验收办法》组织交工验收;

(5)交通主管部门:按照《验收办法》组织竣工验收。

四、本章主要内容

监理工程师在工程质量评价工作中的职责包括,"对施工单位检评资料进行签认"(见《检评标准》3.1.4 条),"根据独立抽检资料对工程质量进行评定"(见《验收办法》第十二条),"项目法人负责组织公路工程各合同段的设计、监理、施工等单位参加交工验收"(见《验收办法》第十一条)。本章中,我们首先讨论监理工程师在质量评定及交工验收中的工作内容及注意事项。其次,较为详细地介绍政府监督部门在质量鉴定方面的工作内容、方法及要求,监理人员应仔细阅读,并按照相关要求做好相应工作。然后简要介绍项目法人在交工验收及交通主管部门在竣工验收时的工作内容及程序,帮助监理人员了解相关工作。最后,简要介绍"ClimaX 公路工程质量评价管理系统"软件。

本章中,我们假定监理人员了解按照《检评标准》的规定进行质量评定的基本内容,故未详细介绍质量评定工作的细节，而是着重强调了质量评定工作中可能出现理解不一致的问题。如有必要，可对照《检评标准》加深理解。

关于《验收办法》修订的背景、原则、基本思路、验收注意事项，以及全面、系统介绍验收办法和验收工作实务等相关内容，可以参考胡保存等著的《公路工程竣（交）验收指南》（人民交通出版社，2005）（以下简称《验收指南》）。

第二节　质量评价的四个环节及相关规定

《验收办法》规定的质量评价环节及相关规定如下。

一、质量评定

依据：《检评标准》（JTG F80/1、2—2004）［原为（JTJ 071—98）］；
操作：施工、监理单位（及项目法人）；
时机：贯穿于施工过程。

二、交工验收

依据：《验收办法》；
操作：项目法人（及其验收班子或机构）；
时机：合同段主体工程完工后。

三、质量鉴定

依据：《验收办法》和《鉴定办法》；
操作：质量监督机构（及其委托的检测机构）；
时机：施工过程＋竣工验收前。

四、竣工验收

依据：《验收办法》；
操作：政府交通主管部门（及验收委员会）；
时机：工程试运营 2 年后、3 年内。

第三节　质量评定标准、操作及注意事项

一、《检评标准》结构与主要内容

《检评标准》由正文、附录及条文说明三部分组成。

1.《检评标准》正文

总则：内容包括目的、适用范围、与相关规范关系、特殊工程；

术语：包括检验、评定、关键项目、一般项目、外观、权值；

工程质量评定：内容包括建设项目、合同段、单位工程、分部工程、分项工程、检查项目的质量评分及质量等级；

分项工程评分要素：构成本标准的主要内容。工程质量评定以分项工程质量评分为基础。分项工程得分一般按合格率计算，数理统计指标按附录评定。

2.《检评标准》附录

附录 A：单位工程、分部工程、分项工程划分；

附录 B～附录 I：统计性检查项目评定方法；

附录 J：检验评定用表；

附录 K：路面横向力系数评定方法；

附录 L：本标准用词说明。

3.《检评标准》条文说明

对标准正文的修定、背景、操作等进行说明。执行中有疑问时，可通过条文说明加深理解，找出解决方案。

二、新、老《检评标准》的主要差异

为了加深对《检评标准》(JTG F80—2004)的理解和认识，我们将《检评标准》(JTJ 071—1998)与《检评标准》(JTG F80—2004)的主要区别汇总在表 9-3-1 中。

三、工程质量评定的一般内容

工程质量检验评定前，首先要根据建设任务、施工管理和质量检验评定的需要，按照《检评标准》附录 A 的规定，将建设项目合同段内的工程划分为单位工程、分部工程和分项工程(合同段的划分一般由建设单位事先确定)。具体做法是，依据各分项工程、分部工程、单位工程、合同段到建设项目的隶属关系，按由大到小(项目→合同段→单位工程→分部工程→分项工程)的顺序逐级划分评定单元，再按由小到大的次序，逐级建立质量评定体系(简称评定体系)。

工程质量评定工作在评定体系内进行，以分项工程为基础，逐级评定。其内容分为“工程质量检验评分”和“工程质量等级评定”两部分。

工程质量检验评分(以下简称评分)以分项工程为单元进行，采用 100 分制打分评价。然后在分项工程评分的基础上，按照各级工程的隶属关系及其相应权值，逐级加权计算各相应的分部工程、单位工程、合同段、建设项目的评分值。

工程质量等级评定(以下简称等级评定)分为合格与不合格两种情况。按照分项、分部、单位工程、合同段、建设项目逐级评定。一般按照相应工程的评分确定其质量等级，即评分值不小于规定分者合格，否则不合格。但分项工程中的否定性指标不满足规定要求时，可导致该分项工程不合格。此时，对应的分部工程、单位工程、合同段及建设项目将被评为不合格。

四、单位工程划分的一般性原则

1.路基、路面工程及交通安全设施

对于此类按路段长度划分的单位工程，如合同段长度大体上是相应单位工程规定长度的整数倍时，可直接按规定长度划分；如难以取舍时，宜参照下述原则划分。

(1)均衡性：指同类单位工程规模大体相当；

(2)整体性：指合同段内各类单位工程投资额尽量接近。

例如，一高速公路项目某合同段工程主要工程包括 15km 路基工程及一座大桥工程，则路基工程可划分为 1 个或 2 个单位工程，大桥应划分为 1 个单位工程。如果大桥工程的投资额大于或接近 15km 路基工程投资额，路基工程可划分为 1 个单位工程，否则，路基工程应划分为两段长度大致相同的 2 个单位工程。

2. 桥梁工程

中桥及以上桥梁，每座为一单位工程。

一座桥梁分为两个或以上合同时，每合同段为一单位工程。

上、下行分离的独立桥梁（中桥或以上），每座可为一单位工程。

小桥等归入相应路基或引道工程。

3. 互通立交工程

每座互通立交工程为一单位工程。

一座互通立交分为两个或两个以上合同时，每合同段为一单位工程。

4. 隧道工程

长隧道（大于 1000m）每座为一单位工程；

一个合同段内的中、短隧道（小于 1000m 大于 500m、小于 500m）合并为一个单位工程。

一座隧道分为两个或两个以上合同时，每合同段为一单位工程。

五、分部工程划分的一般原则

（1）按路段长度划分的分部工程，宜“高取低、低取高”，即高等级公路宜取低值（1km），低等级道路宜取高值（3km）。

（2）路基工程中的每座小桥、符合小桥标准的通道、人行天桥、渡槽等，每座为一分部工程。

（3）挡土墙工程跨越单位工程分界线时，宜按其中心桩号确定归属。

（4）对桥梁工程的基础及下部构造，对墩台较少（例如 5 个）的梁式结构、拱桥等，可每桥划为一分部工程；否则，每墩台划为一分部工程。

（5）对桥梁的上部构造预制和安装，分部工程的划分应与下部构造对应，即当下部按每墩台划分时，上部应按每孔划为一分部工程。

注意：下部构造分为多个分部时，上部应对应分为多个分部工程。

（6）对桥梁的上部构造现场浇筑，梁式结构同上。对大跨径 T 构，宜按每墩划为一个分部。

（7）对桥梁的总体及桥面，中桥宜按每桥划为一分部工程；大桥、特大桥，根据桥面结构连接情况，可每联或数孔（3～5 孔）划分为一个分部工程。

注意：上、下部构造均划分为多个分部工程时，为了防止“桥梁总体及桥面系”权值的过度弱化，宜将总体及桥面系按联划为多个分部工程。

（8）防护工程一般每桥划分为一个分部工程。防护工程较多时，宜按每岸划分为一个分部工程。

（9）引道工程一般划分为一个分部工程。引道较长时，按路基、路面工程标准划分。

（10）互通式立交中的每座桥梁、每条匝道为一个分部工程。

（11）对隧道的总体、明洞、洞口、装饰等工程，宜按每座隧道划为一个分部。

（12）隧道的洞身开挖、洞身衬砌、防排水、辅助施工措施等，一般按围岩类别和衬砌类型每 100m 为一分部工程。

（13）隧道路面按路基、路面工程标准划分。

注意：《检评标准》（P_{112}）中对隧道的分部工程划分未作明确规定，而分项工程是分段划分的。

表 9-3-1

新、老《检评标准》的主要差异

主要差异项目		JTJ 071—1998	JTG F80—2004	说　　明
1	评定实施单位	施工单位、监督单位	施工单位、监理单位、项目法人	监督、检测单位用《鉴定办法》
2	工程质量等级	优良、合格、不合格	合格、不合格	取消优良等级
3	评分界限值	85　70	75	合格界限值提高 5 分
4	分项工程得分计算	Σ检查项目合格率×规定分	Σ检查项目合格率×权值/Σ权值	解决增加实测项目或实测项目不全时的评分问题
5	分项工程否定性指标	附录 B～I 指标无否定性	附录 B～I 及 K 指标有否定性	否定性是指：该指标不合格时，则对应分项工程不合格
6	权值调整	分项工程各检查项目权值为 1～7	分项工程各检查项目权值为1～3	老标准权值按规定分换算而来
7	检查项目重要性	无分类	一般项目、关键项目(△)	关键项目合格率不得低于 90%(工厂产金属件为 95%，机电工程为 100%)
8	检查项目设置	检查项目代表值、极值	检查项目代表值、极值；检查项目代表值、合格值	新标准明确了，极值为单一实测值不得突破的界限值，有一点突破，则分项工程不合格(参见附录 B)

续上表

主要差异项目		JTJ 071—1998	JTG F80—2004	说　明
9	单位工程类型	路基、路面、桥梁、互通立交、隧道、交通安全设施等 6 类	增加环保、机电、房建等 3 类	另增以特大斜拉桥、悬索桥为主体的建设项目的过程划分方法(附录 A-2)
10	路基单位工程	基本无变化		小桥分部工程明确了内容;排水工程分项中增加了“管节预制”分项工程
11	路面单位工程	基本无变化		增加了“路面边缘排水系统”分项工程
12	桥梁单位工程	大桥每座为一单位工程;当有若干中桥时,可合并为一个单位工程	每座独立大桥、中桥为一个单位工程	
13		取消了分部工程的层次		
14		分项工程项目有所调整		特别指出,在总体、桥面系及附属工程分部中,增加了:钢筋加工及安装、桥面防水层施工、支座安装、搭板等分项工程
15	互通立交单位工程	增加了主线路基路面分部工程		
16	隧道单位工程	增加了:明洞、防排水、装饰、辅助施工措施等分部工程;将总体及洞口拆分为 2 个分部工程		增加了一些新的分项工程项目
17	交通安全设施单位工程	分部工程进行了细化;取消了紧急电话、照明设施 2 个分部工程		增加了突起路标、轮廓标、防落网等新的分项工程项目

六、评定体系中几个特殊问题的处理

《检评标准》8.1.1条规定："独立桥梁、互通或分离式立交桥、高架桥、人行天桥和符合小桥标准的通道，按本章(第8章)有关规定进行评定"。

按照此条规定，各种规模的桥梁，无论其在评定体系中被划分为单位工程、分部工程或分项工程，均应按照第8章有关规定进行评定，即先把它作为单位工程进行评分，然后将评分结果带入评定体系相应的位置，参加其上一级工程的评分。

例如小桥工程，在路基单位工程中，其整体作为一个分部工程；而在桥梁单位工程的引道分部工程中，小桥工程又作为分项工程(见《检评标准》附录A)。按照8.1.1条规定，小桥应按"桥梁工程"进行评定。因此，可将小桥作为独立桥梁(如同单位工程一样)进行评定，然后将小桥的评分结果，作为路基工程的一个分部工程，或作为引道工程的一个分项工程，计算路基工程或引道工程的评分。

为处理类似问题，《检评标准》引入了"子工程"或"子评价单元"的概念。利用这一概念，可以顺利地建立评定体系。下面举例给出这类问题的评定体系。

1.隧道工程中的中短隧道

一个合同段内的所有中、短隧道合并在一起，与本合同段内的其他工程如长隧道、路基工程、路面工程等一样，作为一个单位工程，其评定体系如下表9-3-2。

2. 路基工程中的小桥

在路基工程中，每座小桥与1km路基土石方等其他分部工程一样，作为一个分部工程，其评定体系见表9-3-3。

3.互通式立交工程中的匝道桥

互通式立交工程中的匝道桥，与每条匝道等其他分部工程一样，作为一个分部工程，其评定体系见表9-3-4。

4.需要利用"子工程"或"子评定单元"建立评定体系情况

与上述各例相似，需要利用"子工程"或"子评定单元"建立评定体系的情况包括下述情况，操作中应予以注意。

路基工程——小桥：基础及下部构造、上部构造预制、上部构造浇筑、桥面总体等；

桥梁工程——引道：路基、路面、挡土墙、小桥、涵洞、护栏等；

互通立交——主线路基路面：路基、路面、通道、护坡、挡土墙、护栏等；

互通立交——匝道工程：路基、路面、通道、护坡、挡土墙、护栏等。

七、分项工程评分注意事项

(一)分项工程不能直接评分的情况

通常，分项工程的评定得分，由该分项工程"实测项目"中的"检查项目"的得分(合格率×100分)加权计算。例如"路基工程"(单位工程)中"路基土石方"(分部工程)项下的"土方路基"(分项工程)，其实测项目由《检评标准》的"表4.2.2"给出。"表4.2.2"包括的"检查项目"有：压实度、弯沉、纵断高程、轴线偏位等。

但有些分项工程却不直接涉及相应的"实测项目"，例如"桥梁工程"(单位工程)中的"引道工程"(分部工程)项下的"小桥"(分项工程)。这里的"小桥"是分项工程，对它进行评定时，仍要像大桥一样对待，从分部工程(上、下部等)到分项工程(桩基、墩台身、墩台帽、梁板安装等)

隧道单位工程的评分

表 9-3-2

<table>
<tr><th colspan="2">合同段</th><th colspan="6">单位工程</th><th rowspan="2">分部工程</th></tr>
<tr><th>名称</th><th>得分</th><th>单位工程</th><th>得分</th><th>权值</th><th colspan="3">子单位工程</th></tr>
<tr><td rowspan="7"></td><td rowspan="7">Σ(单位工程得分×权值)/Σ单位工程权值</td><td>长隧道或其他单位工程</td><td>Σ分部工程得分×分部工程权值/Σ分部工程权值</td><td>投资额</td><td>子单位工程</td><td>得分</td><td>权值</td><td rowspan="7">按附录 A 或相关规定</td></tr>
<tr><td rowspan="6">中、短隧道</td><td rowspan="6">Σ各中短隧道得分×相应权值/Σ各中短隧道权值</td><td rowspan="6">中、短隧道投资额总和</td><td>中隧道 1</td><td>Σ分部工程得分×分部工程权值/Σ分部工程权值</td><td>2</td></tr>
<tr><td>中隧道 2</td><td>同上</td><td>2</td></tr>
<tr><td>…</td><td>同上</td><td>2</td></tr>
<tr><td>短隧道 1</td><td>同上</td><td>1</td></tr>
<tr><td>短隧道 2</td><td>同上</td><td>1</td></tr>
<tr><td>…</td><td>同上</td><td>1</td></tr>
</table>

路基工程中小桥的评价体系示例

表 9-3-3

单位工程		分部工程						分项工程
名称	得分	分部工程	得分	权值	子分部工程			
					名称	得分	权值	
K×××+×××~K×××+×××路基工程	Σ(分部工程×权值)/Σ分部工程权值	路基土石方或其他分部工程	Σ分项工程得分×权值/Σ分项工程权值	见附录A规定				见附录A规定
		小桥1	Σ子分部工程得分×权值/Σ子分部工程权值	2	基础及下部（每桥）	Σ分项工程得分×权值/Σ分项工程权值	2	同大中桥梁工程
					上部构造预制和安装（每桥）	同上	2	
					上部构造现场浇筑（每桥）	同上	2	
					总体及桥面（每桥）	同上	1	
					防护工程（每桥）	同上	1	
					引道工程(每桥)	同上	1	
		小桥2	同上	同上	同上	同上	同上	同上

表 9-3-4

互通式立交中匝道桥的评价体系示例

单位工程		分部工程						分项工程
名称	得分	分部工程	得分	权值	子分部工程			
					名称	得分	权值	
××互通式立交	Σ(分部工程×权值)/Σ分部工程权值	A 匝道工程或其他分部工程	Σ分项工程得分×权值/Σ分项工程权值	见附录 A 规定				见附录 A 规定
		A 匝道桥	Σ子分部工程得分×权值/Σ子分部工程权值	2	基础及下部（每桥）	Σ分项工程得分×权值/Σ分项工程权值	2	同大中桥梁工程
					上部构造预制和安装（每桥）	同上	2	
					上部构造现场浇筑（每桥）	同上	2	
					总体及桥面（每桥）	同上	1	
					防护工程（每桥）	同上	1	
		D 匝道桥	同上	同上	同上	同上	同上	同上

再到对应的“实测项目”、“检查项目”等，逐级向上评定，最后得到该“桥梁工程”(小桥)的得分，并用这一得分作为小桥(分项工程)的得分，计算“引道工程”(分部工程)的得分。

(二)一个分项工程可能对应很多个实测项目的情况

上述情况下，“小桥”这一分项工程对应的“实测项目”，实际上包含了桥梁工程的各种实测项目。

另外还应注意《检评标准》中8.1.3的规定。8.1.3条规定：“钢筋混凝土构件和预应力混凝土构件除包括构件浇筑、构件安装等分项工程外，均应包括钢筋加工及安装、预应力筋加工和张拉等分项工程。”

按此规定，对钢筋混凝土和预应力混凝土构件进行分项评定时，均应对钢筋加工及安装、预应力筋加工和张拉等分项工程同时进行评定，否则评定工作是不完整的。但应注意，这里的“钢筋加工及安装、预应力筋加工和张拉”等分项工程，应作为与“构件浇筑、构件安装”等分项工程并列的分项工程，参与上一级“分部工程”的评定；而不应把“钢筋加工及安装、预应力筋加工和张拉”的“实测项目”，并入到“构件浇筑、构件安装”等分项工程相应的“实测项目”，从而只给出“构件浇筑、构件安装”等分项工程的评定(虽然也考虑了钢筋及预应力筋的情况)。

(三)注意“质量评定”与“过程控制”的联系与区别

以桩基础为例进行说明。

《检评标准》附录A规定每桥或每墩台为一分部工程。视每墩台为一分部工程，并假定每墩台下有数根桩。那么，评定时应将该墩台下的所有桩基作为整体一起进行评定还是逐根桩基评定后再汇总是两种不同的理解和做法。我们认为，作为“质量评定”，应该将其作为整体来评价，如果逐根评价，就是“过程质量控制”范畴的事情了。换句话说，“质量评定”宜粗不宜细，而“质量控制”宜细不宜粗。

类似问题还有，桥梁上部构件是逐件评定还是(按孔、联)整体评定等。

八、评定方法、评定体系对评定结果的影响

在工程质量逐级评分操作中，有两个问题特别值得注意。对这两个问题，各单位在操作中理解不一致，操作方法也不同，对同一工程可能产生截然不同的评定结果。下面我们结合2个极端的例子，对这两个问题提出我们的观点，供参考。

(一)评定方法对评定结果的影响

《检评标准》(JTG F80——2004)附录J中给出了“附表J-5工程汇总表”，在附录J的条文说明中指出：“附表J-5工程汇总表用于相同结构的分部工程或单位工程汇总，也可用于分段多次评定的分项工程汇总，以便进行上一级工程质量评定。由于大桥、长隧道权值为2，中桥、其他隧道权值为1，故列出权值、加权得分两列，结果是加权平均分。”这段文字与老版《检评标准》(JTJ 071—1998)附录J条文说明中的相应内容一字不差，但新、老《检评标准》附录A的规定，有了很大的差异。因此，我们认为新版《检评标准》(JTG F80——2004)中的这段文字的表述是不严密的，会给评定工作带来重要的分歧。下面举例分析。

假定某高速公路一路基合同段的主要工程为10km路基及一座小桥。按附录A规定，该合同段划为1个单位工程，该单位工程含10个路基土石方分部工程和一个小桥分部工程，分部工程的权值均为2。

对此情况，路基单位工程的质量评定，可以有2种方式。

(1)单位工程包含 11 个分部工程，单位工程的得分等于 11 个分部工程得分的加权平均值。

(2)单位工程包含 2 个分部工程，其中路基土石方的 10 个分部工程，利用附表 J-5 进行汇总后，作为路基土石方分部工程的得分，再与小桥分部工程加权平均，得出单位工程得分。

一般情况下，这两种评定方法得出的结果是不同的。这种情况类似于对教学质量的评估。如何评价一个班级学生的学习质量，通常的做法是，将全班的考试成绩与其他班级进行比较(类似于上述情况 1)。如果把全班同学分为好学生和差学生，分别统计好学生和差学生的考试成绩，再将其进行平均(类似于上述情况 2)，则可能导致荒谬的结果。例如有 50 名学生的某班绝大部分学生的成绩均是 100 分，仅有一个学生的成绩为 20 分，那么这个班级的成绩应该是接近 100 分还是 60 分？我们认为，答案应是接近 100 分。

但是，一个学生的成绩不等同于某一门功课的成绩。如果有的学生用综合成绩(各门功课成绩的某种加权平均值)，而有的学生用一门功课的成绩，也不能客观公正的评价全班学生的学习成绩。

仍以上述 10km 路基工程合同段为例，按附录 A 规定，一座小桥的重要性与 1km 路基土石方相当。在小桥评定时，又要分为上部、下部、总体及桥面系等分部工程分别评定，而小桥的上部、下部、总体及桥面系等分部工程，其重要性与 1km 路基土石方工程没有可比性，因此不能用 10 个路基土石方分部工程与小桥的上部、下部、总体及桥面系等 3 个分部工程，共计 13 个分部工程来加权计算单位工程的得分，而应该将小桥的各个分部工程利用附表 J-5 汇总后，给出其评分，再与 10 个路基土石方分部工程一起，加权计算路基单位工程的评分。

由于类似问题很多，我们给出处理类似问题的如下程序和原则。

(1)严格按照附录 A 的规定，按单位、分部、分项工程的顺序，逐级划分各级工程；

(2)划分好的每一级工程，不能因评定的需要增、减评定单元(单位、分部、或分项工程)数量；

(3)任一评定单元在评分时，如果要引用本级或上一级工程的评定体系，这些评定体系应作为本评定单元的“子评定单元”即“子工程”处理；

(4)“子评的单元”或“子工程”的引入，不得改变已划分好的评定单元在该级工程中的地位、比重、或重要性；

(5)对包含“子评定单元”或“子工程”的评定单元，利用附表 J-5 对“子评定单元”或“子工程”进行汇总后，作为该评定单元的评分，参与上一级工程的评定。

(二)评定体系对评定结果的影响

《检评标准》附录 A 中，对桥梁工程中的基础及下部构造，规定每桥或每墩台为一分部工程，而上部构造则无类似规定。各单位在桥梁工程评定中可能有如下三种选择。

(1)上、下部构造各划分为一个分部工程，或下部构造每墩台划分为一个分部工程，然后用附表 J-5 汇总成一个分部工程；

(2)下部构造每墩台划分为一个分部工程，上部构造划分为一个分部工程；

(3)下部构造每墩台划分为一个分部工程，上部构造每孔划分为一个分部工程。

这三种情况下，如果上、下部各评定单元的评分结果完全一致时，对应的单位工程的评分结果没有差异，否则，单位工程的评分结果会有明显差异。下面以一极端情况说明这一差异，见表 9-3-5。

评分结果示例 表 9-3-5

<table>
<tr><td>极端情况举例</td><td colspan="3">某 N 跨桥梁，下部构造所有分项工程均被评为 91 分，上部构造所有分项工程均被评为 75 分，计算单位工程评分</td></tr>
<tr><td rowspan="2">体系划分可能情况 1</td><td colspan="3">下部构造划为一个分部工程，上部构造划为一个分部工程</td></tr>
<tr><td>单位工程评分＝[91×2＋75×2]/[(1＋1)×2]</td><td>$N=n$</td><td>83.00</td></tr>
<tr><td rowspan="5">体系划分可能情况 2</td><td colspan="3">下部构造每墩台划为一个分部工程，上部构造划为一个分部工程</td></tr>
<tr><td rowspan="4">单位工程评分
＝[(N＋1)×91×2＋1×75×2]/[(N＋1＋1)×2]</td><td>$N=100$</td><td>90.84</td></tr>
<tr><td>$N=14$</td><td>90.00</td></tr>
<tr><td>$N=10$</td><td>89.67</td></tr>
<tr><td>$N=2$</td><td>87.00</td></tr>
<tr><td rowspan="4">体系划分可能情况 3</td><td colspan="3">下部构造每墩台划为一个分部工程，上部构造每孔划为一个分部工程</td></tr>
<tr><td rowspan="3">单位工程评分
＝[(N＋1)×91×2＋N×75×2]/[(2×N＋1)×2]</td><td>$N=100$</td><td>83.04</td></tr>
<tr><td>$N=10$</td><td>83.38</td></tr>
<tr><td>$N=2$</td><td>84.60</td></tr>
</table>

由上例可见，不同评价单元的划分，对评价结果可能产生极大的影响，可以把合格工程评为优良，也有可能把优良工程评为合格。我们建议：桥梁工程的上、下部分部工程的划分，宜采用对等原则。即如果下部构造每墩台划为一个分部工程，对应的上部构造应每孔（或每联）划为一分部工程。

（三）隧道分部工程的划分

《检评标准》中对隧道工程的分部工程划分未作规定，而规定按围岩类别每 100m 划分为一个分项工程。对此规定我们认为不妥，理由如下。

(1)对于隧道总体、明洞、洞口、洞身开挖、洞身衬砌、防排水、隧道路面、装饰、辅助施工措施等分部工程，如果每座隧道都划分为一个分部工程，对短隧道也许是合适的，但对长隧或特长隧道的评定，显然是不合适的。因为在长隧道或特长隧道工程中，洞身开挖、隧道衬砌、隧道路面等工程所占的比重，远远大于其他分部工程（如隧道总体、明洞、洞口工程、防排水、装饰、辅助施工措施）。因此，这些工程项目在质量评定中的权值，应远大于其他分部工程的权值。

但《检评标准》附录 A 规定，隧道的各个分部工程的权值都是 1，这与《检评标准》体现出来的“同一单位工程下各分部工程的地位（或比重）大体相当”的精神不相符合。作为对比，在路基工程中规定，一座小桥与 1km 路基均为一分部工程；在互通立交工程中规定，一条匝道与一座（匝道）桥均为一分部工程。因此，将 1km（或更长）隧道的开挖或衬砌工程，与隧道的洞口等工程等量齐观是不妥当的。

(2)隧道的路面工程，如果只划分为一个分部工程，对于诸如陕西西安柞水高速公路 18km 的特长秦岭隧道，也是不合适的。按照“路面工程”的相关规定，1～3km 划分为一个分部工程似乎更合理。

综上所述，我们认为，隧道工程中的“分项工程”不宜按《检评标准》10.1.6 的规定划分，而“分部工程”可参照 10.1.6 的类似规定，划分如下。

总体：每座或 1km 划分为一个分部工程。

明洞：每座或每口处明洞划分为一个分部工程；

洞口工程:每座划分为一个分部工程;

洞身开挖、洞身衬砌:按围岩类别每 100m 划分为一个分部工程;

防排水、隧道路面:每 1km 划分为一个分部工程;

装饰:每座隧道划分为一个分部工程;

施工辅助措施:每 100～500m 或每座划分为一个分部工程。

九、工程质量评分内容及程序

(一)评定体系(树状结构)

建设项目←合同段←单位工程←分部工程←分项工程。

分项工程质量评分是工程质量评分的基础。

(二)工程质量评分方法

建设项目评分值=Σ[合同段评分值×权值]/Σ合同段权值

合同段评分值=Σ[单位工程评分值×权值]/Σ单位工程权值

单位工程评分值=Σ[分部工程评分值×权值]/Σ分部工程权值

分部工程评分值=Σ[分项工程评分值×权值]/Σ分项工程权值

分项工程评分值=分项工程得分-外观缺陷减分-资料不全减分

分项工程得分=Σ[检查项目得分×权值]/Σ检查项目权值

检查项目得分=检查项目合格率×100

其中,合同段、单位工程的权值,分别为其对应的投资额。工程施工过程中,可以利用概算投资额作为权值,工程决算后,可以用决算投资额替代计算。分部、分项工程及检查项目权值,《检评标准》中分别给予了明确的权值。

(三)外观缺陷减分

外观缺陷扣分,针对分项工程进行。扣分标准见每一分项工程项下的“外观鉴定”。较严重的外观缺陷,必须采取措施进行整修处理。

参照《鉴定办法》,一个分项工程的外观缺陷累计扣分不宜超过 15 分。

(四)资料不全减分

资料不全扣分,针对分项工程进行(《鉴定办法》针对合同段进行)。扣分标准按《检评标准》第 3.2.1(4)条规定进行。

参照《鉴定办法》,一个分项工程的资料不全累计扣分不宜超过 5 分。

十、检查项目评分方法

(一)分项工程评定内容及规定

基本要求:主要针对材料及工艺,基本要求不满足时,不得进行分项工程评定;

实测项目:每一分项工程可以有一到数个实测项目,每个实测项目一般包含 2 个以上的检查项目,依据检查项目的合格率计算分项工程得分。

外观鉴定:针对分项工程外观质量,有缺陷时应适当扣分。

(二)分项工程评分结构

分项工程评分值=分项工程得分-外观缺陷减分-资料不全减分

$$分项工程得分=\sum[检查项目得分\times权值]/\sum检查项目权值$$

$$检查项目得分=检查项目合格率\times100$$

$$检查项目合格率=合格点(组)数/检查总点(组)数\times100\%$$

(三)合格点(组)的判断

判断方法:一般以单点实测值与规定值(允许偏差)进行比较,有些指标以单点实测值的统计结果与规定值(允许偏差)进行比较。符合规定则合格,否则不合格。

(四)合格判断的特殊情况

主要包括附录 B～I 及 K 所列指标。

注意:附录 B～I 及 K 所列关键检查项目,均为分部工程的否定性检查项目。这些检查项目不符合要求时,所属分项工程不合格,导致对应分部工程、单位工程、合同段、建设项目不合格。

检查项目代表值:对这些检查项目,必须按数理统计方法计算实测结果的代表值,用代表值对该检查项目是否合格进行判断。

检查项目合格值(仅对路面结构层厚度):首先计算该指标实测值的代表值,当代表值符合规定时,再以单点合格率求分项工程得分。此时,合格值为单点实测值合格与否的判断标准。

检查项目极值(主要针对压实度):在代表值合格的情况下,任一单个实测值都不能突破极限值,否则该实测项目不合格,导致该分项工程不合格。

十一、子单位、子分部工程的评分

以隧道工程为例,介绍包含子工程情况的评分方法。

《检评标准》规定,隧道工程中,长隧道每座为一单位工程,每合同段内的所有中、短隧道合并为一个单位工程;中、短隧道单位工程中,每座隧道单独评定,然后按中隧道权值为 2、短隧道权值为 1,计算加权平均值作为该单位工程的得分。

按此规定,隧道单位工程的评分应按附表 2 的方式进行。其他情况,可参照附表 2、附表 3、附表 4 的方法进行类似处理。

十二、工程质量等级评定

等级分类:合格、不合格。

分项工程:一般以得分区分。得分分界线:75(一般);90(机电工程、工厂制作金属件)。对于附录中列出的有些指标,单点不合格导致分项工程不合格。

分部工程、单位工程、合同段及建设项目:以所属下一级质量等级状况区分。下一级工程全部合格则该级工程合格;下一级中任一工程不合格,该级工程不合格。

注意:任一分项工程不合格,导致建设项目不合格。

第四节　质量鉴定标准、操作及注意事项

《鉴定办法》是质量监督机构进行质量鉴定检测的主要依据。质量监督机构要完成的工作包括:在交工验收前对公路工程质量进行检测;向项目法人出具检测意见;通车试运营前向交通主管部门提交检测报告;竣工验收前进行工程质量鉴定;完成工程质量鉴定报告。

《鉴定办法》与《检评标准》的评价体系和方法是不同的。《鉴定办法》的工程质量评价体系,

按照抽查项目、分部工程、单位工程、合同段工程、建设项目逐级评定,去掉了分项工程评价这一环节。质量监督机构以抽查的质量指标实测资料为基础,结合对工程实体外观质量的检查和对内业资料的审查,对工程质量进行综合鉴定。《鉴定办法》具有简便实用,易于操作等优点。

虽然《鉴定办法》与《检评标准》都是用于对同一工程项目质量进行评价的现行有效的方法,但其评价的出发点、角度、关注的重点、评定操作等却有很大的区别。作为监理人员,在工程质量控制和评价中具有重要的、不可替代的作用。因此,必须对质量监督部门如何进行质量鉴定检测操作,具有深刻的了解,从而确定自己工作的重点,使工程质量处于严密的监控之下。

下面就公路工程质量《鉴定办法》的操作和注意事项做较为详细的介绍,供监理人员参考。

一、评价单元划分

(一)单位工程划分

《鉴定办法》规定,合同段内的单位工程划分原则如下。

(1)路基工程:每合同段内的所有路基工程为一个单位工程;

(2)路面工程:每合同段内的所有路面工程为一个单位工程;

(3)桥梁:每标段内的每座特大桥、大桥、中桥为一个单位工程。特大桥、大桥分为多个合同段施工,每标段内的部分为一个单位工程;

(4)隧道:每标段内的每座隧道为一个单位工程。特长隧道、长隧道分为多个合同段施工,每标段内的部分为一个单位工程;

(5)交通安全设施:每合同段内的所有交通安全设施为一个单位工程。

《鉴定办法》中不再单独设立互通立交单位工程,而是将互通式立体交叉的路基、路面、桥梁、交通安全设施分别纳入合同段内相应的单位工程。

(二)分部工程划分

《鉴定办法》规定,路基、路面、桥梁、隧道、交通安全设施单位工程中的分部工程按以下原则划分。

(1)路基工程:每合同段内的所有路基土石方、排水工程、小桥、涵洞、支挡工程分别作为一个分部工程;

(2)路面工程:每合同段所有路面面层为一个分部工程;

(3)桥梁:桥梁的上部、下部各为一个分部工程;

(4)隧道工程:每座隧道的衬砌、总体为一个分部工程;

(5)交通安全设施:每合同段内所有的标志、防护栏为一个分部工程。

(三)评价单元划分注意事项

1.抽查项目的细化

《鉴定办法》中分部工程下的抽查项目共有46项(不计增补项目),有些抽查项目就是单独的一个检查项目,如弯沉。但对于某些抽查项目需要做更细致的划分。抽查项目可以根据工程结构和设计、规定值进行细化,如小桥的混凝土强度,可以细化为承台、墩柱、盖梁的混凝土强度,小桥主要构件尺寸可以细化为承台、墩柱、盖梁、预制梁的尺寸。具体抽查项目细化内容参见附表1“详细抽查项目”表。

2.隧道路面工程的划分

按照验收办法的规定,隧道工程划分为衬砌和总体两个分部工程,隧道总体包含宽度、净空和隧道路面3个抽查项目。但是隧道路面需要按照路面工程的方法去评定，这样将会造成隧道路面评价体系混乱的情况。建议在隧道总体分部工程下设立子分部工程，将隧道路面、宽度和总体提高半级，变为子分部工程，抽查项目按照路面面层考虑，这样隧道路面的评价体系就方便明了了。

二、工程质量鉴定评价

质量监督机构进行质量鉴定时，要求被检工程要经施工自检合格、监理工程师评定合格，并经项目法人组织的交工验收确认合格，且内业资料完整，符合竣工验收文件编制要求，且经过两年的试运营无严重缺陷。

质量鉴定工作，是对工程质量和参建单位质量工作的再次确认。《鉴定办法》采用实体检测、外观检查和内业资料审查相结合的方法进行质量鉴定，其意图是“产品检验”而不是“过程控制”。因此，实体检测的抽查指标较少，频率较低，但外观检查和内业资料的审查全面进行。这样做的理由是正常情况下，工程质量经过施工、监理、项目法人三个层次的把关，质量比较可靠，离散性较小，采用较低频率的抽查检测，其代表性已能反映工程质量的控制水平。如果工程质量控制不严，质量不够均匀、离散性较大，势必在外观质量上有缺陷反映出来，特别是经过两年的通车试运营，部分内在质量问题也将在工程外观方面反映出来，这时外观检查发挥的作用将非常明显。《鉴定办法》中对外观缺陷的扣分是很严的，且严重的外观缺陷不予验收；内业资料的审查主要是了解掌握参建单位对质量的管理工作、控制程序、控制结果以及自检评定方法、结论是否符合有关管理规定和技术标准，采用以上三个方面相结合的方法，足以对工程质量(产品质量)给出一个客观、公正、准确的结论。另一方面，由于采用了较低的抽查检测频率与全面外观检查和内业审查相结合的鉴定方式，在保证鉴定结论准确性的前提下，大大减少了鉴定工作量，方便了鉴定工作。

(一)工程实体检查

1. 抽查项目

《鉴定办法》中规定的抽查项目是按照这些指标对工程的安全性、稳定性、耐久性、使用性和工程质量控制效果确定的。按照《鉴定办法》规定，工程实体共分为5个单位工程、12个分部工程、46个抽查项目。验收检测时可以按照细化的抽查项目进行检测工程实体质量。

质量监督机构也可以根据《鉴定办法》的相关规定或工程的具体情况，适当增补抽查项目，并规定相应权值。

2. 抽查项目评定标准

《鉴定办法》中规定了若干抽查项目的评定标准，如沥青路面车辙，允许偏差≤10mm。未规定的项目按照《检评标准》(JTG F80—2004)中的相应标准执行。

3. 检测频率

(1)“大频率”

《鉴定办法》中使用“大频率”确定要求检测的工程数量，具体要求如下。

①路基工程压实度、边坡每公里抽查不少于一处。路基弯沉逐车道连续检测；

②排水工程的断面尺寸每公里抽查2～3处，铺砌厚度按合同段抽查；

③小桥抽查不少于总数的20%；

④涵洞抽查不少于总数的10%；

⑤支挡工程抽查不少于总数的10%且每种类型抽查不少于1处；

⑥路面工程的弯沉、平整度逐车道连续检测，其他抽查项目每公里不少于1处；

⑦特大桥、大桥逐座检查；中桥抽查不少于总数的50%。桥梁下部工程，特大桥、大桥少

于5个墩台的逐个检查,多于5个墩台的抽查总数的50%;中桥抽查墩台总数的50%;

⑧隧道逐座检查;

⑨交通安全设施中防护栏每公里抽查1处;标志抽查不少于总数的10%。

(2)"小频率"

抽查项目表的备注中对每个项目的抽查量作了具体的要求和说明,即"小频率"。开展检测工作前,应结合大频率、小频率和项目工程量来确定检测工作的工作量。

(二)外观质量检查

1.外观检查一般要求

(1)由负责该项目工程质量鉴定的质量监督机构或其委托的有资质的检测单位,负责在交工验收前和竣工验收前对工程外观进行全面检查。

(2)工程外观存在严重缺陷、安全隐患或已降低服务水平的建设项目不予验收,经整修达到设计要求后方可组织验收。

(3)项目交工验收前对桥梁、隧道、重要支挡工程、高边坡等涉及安全运营的重要工程部位进行详细检查。

2.外观检查相关规定

(1)外观检查全方位进行,不采取抽查的方式。

(2)外观检查不仅是为质量鉴定提供扣分的依据,更重要的是检查发现工程存在的明显的质量缺陷、病害、问题,分析其是否对工程的安全性、稳定性、耐久性造成影响。

(3)对工程的安全性、稳定性、耐久性有不利影响的外观缺陷及异常现象,将及时提出专项报告,并根据具体情况提出明确处理要求。

(4)准确记录具体缺陷位置、严重程度,诸如破损面积、裂缝宽度及长度、位移的大小等能够量测、量化的指标,用必要的数据来反映问题的程度。

(5)竣工验收前复查时,如发现外观质量与交工验收阶段检查时有明显差异、或原有缺陷明显发展变化,将专项提出。

3.外观检查记录

外观质量检查结果也是质量监督机构出具质量检测意见、质量检测报告、质量鉴定报告的重要依据。通过对交工验收前外观质量检查结果与竣工验收前外观质量检查结果的对照还可看出工程质量的稳定性,因此质量监督机构将真实、准确、全面、详细地对外观质量的检查进行记录。

外观检查记录应按分部工程分类,按分部工程的评价单元逐个进行记录。其中路基土石方、排水工程、路面工程、防护栏每公里为一个评价单元,小桥、涵洞、支挡工程、桥梁下部、桥梁上部、隧道衬砌、隧道总体每座为一个评价单元,标志每块为一个单元。外观质量缺陷描述包括:缺陷的具体桩号、部位、缺陷的种类及程度等,缺陷的程度等力求量化。特别是出现的裂缝、变形、位移、破损等,将对其长度、宽度、变形或位移的大小、方向、破损面积等进行准确的量测和记录。

外观质量检查时发现的可能进一步发展的病害、缺陷,可能会影响正常运营安全或对工程的耐久性、稳定性有较大影响的问题,可能会影响到工程正常发挥使用的问题,不但要详细记录在案(包括采取照相、录像等技术手段真实、直观地纪录),还将及时专题报告或在检测报告中专项提出,以便督促有关单位及时采取技术措施进行补救、完善。对外观已反映出来的短期内可能对工程的安全或运营安全造成不良后果的问题将及时提出,并要求有关单位尽快采取措施。

4. 外观缺陷扣分

各种质量缺陷的扣分值,《鉴定办法》中都规定了一个扣分的幅度,检查人员将根据缺陷的程度,采用与其他同类工程类比的方法确定具体的分值。

分部工程内各独立评价单元的扣分值,为该单元内各检查项目出现的各种缺陷扣分的合计。

分部工程整体的扣分值,按该分部工程所含的各独立评价单元累计扣分的平均值计。

分部工程外观扣分的最高限值为 15 分,当超过 15 分时按 15 分计。设定高限一是对扣分的自由裁量权加以限制,二是如外观缺陷严重,不能仅以扣分的办法对待,应进一步分析原因,采取必要措施对工程妥善处理后才能进行鉴定、验收。

5. 处理过的病害和缺陷

竣工验收对外观质量检查时,已处理过的质量病害或缺陷按《鉴定办法》的有关规定扣分。如:路面有修补现象,每处扣 1～3 分;路基沉陷,每处扣 1～2 分。办法中没有明确规定的,可适当减少扣分,如交工验收前检查的记录中某座小桥栏杆不直顺,竣工验收前检查时此问题已进行了处理,可以适当减少扣分或按规定扣分幅度的低限扣分。

对已处理过的质量病害及缺陷保留一部分扣分是为了要求在施工过程中从严控制质量,使工程质量尽可能少出病害,少留缺陷;对已处理过的缺陷减少扣分是为鼓励进一步完善工程质量;两者的出发点都是为了通过竣工验收质量鉴定这个机制,促进参建各方提高质量管理水平,确保工程质量。

(三)内业资料审查

施工、监理单位的质量控制工作是保证工程质量的基础,其质量管理、质量控制、质量评定资料是工程质量最基本的证明文件。

1. 资料审查的重要性

工程质量鉴定是对施工单位、监理单位质量管理、质量控制结果的验证和确认,是通过抽查的方式对已建成的整个工程成品质量下结论,监理人员必须对此项工作高度重视。

质量鉴定时,质量监督机构虽然对工程实体质量进行抽查,但抽查指标的数量、抽查的频率等,与施工单位、监理单位按照《检评标准》进行的过程控制性检查相比都是很低的。只有当工程质量得到了全面有效的控制,工程质量均衡一致时,质量鉴定的少指标、低频率抽查才具有客观反映工程质量实际的代表性。从这个意义上讲,质量鉴定中抽查项目的合格率,虽然表面上反映的是工程成品质量的合格率,实质上也反映了施工质量控制的水平。如果施工、监理单位提供的资料检查项目不全、频率不足或缺少必要的数据,导致不能有效证明工程所用材料、施工工艺、构件及安装到工程上的设备质量符合标准、规范的要求;或施工、监理单位没有按施工规范和标准要求进行全面有效的控制;或资料反映的是虚假不实的控制数据,则质量鉴定工作因失去了应有的基础而无法对工程质量做出准确的结论。因此,质量鉴定时对施工、监理单位的资料进行全面审查,具有分析施工过程质量控制情况的作用。

2. 基本要求

(1)内业资料检查项目不全、频率不足或缺少必要的数据,不能有效证明工程所用的原材料、施工工艺及工程质量符合规范要求或资料反映出的工程质量达不到合格标准,不能保证安全运营及正常使用时,将不予鉴定。内业资料未按要求整理,应对内业资料重新整理,达到要求后方可组织验收。

(2)内业资料应为原始资料,是施工过程中的原件,绝不允许伪造。用伪造资料蒙蔽过关,掩盖质量缺陷真相的,如造成严重后果,将承担相应的责任。

(3)有些遗漏的检查项目在完工后可以作补充检查,有些检查项目如在施工过程中没有进行是无法补充的。一旦出现类似问题,"扣分"也无法保证鉴定结论的准确性,施工过程中应避免发生这类情况。

(4)内业资料应字迹清晰、工整,表格内容应填写完整,签字齐全,并按要求分类编排,装订整齐。

(5)按施工工序、工艺的要求所有资料应齐全、完整,资料反映出的抽查频率、质量指标应满足有关标准、规范规定的要求。

3.资料审查的内容

(1)原始性

内业资料必须有一套是施工过程中的原件,其中不能掺杂复印、扫描等复制件。现场填写的表格应直接在现场手写,自动检测仪器出现的打印资料、采用计算机软件出的试验报告、分项工程评定资料等必须逐页手写签名,不得采用个人印章替代,需要加盖单位或机构印章的应直接加盖在页面上。原件上的签名、印章不得采用印刷、打印等方式,否则将被视为标记或复制件。

(2)系统性

资料应按照交通部发布的"公路工程竣工档案目录"(见《通知》附件二)、《公路工程竣工文件立卷管理办法》(交公路发[2001]390 号文)规定,结合工程的特点、工序的先后、质量的控制要素等,确定具体的资料分级目录,科学组卷。系统性审查其组卷、分册是否符合公路工程资料形成的规律,是否便于检索查阅。

(3)完整性

主要检查按照工程内容、规范要求应该具备的资料是否项目齐全,频率满足要求。

(4)规范性

主要检查试验检测所用表格是否合理,填写是否正确,记录是否齐全,数据的处理计算方法是否符合规范、规程的要求,施工自检意见、监理意见是否明确的对工程质量满足标准、规范要求进行判断,有关人员的签名、日期等是否齐全,装订格式是否符合档案管理的要求。

(5)工程质量和控制方法

主要检查资料反映出的试验、检测方法,施工工艺,实体工程质量等,是否符合相关技术标准、规范、规程的要求,特别是工程质量有无较大的隐患和缺陷。

(6)重点审查内容

标准试验资料,如标准击实试验资料,各种配合比设计试验资料等;主要原材料的试验资料,如钢材、水泥、石灰、沥青等;重要指标的试验资料,如混凝土强度、砂浆强度、压实度、无侧限抗压强度、沥青混合料的马歇尔试验、油石比、级配等;重要部位的检测资料,如桥梁桩基检测、桥梁荷载试验、路基及路面弯沉、路面各结构层厚度、隧道支护衬砌厚度、衬砌密贴性(有无空洞)等检测资料;关键工序的施工记录,如桥梁桩基灌注、预应力张拉记录等;特殊工程施工资料,如大跨径桥梁的施工、滑坡治理等资料。

4. 审查结果及扣分

内业资料审查意见，主要包括以下内容。

(1)总体评价

按上述审查要点，分五个方面分别进行评价。

(2)发现的问题

资料本身存在的问题，主要表现在原始性、系统性、规范性等方面；质量方面存在的问题，主要表现在资料完整性上，在哪些方面存在哪些检查项目不全、检查频率不足等；影响工程安全性、稳定性、耐久性方面问题，以及工程质量值得怀疑的部位和潜在的隐患；需要进一步澄清的问题；其他问题。

(3)资料扣分

应当注意的是，监督机构质量鉴定时的资料扣分，是对合同段工程质量评分的扣减，对合同段的最终质量评定是极为严厉的。

根据审查发现问题的严重程度和存在问题的多少，质量监督机构将按《质量鉴定办法》规定的分类扣分幅度，通过和其他工程或其他标段类比的方法分别扣分，各类扣分的和为内业资料的总扣分。当内业资料扣分总和小于5分时，在合同段工程质量评分结果上，扣减相应分值；当扣分总和大于5分时，在合同段工程质量评分结果上，按5分扣减。

《鉴定办法》规定的内业资料扣分方法和幅度，出于实体工程质量和内业资料从不同的侧面反映了施工单位质量管理水平。一般情况下，实体工程质量好的合同段，内业资料一般不会有太大的问题，反之亦然。因此，资料扣分在合同段实体工程质量评分的基础上进行。另一方面，内业资料的扣分内容和标准很难量化、难于操作，如果扣分幅度太大，不同操作人员对同一工程的评价，可能出现较大的差异，不利于客观、公正的评定工程质量；而如果扣分幅度太小，不利于相关单位提高管理水平，从而导致内业资料不能全面、准确反映工程内在质量的状况发生。

三、工程质量鉴定评定及等级划分

(一)工程质量鉴定评分

工程质量的评分按分部工程、单位工程、合同段、建设项目的顺序逐级进行。

$$\text{分部工程实测得分}=\frac{\sum[\text{抽查项目合格率}\times\text{权值}]}{\sum\text{权值}}\times 100$$

$$\text{分部工程得分}=\text{分部工程实测得分}-\text{外观扣分}$$

$$\text{单位工程得分}=\frac{\sum[\text{分部工程得分}\times\text{权值}]}{\sum\text{权值}}$$

$$\text{合同段工程质量得分}=\frac{\sum[\text{单位工程得分}\times\text{单位工程投资额}]}{\sum\text{单位工程投资额}}$$

$$\text{合同段工程质量鉴定得分}=\text{合同段工程质量得分}-\text{内业资料扣分}$$

$$\text{建设项目工程质量鉴定得分}=\frac{\sum[\text{合同段工程质量鉴定得分}\times\text{合同段工程投资额}]}{\sum\text{合同段工程投资额}}$$

(二)工程质量鉴定等级

工程质量等级按分部工程、单位工程、合同段、建设项目逐级进行评定。

分部工程质量等级分为合格、不合格两个等级;单位工程、合同段、建设项目工程质量等级分为优良、合格、不合格三个等级。

分部工程得分大于或等于 75 分,则分部工程质量为合格,否则为不合格。

单位工程所含各分部工程均合格,且单位工程得分大于或等于 90 分,质量等级为优良;所含各分部工程均合格且得分大于或等于 75 分,小于 90 分,质量等级为合格,否则为不合格。

合同段(建设项目)所含单位工程(合同段)均合格,且工程质量鉴定得分大于或等于 90 分,工程质量鉴定等级为优良;所含单位工程均合格,且得分大于或等于 75 分、小于 90 分,工程质量鉴定等级为合格,否则为不合格。

不合格分部工程经整修、加固、补强或返工后可重新进行鉴定。但出现过重大质量事故,造成大面积返工或经加固、补强后造成历史性缺陷的工程,其相应的单位工程、合同段工程质量不得评为优良,并视其对建设项目的影响,由竣工验收委员会决定建设项目工程质量是否可评为优良。

(三)抽查项目的合格率

《鉴定办法》中对分部工程及其以上各级工程的评分计算方法,有着非常明确的规定,但对抽查项目合格率计算的规定相对粗糙。

《检评标准》附录 B~I 及附录 K 中所列的指标,鉴定检测中也要求进行检测评定。但对这些指标合格率如何计算,却没有明确规定。

例如,沥青路面弯沉这一指标,《鉴定办法》规定逐车道检测,但未给出合格与否的评判标准,也没有规定如何计算弯沉的合格率。在《检评标准》中,弯沉是否合格,根据其评定路段的实测代表值与设计弯沉值进行比较判断,这意味着设计弯沉值是对评定路段实测弯沉代表值的限制,而不是对单点弯沉实测值的限制。在《鉴定办法》中无类似规定,导致的问题如下。

(1)如何判断实测的单点弯沉值是否合格或用什么指标对单点弯沉实测值是否合格进行判断。

(2)用什么指标来表示弯沉实测值?是用每公里的实测代表值还是全合同段实测结果的代表值来表示?

(3)如果用每公里的实测代表值来计算合格率,是否允许弯沉合格率低于 110%?如果允许,则与《检评标准》相关规定不符。

类似指标应予关注。

四、鉴定检测意见和鉴定报告

质量监督机构在交工验收前向项目法人出具检测意见,试通车前向交通主管部门提交检测报告,竣工验收前向竣工验收主持单位提交质量鉴定报告。

不论是质量监督机构直接进行的检测,还是全部或部分委托检测单位进行的检测,都由质量监督机构统一出具检测意见或检测报告。受委托的检测单位对质量监督机构负责,向质量监督机构按委托的内容提交相应的成果,检测成果包括实体检测原始资料及汇总资料、外观检查记录及检查意见、内业资料审查记录及审查意见、检测报告。检测的原始资料、汇总资料，符合相关规定的内容、格式。

(一)检测意见

质量监督机构的检测意见，其基础是独立检测的成果及对检测结果、内业资料、外观质量的分析。检测意见分三种情况。

(1)经检测和质量状况分析，未发现影响该合同段交工验收的问题；

(2)经检测和质量状况分析，某些工程(具体部位)必须进行处理，处理合格后方可组织交工；

(3)经检测和质量状况分析，某工程(具体部位)存在较大质量隐患或较严重质量问题，该合同段不具备交工条件。

对第一种情况，项目法人可组织交工验收。其他情况，项目法人必须按照具体意见采取必要工程措施进行处理直至返工，重新验收合格后方可组织验收。

检测意见是否附检测资料、检查记录，由质量监督机构决定。

(二)检测报告

质量监督机构对工程质量的鉴定检测报告，必须在对检测结果分析的基础上提出结论性意见，结论有三种情况。

(1)经检测和质量状况分析，该项目具备开放交通进入试运营的条件；

(2)经检测和质量状况分析，工程(具体部位)必须进行处理，合格并经建设单位验收后，可以开放交通试运营；

(3)经检测和质量状况分析，工程(具体部位)存在较大质量隐患或问题，该项目不具备开放交通条件。

检测报告内容及格式如下：

＿＿＿＿＿＿＿＿＿＿项目质量检测报告(格式)

一、项目概况

二、检测组织情况

三、抽查项目、检测方法及检测频率

四、检测结果分析

五、工程质量存在的主要问题(实体质量、质量保证资料)

六、结论性意见

附：检测数据汇总

检测报告向交通主管部门提交，作为交通主管部门核查是否可以批准通车试运营的依据之一，同时抄送项目法人。

(三)工程质量鉴定报告

质量监督机构在交工验收前质量检测、检查，竣工验收前复测、复查和监督过程中检查资料的基础上形成工程质量鉴定报告。

工程质量鉴定报告格式、内容如下。

工程质量鉴定报告(格式)

一、项目基本情况

(一)项目概况：介绍项目地理位置、包含工程内容、总概算投资及合同工期。

(二)项目组织:介绍项目建设、设计、监理、施工单位的情况。

二、鉴定工作依据及内容

(一)鉴定工作依据:《公路工程竣(交)工验收办法》(交通部令2004年第3号)、《关于贯彻执行公路工程竣交工验收办法有关事宜的通知》(交公路发[2004]446号)。

(二)鉴定工作内容

1.交工验收前对规定"抽查项目"和增补项目的检测,对外观质量进行检查,对内业资料进行审查。

2.对鉴定办法中要求复测的9个抽查项目进行检测,并全线复查外观质量。

3.对交工验收遗留问题的处理情况及效果、试运营期工程质量出现明显变异的工程实体及处理情况进行逐一检查。

4.项目质量监督机构质量监督检查资料的结合采用。

三、实测指标情况

(一)指标复测结果及分析

1.复测指标结果对照表(表9-4-1)

复测指标结果对照表 表9-4-1

序号	实测指标	检测里程	设计值	交工验收		本次检查	
				结果	合格率	结果	合格率
1	路基边坡						
2	路面弯沉代表值(0.01mm)						
3	平整度标准差平均值(mm)						
4	抗滑						
5	车辙平均值(mm)						
6	伸缩缝与桥面高差平均值(mm)						
7	混凝土路面相邻板高差(mm)						
8	桥面铺装平整度(mm)						
9	桥面抗滑						

2.复测指标结果分析(分析应系统、正确、全面)

(二)实测指标最终结果

四、外观质量检查情况(综述各合同段外观质量审查情况)

五、内业资料审查情况(综述各合同段内业资料审查情况)

六、工程交工验收时存在主要质量问题的处理情况

七、试运营期出现的主要问题及处理情况

八、鉴定评分及质量等级结论

九、主要问题及建议

第五节 交工验收有关规定及操作

一、工程验收概述（详见《验收指南》）

工程验收是建设项目建设程序中的最后一个环节，未经验收或验收不合格的工程，不得投入使用。因此，工程验收是工程项目由建设阶段向运营阶段过渡的标志性环节。

（一）工程验收的阶段划分及性质

公路工程是一项基础性的公益工程。随着投资主体的多元化进程，政府作为唯一投资主体的情况正在发生改变，即使是政府投资的项目，也已全面推行项目法人制。项目完成后，除业主按合同验收外，政府也要对工程进行检查鉴定。如第九章第二节所述，《验收办法》把工程验收划分为两个阶段。

（1）项目法人组织按施工合同规定，对合同履行情况进行考核的交工验收；

（2）政府交通主管部门组织的针对工程使用性能进行检查鉴定的竣工验收。

可见，交工验收主要是一种经济合同行为，而竣工验收主要是一种行政行为。

（二）工程验收的目的及作用

工程验收的目的，主要是考察工程是否可以交付使用。

工程验收的依据是国家的有关标准、规范及工程使用的条件、要求、设计功能等；工程验收的方法是对工程实体及相关资料进行检查、检测、试验、评定等；工程验收的结论是工程是否合格，是否可以转入下一阶段施工或是否可以交付使用。

实行工程验收制度，在投入使用前对工程进行全面考核验收，是加强工程质量控制、确保工程使用安全的必要措施，是对建设成果及参建单位工作成效进行检查、考核的有效方式，是不断提高建设项目质量、改进质量管理工作、推动管理水平提高的重要手段。

（三）公路工程验收工作的特点

公路工程是一种跨越空间较大的线状构造物，建设周期长，地域跨度大，建设内容复杂，投资主体多元化，为社会公众提供服务，这些性质决定了公路工程验收工作具有如下特点。

（1）验收内容复杂、历时长、与外界联系广泛；

（2）验收工作责任重大，验收成果影响面大；

（3）既是项目法人的经济行为，又是政府的行政行为。

（四）2004年《验收办法》的主要精神

与1995年《验收办法》相比，2004年《验收办法》主要体现了以下主要思想。

（1）进一步明确了交工验收、竣工验收的功能和地位；

（2）进一步落实了交工验收、竣工验收工作的责任；

(3)使交工验收的工程质量评定更加全面、系统，竣工验收的工程质量鉴定更加实用、有效；

(4)强化了工程质量评价的客观性、真实性，更加注重验收工作的实际效果；

(5)提高了验收工作的效率。

(五)工程验收的依据

《验收办法》规定，公路工程各合同段主体工程完工后，项目法人要组织相关设计、监理、施工、运营、养管等单位进行交工验收；建设项目试运营2年后3年内，政府交通主管部门要组织相关单位和人员，组成验收委员会进行竣工验收。《验收办法》规定公路工程竣(交)工验收的依据如下。

(1)批准的工程可行性研究报告；

(2)批准的工程初步设计、施工图设计及变更设计文件；

(3)批准的招标文件和合同文本；

(4)行政主管部门的有关批复、批示文件；

(5)交通部颁布的公路工程技术标准、规范、规程及国家有关部门的相关规定。

本章本节仅论及交工验收，竣工验收部分参见本章第六节。

二、交工验收的条件

在以往交工验收工作中，质量监督机构进行最后把关，以质量监督机构的评定结果作为能否通过交工验收的标准。这样做既易混淆政府与企业在工程建设中的责任界限，也削弱了项目业主与监理单位在工程质量控制中的责任。

《验收办法》明确规定了交工验收是项目法人的职责，同时也没有减弱政府的监管职能。为了分清政府与企业的责任，《验收办法》没有把“质量监督机构检测合格”作为交工验收条件，只要求监督机构进行检测并出具检测意见。如果监督机构的检测意见认为不能交工验收，这样的意见显然具有政府强制性否定的作用；如果检测意见指出未发现影响交工验收的问题，是否验收由项目法人决定。未阻止交工验收工作的进行，交工验收的行为及后果，都由项目法人承担。这样，就达到了“落实项目法人责任”的作用。

在工程施工实际工作中，质量监督机构还将同步或分阶段对工程质量进行抽查，并按照《鉴定办法》对工程质量进行检测鉴定。此鉴定检测工作，可以由监督机构自己完成，也可以委托有资质的检测单位完成。

三、交工验收的主要工作

交工验收的主要工作已在第七章第三节中论述。

四、交工验收的组织形式

与以往“建设项目主体工程全部完工后进行交工验收”不同的是，2004年《验收办法》规定，交工验收以合同段为单位进行。这就把交工验收工作由一次性最后验收，变成了过程中多次验收。因此，交工验收便成了项目法人的一项日常性工作，相应的验收工作组织形式也会有很大的不同。

各项目目前的交工验收组织不尽相同，《验收办法》对此也未作详细规定，但从交工验收机构的规模和性质上，将向小型化、常态化方向发展。

五、交工验收的一般程序

(一)合同段交工验收计划

《验收办法》规定,交工验收工作以合同段为单位进行(完成时间相近的数个合同段也可一并进行验收)。对于大型工程项目,可以包含数十个甚至一百多个施工合同段。因此,如何做好相关合同段之间工程施工的衔接,保障总体工程进度,同时保障工程施工已经结束的参建单位能及时投入新的工作,是一项非常重要而复杂的工作。

为了完成好这一工作,项目法人应结合工程项目的总体施工计划,制定切实可行的合同段交工验收计划。各参建单位应按照这一计划,完成自己的各项工作。

(二)机构组成与人员分工

在上文已讨论了具体项目的交工验收组织,这里从业主角度提出一些原则。

对于经交工验收后将转入下一阶段施工的合同段,交工验收机构由项目法人单位——业主组织,由相关设计、监理、施工单位(包括后续施工工程的相关单位)代表参加。

对于拟交付使用的工程,交工验收机构由项目法人——业主组织,由相关设计、监理、施工单位及运营、养护管理单位代表参加。

项目法人认为必要时,也可邀请有关专家参加。

在分工上,由项目法人对参加交工验收的人员进行分组,并确定参加交工验收单位的人员分工。

除承包人,监理单位所承担的工作已在上文论述外,项目法人单位——业主,应负责组织各参建单位完成交工验收工作的各项内容,总结合同执行过程中的经验,对工程质量是否合格作出结论,对设计、监理、施工单位的工作进行初步评价。

(三)准备工作

各参建单位按照《验收办法》及其附件的有关要求,完成各自的准备工作。

(四)交工验收的实施

交工验收实施工作,已在第七章第三节做了介绍,这里应强调以下几点。

(1)交工验收申请由承包人出具,监理单位审查并出具意见,项目法人决定是否受理并安排验收。

(2)对拟受理进行交工验收的合同段,由项目法人与质量监督机构联系,获取质量监督机构的鉴定检测意见(见本节上文第二子节的阐述)。

(3)准备相关检查、评价表格,细化评定内容和标准。由项目法人完成或组织完成相关检查、评价表格,细化评定内容和标准等工作。

(4)在工程质量评定方面,必要时,项目法人应组织对主要工程进行抽查,或委托检测单位进行制定内容的检测。

(5)参建单位工作的初评,由项目法人按照《验收办法》附件 6 的有关规定实施。

(6)完成并颁发交工验收证书。由监理工程师签发,经业主审批,参照《验收办法》附件 3 的格式编制颁发。

(7)由项目法人按照《验收办法》附件 4 的格式编写完成交工验收报告。该项工作在整个工程项目完工后完成。

(五)后续工作

(1)由项目法人按照监理工程师在交工验收证书中列出的遗留问题、缺陷的处理意见,安排缺陷责任期的各项工作;

(2)全部工程完工后,由项目法人负责工程的试运营;

(3)全部工程完工后,由项目法人负责工程的竣工验收的相关准备工作。

六、交工验收资料及格式

交工验收的资料及格式,参见《验收办法》附件。

第六节　竣工验收简述

本节简要介绍竣工验收的一般内容,不作详细讨论。对此项工作感兴趣的监理人员,可参阅有关文献。

一、竣工验收的条件

竣工验收的条件包括如下几点。

(1)通车试运营 2 年后,3 年内;

(2)交工验收提出的工程质量缺陷等遗留问题已处理完毕,并经项目法人验收合格;

(3)工程决算已按交通部规定的办法编制完成,竣工决算已经审计,并经交通主管部门或其授权单位认定;

(4)竣工文件已按交通部规定的内容完成;

(5)对需进行档案、环保等单项验收的项目,已经由有关部门验收合格;

(6)各参建单位已按交通部规定的内容完成各自的工作报告;

(7)质量监督机构已按交通部规定的公路工程质量鉴定办法对工程质量检测鉴定合格,并形成工程质量鉴定报告。

二、竣工验收的主要工作

竣工验收主要包括如下工作。

(1)成立竣工验收委员会;

(2)听取项目法人、设计单位、施工单位、监理单位的工作报告;

(3)听取质量监督机构的工作报告及工程质量鉴定报告;

(4)检查工程实体质量、审查有关资料;

(5)按交通部规定的办法对工程质量进行评分,并确定工程质量等级;

(6)按交通部规定的办法对参建单位进行综合评价;

(7)对建设项目进行综合评价;

(8)形成并通过竣工验收鉴定书。

三、竣工验收的组织及形式

竣工验收由政府交通主管部门组织。

竣工验收以竣工验收委员会的形式进行。

竣工验收委员会由交通主管部门、公路管理机构、质量监督机构、造价管理机构等单位的代表组成，也可邀请有关专家参加。国防公路应邀请军队代表参加。项目法人、设计、监理、施工、接管养护单位参加竣工验收工作。

竣工验收委员会及项目法人、设计、监理、施工单位在竣工验收时的职责，《验收办法》有明确规定。

四、竣工验收的一般程序

（一）竣工验收申请

工程符合竣工验收条件后，由项目法人按照管理权限向政府交通主管部门提出竣工验收申请。

（二）质量监督机构竣工验收前的复测

政府质量监督机构在工程竣工验收前，按照《鉴定办法》的有关规定，对工程的关键性指标进行复测，并完善工程质量鉴定报告。

（三）竣工验收资料审查

交通主管部门对项目法人提交的竣工资料及质量监督机构提交的工程质量鉴定报告进行审查，并决定是否进行竣工验收。

（四）竣工验收实施

竣工验收委员会负责对工程实体质量及建设情况进行全面检查。按交通部规定的办法对工程质量进行评分，对各参建单位进行综合评价，对建设项目进行综合评价，确定工程质量和建设项目等级，形成工程竣工验收鉴定书。

第七节　“ClimaX 质量管理系统”软件简介

内容提要：在总结、归纳公路工程质量评价工作对象、内容、程序和要求的基础上，介绍了“公路工程质量评价系统软件”研制的基本思路和功能设计，并比较详细地介绍了软件的主要功能、特点，以及使用本软件能够带来的便利和效益。

目前，随着计算机技术的普及和因特网的广泛渗透，人类社会已健步迈入信息化时代，导致我们日常生活的方方面面都发生了天翻地覆的革命性变化。例如，在涉及到广大民众最根本利益的金融领域，我们早已习惯于电子结算。

然而，相比于金融等信息技术应用较为成熟的诸多领域，公路工程建设管理领域的信息化水平相对较低。例如在工程质量评价方面，手工填写各种评定表格、手工评定计算，仍然是目前较为普遍的做法；而工程项目档案资料，其体积也庞大到以卡车衡量。另一方面，这些珍贵的资料，由于查阅的不便，基本上束之高阁，无人问津。

工程建设中更为重要的是，由于工程质量的评定工作远落后于施工进度，使得施工、监理、项目法人、政府质量监督及主管部门等单位，对工程的施工质量难以做到心中有数，等到评定结果出来后，往往时过境迁，甚至施工已近尾声，发现问题也难以补救，造成质量评定工作为了评定而评定的局面。

在工作中，我们深深感受到了对信息化产品需求的迫切性和重要性。有鉴于此，我们认为，研制一套严格符合《公路工程竣（交）工验收办法》相关规定、涵盖竣交工工作各个环节、适用于不同单位使用的质量评价系统软件，是解决质量评定工作滞后、工作量较大问题的最佳途径。

一、概述

（一）研究工作背景

近年来，我国公路交通事业快速发展，公路建设投资连年增长，建设规模持续扩大，建设速度不断加快；建设标准和质量水平不断提高，建设领域的新理念、新设计、新技术、新材料、新工艺不断涌现；建设管理的法规制度、标准规范更加完善；公众对公路工程建设及交通行业的关注度越来越高，对提高工程质量和服务水平的期望越来越迫切。

新的《公路工程竣（交）工验收办法》已经颁布实施。在公路工程质量评价中，以往已经出现、并将可能出现的一些问题包括以下几点。

1.施工单位的“质量自评”中的问题

（1）评价单元或评价体系的划分不统一，有些单位甚至划分错误；

（2）不能及时对合同段的施工质量进行整体评定，不能有针对性地进行“过程控制”；

（3）不能及时整理质量评定资料，延误工程交工。

2.监理单位在“质量评定”中亟待解决的问题

（1）根据独立抽检资料，全面、迅捷地对所管辖的工程进行“质量评定”；

（2）“动态”掌握工程质量状况，有针对性的进行质量监控。

3.项目法人在“交工验收”时应解决的问题

以合同段为单位进行的“交工验收”，将是项目法人的一项日常工作。要做好这项工作，应解决如下一些主要问题。

（1）有效地协调有关各方，组织好交工验收工作；

（2）高效、规范地实施合同段交工验收工作；

（3）对工程质量进行客观、公正、科学、合理的评价；

（4）用现代化手段管理交工验收资料。

4.质量监督机构对工做质量评价

为搞好“质量鉴定”工作，《验收办法》要求监督机构在独立抽检资料的基础上，按合同段对工程质量进行全面评价。这是一项时间较长、工作量很大的工作，也对工程质量的最终评价起着非常重要的作用。因此，质量监督机构应着重解决以下问题。

（1）按照统一方法、统一标准，对各项目、各合同段的工程质量进行评价；

（2）规范、快捷、连续、稳定的对很多合同段同时进行评定；

（3）及时掌握各项目、各合同段工程质量状况，及时发现影响工程质量的普遍问题。

5.交通主管部门的“竣工验收”工作中，存在的主要问题

（1）缺少规范、全面、统一的电子化“竣工验收”管理平台；

（2）竣工验收委员会成员难以全面了解工程质量的全貌。

除上述问题之外，在工程项目质量管理及推行新的《验收办法》方面，还存在如下重要问题：

（1）公路工程质量管理方面，电子化、信息化管理水平相对较低；

(2)工程施工过程中，施工、监理、项目法人、质量监督机构、交通主管部门等单位，都不能及时清楚地了解工程项目整体、局部质量状况；

(3)缺乏统一、规范、客观的质量评价体系，导致项目与项目之间、合同段与合同段之间，质量评价的不一致、不平衡；

(4)与原来的验收办法相比，新《验收办法》有很大的变化。要规范、一致、平顺的实现新老交替、过渡到按新办法进行竣、交工验收，需要有强有力的技术性支持。

为了说明质量评定工作中存在的问题及其影响程度，针对评价单元的划分问题，第三节中我们曾给出一个极端例子。由第三节的讨论可见，评价单元的划分，对评价结果有很大的影响。不同的划分方法，可以把合格工程评为优良工程，反过来，当然也可以把优良工程评为合格。

在目前公路工程建设规模大、时间跨度长、人员素质参差不齐的状况下，如何保障质量评价工作的统一标准、统一方法、统一尺度，并保持其连续性、稳定性，是一项难度很大的工作。

(二)研究目的

建立统一的质量评价平台，满足各类用户在质量评价各环节工作中的需求。

采用统一的评价标准、方法，使施工过程中工程质量的评价工作规范化、程序化、简单化、信息化。

提供方便、快捷地修订验收工作程序、格式和内容的窗口，使交、竣工验收工作能够适应不同用户的具体规定。

建立大范围的质量评价信息电子化网络，以便各类管理人员、各级管理部门能够动态了解和控制工程质量。

建立公路工程质量网络管理平台，建设项目的建设者、管理者可以在网络上实现质量评定、签认、查询等工作。

(三)主要研究内容

1.类似软件存在的主要问题

针对《检评标准》，目前市场上大致有两个版本的质量评定软件，存在如下主要问题。

(1)专业性较差，针对性不强

现有的质量评定软件可以被看成是《检评标准》的电子化版本。由于对如何利用《检评标准》进行质量评定缺乏深入了解，质量评定软件的专业性显得不足，对评定中遇到的一系列问题，缺乏针对性的解决办法，因而在实际中难以应用。

(2)不能完成评定工作

所谓评定工作是指在建立了评价体系后，输入实测数据，软件即可自行完成自分项工程到分部工程、单位工程、合同段的质量评分和质量等级评定。由于现有质量评定软件的数据库中，缺少完整的评价体系，因而不能自动完成评定工作。

(3)没有完整的质量评价工作解决方案

质量评价涉及施工、监理、项目法人、监督机构、政府主管部门等多个不同类型的单位；不同单位的工作也各不相同；质量评价不仅仅是按《检评标准》进行评定，还包括大量其他工作。现有质量评定软件中，都没有一个完整的质量评价工作方案，不能把有关质量评价的工作进行到底。

2.研发的主要内容

针对质量评价工作的实际需要，本软件拟系统性地解决施工、监理、项目法人、质量监督、政府主管、试验检测等不同用户在质量评价过程中可能遇到的各种问题，软件具有以下功能。

(1)质量评定系统

①自动建立评价体系。用户输入工程量基本信息后，软件可以按照《检评标准》中的划分准则自动划分评价体系；

②实测数据录入。收集各种检查项目的记录用表，方便用户录入实测数据；

③自动进行质量评定；

④自动汇集评定数据；

⑤自动生成评定信息；

⑥自动生成评定资料；

⑦查阅交工验收程序、交工验收准备工作一览表、交工验收资料清单及格式。

(2)交工验收软件

①编制交工验收计划；

②交工验收准备工作。分类给出各参见单位在交工验收前要做的各项工作以及相关工作表；

③交工验收组织及程序；

④交工验收资料及存档；

⑤后续工作及开放交通准备工作。

(3)质量鉴定系统

依据独立抽检资料进行质量评定。具备“质量评定软件”类似功能。

(4)竣工验收软件

与“交工验收”软件功能类似，引导竣工验收参加单位在竣工验收前后要做的各项工作及相关工作资料模板。

(5)网络功能

质量评定和质量鉴定软件具有网络功能，施工、监理、业主单位可以在互联网上进行质量评定、数据签认、质量查询、质量管理指令下达等功能。

(6)其他功能

提供质量评价工作的规范性文件、电子邮件、用户维护等辅助性功能，方便用户对工程质量要求的理解和软件操作。

二、软件功能、特点及操作

(一)系统组成

公路工程质量评价管理系统是专门为公路建设项目开发的工程质量管理、评价系统。它由公路工程质量检验评定系统、公路工程质量鉴定检测评定系统、公路工程交工验收管理系统和公路工程竣工验收管理系统四部分组成。

(二)系统功能概要

系统功能概要分四个子系统，其分别介绍见表9-7-1～表9-7-4。

公路工程质量检验评定系统 表 9-7-1

<table>
<tr><td>子系统一</td><td colspan="2">公路工程质量检验评定系统</td></tr>
<tr><td>依据</td><td colspan="2">《公路工程质量检验评定标准》(JTG F80/1、2—2004)</td></tr>
<tr><td>适用范围</td><td colspan="2">施工单位工程质量自评;监理单位工程质量评定;项目法人等工程质量检查评定</td></tr>
<tr><td colspan="2">基 本 功 能</td><td>功 能 说 明</td></tr>
<tr><td rowspan="7">○评价体系</td><td>○项目基本信息采集表</td><td>表格内容简明易懂;用于采集基本信息,建立评价体系;内容及格式可打印</td></tr>
<tr><td>○项目基本信息录入</td><td>窗口界面、交互式输入;非专业人员可完成录入;密码限制录入操作</td></tr>
<tr><td>○评价体系自动划分</td><td>可自动建立评价体系;允许手动修改;允许选择划分原则</td></tr>
<tr><td>○评价体系手动划分</td><td>允许完全手动建立评价体系</td></tr>
<tr><td>○评价体系查看</td><td>建立评价体系时,允许随时查看;用树状结构和表格两种形式表示</td></tr>
<tr><td>○评价体系导入、导出</td><td rowspan="2">可导出评价体系,提交审定;可用导出体系,建立更大范围评价体系;审定后体系自动锁死;锁死后,仅项目法人可修订</td></tr>
<tr><td>○评价体系确认</td></tr>
<tr><td rowspan="6">○检测数据</td><td>○检测数据采集表</td><td>表格简明,符合工程习惯;用于采集各种实测数据;表格均可打印</td></tr>
<tr><td>○检测数据录入</td><td>实测数据可自动预处理;评价体系上确定数据输入位置;不同输入位置自动调用相应实测数据记录表格;自动进行数据合理性判断;非专业人员可完成录入;密码限制录入操作</td></tr>
<tr><td>○外观扣分</td><td rowspan="2">自动提供扣分依据及格式;允许用户编辑扣分原因;扣分原因及扣分值自动带入评定过程及相关报表中</td></tr>
<tr><td>○资料扣分</td></tr>
<tr><td>○数据导入、导出</td><td rowspan="2">可导出检测数据,提交审定;审定后数据自动锁死;锁死后,仅项目法人可修订</td></tr>
<tr><td>○数据确认</td></tr>
<tr><td rowspan="2">○评定及结果</td><td>○质量评定</td><td>自动识别并按规定方法计算不同检查项目合格率;可随时自动逐级评分;自动统计参与评定的分项工程、分部工程、单位工程的百分率</td></tr>
<tr><td>○评定结果</td><td>自动生成与《检评标准》(JTG F80——2004)要求相符的各种评定、汇总结果表格;允许按权限查看、打印单一、部分或全部评定结果表格;评定结果不允许修改</td></tr>
<tr><td rowspan="2">○结果统计与查询</td><td>○质量统计</td><td>允许查看任意层次工程(合同段、单位、分部、分项工程及检查项目)评定结果;以饼形图显示合格率,以折线图表示质量评分,以表格表示综合质量信息;指出不合格工程,显示其位置及不合格原因</td></tr>
<tr><td>○质量对比</td><td>允许对同一类别单位工程质量评价结果进行对比</td></tr>
</table>

续上表

子系统一	公路工程质量检验评定系统	
依据	《公路工程质量检验评定标准》(JTG F80/1、2—2004)	
适用范围	施工单位工程质量自评;监理单位工程质量评定;项目法人等工程质量检查评定	
基本功能		功能说明
○网络功能	○评价体系传递、签认	施工单位用户可以将建立好的评价体系文件上传,其监理会自动收到该文件,并对文件进行签认、下载
	○实测数据传递、签认	施工单位用户可以将实测数据文件上传,其监理会自动收到该文件,并对文件进行签认
	○评定资料上传、查询	施工、监理单位可以将评定好的评定资料上传到服务器,项目各级管理者将会看到最新的工程质量信息
	○评定信息查询	与项目工程质量相关的各个单位、人员会根据自身的权限,查询各种工程质量统计信息,方便直观了解工程质量状况

公路工程鉴定检测评定系统 表 9-7-2

子系统二	公路工程鉴定检测评定系统	
依据	《公路工程竣(交)工验收办法》(3号令)、《公路工程质量鉴定办法》(446号文附件1)、《公路工程质量检验评定标准》(JTG F80 ——2004)	
适用范围	质量监督机构、或其委托的检测单位,对公路工程质量进行鉴定检测、评定。也可供项目法人进行工程质量内部鉴定	
基本功能		功能说明
○评价体系	○项目信息采集表	表格内容简明易懂,用于采集基本信息,建立评价体系;内容及格式可打印
	○评价体系建立	根据基本信息,自动建立评价体系
	○评价体系导入、导出	允许将评价体系导出、导入
	○体系查看	建立评价体系时,允许随时查看;用树状结构和表格两种形式表示
○检测数据	○检测数据表	表格简明,符合工程习惯;用于采集各种实测数据;表格均可打印
	○检测数据录入	实测数据可自动预处理;评价体系上确定输入位置;不同输入位置自动调用相应实测数据记录表格;自动进行数据合理性判断;非专业人员可完成录入
	○检测数据导入、导出	可随时导出上报检测数据
○评定	○评定	自动识别并按规定方法计算不同检查项目合格率;可随时自动逐级评分;自动统计参与评定的分项工程、分部工程、单位工程的百分率
	○评定结果	自动生成与验收办法要求相符的各种评定、汇总结果表格;允许按权限查看、打印单一、部分或全部评定结果表格;评定结果不允许修改

续上表

子系统二	公路工程鉴定检测评定系统	
依据	《公路工程质量检验评定标准》(JTG F80/1、2—2004)	
适用范围	施工单位工程质量自评；监理单位工程质量评定；项目法人等工程质量检查评定	
基本功能		功能说明
○扣分	○外观扣分	自动提供扣分依据及格式；允许用户编辑；控制扣分范围；扣分原因及分值自动带入评定过程及相关报表中
	○资料扣分	
○统计与查询	○建设项目统计	允许查看每一层工程下的所有层次工程的(合同段、单位、分部及抽查项目)评定结果；以饼形图显示合格率，以折线图表示质量评分，以表格表示综合质量信息；指出不合格工程，显示其位置及不合格原因
	○合同段统计	
	○单位工程统计	
○委托检测网络管理	○委托管理	质量监督机构委托质量检测机构检测工程质量，通过软件了解、管理质量检测机构
	○检测数据同步上传	各检测单位可以将现场检测压实度、弯沉数据及时通过软件及时上传，质量监督机构可及时收到各建设项目的检测资料，了解工程质量状况
	○检测月报	软件自动统计每月检测成果，并将结果按照规定的内容和格式传递到质监机构，质监机构方便了解检测进度和质量状况

公路工程交工验收管理工作系统 表 9-7-3

子系统三	公路工程交工验收管理工作系统	
开发依据	《公路工程竣(交)工验收办法》(3 号令)、《关于贯彻执行公路工程竣交工验收办法有关事宜的通知》(446 号文)	
适用范围	项目法人交工验收工作及组织；施工、监理单位交验准备等	
功能	功能说明	
○交工验收计划	○交工验收计划	表格形式，内容详尽；供项目法人制订其交工验收计划；适用于各种不同项目；允许在网络上发布、接收；终端用户不可修改
	○计划更新	允许项目法人修订
○交工验收流程	○交工验收前准备工作	提供施工、监理、项目法人等交工验收准备工作内容一览表；提供各种交验资料的规定格式及内容要求；提供交验工作程序；允许项目法人对准备工作资料、程序、内容等进行编辑、添加、删除等操作
	○交工验收工作	提供交工验收工作组织形式、流程、分工、具体工作内容等；提供交工验收工作用表；提供工程质量评分审定方法；提供规定的验收文件格式及内容要求；允许项目法人对这些内容进行修订
	○交工验收后续工作	提供交工验收后各单位的后续工作内容

续上表

子系统三	公路工程交工验收管理工作系统	
依据	《公路工程质量检验评定标准》(JTG F80/1、2—2004)	
适用范围	施工单位工程质量自评;监理单位工程质量评定;项目法人等工程质量检查评定	
基本功能		功能说明
○交工验收流程	○项目试运营工作	提供资料报备的规定格式及内容要求;提供试运营准备工作的内容;提示单项验收工作
	○交验成果	汇集各合同段交工验收文件,形成完整的竣工验收资料;以表格的形式管理电子版交验文件,极易查阅

公路工程竣工验收管理系统 表 9-7-4

子系统四	公路工程竣工验收管理系统	
依据	《公路工程竣(交)工验收办法》(3号令)、《关于贯彻执行公路工程竣交工验收办法有关事宜的通知》(446号文)	
适用范围	政府交通主管部门竣工验收工作	
功能	功能说明	
○竣工验收计划	○竣工验收计划	表格形式,内容详尽;供主管部门制订其竣工验收计划;适用于各种不同项目;允许在网络上发布、接收;终端用户不可修改
	○计划更新	允许主管部门修订
○竣工验收流程	○竣工验收前准备工作	提供主管部门、项目法人、监督机构等竣工验收准备工作内容一览表;提供各种竣工验收资料的规定格式及内容要求;提供交验工作程序;允许主管部门对这些内容进行编辑、添加、删除等操作
	○竣工验收工作	提供竣工验收工作组织形式、流程、分工、具体工作内容等;提供竣工验收工作用表;提供规定的验收文件格式及内容要求;允许项目法人对这些内容进行修订
○竣工验收成果		汇集各项目竣工验收文件,形成完整的竣工验收资料电子版档案;以表格的形式管理竣工验收文件,方便查找和利用

(三)系统特点

1.管理规范化

(1)软件模拟了日常工程质量评定、交工验收、鉴定检测、竣工验收工作过程的操作模式,使得质量评价工作规范化;

(2)同一项目采用本软件时,将使质量评价工作同办法、同标准,避免因对办法、标准等理解偏差而造成的工作失误;

(3)软件考虑到了质量评价工作涉及的大多数问题，根据软件的提示，基本可以完整的完成质量评价工作，避免因工作疏漏而造成延误。

2. 评价标准化

(1)本软件严格符合现行的《验收办法》、《检评标准》、相关测试规范、规程，其评价结果应是标准的；

(2)质量评价工作涉及的地域宽广、时间跨度大，采用本软件可以保持评价工作统一性、连续性和稳定性，从而实现评价工作的标准化。

3. 功能系统化

本软件是质量评价工作的一个整体解决方案。可以完成施工自检、监理评定、项目法人交工验收、质监机构质量鉴定、政府主管部门竣工验收、检测单位检测评定等涉及质量评价的各项工作。

4. 技术专业化

(1)本软件的主导思想和工作模式，集中了施工、监理、项目法人、质量监督、政府主管、检测等方面资深专家的管理经验，切合工作实际，有很强的针对性和可操作性；

(2)能够有针对性地处理评价工作的大多数问题，可以将评定、鉴定、交工、竣工工作顺利地做到底。

5. 运行智能化

(1)根据工程基本信息，能够自动建立评价体系。可以避免人工划分时出现的种种偏差和失误；

(2)根据实测数据，能够自动完成逐级评定工作；

(3)能够自动生成各种评定信息，供各级管理人员分析、决策；

(4)能够自动生成全套评定表格。

6. 操作简单化

(1)输入信息少。需要输入的信息主要是基本信息和实测数据。

(2)对操作人员计算机技能要求低。数据录入由一般文秘人员即可完成。

(3)界面清晰易懂。根据界面提示，各级管理人员可以很方便的找到自己感兴趣的内容。

7. 结果实时化

各级管理人员可以随时了解截至当前工程质量的评价结果，从而为有针对性的采取措施提供可能。

8. 信息多样化

提供多种分析比较信息，为发现工程质量问题提供基础。评定不是目的，而是手段。

9. 应用灵活化

(1)提供评定单元手动划分功能，用于特殊情况下评定体系的修改、完善或建立。

(2)在工程质量评定结果审定时，为项目法人提供加权评分手段。

(3)允许对资料模板进行修订。项目法人或政府主管部门，可以对软件提供的各种资料模板进行修订，使得软件适合本项目或本地区的特殊要求。这样一来，每个项目或地区，都可以拥有量身定制的软件系统。

10. 工作向导化

(1)软件将提供交、竣工工作的内容及步骤等信息，引导完成交、竣工工作；

(2)软件将提供交、竣工工作过程用表，使交、竣工工作能够顺利完成；

(3)软件将提供各种资料模板，使各类用户都能找到完成其各项必要工作的要求及格式；

(4)软件将提供规范性、政策性文件，方便各类用户添加、修订或查阅。

(四)ClimaX 公路工程质量检验评定系统

1.简介

“ClimaX 公路工程质量检验评定系统”是由西安凯力马软件公司开发的“ClimaX 公路工程质量评价管理系统”软件系统中的一个局域网版子系统。它是根据交通部于 2004 年 10 月 1 日施行的《公路工程竣(交)工验收办法》及交通部于 2005 年 1 月 1 日施行的《公路工程质量检验评定标准》(JTG F80—2004)开发的。系统适用于公路工程建设期间施工、监理、项目法人等单位进行质量评定。

2.运行环境

(1)ClimaX 公路工程质量检验评定系统操作平台

①硬件要求

CPU：PII300MHz；

内存：128MB 以上；

硬盘：剩余空间 100M 以上。

②软件要求

本系统支持在 Windows98 中文版，Windows2000 中文版，WindowsXP 中文版，Windows2003 中文版下安装使用。

(2)ClimaX 公路工程质量检验评定系统数据服务平台

①硬件要求

CPU：PII300MHz；

内存：128MB 以上；

其他：加密狗一只。

②软件要求

本系统支持在 Windows2000 中文版，Windows2003 中文版下安装使用。

(3)数据库

①硬件要求

CPU：PIV2GHz 以上；

内存：256MB 以上；

硬盘：剩余空间 1G 以上。

②软件要求

操作系统：Windows2000Server 中文版＋ServicePack3 以上；

数据库：SQLServer2000 中文版＋ServicePack3 以上。

3.系统主界面

如图 9-7-1 所示，软件主界面分为四个区，分别如下：

(1)位于窗口最上面的工具栏区；

(2)位于窗口左边的功能区，放置系统的主要功能，功能以拉幕的形式分两层显示；

(3)位于最下面的状态栏区，显示软件运行中的一些基本信息；

(4)位于屏幕中央的主窗口区，当用户在功能区选了不同的命令后，主窗口区将被功能窗口覆盖。

4. 系统功能

本系统主要功能有:质量评定、数据传输、评定信息查询、辅助功能。

软件的使用流程如图 9-7-2。

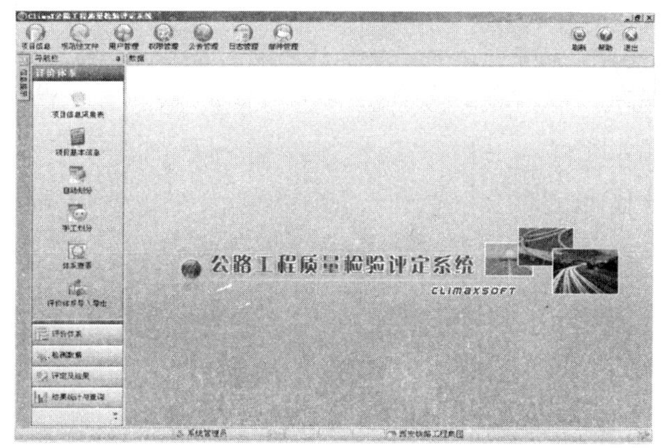

图 9-7-1 系统主界面

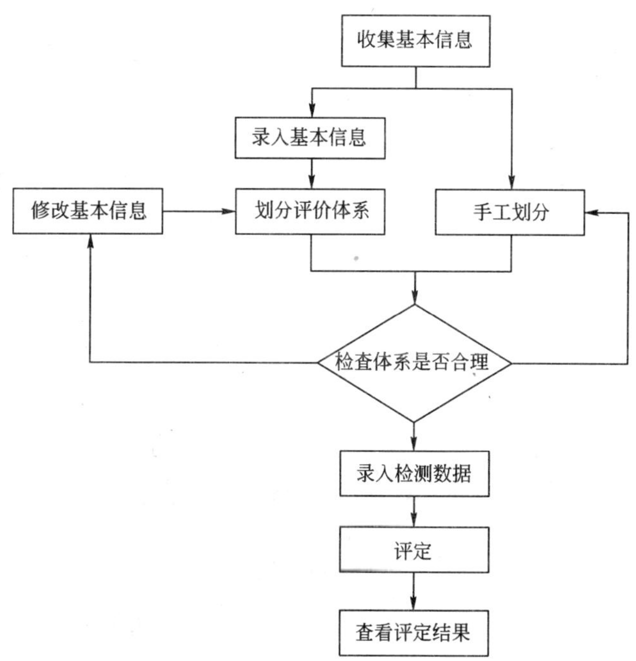

图 9-7-2 软件使用流程

(1)质量评定

质量评定工作流程为:输入项目基本信息→划分评价体系→输入检测数据→评定→评定结果查询与打印。

①基本信息

系统要求用户输入建设项目、合同段工程量基本信息。

基本信息录入步骤如下。

第一步:录入建设项目工程基本信息,如项目名称、起讫里程、建设单位、主管单位、投资额等工程信息。

第二步：录入合同段基本信息，如施工单位、监理单位、里程桩号、投资额等信息。

第三步：录入合同段单位工程（路基、路面、桥梁、互通立交、隧道工程、环保、交通安全设施）信息，此类信息由路基路面等工程桩号、桥梁、立交工程名称以及隧道围岩类别等信息构成，软件提供各种信息的输入窗口，其界面主要有图 9-7-3～图 9-7-6 几种。

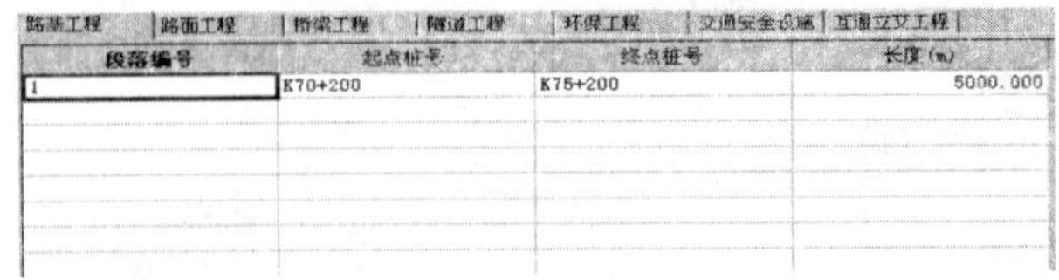

路基工程 | 路面工程 | 桥梁工程 | 隧道工程 | 环保工程 | 交通安全设施 | 互通立交工程

段落编号	起点桩号	终点桩号	长度(m)
1	K70+200	K75+200	5000.000

图 9-7-3　路基、路面等工程信息录入窗口

路基工程 | 路面工程 | 桥梁工程 | 隧道工程 | 环保工程 | 交通安全设施 | 互通立交工程

桥梁类型	桥梁名称	投资额(万元)	起点桩号	终点桩号	中心桩号	墩台数
大桥	奶厂高架桥	200			K0+000	20
中桥	K70+648分离立交	50			K70+648.222	2
中桥	K73+525跨线桥	50			K73+525	2
中桥	K73+880跨线桥	20			K73+880	2
中桥	K74+447跨线桥	30			K74+447	2
中桥	K74+971分离立交	20			K74+971	2

图 9-7-4　桥梁工程信息录入窗口

路基工程 | 路面工程 | 桥梁工程 | 隧道工程 | 环保工程 | 交通安全设施 | 互通立交工程

隧道编号	隧道名称	投资额(万元)	起点桩号	终点桩号	长度(m)	围岩类型
1	suidao1	0	K1+000	K2+000	1000.000	Ⅰ类围岩 Ⅱ类围岩
2	长隧道1	0	K0+000	K3+000	3000.000	

图 9-7-5　隧道工程信息录入窗口

路基工程 | 路面工程 | 桥梁工程 | 隧道工程 | 环保工程 | 交通安全设施 | 互通立交工程

互通立交编号	互通立交名称	投资额(万元)	匝道名称	桥梁名称	主线路基路面
1	纺织城立交	500	A匝道 B匝道 C匝道 D匝道	主线桥K72+733.6 主线桥K72+898.3 CK0+370.6匝道桥	

图 9-7-6　互通立交信息录入窗口

第四步：录入分部、分项工程基本信息，分别录入合同段单位工程下各种分部、分项工程的桩号、位置等信息。

②评价体系

将建设项目中各种工程按《检评标准》标准中的规定划分成的单位工程、分部工程、分项工程，能够由下而上进行计算评定的体系称为评价体系。建设项目的评价体系包含建设项目、合同段、单位工程、分部工程、分项工程。合同段的评价体系包含合同段、单位工程、分部工程、分项工程。

划分评价体系，是指按照《检评标准》对公路工程项目划分为规定的评价体系的过程。项目的评价体系是一切工程质量评定的基础和关键工作，本软件提供了自动划分和手工划分两种方式来实现体系的划分。

自动划分评价体系是指在用户输入了合同段的基本信息后，软件将根据用户选择的划分方法，依据《检评标准》的规定自动生成评价体系。合同段评价体系划分主要包括单位工程、分部工程、分项工程划分。

a. 单位工程划分

单位工程划分类型有：按长度划分（如路基、路面、环保、交通安全设施等）、按数量划分（桥梁、隧道、立交等）。

按长度划分类别中，严格遵守规范中规定的长度进行划分。每座特大、大、中桥为一个单位工程。合同段内每座特长、长隧道为一个单位工程，合同段内所有的中、短隧道为一个单位工程，每座中、短隧道为一个子单位工程。每座互通立交都为一个单位工程。在划分单位工程的同时划分分部工程。在互通立交中每座桥梁为一个分部工程，每匝道为一个分部工程。主线路基路面按照距离进行划分，划分原则为 1～3km 为一个单位工程。对于主线路基路面分部工程的划分，划分方法除划分时采用的划分距离不同外，划分方法相同。

b. 分部工程划分

分部工程可按长度类和工程个数划分。

• 按长度类划分

包括路基土石方工程、排水工程、砌筑防护工程、路面工程、绿化工程、标志、标线、突起路标护栏、轮廓标防眩设施、隔离栅、防落网等。

对于按长度类划分，打开所有包含该类分部工程基本信息的单位工程，取得当前单位工程的起止桩号，求得当前单位工程内该类信息的总长，再按照分部工程划分标准（路基路面环保 1～3，交通安全为 5～10，简称为标准）进行划分。

• 按工程个数划分

按照这种划分方法划分后每个工程为 1 个分部工程，如小桥、声屏障、桥梁上下部及引道、互通立交中桥梁、匝道等。

软件还具有评价体系手工划分功能，用户据此可在遵守《检评标准》的前提下，完全手工建立评价体系，也可以修改自动划分后的评价体系。

③检测数据

评价体系建立后，软件会自动显示要检测的工程项目，并提供了各种检测数据表。用户可随时将日常检测数据录入系统。系统支持数据的增加、删除、修改、查询、打印等功能。

④评定及结果

系统按照《检评标准》和《公路工程现场测试规程》的要求，编制了包含《检评标准》中附录 B～I 在内的各种检查项目的评定计算方法，评定进行时，系统自动检测已经输入检测数据的检测项目，沿着检查项目、分项工程、分部工程、单位工程、合同段、建设项目的顺序，并自下而上的自动进行各级工程质量评定。并自动形成《检评标准》中规定的各级工程标准评定表，如图 9-7-7 所示。

(2)数据传输功能

系统设计人员从用户实用角度出发，为软件配备了数据传输功能，传输对象为：评价体系、实测数据。方便用户间交流。

①评价体系导入导出

评价体系的导入导出实现施工单位向监理单位上报合同段的基本信息以及已经划分的评

价体系；监理单位向主管单位或者是业主上报基本信息以及经过监理签字确认的评价体系，并同时向施工单位返回已经经过签字确认的评价体系。

②检测数据导入导出

检测数据的导入导出，主要是用于用户将以文件形式存在的数据导入到系统中，或是由别的单位传来的数据导入系统中，比如监理可以从施工单位得到施工单位的自评数据。

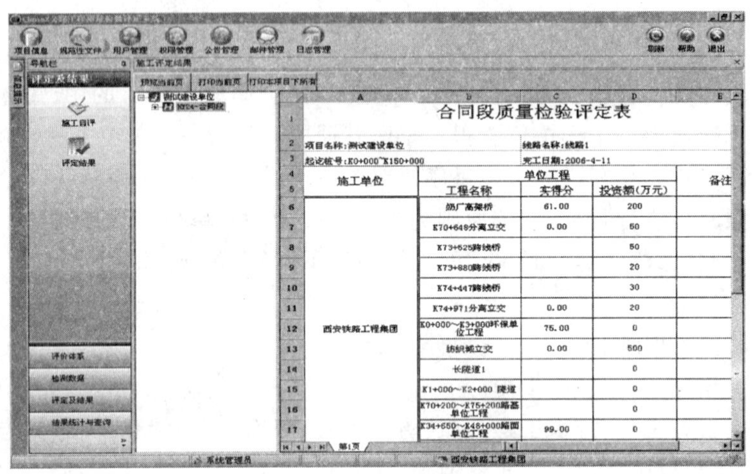

合同段质量检验评定表

项目名称：测试建设单位　　线路名称：线路1

起讫桩号：K0+000~K150+000　　完工日期：2006-4-11

施工单位	单位工程			备注
	工程名称	实得分	投资额(万元)	
西安铁路工程集团	纺厂高架桥	61.00	200	
	K70+648分离立交	0.00	50	
	K73+625跨线桥		50	
	K73+880跨线桥		20	
	K74+447跨线桥		30	
	K74+971分离立交	0.00	20	
	K0+000~K3+000环保单位工程	75.00	0	
	纺织城立交	0.00	500	
	长隧道1		0	
	K1+000~K2+000 隧道		0	
	K70+200~K75+200路基单位工程		0	
	K34+650~K48+000路面单位工程	99.00	0	

图 9-7-7　评定结果查看界面

(3)信息统计与查询功能

用户可以通过查看评定结果功能，以新的检验评定标准中规定的报表格式查看建设项目及它所含的各合同段、单位工程、分部工程、分项工程的评定结果情况。同时系统还提供了质量对比、质量查询等功能让用户从多角度了解工程的质量情况。

(4)辅助功能

本系统还具有用户权限管理、日志管理、规范性文件查询等附属功能。

①用户管理、权限管理

该功能可以实现对使用本系统的用户信息进行管理维护。包括对用户的添加、删除、编辑等操作，如图 9-7-8 和图 9-7-9 所示。

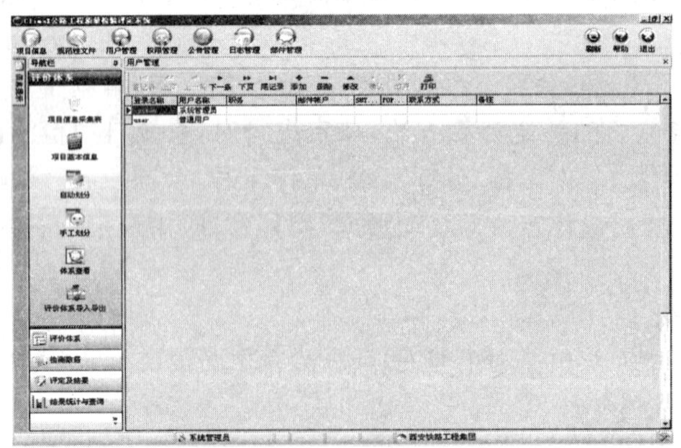

图 9-7-8　用户管理界面

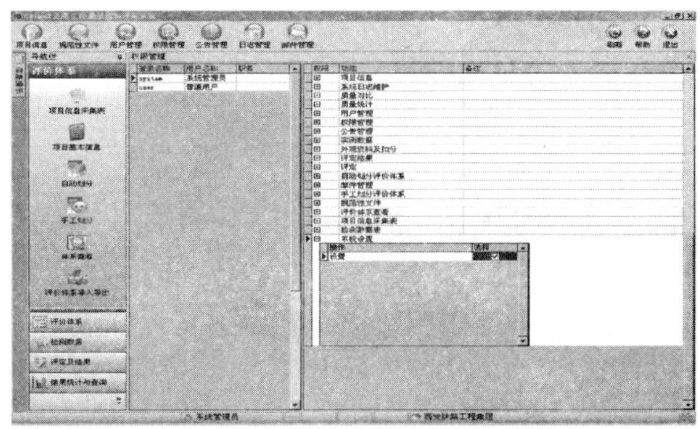

图 9-7-9　权限管理界面

②日志管理

本系统对用户所有相关的重要操作进行记录。系统在月初自动删除 3 个月以前的日志记录。

③规范性文件

系统收集了有关现行有效的质量评定和交竣工验收规范性文件，方便用户查阅，如图 9-7-10 所示。

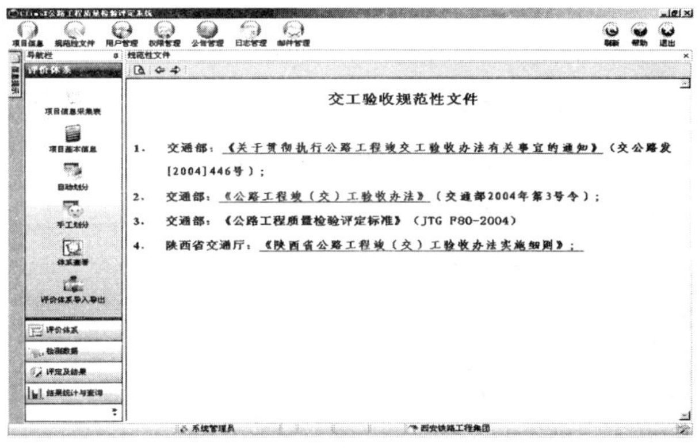

图 9-7-10　规范性文件

(五)ClimaX 公路工程质量鉴定检测评定系统

1. 系统简介

"ClimaX 公路工程质量鉴定检测评定系统"是由西安凯力马软件有限公司开发的"ClimaX 公路工程质量评价管理系统"中的一个子系统。它是根据交通部于 2004 年 10 月 1 日施行的《公路工程竣(交)工验收办法》及交通部于 2005 年 1 月 1 日施行的《公路工程质量检验评定标准》(JTG F80—2004)开发的。系统适用于公路质量监督机构、公路工程质量检测单位。也可用于施工、监理单位、项目法人对工程质量进行内部鉴定检测评定。

2. 运行环境

系统运行需要满足如下软硬件要求。

(1)硬件环境

CPU：PIIIGHz 以上；

内存：256MB 以上；

硬盘：剩余空间 1G 以上。

(2)支持环境

操作系统：Windows2000Server 中文版＋ServicePack3 以上；

数据库：SQLServer2000 中文版＋ServicePack3 以上。

3. 系统主界面

如图 9-7-11 所示，软件主界面分为四个区，分别介绍如下。

(1)位于窗口最上面的工具栏区；

(2)位于窗口左边的功能区，放置系统的主要功能，功能以拉幕的形式分两层显示；

(3)位于最下面的状态栏区，显示软件运行中的一些基本信息；

(4)位于屏幕中央的主窗口区，当用户在功能区选了不同的命令后，主窗口区将被功能窗口覆盖。

4. 系统功能

本系统主要功能有：质量鉴定检测评定、数据传输、评定信息统计与查询、辅助功能。

软件的使用流程为图 9-7-12。

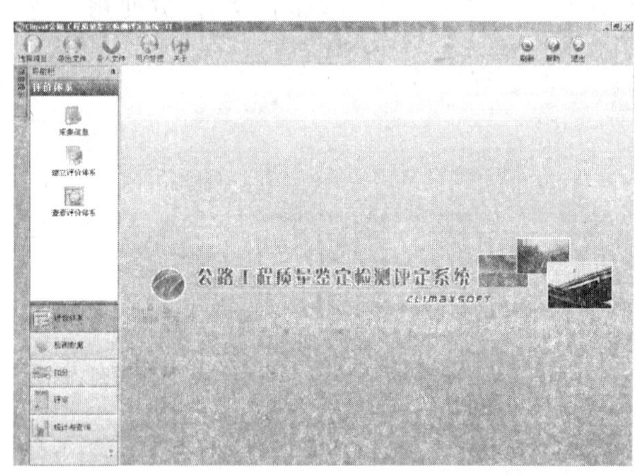

图 9-7-11 系统主界面

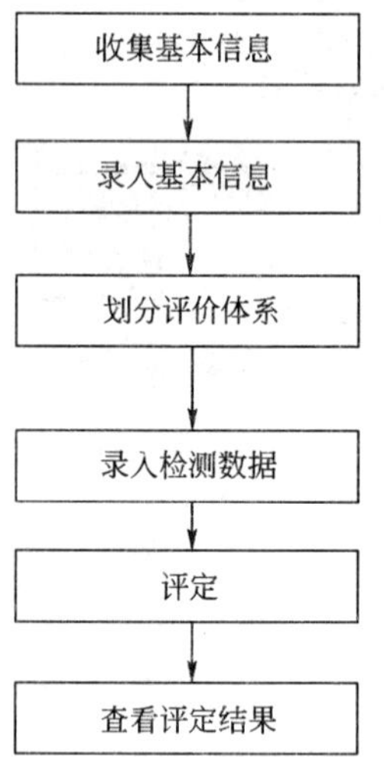

图 9-7-12 软件使用流程图

(1)质量鉴定检测评定

质量鉴定检测评定的使用流程为：输入基本信息、建立评价体系→录入检测数据→评定→评定结果。

①输入基本信息、建立评价体系

基本信息录入步骤如下。

第一步：录入建设项目工程基本信息，如项目名称、起讫里程、建设单位、主管单位、合同段输量、投资额等工程信息，如图 9-7-13 所示。

第二步：录入合同段基本信息，如施工单位、监理单位、里程桩号、投资额单位工程等信息，如图 9-7-14 所示。

第三步：选择合同段单位工程（路基、路面、桥梁、隧道工程、交通安全设施）信息，如图 9-7-15 所示。

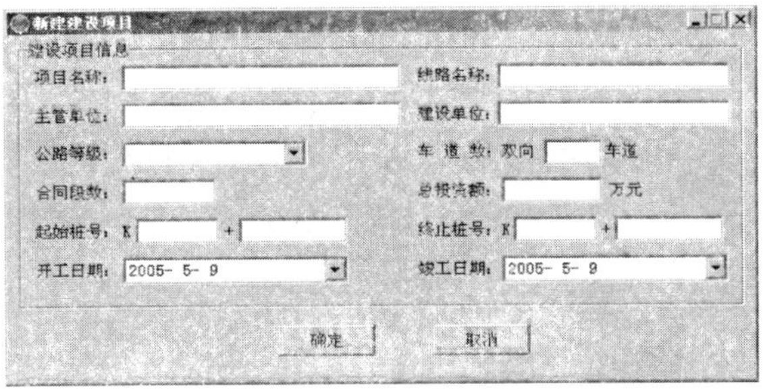

图 9-7-13　建设项目信息

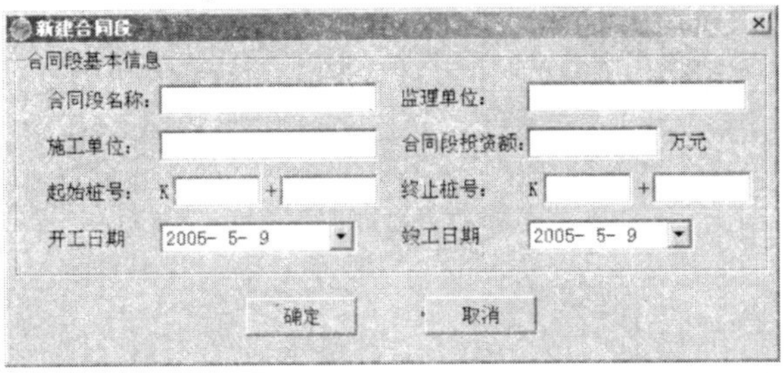

图 9-7-14　合同段基本信息

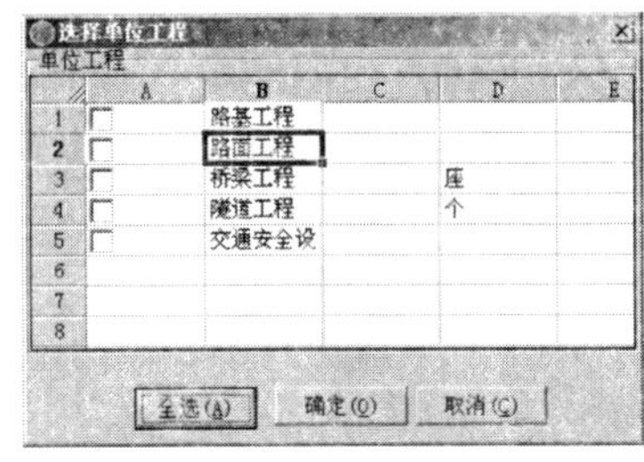

图 9-7-15　单位工程信息

第四步：选择分部工程（如路基土石方、排水工程、小桥、涵洞、支挡工程）信息，如图 9-7-16 所示。

第五步：选择抽查项目，如图 9-7-17 所示。

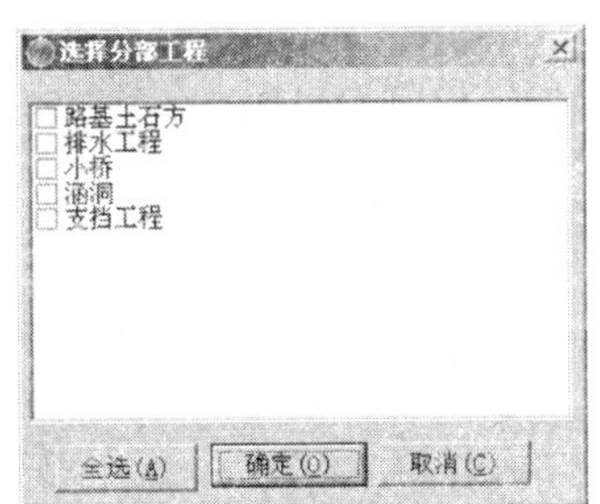

图 9-7-16　分部工程信息

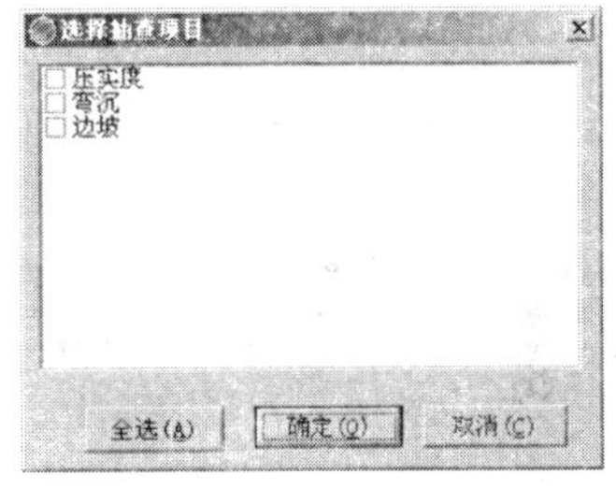

图 9-7-17　抽查项目

第六步：查看评价体系。

查看评价体系所实现的功能是查看该建设项目下所有合同段已经建立的评价体系并打印，如图 9-7-18，为合同段评价体系。

②检测数据

评价体系建立后，软件会自动显示要检测的工程项目，并提供了各种检测数据表。用户可随时将日常检测数据录入系统。

检测数据包含检测记录表和输入检测数据两部分功能。

a. 检测记录表

检测数据表供用户打印检测记录表，供质监机构工作人员进行现场检测。

b. 输入实测数据

该模块所实现的功能是输入建设项目下的所有合同段的检测数据，以供用户做评定。

在树形目录中点击要输入实测数据的检查项目，将会显示如图 9-7-19 所示的输入界面。

c. 表格打印

打印当前页：选择要打印的检查项目的表，点击打印，则只对选中项目的检测数据表进行打印操作。

查看评价体系

预览当前页 打印当前页 退出 (1)

合同段 第一合同段 (2)

合同段抽查项目表

合同段	单位工程	分部工程	抽查项目	检查项目
	(3)	路基土石方	压实度	0～0.8m零填及挖方
				0～0.8m填方
				0.8～1.5m填方
				>1.5m填方
			弯沉	弯沉
			边坡	边坡
		排水工程	断面尺寸	排水管内径
				排水管壁厚
				排水管长度
			铺砌厚度	铺砌厚度
		小桥	砼强度	墩身
				预制梁
			主要结构尺寸	墩台身
				预制梁(板)长度
				预制梁(板)宽度(湿接缝)
				预制梁(板)高度
		涵洞	结构尺寸	现浇箱涵宽度
				现浇箱涵高度
			流水面高程	流水面高程(mm)
		支挡工程	砼强度	抗滑桩
				锚喷防护
			断面尺寸	锚杆、锚定板、加筋土、桩板式挡墙边长
				锚杆、锚定板、加筋土、桩板式挡墙厚度
				导流工程长度

第1页

图 9-7-18 合同段评价体系

③评定及结果

系统按照《检评标准》和《公路工程现场测试规程》的要求，编制了包含《检评标准》中附录B～I在内的各种检查项目的评定计算方法。评定进行时，系统自动检测已经输入检测数据的检测项目，沿着检查项目、分项工程、分部工程、单位工程、合同段、建设项目的顺序，并自下而上的自动进行各级工程质量评定。并自动形成《检评标准》中规定的各级工程标准评定表。

在评定结果中可以查看已经评定的评价体系并对评定结果进行打印。

点击系统主界面中导航栏中的评定项，该项所包含的功能如图 9-7-20 所示。

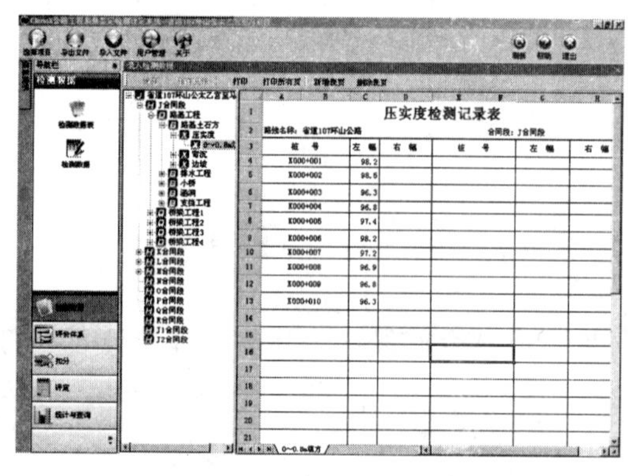

图 9-7-19 数据输入

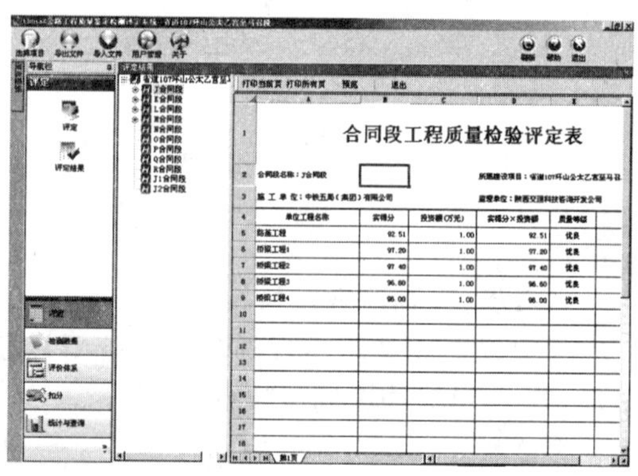

图 9-7-20 评定表

(2)数据传输

数据传输包含数据的导入和导出功能，可以传输建设项目、合同段、单位工程的项目基本信息和评价体系、检测数据、评定结果文件。

①导出文件

导出文件模块的主要功能是：将系统中现有的建设项目、合同段或单位工程的信息导出来，可以将导出来的数据导入到另一个鉴定系统中。这样可以减少数据的输入量，减少错误的发生，便于信息的交流，该功能和导入模块配套使用，其界面如图 9-7-21 所示。

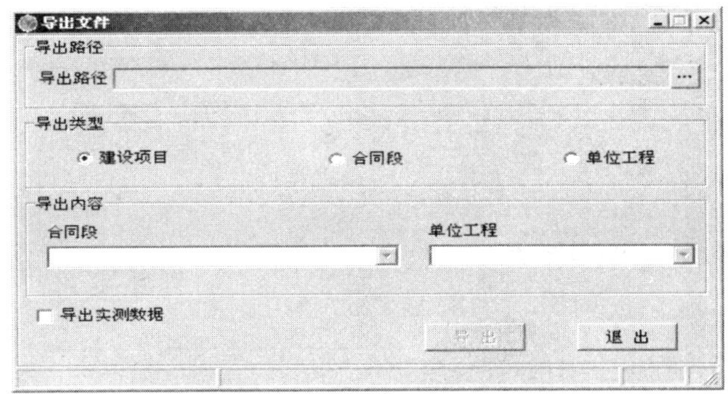

图 9-7-21　导出文件

②导入文件

导入文件模块的主要功能就是将导出的数据导入到系统中，这样可以减少数据的输入量，减少错误的发生，便于信息的交流。该功能和导出模块配套使用。如图 9-7-22 所示。

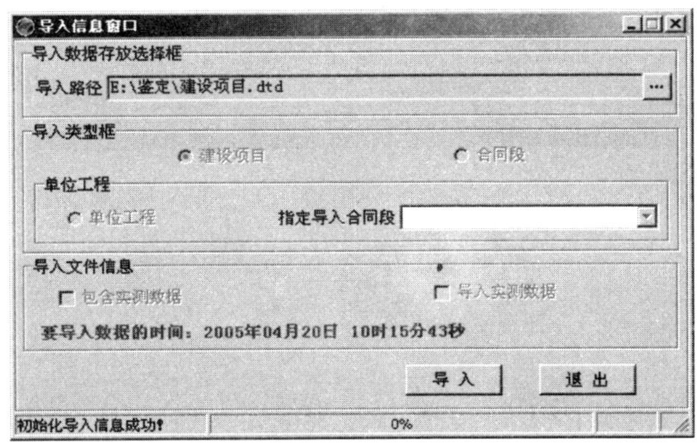

图 9-7-22　导入文件

(3)评定信息统计与查询

用户可以通过查看评定结果功能，以新的检验评定标准中规定的报表格式查看建设项目及它所含的各合同段、单位工程、分部工程、分项工程的评定结果情况。同时系统还提供了质量对比、质量查询等功能让用户从多角度了解工程的质量情况。具有信息统计与查询两个功能。

信息统计包含质量统计与质量对比两种方式。质量统计是统计建设项目、合同段、单位工程的得分和工程质量等级状况。统计的结果以点形图、饼形图、列表的形式表现出来。质量对比功能可以用于比较相同类工程之间的质量状况，可以比较工程优劣。

查询是指系统设置的“模糊查询”功能，用户可以查询所关心的各种工程质量状况，支持文字的模糊识别功能。

统计界面如图 9-7-23 所示。

(4)辅助功能

系统的辅助功能包括：用户管理、规范性文件、帮助等。

①用户管理

用户管理模块的功能是对操作该系统的人员进行管理，实现对操作人员的增、删、改(系统管理员只能修改密码)，只有系统管理员才有权限操作该模块。如图 9-7-24 为用户管理界面。

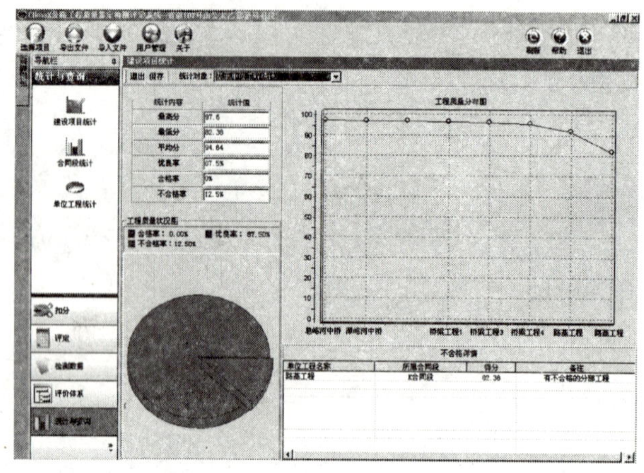

图 9-7-23　信息统计

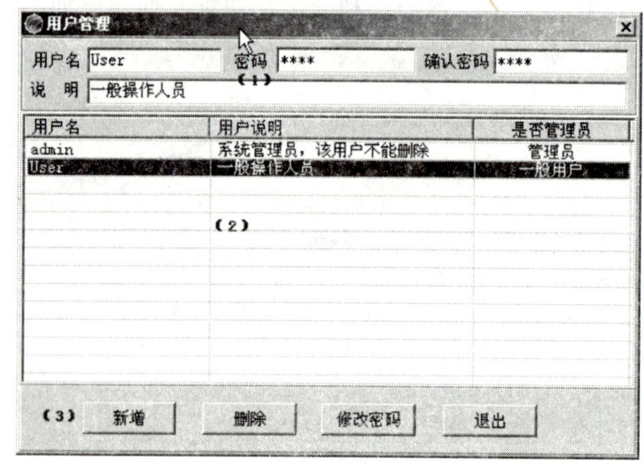

图 9-7-24　用户管理

②规范性文件

系统提供有关现行有效的质量评定和交竣工验收规范性文件功能，以供用户查阅。

(六)公路工程交工验收管理系统

1. 主要功能

(1)导引功能

系统根据交通部发布的《公路工程竣(交)工验收办法》和公路工程交工验收的实际操作过程，将交工验收过程分成"交工验收计划"、"交工验收准备"、"交工验收实施"、"交工验收后续工作"和"拟投入试运营道路"五个阶段。系统给出了在每个阶段，每个参建单位的工作内容和与之相对应的资料。使用该管理系统，项目法人在进行交工验收时，工作人员按照系统的提示，可圆满、顺利地完成交工验收工作。

(2)服务功能

在交工验收的每一阶段，系统都给出了各相应单位的工作内容和为完成该项工作需要或产生的资料名称，在这些资料中，部分为《公路工程竣(交)工验收办法》中提供的，其余为系统开发者在广泛征求长期从事公路工程建设和管理工作的专家，考虑不同的工程实际情况后编写的。另外，系统提供了规范性文件，用户可随时查看。

系统提供的不同阶段的工作内容、资料和规范性文件，可为用户安排交工验收工作，顺利完成交工验收任务，提供较为完善的服务，并大大减少用户的工作量，提高工作效率。

系统中提供的资料为参考模板，每个项目在使用该系统时，可根据项目的具体情况，对模板进行修改，形成各项目自己统一、独特的交工验收资料格式。

(3)管理功能

项目法人在项目开工后，可根据施工单位的施工组织计划，编制项目各合同段的交工验收计划，并将该计划下发，征求各合同段的意见，并对其进行修改。通过交工验收计划的下发和修改，使各合同段对交工验收时间及工作内容有较明确的认识，从而可按计划安排交工验收工作，确保交工验收按计划完成。

系统中将交工验收中的合同执行情况检查、施工单位工作检查和资料检查、工程实体检查、竣工资料检查等工作安排在交工验收预备阶段，这些工作由项目法人的专门机构完成，从而保证了交工验收的质量，并使交工验收的实施具有很好的可操作性。

(4)成果查询

系统设置了“交验成果”按钮，该按钮的功能是为了保存在交工验收的整个过程中形成的交工成果，包括交工验收工程质量评分和交工验收资料。项目法人完成每一个合同段的交工验收后，将过程中形成的工程质量评分结果、交验资料进行保存。

用户需要查阅有关资料时，可在“交验成果”中查找，查找到的资料可查看或打印。同时这些成果将作为永久性资料保存，以备必要时查询。

2. 系统实施

(1)交工验收计划

项目法人根据各合同段的施工组织设计和工期安排，制订项目各合同段的交工验收计划，计划公布于系统后，施工单位可通过点击【交工计划】查询交工验收计划，若某合同段需要修改计划，则提出项目交工验收计划修订申请，报驻地监理工程师审查，监理工程师签署意见后，报项目法人批准。通过【更新计划】和【用户管理】，项目法人可实现对交工验收计划进行管理。

(2)交工验收流程

系统设计了树状交工验收流程，“树枝”为交工验收的几个主要阶段，每个树枝为挂有与该阶段相关的参建单位(如图 9-7-25)。

与交工验收工作有关的单位在进行交工验收前、验收实施中和验收后工作时，点击阶段按钮，可在其单位名称下得到该阶段的工作及应准备的资料或产生的资料。例如施工单位在交工验收前想了解其工作内容及相关资料，在交验流程的交工验收准备工作中点击施工单位(如图 9-7-26)，在界面的编辑区域得到工作内容和资料名称。

若要查看资料的具体内容及格式，可点击资料名称，系统将打开该资料的内容或模板。

(3)交工验收准备

通过归纳总结交工验收准备阶段的工作内容，将交工验收的准备阶段分为交工验收资料准备、资料审查和交工验收预备工作。资料准备工作中给出了各有关单位应准备的资料及格式。完成这些资料后，须经监理工程师和项目法人对其进行审查，审查后给出审查意见。项目法人根据审核情况安排交工验收工作。

为了使交工验收的实施具有可操作性，将合同执行情况检查、施工单位和监理工作检查、工程实体检查、竣工资料检查和工程数量审查等工作安排在准备阶段，作为交工验收工作的预备工作，由项目法人的专门机构完成。系统给出了预备工作的检查内容和检查结论模板，用户可根据项目的具体情况对其进行适当的调整和修改，形成项目统一的资料格式。

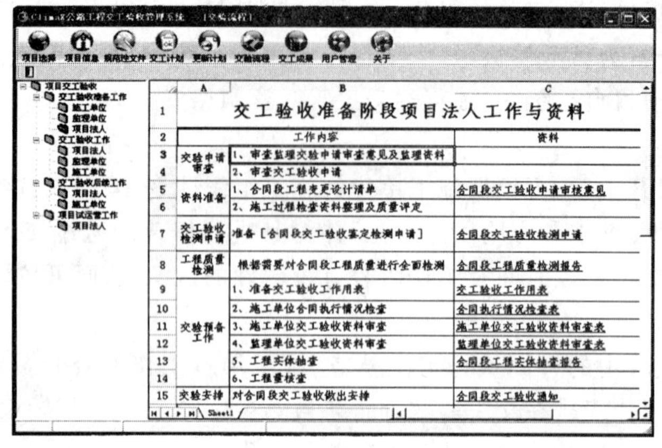

	A	B	C
1	交工验收准备阶段项目法人工作与资料		
2	工作内容		资料
3	交验申请审查	1、审查监理交验申请审查意见及监理资料	
4		2、审查交工验收申请	
5	资料准备	1、合同段工程变更设计清单	合同段交工验收申请审核意见
6		2、施工过程检查资料整理及质量评定	
7	交工验收检测申请	准备［合同段交工验收鉴定检测申请］	合同段交工验收检测申请
8	工程质量检测	根据需要对合同段工程质量进行全面检测	合同段工程质量检测报告
9	交验预备工作	1、准备交工验收工作用表	交工验收工作用表
10		2、施工单位合同执行情况检查	合同执行情况检查表
11		3、施工单位交工验收资料审查	施工单位交工验收资料审查表
12		4、监理单位交工验收资料审查	监理单位交工验收资料审查表
13		5、工程实体抽查	合同段工程实体抽查报告
14		6、工程量核查	
15	交验安排	对合同段交工验收做出安排	合同段交工验收通知

图 9-7-25　交验流程界面

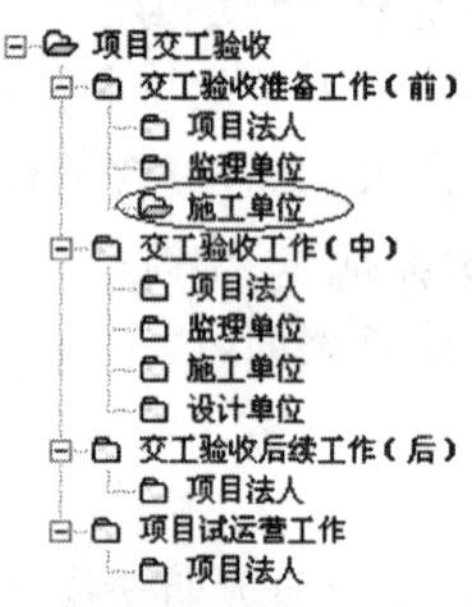

	A	B	C
1	交工验收准备阶段施工单位工作与资料		
2		工作内容	资料
3	交工验收资料准备	1、完成交工验收工程质量自评报告	交工验收工程质量自检报告
4		2、完成公路工程施工总结报告	施工总结报告内容
5		3、工程量检查	工程量清单
6		4、完成施工资料	施工资料
7		5、整理合同段桩基检测资料	合同段桩基检测结果统计表
8		6、整理合同段桥梁荷载试验结果汇总表	合同段桥梁荷载试验结果汇总表
9	交验申请	提交合同段交工验收申请	合同段交工验收申请
10			

图　9-7-26

(4)交工验收实施

交工验收预备工作完成后,交工验收的实施就变成对预备工作结论的认可和对工程质量等级的确认。对工程质量等级的确认,系统提供了几种可选模式,项目法人通过选择施工单位评分、监理工程师评分、项目法人施工过程检查评分和交工前检测得分在合同段工程质量得分中的权值,确定合同段工程质量评分模式,见图 9-7-27。

系统根据对参建单位的综合评价表,编制了参建单位"初评工作表"、"初评结果汇总表"和"初步评价表"。在对参建单位进行初步评价时,参与初步评价的人员填写"初评工作表",由工作人员进行初评结果汇总,并将结果填入"初步评价表"中,以备竣工验收时交竣工验收委员会。

(5)交验后工作

交工验收后,施工单位根据交工验收时提出的问题,填写"缺陷修复计划表",项目法人进行竣工验收准备工作。

对拟投入试运营工程，系统提供了“资料报备”、“试运营准备工作”及单项工程验收等工作，用户可根据实际情况，开展相应工作。

图 9-7-27

(七)公路工程竣工验收管理系统

1. 主要功能

(1)引导功能

系统模拟竣工验收过程，将竣工验收分为验收准备、验收实施和验收后三个环节。在每个环节，系统提供了各有关单位的工作内容和与之相对应的资料格式。使用该管理系统，交工验收负责单位在进行竣工验收时，按照系统的提示，可成功地完成竣工验收工作。

(2)服务功能

在系统提供的资料中，大部分为《公路工程竣(交)工验收办法》中的标准格式，其余为系统开发者为完成竣工验收工作而编写。另外，系统提供了规范性文件，可作为用户验收的依据。

系统提供的不同验收环节的工作内容、资料和规范性文件，可帮助用户合理安排验收工作，顺利完成验收任务。

系统中提供可供参考的工作用表模板，帮助用户在竣工验收时使用，对这些工作用表，用户可根据项目竣工验收的具体情况，对其进行修改。

2. 系统实施

(1)验收准备

项目法人在竣工验收前的工作主要有：组织对缺陷修复进行验收，提出鉴定检测申请，准备竣工资料和竣工验收申请(图 9-7-28)。

竣工验收负责单位在竣工验收前审查项目法人提交的竣工资料，成立竣工验收技术小组。技术小组的工作任务是为验收做必要的准备。如图 9-7-29 所示。

(2)验收实施

竣工验收由竣工验收委员会负责实施。验收过程有较为成熟的程序和步骤，系统将引导使用者按既定的程序完成竣工验收工作(图 9-7-30)。

(3)验收后

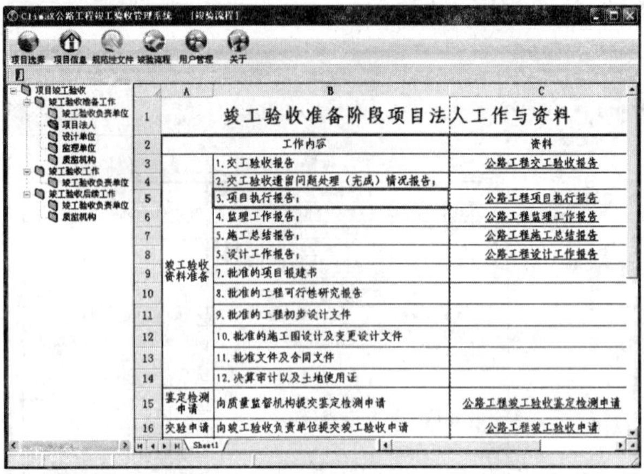
项目选择
项目信息
规范性文件
竣验流程
用户管理
关于
项目竣工验收
竣工验收准备工作
竣工验收负责单位
项目法人
设计单位
监理单位
质监机构
竣工验收工作
竣工验收负责单位
竣工验收后续工作
竣工验收负责单位
质监机构
竣工验收准备阶段项目法人工作与资料
工作内容
资料
竣工验收资料准备
1.交工验收报告
公路工程交工验收报告
2.交工验收遗留问题处理（完成）情况报告；
3.项目执行报告；
公路工程项目执行报告
4.监理工作报告；
公路工程监理工作报告
5.施工总结报告；
公路工程施工总结报告
5.设计工作报告；
公路工程设计工作报告
7.批准的项目报建书
8.批准的工程可行性研究报告
9.批准的工程初步设计文件
10.批准的施工图设计及变更设计文件
11.批准文件及合同文件
12.决算审计以及土地使用证
鉴定检测申请
向质量监督机构提交鉴定检测申请
公路工程竣工验收鉴定检测申请
交验申请
向竣工验收负责单位提交竣工验收申请
公路工程竣工验收申请
Sheet1

图 9-7-28

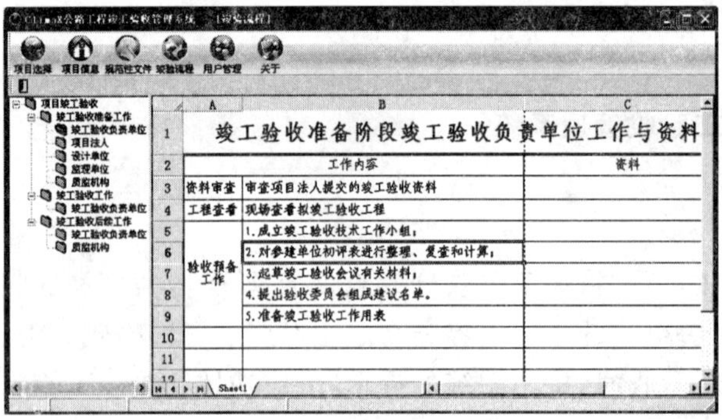
项目选择
项目信息
规范性文件
竣验流程
用户管理
关于
项目竣工验收
竣工验收准备工作
竣工验收负责单位
项目法人
设计单位
监理单位
质监机构
竣工验收工作
竣工验收负责单位
竣工验收后续工作
竣工验收负责单位
质监机构
竣工验收准备阶段竣工验收负责单位工作与资料
工作内容
资料
资料审查
审查项目法人提交的竣工验收资料
工程查看
现场查看拟竣工验收工程
验收预备工作
1.成立竣工验收技术工作小组；
2.对参建单位初评表进行整理、复查和计算；
3.起草竣工验收会议有关材料；
4.提出验收委员会组成建议名单。
5.准备竣工验收工作用表
Sheet1

图 9-7-29

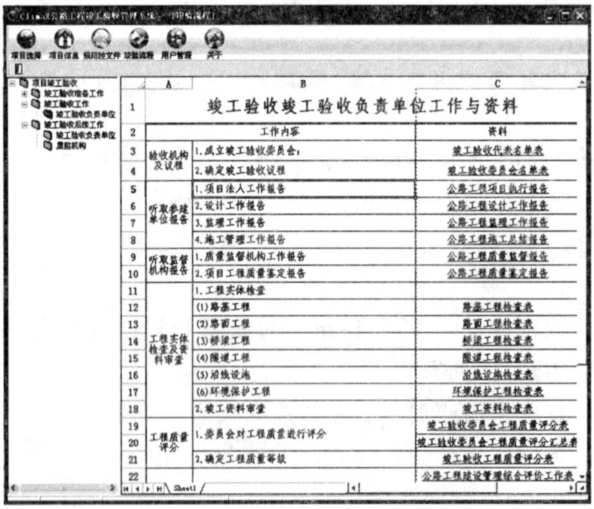
项目选择
项目信息
规范性文件
竣验流程
用户管理
关于
项目竣工验收
竣工验收准备工作
竣工验收工作
竣工验收负责单位
竣工验收后续工作
竣工验收负责单位
质监机构
竣工验收竣工验收负责单位工作与资料
工作内容
资料
验收机构及议程
1.成立竣工验收委员会；
竣工验收代表名单表
2.确定竣工验收议程
竣工验收委员会名单表
听取参建单位报告
1.项目法人工作报告
公路工程项目执行报告
2.设计工作报告
公路工程设计工作报告
3.监理工作报告
公路工程监理工作报告
4.施工管理工作报告
公路工程施工总结报告
听取监督机构报告
1.质量监督机构工作报告
公路工程质量监督报告
2.项目工程质量鉴定报告
公路工程质量鉴定报告
工程实体检查及资料审查
1.工程实体检查
(1)路基工程
路基工程检查表
(2)路面工程
路面工程检查表
(3)桥梁工程
桥梁工程检查表
(4)隧道工程
隧道工程检查表
(5)沿线设施
沿线设施检查表
(6)环境保护工程
环境保护工程检查表
2.竣工资料审查
竣工资料检查表
工程质量评分
1.委员会对工程质量进行评分
竣工验收委员会工程质量评分表
竣工验收委员会工程质量评分汇总表
2.确定工程质量等级
竣工验收工程质量评分表
公路工程建设管理综合评价工作表
Sheet1

图 9-7-30

竣工验收后的主要工作为项目路产的移交和社会公布项目验收情况，见图 9-7-31。

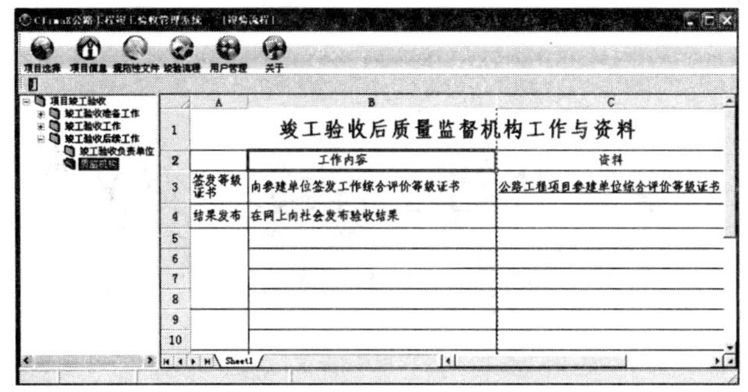

图 9-7-31

三、系统应用前景

我们认为，在本软件规划的功能实现后，将为工程建设提供一个有效的质量评价工具。其他类似产品的专业深度尚且不够，难以对本系统软件形成实质性的竞争。因此，本软件将获得较高的市场占有率。

由于本软件的用户涉及施工、监理等诸多单位，对每个单位将节约大量的人力、物力、财力、时间，如若普及，必将产生极大的经济效益。

本软件的推出，将会为其他类似软件的开发提供思路，从而形成公路管理软件的开发热潮，将会整体提升公路工程建设领域的电子化、信息化管理水平，产生巨大的社会效益。

第十章 公路工程竣（交）工文件资料的编制与归档

第一节 概 述

公路工程建设期间形成的资料，反映的是项目建设的客观状况和规律的信息，它包括文字、图表和音像等表达形式。由于公路工程项目建设时间长，参建单位多，涉及面广，形成的资料数量多，种类繁杂，必须及时进行收集、整理归档，以便更好地为项目建设过程中的检查、鉴定、决策服务，为项目建成后的运营服务。为完成这项任务，公路工程建设单位(业主)、勘察设计单位、承包人和监理单位对项目建设期间形成的资料的收集、整理归档工作，应纳入工程建设管理之中并制订编制与管理办法，建立管理网络，配备专职管理人员，使项目资料收集、整理与工程建设同步。做到边施工、边整理，达到工程完成竣工资料编制完成的目的。

多数工程竣工资料的整理常常落后于主体工程的进度，主要原因有如下几点：一是业主、监理和承包人平时不重视资料的管理；二是工程技术管理人员、档案管理人员对相互的业务不熟悉，部分应该归档的内业资料搜集整理不完整不及时；三是业主在开工前未及时对归档资料出台统一办法。为了避免上述问题的产生，业主应在项目立项后就着手制订资料的编制与管理办法。

本章的目的旨在提供一套公路建设项目资料编制与管理办法，第二、三节简要介绍了公路资料收集和整理以及竣(交)工文件资料的编制要求。从第四节至第九节，分别从国家档案馆、建设、使用、设计、施工、监理各单位的角度，分别叙述了各自需提交整理归档的资料内容，明确了不同单位在资料编制与收集方面的责任，并重点介绍了监理工程师负责收集整理的资料内容。第十节简单介绍了竣工资料的组成部分。第十一节介绍了科研资料的组成及归档内容和组卷要求。第十二节介绍了临时资料及待销毁资料的范围与管理。

第二节 公路工程竣(交)工文件资料编制要求

一、公路工程竣工档案分类编号办法

(一)编号原则

(1)分类号编制方法是以单项工程为单位，按照《交通部科学技术档案分类编号办法》中所确定的公路工程类目进行分类。

(2)档号:由档案分类号和案卷顺序号组成。

(3)档案分类号。公路工程竣工文件材料分为五级类目。

第一至三级类目固定不变;四级类目为单项工程项目代号,项目代号可用阿拉伯数字表示(例如,国道 104,项目代号为“104”),也可用建设项目起止点汉语拼音第一个字母和某段起止点的汉语拼音第一个字母组成,中间加“·”符号。例如,西汉高速公路户勉段,则表示为(XH·HM);五级类目按单项工程竣工文件材料形成的先后分为七大类段:项目立项文件、设计文件、工程管理文件、施工文件、监理文件、竣工文件和科研资料,分别用 1、2、3、4、5、6、7 表示。

(4)档号的形式:

GL5·1·×××·—××

“GL”:一级类目(公路);

“5”:二级类目(公路工程);

“·”:类级符号;

“1”:三级类目(道路);

“××”:四级类目(单项工程项目代号);

“×”:五级类目(文件材料的七大类文件);

“××”:案卷顺序号。案卷顺序号不编虚位,从“1”开始编写(即“1”不编为“001”)。

(5)类级符号置于分类代号的中间。

(6)示例:西汉高速公路户县至勉县段施工文件的档号编写为 GL5·1·XH·HM·4—×××。

(二)档号章

(1)档号章用红色印泥加盖在每件文件首页的左上角,距上边沿 10mm,左边沿 20mm 的位置。

(2)档号章格式与尺寸如图 10-2-1 所示。档号章内的“档号内容”可刻制至四级类目(刻制字体用 4 号仿宋体),五级类目和顺序号可用钢笔填写。

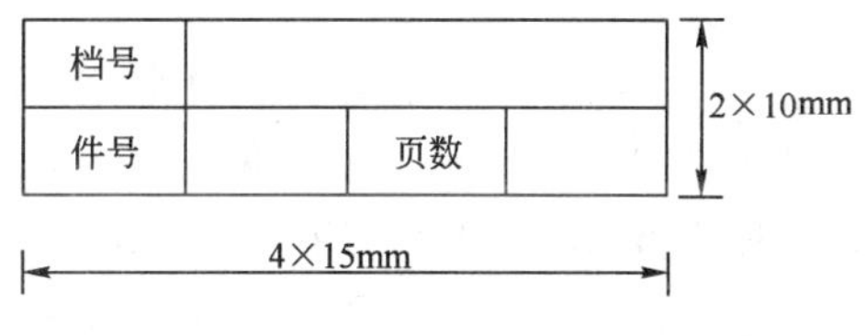

图 10-2-1 档号章格式与尺寸

二、档案卷的构成及质量要求

(一)组卷及书写要求

(1)公路工程竣工文件材料归档前,均需按要求由文件材料形成单位分别进行整理组卷。组卷应遵循公路工程文件材料的自然形成规律和成套性原则,分类科学,便于查找利用;

(2)案卷内文件材料所反映的工程项目情况和有关管理活动内容,必须做到完整、准确、系统;

(3)案卷内文件材料书写要工整,字迹、线条要清楚;

(4)案卷内文件材料的制作和书写材料,必须利于长期保存。书写材料必须用碳素墨水,禁止使用蓝墨水、圆珠笔和铅笔。凡由易褪色书写材料制成的文件(如复写、传真件)应复印保存;

(5)资料文件用纸统一采用 A4 型纸(210mm×297mm),图纸规格除外;

(6)案卷内不应有重份文件,文件内不应有重页文件,但卷与卷之间相互有关联的文件,在归档过程中允许有一定数量的重复。

(二)卷内文件的排列

(1)管理性文件按问题、重要程度排列；

(2)项目技术文件材料按公路路段的路线统一的里程桩号，由小到大依次排列；结构物由下到上依次排列；

(3)设备文件按依据性、设备开箱验收、随机图样、设备安装调试和运行维修等材料排列；

(4)竣工图按里程、专业、图号排列；

(5)卷内文件一般文字材料在前，图样在后。

(三)案卷的编目

1.案卷组成

案卷由案卷封面和卷背、借卷守则、卷内目录、卷内文件及备考表组成。

2.编写案卷页号

(1)案卷内文件资料页号均以打号机编打；

(2)页号的位置：单面书写的文件材料，在右下角编写页号；双面书写的文件材料，正面在右下角，背面在左下角编写页号；

(3)卷内目录、备考表不编页号；

(4)案卷的页号，要求以件为单位编写小流水号；

(5)页号暂用铅笔编写。

3.案卷封面的编写

(1)案卷封面采用案卷外封面形式，外封面印制在卷盒的正表面。填写内容，采用打印后粘贴的方式；

(2)案卷题名：案卷题名应简明、准确揭示卷内文件材料的内容。每案卷题名应包括建设项目名称、合同段编号、起讫里程、单位工程(含分部、分项)名称及文件名称。若属桥梁、隧道等工程项目，还应同时标明结构、部位的名称。

①项目技术文件案卷题名的表示形式

××高速公路××段××桩号××工程××结构××文件名称

②管理性文件案卷题名的表示形式

建设项目名称＋责任者＋问题＋文件名称。

③编制单位：指案卷形成单位。

④编制日期：指案卷形成日期。

⑤保管期限参考《关于印发＜公路工程竣工文件材料立卷归档管理办法＞的通知》(交办发[2001]390号)的规定执行。

⑥密级：应在文件发放前按交通主管部门有关保密规定划定，若文件材料上有密级就填上，没有就空着。

⑦档号：填写档案的分类号和案卷顺序号。

⑧档案馆号：暂不填写。

⑨“案卷题名”编写内容的前段工程项目名称，可用大粗号宋体字统一印制在档案盒中央部位。“案卷题名”的后段“××桩号××工程××结构××部位××文件名称”及“编制单位、编制日期、保管期限、密级”可用3号宋体字打印在与卷盒颜色相近的牛皮纸上，再粘贴在对应位置或打印在蜡纸上，印刷在相应位置。

外封面“档号内容”填写，用4号宋体字，一行打印在与卷盒颜色相近的牛皮纸上，再粘贴在对应位置。例：“GL5·1·XH·HM·4—×××”。“×××”表示预留空格位置，待今后统一编写流水号用。

（四）案卷脊背的编制

案卷脊背的项目有档号和案卷题名，格式如下所示。档号内容填写用4号宋体字分两行横排打印。例：第一行填写“GL5·1·XH·HM·”，第二行填写“4—×××”。“×××”表示案卷顺序号，用铅笔填写。

脊背“案卷题名”内容填写用3号宋体字自右至左竖写，首行空两字。档号打印，要求“字头向右，躺着打”。案卷题名的前段工程项目名称不能省略。

脊背内容统一打印在与卷盒颜色相近的牛皮纸上，再粘贴在脊背对应位置。或打印在蜡纸上，印刷在相应位置。贴纸要求比脊背宽度窄2mm，以防取放档案时把纸边拉卷。

（五）卷内目录的编制

1.件号

用阿拉伯数字从1起依次标注，不编虚位（即“1”不编为“001”）。

2.文件编号

发文机关文书部门的发文号或图样的图号。若文件材料上有则填上，没有就空着。

3.责任者

填写文件材料的直接形成部门或主要责任者，可采取通用的标准简称。

4.文件材料题名

（1）原文上有标题的，可以照录下来；

（2）原文上的标题太简单或者没有，应重新拟写一个符合文件材料内容的标题，外加“[]”号；

（3）填写文件材料的标题时开头空两字，一横格内不能超过三行字。

5.日期

填写文件的形成时间，填写时间时可省略“年、月、日”字样，单月单日可用零补充。如2003年6月6日可填写为“20030606”。

6.页数

应填写单件文件材料的页数。

7.备注

留待对卷内文件变化时作说明用。

8.卷内目录

卷内目录排列在卷内文件材料首页之前。

（六）卷内备考表的编制

（1）卷内备考表要标明案卷内文件材料的件数、页数以及在组卷和案卷使用过程中需要说明的问题，页数要求填写卷内每件文件页数相加之和。

（2）立卷人：由责任立卷者签名，即谁立卷谁签名。

（3）审核人：由案卷质量审查人签名，即合同的技术负责人签名。

（4）立卷时间：填写完成立卷的日期。

(5)审核时间:填写审核完成的日期。

(6)备考表排列在卷内文件材料尾页之后。

(七)案卷装订的要求

(1)案卷采用不装订形式,文件材料以件为单位放在卷内。案卷内各部分内容的排列顺序为:卷内目录—文件材料—备考表。

(2)项目技术文件应根据组卷要求,以件为单位进行装订。并制定统一的件封面、件内目录。

件内目录编制:"文件材料题名"应详细具体,便于检索,例如:路基工程土石方填筑可按填筑层次拟写目录;"页次"填写每份文件首页上标注的页号,最终件标注起止号。其他栏目编写参照"卷内目录"编写要求。

(3)管理性文件以每份文件作为一件,不加件封面。文件阅办单放在原文之后,与原文作为一件装订。

(4)文件在装订前取掉金属物,采用三孔一线方法,用白色档案专用线装订,孔距 80mm,装订线距左纸边 10mm,薄件用缝纫机扎。

(5)装订时靠装订边和下边取齐,表头要求在上或在左,左侧装订。

(6)原件有破碎或小页纸的,要求粘贴在 A4 纸上。

(7)装订线压住文件内容的必须粘贴补宽。

(8)纸张规格大于 A4 型号的,要求按 297mm×210mm 折叠成手风琴式。

三、竣工图编制要求

(1)竣工图应能全面、准确地反映竣工路线、路基、路面、桥梁、隧道、涵洞、防护、互通式立交工程、安全设施等的全部施工实际造型和特征。

(2)施工图没有变动的,由竣工图编制单位在施工图上加盖竣工图章作为竣工图;凡有一般性图纸变更及符合杠改或划改要求变更的,可在原图上修改,并加盖竣工图章作为竣工图。

(3)凡结构、工艺、平面布置等重大改变及图面变更面积超过 10%的,应重新绘制竣工图并加盖竣工图章。

(4)重复使用的标准图、通用图,可不编入竣工图中,但必须在图纸目录中列出图号,指明该图所在的位置并在编制说明中注明。

(5)竣工图均按 A3 号纸(420mm×297mm)大小装订,对某些大的或结构复杂的结构物图纸,应先绘制 A1 号图纸,然后再缩小到 A3 图纸上。

(6)竣工图、表的编号办法,参照原设计图纸,按实际竣工图纸的数量重新编图号和页码。

(7)竣工图所用图例和图幅应与原设计图一致。

(8)竣工图应逐张加盖竣工图章,竣工图章内容包括:×××工程竣工图、施工单位名称、编制人、审核人、技术负责人和编制日期。图章规格尺寸为 70mm×50mm,竣工图章用红色印泥盖在竣工图右下方,竣工图标标在空白处。

(9)竣工图表中的字体。总目录、总说明采用 3 号长仿宋字体;A3 图附注说明文字采用 4 号长仿宋字体,标题栏用 3 号长仿宋字体。各种字体均采用激光打印机打印。

第三节　公路工程文件资料的收集与管理

一、制订办法、规范资料的编制与管理

业主应在项目立项后就着手制订资料的编制与管理办法，办法制订的越详细，操作性也就越强，才能达到竣工资料编制规范和齐全的要求。在办法中应对竣工资料的归档内容、编制要求、资料收集整理的责任单位做出详细的规定(表 10-3-1)，使各参建单位一开始就清楚在资料的编制与管理方面自己应做哪些工作，如何去做。

竣工资料编制内容及分工一览表　　表 10-3-1

序　号	归档文件	编制单位
一	项目立项文件(GL5·1·××·1—××)	建设单位
1	项目建议书及批复	
2	可行性研究报告(包括环境预测)和项目评估书	
3	可行性研究报告批复	
二	设计文件(GL5·1·××·2—××)	设计单位
1	工程地质勘察报告	
2	总体规划设计	
3	审批的设计及有关文件	
4	公路用地图	
5	设计问题回复单	
三	工程管理文件(GL5·1·××·3—××)	建设单位
1	征地拆迁工作总结	
2	征地拆迁文件	
3	征地拆迁图表	
4	土地证(复印件)	
5	招投标文件、合同协议书	
6	项目实施期间管理文件	
7	技术规范补充文件和修改文件	
8	照片和音像资料	
四	施工文件(GL5·1·××·4—××)	承包单位
1	行政管理文件	
2	交桩和复测报告	
3	图纸会审记录	
4	施工组织计划资料	

续上表

序　　号	归档文件	编制单位
5	试验段实施方案和总结报告	承包单位
6	技术交底记录	
7	开工报告、分项工程开工申请批复单及附件	
8	原材料出厂质量证明	
9	原材料试验报告	
10	路基、路面、桥梁、隧道、互通立交和交通安全设施施工试验报告和检验记录	
11	单位、分部、分项工程质量评定表	
12	工程质量自检报告和试验、施工检验结果汇总表	
13	信息管理系统、机电设备安装调试资料(编制办法另行规定)	
14	施工原始记录	
五	监理文件(GL5·1·××·5—××)	监理单位
1	监理规划、细则	
2	行政管理文件	
3	合同管理文件	
4	进度控制文件	
5	质量控制文件	
6	计量支付文件	
7	监理原始记录	
六	竣工文件(GL5·1·××·6—××)	建设单位
1	交工验收报告、竣工验收鉴定书	
2	建设管理工作总结	
3	设计工作总结	设计单位
4	施工总结	承包单位
5	监理工作总结	监理单位
6	质量监督工作报告	政府质量监督机构
7	工程决算审计报告	审计单位
8	环保工程验收报告	政府环保机构
9	竣工图	承包单位
10	工程交接表	
11	工程竣工决算和财务决算	建设单位
七	科研资料(GL5·1·××·7—××)	科研项目承担部门

二、建立资料管理网络

从项目立项开始，业主就应成立以项目法人代表为主的资料管理领导小组。随着工程进展，将设计、施工和监理单位的本项目负责人也纳入领导小组之内。各单位应配备专职档案管理人员，具体负责资料的收集、整理和归档工作。特别是施工阶段，时间跨度大，形成的资料多，在施工队、班组中也应设兼职资料管理员，使资料管理形成网络。

在项目实施过程中，领导小组要履行事前指导、中间检查、最后把关的职责。对一些好的做法和经验及时进行推广、交流，互相取长补短，使建立起的管理网络处于积极的工作状态，使工作水平不断提高。

三、组织专题培训，提高资料管理人员的业务素质

在项目实施过程中，虽然制订了编制与管理办法，但由于从事资料管理的人员业务水平不一，对管理办法的规定、要求认识也不一致。甚至有些人员从未参与过竣工资料的编制工作，对如何组卷、装订，总觉得“形象”不起来，无从下手。在开工之初必须对资料管理人员进行培训，结合实物对资料的编制内容、要求进行讲解，使管理人员明白如何做，为什么这样做，只有资料管理人员业务水平提高了，才能更好地做好资料的编制与管理工作。

四、建立临时档案室

临时档案室技术管理应贯彻“以防为主，防治结合”的原则，切实做好温湿度控制和调节，防鼠、防虫、防霉变、防火、防盗、照明管理和档案保管状况检查等方面的工作。建立健全管理制度，并设专人管理。

第四节　国家档案局、交通主管部门存档管理的资料

一、国家档案馆存档管理的资料

（一）总体规划设计

（二）工程总结

（三）竣工图

1. 总说明书
2. 路线平、纵面竣工图

二、交通主管部门存档管理的资料

（一）可行性研究

1. 项目建议书及批复
2. 工程可行性研究报告及批复
3. 项目评估
4. 环境预测、调查报告

(二)总体规划设计

(三)工程总结

(四)工程竣工验收报告

(五)竣工验收鉴定书、验收委员会名册

(六)竣工图

1. 总说明书
2. 路线平、纵面竣工图

第五节　建设单位负责编制及存档的资料

一、建设单位负责编制的资料

(一)项目立项文件

1. 项目建议书及批复
2. 可行性研究报告(包括环境预测)和项目评估书
3. 可行性研究报告批复

(二)工程管理文件

1. 征地拆迁工作总结
2. 征地拆迁文件
3. 征地拆迁图表
4. 土地证(复印件)
5. 招投标文件、合同协议书
6. 项目实施期间管理文件
7. 技术规范补充文件和修改文件
8. 照片和音像资料

(三)竣工文件

1. 交工验收报告、竣工验收鉴定书
2. 建设管理工作总结
3. 工程竣工决算和财务决算

二、建设单位存档管理的资料

(一)设计基础材料

1. 工程地质、水文地质、勘察设计、勘察报告、重要土岩样说明
2. 水文、气象等其他设计基础材料

(二)工程管理文件

1. 征用土地批准文件及红线图

2. 公路建设用地呈报表

3. 征地数量明细表

4. 拆迁、补偿协议书

5. 承、发包及委托合同、协议书、招标、投标、租赁文件

6. 技术规范的补充文件和修改文件

7. 施工执照

8. 环保、劳动安全卫生、消防规划等文件

9. 电、暖、煤气等供应协议书

10. 工程总结

(三)施工文件

1. 开工报告、工程技术要求、技术交底、图纸会审纪要

2. 施工组织设计、施工方案、施工计划、重要会审纪要

3. 分项工程开工申请单及附件

4. 原材料及构件出厂证明、质量鉴定报告

5. 原材料试验报告

6. 设计变更、工程更改洽商单、材料代用审批手续

7. 施工原始资料

8. 试验材料汇总表

9. 中间检验报验单及试验资料

10. 隐蔽工程验收记录

11. 工程记录及测试、沉降观测记录、事故处理报告

12. 单位工程、分项、分部质量检验评定报告

13. 试验总结、技术总结

14. 机电设备安装及调试记录

15. 专项检测及监控材料

16. 工程声像资料

(四)监理文件

1. 监理通知、开(停、复)工令许可证

2. 备忘录、会议纪要

3. 施工质量检验分析

4. 规程规范

5. 合同管理文件

6. 计划进度管理文件

7. 工程技术管理文件

8. 工程质量控制文件

9. 工程计量与支付

10. 与总监及业主的来往函件

(五)竣工文件

1. 工程竣工申请报告

2. 工程竣工验收报告

3. 竣工验收鉴定书、验收委员会名册

4. 工程总结文件

5. 工程审计文件、材料

6. 财务决算、工程决算、支付报表

(六)竣工图

1. 总说明书

2. 路线平、纵面竣工图

3. 路基、路面竣工图

4. 桥梁、涵洞竣工图

5. 隧道工程竣工图

6. 路线交叉工程竣工图

7. 沿线设施及其他工程竣工图

8. 环保工程竣工图

9. 通用图

(七)科研

1. 课题报告、任务书、批准书

2. 协议书、委托书、合同

3. 研究方案、计划、调查研究报告

4. 实验记录

5. 实验分析、计算、数据整理

6. 阶段报告、科研报告、技术鉴定

第六节　使用单位存档管理的资料

一、工程管理文件

(一)环保、劳动安全卫生、消防规划等文件

(二)电、暖、煤气等供应协议书

二、施工文件

(一)施工组织设计、施工方案、施工计划、重要会审纪要

(二)原材料及构件出厂证明、质量鉴定报告

(三)原材料试验报告

(四)设计变更、工种更改洽商单材料代用审批手续

(五)施工原始资料

(六)试验材料汇总表

(七)隐蔽工程验收记录

(八)工程记录及测试、沉降观测记录、事故处理报告

(九)单位工程、分项、分部质量检验评定报告
(十)机电设备安装及调试记录
(十一)专项检测及监控材料
(十二)工程声像资料

三、施工质量检查分析

四、竣工文件

(一)工程竣工验收报告
(二)竣工验收鉴定书、验收委员会名册
(三)工程总结文件

五、竣工图

(一)总说明书
(二)路线平、纵面竣工图
(三)路基、路面竣工图
(四)桥梁、涵洞竣工图
(五)隧道工程竣工图
(六)路线交叉工程竣工图
(七)沿线设施及其他工程竣工图
(八)环保工程竣工图
(九)通用图

六、科研

(一)试验记录
(二)试验分析、计算、数据整理
(三)阶段报告、科研报告、技术鉴定

第七节 设计单位负责编制及存档管理的资料

一、设计单位负责编制的资料

(一)设计文件

1. 工程地质勘察报告
2. 总体规划设计
3. 审批的设计及有关文件
4. 公路用地图
5. 设计问题回复单

(二)设计工作总结

二、设计单位存档管理的资料

(一)可行性研究

1. 项目建议书及批复
2. 工程可行性研究报告及批复
3. 项目评估
4. 环境预测、调查报告

(二)设计文件

第八节　施工单位负责编制及管理的档案资料

(一)行政管理文件
(二)交桩和复测报告
(三)图纸会审记录
(四)施工组织计划资料
(五)试验段实施方案和总结报告
(六)技术交底记录
(七)开工报告、分项工程开工申请批复单及附件
(八)原材料出厂质量证明
(九)原材料试验报告
(十)路基、路面、桥梁、隧道、互通立交和交通安全设施施工试验报告和检验记录
(十一)单位、分部、分项工程质量评定表
(十二)工程质量自检报告和试验、施工检验结果汇总表
(十三)信息管理系统、机电设备安装调试资料(编制办法另行规定)
(十四)施工原始记录
(十五)施工总结
(十六)竣工图
(十七)工程交接表

第九节　监理单位负责编制及存档管理的文件

一、监理规划、监理细则

监理规划是监理单位接受业主委托并签订工程建设监理合同之后,根据监理合同,在监理大纲的基础上,结合项目的具体情况,广泛收集工程信息和资料的情况下制定的指导整个项目监理组织开展监理工作的技术组织文件。其内容主要有:工程项目概况、工程项目建设监理范围和目标、工程项目建设监理工作内容,控制目标和措施、监理组织、项目监理工作制度。详见

本书第二章。

监理细则是在项目监理规划的基础上，由项目监理组织的各有关部门根据监理规划的要求，在部门负责人主持下，针对所分担的具体监理任务，结合项目具体情况和掌握的工程信息制定指导具体监理业务实施的文件。其主要内容包括：专业工程的特点、监理工作流程、监理工作的控制要点及目标值、方法及措施。

监理规划及监理细则以监理机构为单元组卷。

二、监理行政管理文件

（一）交通主管部门和项目业主关于质量、进度和投资控制之外的来文，本部分内容按问题、重要程度组卷

（二）监理机构内部来往函件，请示、报告及批复

按问题、重要程度组卷。

（三）会议纪要

工地会议纪要可分为第一次工地会议、工地会议和现场协调会三种形式，第一次工地会议纪要和历次工地会议纪要，按年度组卷，现场协调会会议记录，以单位工程为单元组卷。

（四）监理月报

监理月报以年度为单元组卷。

（五）工程检查通报

工程检查通报可以以年度为单元组卷。

三、合同管理文件

（一）工程变更

合同管理文件的归档内容：工程变更令和附件。其中附件包括变更前后的图纸；业主、承包人、监理方面的会议、会议记录与文件；有关设计部门对变更的意见；有关部门、上级主管单位的文件；承包人的预算报告；确定工程数量及单价的证明资料等。组卷时以单位工程为单元组卷，若工程变更资料较多，也可以单项变更组卷。

（二）工程延期

工程延期的申请材料、审查报告以及批复文件为单元组卷。

（三）费用索赔

费用索赔的申请材料、审查报告以及批复文件为单元组卷。

（四）争端与仲裁

仲裁证书以事件为单元组卷。

（五）违约

处理违约行为所形成的文件按违约事件为单元组卷。

（六）分包、转让或指定分包

工程分包协议书及附件以合同段为单元组卷。

(七)保险

保险过程中形成的有关文件，以合同段为单元组卷。

四、进度控制文件

进度控制文件的归档内容如下。

(1)交通主管部门和项目业主关于工程进度的有关文件；监理工程师关于进度问题与项目业主(代表)的有关往来函件。

(2)监理工程师对承包人提出的施工进度计划的审批文件。

(3)监理工程师关于工程进度问题的指令、提示、通知，与承包人往来函件。

(4)开工及停、复工令。

进度控制文件按问题、重要程序组卷。

五、质量控制文件

(一)工程质量管理文件

(1)交通主管部门和项目业主关于工程质量管理的有关文件；监理工程师关于工程质量问题与项目业主(代表)的有关往来函件。

(2)监理工程师关于工程质量问题的指令、提示、问题通知单，与承包人的往来函件。

(3)工程质量事故处理报告单。

(4)组卷要求：质量控制文件按问题、重要程度组卷。

(二)监理试验抽检报告、工程检验记录组卷要求

(1)原材料抽检试验报告组卷要求：监理对进场的原材料、成品和半成品在承包人自检的基础上应按规定批量和频率进行抽样试验，并在施工过程中随时抽查各种材料的质量，其抽检试验报告按类别、品种、用途和单位工程分别整理归档。

(2)标准试验批复和平行试验报告组卷要求：包括各种击实试验、集料的级配试验、混合料的配合比试验和监理平行试验报告，按单位工程组卷。

(3)施工期间监理抽样试验记录组卷要求：指施工期间监理对路面混合料中水泥(石灰)剂量、沥青含量、水泥混凝土及沥青混凝土强度、级配等抽检试验记录。

(4)监理施工检验记录组卷参照施工检验记录按路基、路面、桥梁、隧道工程、互通立交和交通安全设施分别组卷。

六、计量支付文件

七、监理工作总结

监理总结的内容有如下几点。

(1)工程地理位置图；

(2)工程概况；

(3)工程监理机构设置、人员和设备配备；

(4)监理内部管理；

(5)工程质量监理；

(6)合同与计划管理；

(7)计量支付与造价控制；
(8)竣工资料整理；
(9)对监理工程项目的质量评价；
(10)经验总结。

第十节 竣工文件

一、工程交工验收报告和竣工验收鉴定书

二、工程总结

(1)施工总结
(2)监理工作总结
(3)设计总结
(4)建设管理总结

三、质量监督工作报告

四、工程决算审计报告

五、环保工程验收报告内容

六、竣工图

七、工程交接表

八、工程竣工决算和财务决算

第十一节 科研资料

对于重大、复杂的技术问题或设计中采用的新结构、新材料，在技术设计期间对其可靠性、施工工艺进行试验研究，落实技术方案。

一、课题报告和研究方案

设计单位与科研部门合作的科研项目，事前必须向项目业主提出明确的课题报告，批准后的课题报告是编制研究方案的依据。

若为项目业主委托科研部门做的科研项目，课题由项目业主提出，科研部门根据项目业主提出的课题和委托协议书要求编写研究方案。

研究方案中应提供计划、方法投入的设备和人员及人员资质情况。

二、科研报告

课题研究完成后，负责研究的单位要编制科研报告报项目业主。科研报告的内容主要由研究成果和方法、试验记录和分析、计算数据、主要责任人名单等组成。

三、报请技术鉴定

科研项目完成后，其成果应报国家科学技术委员会申请进行技术鉴定。

四、归档内容和组卷要求

(一)归档内容

课题报告和研究方案、科研报告和技术成果鉴定报告。

(二)组卷要求

按科研课题组卷。

第十二节　临时资料及待销毁资料的管理

一、临时资料及待销毁资料的范围

(一)上级单位的文件材料

(1)上级单位任免、奖惩非本机关工作人员的文件,普发供参阅、不办的文件材料;
(2)上级单位发来供工作参考的抄件;
(3)上级单位征求意见未定稿的文件。

(二)本单位的文件材料

(1)重复文件;
(2)无参考利用价值的事务性、临时性文件;
(3)未经会议讨论,未经领导审阅、签发的未生效文件、电报草稿,一般性文件的历次修改稿;
(4)从正式文件、电报上摘录的供工作参阅的非证明材料;
(5)无特殊保存价值的信封,一般性表态、询问一般性问题、提出一般性建议或意见来信;
(6)单位内部互相抄送的文件材料,不应履行资料的行文、介绍信等;
(7)为参考目的从各方面收集的文件材料。

(三)同级单位和非隶属单位的文件材料

(1)参加非主管单位召开的会议,不需要贯彻执行和无查考价值的文件材料;
(2)非隶属单位抄送的不需要办理的文件材料。

(四)下级单位的文件材料

(1)下级单位送来参阅的简报、情况反映、不应抄报或不必备案的文件材料;
(2)越级抄送的一般的、不需要办理的文件材料;
(3)下级单位抄报备案的一般性文件材料。
各级单位应结合实际情况,制定本单位、本系统文书材料归档和不归档的具体范围。

二、临时资料及待销毁资料的管理

(1)资料由文秘机构或资料专职人员统一收发、审核、用印、归档和销毁;

(2)文秘机构负责本机关资料处理有关制度的建设工作,针对资料处理工作中存在的问题,提出加强和改进意见;

(3)不具备归档和存查价值的资料,经过鉴别并经办公室负责人批准,可以销毁;

(4)销毁秘密资料应当到指定场所由 2 人以上监销,保证不丢失、不漏销,销毁绝密资料应当进行登记;

(5)工作人员调离工作岗位时,须将本人暂存、借用的资料按照有关规定移交、清退。

参考文献

[1] 中华人民共和国行业标准.公路沥青路面施工技术规范(JTG F40—2004).北京:人民交通出版社,2004.

[2] 中华人民共和国行业标准.公路路面基层施工技术规范(JTJ 034—2000).北京:人民交通出版社,2000.

[3] 中华人民共和国行业标准.公路沥青路面设计规范(JTG D50—2006).北京:人民交通出版社,2006.

[4] 中华人民共和国行业标准.公路隧道施工技术规范(JTJ 042—1994).北京:人民交通出版社,1995.

[5] 中华人民共和国交通部.公路工程图内招标文件范本(2003 年版).北京:人民交通出版社,2004.

[6] 沙庆林.高等级公路半刚性基层沥青路面[M].北京:人民交通出版社,1998.

[7] 中国公路学会筑路机械学会.沥青路面施工机械与机械化施工[M].北京:人民交通出版社,2000.

[8] 沙庆林.公路压实与压标准[M].北京:人民交通出版社,1999.

[9] 吕康成.隧道工程试验检测技术[M].北京:人民交通出版社,2000.

[10] 刘吉士,李宁军.桥梁与隧道施工监理指南[M]北京:人民交通出版社,2000.

[11] 交通部.交办发(2001)390 号文公路工程竣工文件材料立卷归档管理办法.2001.

[12] 王立诚.公路工程竣(交)工验收办法实施手册.银声音像出版社,2004.

[13] 冯之楹,何永春,廖仁兴.项目采购管理[M].北京:清华大学出版社,2000.